Kohlhammer

Die Herausgeberinnen

© DJI/David Außerhofer

Dr. Anne Berngruber ist wissenschaftliche Referentin in der Fachgruppe »Lebenslagen und Lebensführung Jugendlicher« am Deutschen Jugendinstitut in München. Sie hat an der FAU Erlangen-Nürnberg Sozialwissenschaften studiert und zum Thema des Auszugs und der Rückkehr ins Elternhaus promoviert. Sie forscht zu den Lebenslagen Jugendlicher und junger Erwachsener sowie zu verschiedenen Verselbstständigungsprozessen beim Übergang vom Jugend- ins Erwachsenenalter.

© DJI/Stefan Obermeier

Dr. Nora Gaupp leitet die Fachgruppe »Lebenslagen und Lebensführung Jugendlicher« am Deutschen Jugendinstitut in München. Sie hat Psychologie an der Katholischen Universität Eichstätt-Ingolstadt studiert und darin auch promoviert. Ihre Arbeits- und Forschungsschwerpunkte sind: Jugendforschung unter einer Diversitätsperspektive, Verselbstständigungsprozesse Jugendlicher und junger Erwachsener, Erfahrungen und Lebenssituationen von queeren Jugendlichen, Aufwachsen und Alltagserfahrungen von jungen Menschen mit Behinderung.

Anne Berngruber
Nora Gaupp (Hrsg.)

Erwachsenwerden heute

Lebenslagen und Lebensführung junger Menschen

Verlag W. Kohlhammer

1. Auflage 2022

Gesamtherstellung: W. Kohlhammer GmbH, Stuttgart

Print:
ISBN 978-3-17-036869-9

E-Book-Formate:
pdf: ISBN 978-3-17-036870-5
epub: ISBN 978-3-17-036871-2

Inhalt

Einleitung: Erwachsenwerden – eine komplexe Herausforderung für Jugendliche und junge Erwachsene

Anne Berngruber & Nora Gaupp

Kerngedanke und Zielsetzung des Buches

Der vorliegende Band setzt sich mit der Frage auseinander, wie junge Menschen in Deutschland heutzutage aufwachsen: Wie gestaltet sich das Erwachsenwerden in Deutschland? Was gehört zum Erwachsenwerden dazu? Welche ›Meilensteine‹ bewältigen junge Menschen auf dem Weg des Erwachsenwerdens?

Der Begriff des »Erwachsenwerdens« impliziert bereits einen prozesshaften Charakter. Um mit einem Bild zu sprechen, kann das Erwachsenwerden als Weg mit vielen einzelnen Schritten von der Jugend ins Erwachsensein gesehen werden. Dazu gehören Schritte in die finanzielle Selbstständigkeit, schulische, ausbildungsbezogene und berufliche Qualifizierungsschritte, die räumliche Ablösung von den Eltern durch den Auszug aus dem Elternhaus, Schritte in Richtung eigener Familiengründung wie erste sexuelle Erfahrungen, Partnerschaften oder das Zusammenziehen in eine gemeinsame Wohnung oder das Hineinwachsen in die Rolle eine*r jungen Bürger*in über die Beteiligung an Wahlen und anderen politischen Aktivitäten. Mit diesen Charakteristika wird Jugend als eigenständige Lebensphase verstanden, also nicht allein als Zwischenphase zwischen Kindheit und Erwachsenenalter. Sie hat vielmehr ihre eigenen Themen und ihren ›Eigensinn‹. Zu diesen Charakteristika gehören ganz wesentlich Momente des Ausprobierens, der Identitätsentwicklung, des Selbstständigwerdens und der zunehmenden Unabhängigkeit von der Elterngeneration. In diesem Zusammenhang etablierte sich ein Verständnis von Jugend als Moratorium im Sinne einer Zeit, während der Jugendliche noch nicht den Verpflichtungen des Erwachsenseins (wie z. B. der Erwerbsarbeit) unterliegen.

Ziel dieses Buches ist es, einen empirisch fundierten und kompakten Einblick in die Lebensphase Jugend zu geben. Dabei liegt ein Fokus auch darauf, unter welchen gesellschaftlichen Rahmenbedingungen junge Menschen heute aufwachsen. Die Beschreibung des Prozesses des Erwachsenwerdens muss dabei an einigen Stellen exemplarisch bleiben. Dennoch gibt der vorliegende Band anhand von vielfältigen empirischen Befunden aus der Jugendforschung einen breiten Einblick in das Erwachsenwerden junger Menschen.

In diesem *einführenden Kapitel* werden dazu verschiedene theoretisch-konzeptionelle Sichtweisen auf die Lebensphase Jugend vorgestellt. Hierzu gehören etwa entwicklungspsychologische, lebenslauforientierte, jugendsoziologische und jugendpolitische Perspektiven. Im Sinne eines Arbeitsmodells für das vorliegende Buch wird schließlich das Konzept der »Verselbstständigung« mit seinen ökonomischen, sozialen, räumlichen, bildungsbezogenen, politisch-gesellschaftlichen und kulturellen Aspekten eingeführt. Im *nächsten Teil* wird das Erwachsenwerden Jugendlicher in einen gesamtgesellschaftlichen Kontext gestellt, und es werden zentrale gesellschaftliche und institutionelle Rahmenbedingungen des Aufwachsens diskutiert. Der *letzte Teil* des Buches greift die unterschiedlichen Aspekte von Verselbstständigung und die damit verbundenen Alltagspraktiken junger Menschen auf.

Jugend als eigenständige Lebensphase und die schwierige Frage nach Altersgrenzen

Während die Jugendphase in früheren Zeiten vornehmlich als Übergangsphase von der sozialen Rolle des Kindes zur sozialen Rolle des Erwachsenen verstanden wurde (z. B. Schelsky, 1957, S. 18), ist es heutzutage anerkannte Position, Jugend als *eigenständige Lebensphase* zu verstehen (z. B. Hurrelmann & Quenzel, 2016, S. 21). Als frühe Ausformulierung dieses Blicks auf die Jugendphase gelten die Ausführungen Rousseaus (1978 [1762]) in seinem Werk »Emil oder Über die Erziehung«. Hier wird das Jugendalter als Reifezeit beschrieben – allerdings nur mit Blick auf die Entwicklung des wohlhabenden jungen Mannes Emil. Die Entwicklung junger Frauen ist zu dieser Zeit noch nicht Thema. Wichtig waren auch die Arbeiten von Erikson (1988, S. 98), der die Jugendphase als »psychosoziales Moratorium« beschreibt, in der junge Menschen aufgrund zunehmend längerer Ausbildungszeiten in kognitiver sowie sexueller Hinsicht reifen können und endgültige ›erwachsene‹ Verpflichtungen noch aufgeschoben sind. Dieses Moratorium ermöglicht es seiner Ansicht nach, verschiedene Rollen auszuprobieren. Zinnecker (1991, S. 13) schließlich bezeichnet die Lebensphase Jugend als »Bildungsmoratorium«, insbesondere für Jugendliche in westeuropäischen Ländern. Junge Menschen sind in dieser Lebensphase noch von verpflichtenden Aspekten des Erwachsenseins aufgrund von z. B. Erwerbseinstieg und Familiengründung entbunden. Allen Ansätzen ist gemeinsam, dass sie die Jugendzeit als Lebensphase ernst nehmen und in den Mittelpunkt ihrer Ausführungen stellen.

Eine klassische Frage der Jugendforschung bezieht sich darauf, wie sich Jugend von den Lebensphasen Kindheit und Erwachsensein abgrenzen lässt: Wann werden Kinder zu Jugendlichen und wann werden Jugendliche zu Erwachsenen? In welchem Alter fängt das Jugendalter an und in welchem Alter hört es auf? Die Frage nach den Altersschneidungen für die Jugendphase ist dabei von theoretischer wie praktischer Bedeutung, da altersbezogene gesellschaftliche Diskussionen und gesetzliche Regelungen ganz konkrete Auswirkungen auf die Handlungsmöglichkeiten und damit auch Verselbstständigungsprozesse junger Menschen haben. Implizit geht es um die Frage, wann junge Menschen reif genug sind, um als mündige Bürger*innen zu gelten, denen bestimmte Rechte und Möglichkeiten eingeräumt werden. Unmittelbar deutlich wird dies etwa bei der Debatte um eine mögliche weitere Absenkung des Wahlalters. Auch die Frage, wann bspw. das Autofahren erlaubt ist, zeigt an, was eine Gesellschaft jungen Menschen wann ermöglicht.

Eine eindeutige Altersschneidung der Jugendphase erweist sich als schwierige Aufgabe und es existiert keine einheitlich verwendete, allgemeingültige Definition. Je nach theoretischer Forschungsperspektive oder den gesetzlichen Vorgaben und Zuständigkeiten verschiedener gesellschaftlicher Teilsysteme, finden sich unterschiedliche, in ihren Eigenlogiken begründete Alterssetzungen, die Beginn oder Ende dessen bestimmen, was dort jeweils als »Jugend« verstanden wird. In einem kurzen Abriss werden daher im Folgenden unterschiedliche Begrifflichkeiten, Verständnisse, Definitionen und Altersbegrenzungen von »Jugend« beschrieben.

Im Kontext der *Jugendforschung* und ihrer inhaltlich verbundenen Nachbardisziplinen finden sich verschiedene Begrifflichkeiten und damit verbundene Altersgrenzen zum Jugendalter. So spricht die (Entwicklungs-)Psychologie meist von »Adoleszenz«. In der Medizin und Biologie wird in der Regel von »Pubertät« gesprochen. Der Begriff Pubertät betont vor allem die körperlichen Veränderungen dieser Lebensphase, indem der Beginn der Jugend mit dem Zeitpunkt der Geschlechtsreife in Verbindung gebracht wird. In der (Jugend-)Soziologie ist meist von »Jugend« die Rede (vgl. Fend, 2003, S. 22f.). Diese wird wiederum häufig in eine frühe, mittlere und späte Phase eingeteilt, wobei es auch hier Unterschiede bei der Definition für bestimmte Altersgruppen geben kann. Hurrelmann und Quenzel (2016, S. 45) bspw. ordnen die 12- bis 17-Jährigen der frühen Jugendphase zu, die 18- bis 21-Jährigen der mittleren und die 22- bis maximal 30-Jährigen der späten. Häufig werden die Begrifflichkeiten auch innerhalb der Disziplinen – oft der Einfachheit halber – synonym angewandt. Klare Altersgrenzen aus der Perspektive ›der‹ Jugendforschung sind damit nicht möglich und auch nicht unbedingt notwendig.

Aus *rechtlicher Perspektive* ist nach dem Bürgerlichen Gesetzbuch (BGB) die Volljährigkeit mit Vollendung des 18. Lebensjahres gegeben, d. h., der 18. Geburtstag setzt eine wichtige Grenzziehung zwischen Jugend und Erwachsenenalter. Mit der Volljährigkeit erlangen junge Menschen wesentliche Rechte wie bspw. die volle Geschäftsfähigkeit oder auch das aktive und passive Wahlrecht. Für die Bundestagswahl, Landtagswahlen und Kommunalwahlen sind junge Menschen mit 18 Jahren wahlberechtigt. In einigen Bundesländern liegt die Altersgrenze für Kommunal- und Landtagswahlen bereits bei 16 Jahren (vgl. z. B. Gisart, 2018, S. 342, siehe Herding & Zschach in diesem Band). Die Altersgrenzen für den Erwerb einer Fahrerlaubnis sind für die verschiedenen Fahrzeugklassen stufenweise geregelt und in jüngerer Zeit einem deutlichen Wandel unterworfen. So konnte z. B. ein KFZ-Führerschein bis zum Jahr 2005 erst mit

18 Jahren erworben werden, je nach Bundesland ist dies seit 2006, 2007 oder 2008 bereits mit 17 Jahren möglich, wobei die Regelung des begleiteten Fahrens gilt (§ 10 FeV).

Für die Frage der Strafmündigkeit im Zuständigkeitsbereich der *Justiz* gelten wiederum besondere Regelungen, denn Volljährigkeit bedeutet nicht gleichzeitig, dass junge Menschen im juristischen Sinne schon wie Erwachsene behandelt werden. Nach dem Jugendgerichtsgesetz (§ 1 Abs. 2 JGG) sind Personen, die zur Tatzeit zwischen 14 und unter 18 Jahre alt sind, »Jugendliche«. Für sie gilt das Jugendstrafrecht. Hingegen werden Personen, die bei der Tat zwischen 18 und unter 21 Jahre alt sind, als »Heranwachsende« bezeichnet (§ 1 Abs. 2 JGG). Heranwachsende können bei der Begehung einer Straftat nach dem Jugendstrafgesetz verurteilt werden, wenn die Gesamtwürdigung der Persönlichkeit des Täters bei Berücksichtigung auch der Umweltbedingungen ergibt, dass er »zur Zeit der Tat nach seiner sittlichen und geistigen Entwicklung noch einem Jugendlichen gleichstand, oder es sich nach der Art, den Umständen oder den Beweggründen der Tat um eine Jugendverfehlung handelt« (§ 105 Abs. 1 JGG). Sollte dies jedoch nicht der Fall sein, so wird die oder der Heranwachsende nach dem Erwachsenenstrafrecht, d. h. dem allgemeinen Strafrecht, verhandelt.

Im Rahmen der Zuständigkeit *der Kinder- und Jugendhilfe* existieren ebenfalls klar geregelte Altersgrenzen. Das Achte Buch des Sozialgesetzbuches (SGB VIII) als Grundlage für die Kinder- und Jugendhilfe in Deutschland definiert in § 7 Abs. 1 SGB VIII »Jugendliche« als Personen zwischen 14 und unter 18 Jahren. Personen zwischen 18 und unter 27 Jahren werden als »junge Volljährige« bezeichnet. Generell sind Personen unter 27 Jahren nach dem SGB VIII »junge Menschen« (für einen Überblick zu diesen und weiteren gesetzlichen Altersgrenzen vgl. auch Meysen et al., 2020). Zur Diskussion um die Notwendigkeit von Unterstützungsangeboten der Kinder- und Jugendhilfe für über 18-Jährige sei auch auf den Beitrag von Pluto in diesem Buch verwiesen (▸ Kap. 2).

Im *Bildungswesen* finden wiederum eigene Altersregelungen Anwendung. Dies ist insofern an dieser Stelle relevant, da die Lebensphase Jugend oftmals mit dem Schulbesuch assoziiert wird und dabei insbesondere Schüler*innen Zielgruppe erziehungswissenschaftlicher Untersuchungen sind. Neben der Festlegung der Dauer der Schulpflicht von neun bis zehn Jahren allgemeiner Schulpflicht – je nach Bundesland – und, je nach weiterem Verlauf (z. B. weiterer Besuch einer Schule, Beginn einer Ausbildung oder Studiums, Besuch eines Berufsgrundbildungsjahres) einer sich daran anschließenden Berufsschulpflicht, endet die Schulpflicht in den meisten Bundesländern mit Vollendung des 18. Lebensjahres falls kein Ausbildungsverhältnis besteht (für einen Überblick der rechtlichen Vorgaben zur Schulpflicht in den einzelnen Bundesländern vgl. Vossenkuhl, 2010, S. 54).

Und schließlich markieren im Kontext der *Religionen* verschiedene Übergangsrituale den Übertritt ins religiöse Erwachsenenalter (vgl. Fuchs & Wiezorek, 2018, S. 258). In den christlichen Konfessionen ist es die Firmung bzw. die Konfirmation. Die katholische Firmung findet dabei meist im Alter zwischen 14 und 16 Jahren statt (vgl. Katholisch.de, 2020), die evangelische Konfirmation in der Regel mit 14 Jahren (vgl. EKD, 2020). Im Islam existiert ein solches kollektives

Übergangsritual nicht (vgl. Althans, 2004). Im Judentum sind die Bar Mitzwa für Jungen im Alter von 13 Jahren und die Bat Mitzwa für Mädchen im Alter von 12 Jahren Übergangsriten für den Eintritt in die jüdische Gemeinde (vgl. Zentralrat der Juden in Deutschland, 2020). Als weltliches Pendant der religiösen Übergangsriten kann die Jugendweihe gelten, die ebenfalls meist im Alter von 14 Jahren gefeiert wird. Sie war in der früheren DDR weit verbreitet und findet auch heute noch vor allem in den ostdeutschen Bundesländern statt. Die Jugendweihe gilt als säkulare festliche Initiation, die den Übergang vom Jugend- ins Erwachsenenalter kennzeichnet (vgl. Schröder, 2018).

In Ergänzung zu den Lebensphasen Kindheit, Jugend und Erwachsensein zeigen sich immer wieder auch Entwicklungen hin zur Etablierung einer zusätzlichen *Zwischenphase zwischen Jugend und Erwachsenenalter*. Zum einen hat sich der Begriff der »Postadoleszenz« als eigene Lebensphase zwischen der Jugend- und der Erwachsenenphase etabliert. Dieser Begriff findet erstmals bei Keniston (1968, S. 18) Erwähnung. Die Phase der Postadoleszenz, die häufig das Alter zwischen 18 und 29 Jahren meint, zeichnet insbesondere aus, dass junge Menschen zwar in einigen Aspekten unabhängig sind (z. B. gesetzlich volljährig), aber in anderen Aspekten – vor allem finanziell – noch von ihren Eltern abhängig sind (vgl. z. B. Vaskovics, 2001). Auch mit der Bezeichnung »junges Erwachsenenalter« (oder auch »frühes Erwachsenenalter«), die insbesondere in der Entwicklungspsychologie Verwendung findet, gehen gewisse Alterszuschreibungen einher. Die Definitionen, welche Altersspannen darunter zu zählen sind, sind dabei vielfältig. So werden hierunter bspw. Personen zwischen 18 und 30 Jahren verstanden (z. B. Rindfuss, 1991, S. 494) oder auch zwischen 20 und 40 Jahren (z. B. Faltermaier et al., 1992, S. 74).

Eine vergleichsweise aktuelle Entwicklung geht u. a. auf das von Arnett (2000) begründete *Konzept »emerging adulthood«* zurück, was übersetzt so viel bedeutet wie »werdendes Erwachsenenalter«. In seiner ursprünglichen Form umfasst diese Phase nach Arnett (2000, S. 469) junge Menschen in der Altersspanne von 18 bis 25 Jahren. Seiner Ansicht nach handelt es sich bei dieser Altersgruppe weder um »Jugendliche«, noch um »junge Erwachsene« oder gar »Erwachsene«, sondern vielmehr um eine eigenständige Lebensphase (»emerging adults«). Er begründet diese Position u. a. damit, dass es sich um eine demografisch verdichtete Altersphase handelt (»demographically dense«), in der zahlreiche Übergänge vollzogen werden (z. B. die Schule abschließen, eine Ausbildung oder ein Studium beginnen oder von zu Hause ausziehen) (vgl. hierzu auch Rindfuss, 1991, S. 496; Berngruber, Gaupp & Lüders, 2020, S. 395). Zudem belegt er dies anhand empirischer Befunde zum subjektiven Empfinden junger Menschen in diesem Altersrange, die sich mehrheitlich nicht mehr als jugendlich und noch nicht als erwachsen, sondern als eher »dazwischen« oder »in mancher Hinsicht ja, in anderer Hinsicht nein« beschrieben (vgl. Arnett, 2000, S. 471f.).

Dieses subjektive Empfinden junger Menschen, wie es Arnett verwendet, kann auch für Deutschland Auskunft zur *biografischen Selbstwahrnehmung* (z. B. Stecher & Zinnecker, 1998) als Kind, als Jugendliche*r, als Erwachsene*r oder im Sinne der Zwischenkategorie »mal so, mal so/kommt darauf an« geben. Hierfür liegen Daten des DJI-Survey »Aufwachsen in Deutschland: Alltagswelten

– AID:A« aus dem Jahr 2019 für die Altersgruppe der 12- bis 32-Jährigen vor (▶ Abb. 0.1; vgl. auch Berngruber et al., 2020, S. 391).

Bereits im Alter von zwölf Jahren geben nur noch weniger als ein Drittel der Befragten an, sich eher als Kind zu fühlen. Ein Drittel fühlt sich in diesem Alter schon eher als Jugendliche*r. Im Alter von 13 Jahren nehmen sich immerhin fast zwei Drittel eher als Jugendliche wahr. Ihren Scheitelpunkt erreicht die Kurve für das Jugendalter mit 15 Jahren, hier nehmen sich vier von fünf als Jugendliche wahr. Mit 17 Jahren fühlt sich nur noch ein vernachlässigbar geringer Teil als Kind (2 %). Mal so oder mal so, d. h. mal als Kind und mal als Jugendliche*r, fühlen sich in diesem Alter wiederum nur noch etwas mehr als jede*r Zehnte. Gut drei Viertel der 17-Jährigen wählen »eher als Jugendliche/r« als für sie passende Selbstbezeichnung. Von den 18-Jährigen gibt nur ein geringer Anteil (15 %) an, sich bereits eher erwachsen zu fühlen, über die Hälfte fühlt sich noch eher jugendlich. Junge Menschen in der Altersspanne zwischen 18 Jahren und Mitte 20 geben die unentschiedene Kategorie »mal so, mal so/kommt darauf an« zu etwa einem Drittel und damit im Vergleich zu den anderen Altersgruppen am häufigsten an. Im Alter von 21 Jahren überschneiden sich alle drei Kurven und bilden eine Art Knoten. Hier kehrt sich das Verhältnis des Anteils junger Menschen, die sich eher als Jugendliche fühlen, zu denjenigen, die sich eher als Erwachsene fühlen erstmals um. Ab diesem Alter verstehen sich die meisten als eher erwachsen. Interessanterweise zeigt Abbildung 0.1, dass der Anteil junger Menschen, die sich eher als erwachsen wahrnehmen, ab 28 Jahren auf einem konstanten Niveau von etwa zwei Dritteln verläuft, obwohl erwartet werden könnte, dass die Kurve die 100-Prozent-Marke anstreben könnte. Damit zeigt sich, dass auch im späteren jungen Erwachsenenalter immer noch nicht wenige Menschen die Frage nach dem eigenen Lebensgefühl mit »eher jugendlich« beantworten (▶ Abb. 0.1).

Wie die Ausführungen verdeutlichen, gibt es vielfältige Definitionen dafür, wann einerseits die Kindheit aufhört und die Jugend anfängt und andererseits die Jugend endet und das Erwachsensein beginnt. Für das vorliegende Buch werden nach unserer Definition sowohl Jugendliche als auch junge Erwachsene in den Blick genommen. Dies erscheint notwendig, da das Erwachsenwerden sich in den letzten Jahrzehnten durchaus gewandelt hat. Einige Schritte des Erwachsenwerdens erstrecken sich mittlerweile bis ins dritte, teilweise sogar bis ins vierte Lebensjahrzehnt hinein. Als grobe Orientierung, welche Altersgruppe junger Menschen im Fokus des Buches steht, gilt damit die Altersspanne der 12- bis Ende 20-Jährigen, wobei die 12- bis 17-Jährigen als »Jugendliche« und die ab 18-Jährigen als »junge Erwachsene« bezeichnet werden. Aus thematischen Gründen können dabei in den einzelnen Kapiteln durchaus auch Ausweitungen in Richtung jüngerer oder älterer Gruppen oder Fokussierungen auf spezifische, engere Altersgruppen erfolgen.

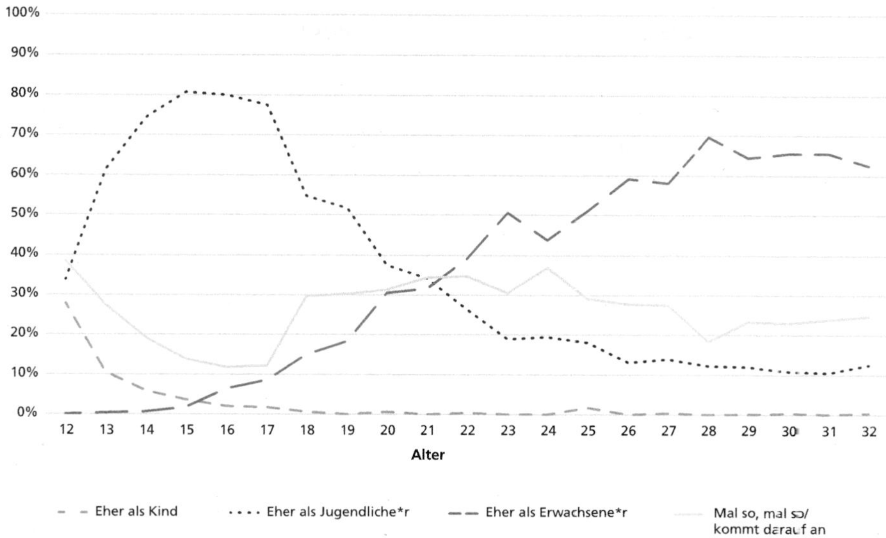

Abb. 0.1: Die biografische Selbstwahrnehmung junger Menschen nach Alter (in Jahren, in %) (Quelle: AID:A 2019, 12- bis 32-Jährige, n = 6.065, gewichtete Daten, eigene Berechnungen)

Vielfalt jugendlicher Lebenswelten als Grundprämisse

»Jugend« kann – unter einer Generationenperspektive – als eine Gruppe junger Menschen verstanden werden, die Teil einer Geburts- oder Alterskohorte sind und somit zu einem bestimmten Zeitpunkt in einer Gesellschaft geboren sind oder ein prägendes Ereignis erlebt haben. Das Generationen-Konzept im Sinne Karl Mannheims versteht unter einer »Generation« eine Gruppe von Menschen, die im selben Zeitraum geboren sind und einschneidende und damit kollektiv verbindende Ereignisse (z. B. den Ersten oder Zweiten Weltkrieg) durchlebt haben (vgl. Mannheim 1964, S. 536). Insofern kann es zu bestimmten Zwecken durchaus gerechtfertigt sein, von der »Jugend« im Ganzen zu sprechen.

Allerdings transportieren mediale und öffentliche Diskurse häufig pauschalisierende und stereotype Jugendbilder. DIE heutige Jugend sei so oder so, verhalte sich so oder so. Durch solche Zuschreibungen entstehen Jugendbilder, die vielleicht mehr über den Blick der Älteren auf die Jüngeren aussagen (nach dem Motto »Diese Jugend von heute!«) als über die Lebensverhältnisse und Alltagspraktiken der jungen Menschen selbst (vgl. z. B. Deutscher Bundestag 2017, S. 85).

Bei einer solchen homogenisierenden Perspektive fehlen wichtige Differenzierungen, und die Heterogenität jugendlicher Lebenslagen und Lebensstile bleibt unberücksichtigt. Denn auch wenn es mitunter attraktiv erscheinen mag, plakative Generationenzuschreibungen wie bspw. »Generation Praktikum«, »Generation Y« oder in jüngster Zeit »Generation Corona« zu verwenden und damit die Lebenssituation junger Menschen in ihrer Gesamtheit beschreiben zu wollen (vgl. in diesem Zusammenhang bspw. die Shell-Jugendstudien), so ist unserer Ansicht nach ein differenzierterer Blick auf die Lebenssituation junger Menschen notwendig: Denn DIE Jugend gibt es nicht. Einige Beispiele mögen dies verdeutlichen: Jugendliche leben in unterschiedlichen Jugendkulturen, hören die dazugehörige Musik, kleiden sich entsprechend und pflegen kulturelle Praxen. In diesen jugendkulturellen Lebensstilen (bspw. der Punks, Cosplayer, Raver, Gamer, Ökos, Gothics) zeigt sich eine große Vielfalt ästhetisch-kultureller Präferenzen und Positionen. Jugendliche bezeichnen sich selbst als gläubig oder areligiös und besuchen in unterschiedlichem Umfang Kirchen, Moscheen oder Synagogen. Die Zugehörigkeit zu ungleichen sozialen ›Schichten‹ prägt ihren sozialen Alltag und ihr sozialräumliches Lebensumfeld, bahnt bestimmte Freundschaftsbeziehungen und macht den Besuch bestimmter Schulformen mehr oder weniger wahrscheinlich. Die Beteiligung an Jugendverbänden wie der Freiwilligen Feuerwehr, der Pfadfinderschaft, der Naturschutzjugend oder der Jugendorganisation einer politischen Partei oder das Engagement in einer informellen Bewegung wie z. B. Fridays for Future spiegelt bestimmte politisch-gesellschaftliche Einstellungen und Werthaltungen wider. Aus einer Familie zu stammen, deren Wurzeln in einem anderen Land liegen, prägt die subjektiven Zugehörigkeiten von Jugendlichen zu ihrem Herkunftsland, zur Aufnahmegesellschaft oder auch zu einer offenen Identität als Bürger*in Europas. Die Vielfalt sexueller Orientierungen und geschlechtlicher Identitäten benennt eine weitere wichtige Ausprägung der Identität und Zugehörigkeit junger Menschen (vgl. Gaupp, 2015, 2017).

Am Beispiel von jungen Menschen mit Migrationsbiografie soll die Relevanz von den genannten Diversitätsmerkmalen nochmals in seiner Vielfalt und Tragweite illustriert werden: Deutschland hat eine lange Zuwanderungsgeschichte, in der junge Menschen mit vielfältigen Migrationsgeschichten aufwachsen. Jugend kann somit in vielen Fällen als multikulturelles Aufwachsen beschrieben werden. Dabei steigt der Anteil von jungen Menschen mit Migrationsbiografie an der Bevölkerung seit geraumer Zeit beständig an. Die individuelle Migrationsbiografie junger Menschen zeigt sich dabei als mehrdimensionales, vielfältiges Phänomen mit unterschiedlichen nationalen, ethnischen, kulturellen, sprachlichen und religiösen Herkunftsbedingungen. Hinter der Begrifflichkeit »junge Menschen mit Migrationshintergrund« verbirgt sich eine heterogene Gruppe in sehr unterschiedlichen Lebenskonstellationen: Junge Menschen mit Migrationshintergrund können in Deutschland geboren sein oder eine eigene Migrations- und Fluchterfahrung nach Deutschland aufweisen, sie können die deutsche und/oder eine andere Staatsangehörigkeit besitzen, bei eigener Zuwanderung kann der Aufenthaltsstatus ungesichert sein, die individuelle Bedeutung der verschiedenen ursprünglichen Herkunftsländer und ggf. damit verbundener kultureller und religiöser Orientierungen kann hoch oder auch nur marginal sein.

Die Reihe genannter Beispiele gesellschaftlicher Diversität ließe sich ohne Weiteres fortsetzen. Festzuhalten bleibt die Beobachtung, dass die Lebensphase Jugend wesentlich durch eine Vielfalt an Zugehörigkeiten, Lebenslagen, Identitäten und Orientierungen gekennzeichnet ist. Der 14. Kinder- und Jugendbericht formuliert diesen Gedanken in einer sprachlichen Abgrenzung von Jugend und Jugenden: »Der Vorstellung von Jugend im Singular wird die Heterogenität der Lebenslagen Jugendlicher und ihrer Sichtweisen entgegengehalten« (Deutscher Bundestag, 2013, S. 136).

Theoretisch-konzeptionelle Blickwinkel auf die Lebensphase Jugend

Wie blicken nun Jugendforschung und Jugendpolitik aus einer theoretischen Perspektive auf das Jugendalter? Es existieren vielfältige theoretische Konzepte, um die Lebensphase Jugend und den Prozess des Erwachsenwerdens zu beschreiben. Je nach Forschungsperspektive werden unterschiedliche Merkmale zur Charakterisierung von »Jugend« herangezogen. Dabei unterscheiden sich die verschiedenen Ansätze an vielen Stellen in ihren konzeptionellen und disziplinären Ausgangspunkten, inhaltlich überschneiden und ergänzen sie sich jedoch an vielen Stellen.

Im Folgenden soll eine Art ›Landkarte‹ wichtiger und besonders etablierter Konzepte skizziert werden mit dem Ziel, eine grobe Orientierung zu schaffen. Dazu werden nacheinander das Konzept der Entwicklungsaufgaben, Prozesse der Ablösung und Autonomiegewinnung, die lebenslauftheoretische Perspektive auf das Erwachsenwerden sowie die drei Kernherausforderungen des Jugendalters aus jugendpolitischer Sicht dargestellt.

Ausgewählte Konzepte zur Lebensphase Jugend

Entwicklungsaufgaben

Die Theorie der Entwicklungsaufgaben hat sich in der Jugendforschung breit etabliert, um das Erwachsenwerden Jugendlicher zu beschreiben und zu erklären. Erstmals taucht dieser Begriff bei Havighurst (1982 [1948]) auf, später auch bei anderen Autor*innen (vgl. z. B. Fend, 2003; Hurrelmann & Bauer, 2015; Quenzel, 2015). Nach Havighurst definieren bestimmte psychosoziale Entwicklungsaufgaben das Wesen des Jugendalters. Als Entwicklungsaufgabe versteht er eine Aufgabe, die während einer bestimmten Lebensphase ansteht und deren erfolgreiche Bewältigung zu Glück und Erfolg bei späteren Aufgaben führen soll, während Misserfolg eher zu Unzufriedenheit beim Individuum, zu Missbilligung durch die Gesellschaft und Schwierigkeiten bei späteren Aufgaben führt (Havighurst, 1953, S. 2).

Körperliche und psychische Veränderungen stellen wesentliche ›Motoren‹ der Entwicklungsaufgaben dar. Ein wichtiger Aspekt der Theorie besteht darin, dass nicht nur solche individuellen Veränderungen Berücksichtigung finden, sondern auch die an Jugendliche gerichteten gesellschaftlichen Erwartungen (vgl. Hurrelmann & Bauer, 2015, S. 75). Diese der Alters- und Lebensphase Jugend zugeordneten Erwartungen sind nicht unabhängig von Ort und Zeit, sondern unterscheiden sich je nach Gesellschaft und den jeweils aktuell herrschenden gesellschaftlichen Normen sowie historischem Kontext (vgl. Freund, 2003).

Bei der Zuordnung von Entwicklungsaufgaben zu einem bestimmten Alter geht es nach Schulenberg et al. (2004, S. 1119) weniger um Normalitätserwartungen an Jugendliche im Sinne eines ›Tun-Sollens‹, sondern um die Beobachtung, dass gewisse Entwicklungsaufgaben üblicherweise zu einem bestimmten Zeitpunkt im Lebenslauf erfolgen. Havighurst (1956, S. 216) benennt als zentrale Entwicklungsaufgaben für das Jugendalter

- das Erlernen einer männlichen oder weiblichen sozialen Rolle,
- die Akzeptanz des eigenen Körpers,
- das Erreichen der emotionalen Unabhängigkeit von der Elterngeneration,
- die Wahl und Vorbereitung auf einen Beruf,
- die Entwicklung eigener Werte und eines ethischen Systems als Orientierungsrahmen für das eigene Leben.

In neueren Konzeptualisierungen der Entwicklungsaufgaben finden sich deutliche inhaltliche Überschneidungen mit dieser ursprünglichen Formulierung. Zu den meist genannten Entwicklungsaufgaben gehören

- die (emotionale) Ablösung von den Eltern,
- der Aufbau von Partnerschafts- und Peerbeziehungen,
- die Aneignung einer Geschlechtsrolle,
- die Entwicklung eines eigenen Lebensstils,
- der Umgang mit Konsumgütern, Freizeit und Medien,
- der Vollzug von Qualifizierungsschritten in Richtung Ausbildung und Erwerbstätigkeit,
- die Entwicklung eigener Wertorientierungen sowie
- die Entwicklung zum*zur politisch partizipierenden Bürger*in (vgl. z. B. Quenzel, 2015, S. 238, Hurrelmann & Bauer, 2015, S. 76).

Ablösung, Autonomie und Individuation

Erwachsenwerden wird aus einer entwicklungspsychologischen Perspektive häufig mit dem Ablösungsprozess vom Elternhaus assoziiert oder gar gleichgesetzt, der bei Havighurst nur als eine unter mehreren Entwicklungsaufgaben gilt. Der Begriff Ablösung beschreibt einerseits den vielschichtigen Prozess des Erwachsenwerdens in seiner Breite (z. B. die Abwendung von den Eltern und stärkere Hinwendung zu Gleichaltrigen in Alltagskontexten), andererseits ist häufig auch ›nur‹ die emotionale Ablösung von den Eltern gemeint. In einem alltagspraktischen Verständnis ist mit »Ablösung« häufig insbesondere der Auszug aus dem Elternhaus assoziiert. Hurrelmann und Quenzel (2016, S. 154) sowie Vaskovics (2001, S. 11) bspw. unterscheiden jedoch verschiedene Aspekte der Ablösung von der Herkunftsfamilie, darunter etwa die emotionale, räumliche und finanzielle Ablösung, die in Summe den Ablösungsprozess insgesamt beschreiben.

Häufig werden zudem die Begrifflichkeiten »Ablösung« und »Autonomie« synonym verwendet (z. B. Hofer 2008, Kracke, 2007). Kracke (2007, S. 501) bezeichnet Autonomieentwicklung etwa als

> »den Prozess, in dessen Verlauf Individuen die Fähigkeit entwickeln, ihr Leben unabhängig von anderen Personen zu gestalten, indem sie selbstständig Ziele setzen und ihr Erleben und Handeln selbstständig regulieren. Die Autonomieentwicklung verläuft auf der kognitiven (z. B. Werte, Ziele, Wahrnehmung von Chancen), der affektiven (z. B. Unabhängigkeit, Selbstvertrauen) und der Verhaltensebene (z. B. Kontrolle und Selbstregulation).«

Autonomie wird entwicklungspsychologisch insbesondere aus zwei Gründen als bedeutsam angesehen: Zum einen sollen Menschen selbstständige, mündige Bürger werden, zum anderen ist der Erwerb von Autonomie für eine individuell gesunde psychische Entwicklung notwendig (Hofer 2008, S. 391).

Nach Sessa und Steinberg (1991, S. 42) können in vergleichbarer Weise drei Ebenen von Autonomie differenziert werden: emotionale Autonomie (zunehmende Deidealisierung der Eltern, weniger Abhängigkeit von diesen und mit dem Alter zunehmende Individuation), kognitive Autonomie (Gefühl der Selbstständigkeit, Glaube, die Kontrolle über das eigene Leben zu haben, sowie das Gefühl, Entscheidungen ohne übermäßige soziale Bestätigung treffen zu können) und Verhaltensautonomie (Regulierung des eigenen Verhaltens und eigene Entscheidungsfindung).

Faltermaier et al. (1992, S. 74) wiederum unterscheiden eine »äußere« Loslösung (d. h. steigende finanzielle Unabhängigkeit, Auszug aus dem Elternhaus und zunehmende Autonomie durch die Übernahme neuer Rollen) von einer »inneren« Loslösung (d. h. psychische Distanzierung von den Eltern). In der Diskussion um Ablösungsprozesse wird diese strikte Trennung von innerer und äußerer Loslösung jedoch in Frage gestellt, da diese suggeriert, dass mit dem Erwachsenwerden zwingend eine geringere emotionale Verbundenheit zwischen Eltern und Kindern verbunden ist. Die meisten Konzeptualisierungen verbinden letztendlich Schritte einer »äußeren« und »inneren« Ablösung. Einerseits lösen sich junge Menschen in ihrer praktischen Lebensgestaltung von den eigenen Eltern ab, andererseits bleiben sie diesen weiterhin emotional verbunden (vgl. z. B. Göppel, 2005, S. 141).

Diesen Ansatz verfolgt im Kern auch die Individuationstheorie. Sie legt den Fokus auf eine »Neugestaltung« der Eltern-Kind-Beziehung und postuliert eine Entwicklung weg von einem Abhängigkeitsverhältnis im Kindes- und Jugendalter hin zu einer Beziehung »auf Augenhöhe« im Erwachsenenalter (vgl. z. B. Grotevant & Cooper, 1985). Kracke (2007, S. 501) spricht in diesem Zusammenhang vergleichbar von der »Umgestaltung« der Eltern-Kind-Beziehung. Zwar ist Autonomie ein erklärtes Ziel westlicher Kulturkreise, dennoch heißt dies nicht, dass sich Autonomie und Verbundenheit ausschließen. Autonomie wird vielmehr als geringere elterliche Kontrolle und zunehmendes selbstständiges Handeln bei weiterbestehender emotionaler Verbundenheit mit den Eltern verstanden. Auf dem Weg ins Erwachsenenalter entwickeln die (jugendlichen) Kinder eine Selbstidentität unabhängig von ihren Eltern, dennoch bleiben Eltern und Kinder miteinander (emotional) verbunden und die Eltern bleiben für ihre Kinder weiterhin wichtige Ratgeber*innen und leisten seelische Unterstützung (vgl. Smollar & Youniss, 1989, S. 71).

Lebenslauftheoretische Perspektive auf das Erwachsenwerden

Einen spezifisch eigenen Blick auf das Erwachsenwerden bietet die Lebenslaufforschung. Ziel der Lebenslaufforschung ist es, gesellschaftlich bedingte Muster in Zeitpunkt, Dauer, Reihenfolge und Abstand zwischen einzelnen Lebensereignissen abzubilden (Elder, 1978, S. 21). Im Zentrum steht die Beschreibung, wann im Leben bestimmte biografische Ereignisse stattfinden. Zu welchem Zeitpunkt und in welcher Reihenfolge Ereignisse im Leben erfolgen, sagt dabei etwas über die normativen Rahmenbedingungen einer Gesellschaft aus, wie folgendes Zitat für den gesamten Lebenslauf beschreibt:

> »There exists what might be called a prescriptive timetable for the ordering of major life events: a time in the life span when men and women are expected to marry, a time to raise children, a time to retire. This normative pattern is adhered to, more or less consistently, by most persons in the society« (Neugarten et al., 1965, S. 711).

Viele Ereignisse im Leben sind zudem zeitlich miteinander gekoppelt und beeinflussen sich wechselseitig. Die Lebensverlaufsperspektive bietet sich damit besonders für die Analyse des Übergangs vom Jugend- ins Erwachsensein an, da in dieser Altersphase zentrale Übergänge zum ersten Mal im Leben stattfinden. Zugleich können darin erkennbare Veränderungen über die Zeit betrachtet werden, wodurch die Abbildung sozialen Wandels über mehrere Geburtskohorten möglich wird (vgl. z. B. Konietzka, 2010, S. 25f.). Die vielfältigen ›ersten Male‹ im Leben junger Menschen sind häufig einzigartig, werden emotional als hoch bedeutsam erlebt und erweisen sich oftmals als prägend für den weiteren Lebensverlauf, weswegen sie in der Regel gut erinnert werden (z. B. Pohl, 2007, S. 62; Reimer, 2001, S. 44ff.).

Als ›klassische‹ Lebensereignisse junger Menschen zählen Schritte von der Schule in den Beruf und damit hin zur finanziellen Selbstständigkeit (z. B. Abschluss der Schule, Beginn und Abschluss einer Ausbildung bzw. eines Studiums, Beginn einer Erwerbstätigkeit), das eigenständige Wohnen (z. B. Auszug aus dem Elternhaus) sowie Schritte hin zur Familiengründung (z. B. Eingehen von Partnerschaften, Zusammenziehen mit Partner*in, Heirat, Geburt von Kindern) (z. B. Konietzka, 2010; Shanahan, Porfeli, Mortimer & Erickson, 2008).

Neben dem Begriff »Lebensereignisse«, existieren in der Lebenslaufforschung auch weitere, alternative Begrifflichkeiten für denselben Gegenstand wie z. B. Statusübergänge, Marker oder Markierungspunkte. Der Begriff »Statusübergang« eignet sich besonders gut, biografische Lebensereignisse zu charakterisieren, da die mit dem Ereignis einhergehenden Veränderungen (z. B. emotionaler Art) oft einen gewissen Zeitraum umfassen und nicht an einem Tag erledigt sind.

Einzelne »Statusübergänge« sind wiederum von umfassenderen »Statuspassagen« zu unterscheiden (Huinink, 1995). Ein Statusübergang ist nach Huininks Verständnis »ein zentrales Lebensereignis, das zu einer signifikanten Veränderung der sozialen Position und der Lebensorganisation eines Akteurs führt. Es hat weitreichende Auswirkungen auf den weiteren Lebensverlauf« (ebd., S. 155). Der Übergang von der Jugend ins Erwachsenenalter insgesamt ist demgegenüber als eine Statuspassage im Lebensverlauf zu verstehen, die sich aus dem Zusammenwirken mehrerer Statusübergänge in verschiedenen Lebensbereichen zusammensetzt und »zu einer umfassenden Neustrukturierung der Lebensumstände« führt (ebd., S. 156). Das Erreichen für das Jugendalter zentrale Statusübergänge in Summe wird dann häufig als Erwachsen-*sein* verstanden (z. B. Buchmann & Kriesi, 2011).

Kernherausforderungen des Jugendalters aus jugendpolitischer Sicht

Auch in jugendpolitischen Kontexten finden sich Debatten über das, was die Lebensphase Jugend heute ausmacht. Einer dieser Orte ist der 15. Kinder- und Jugendbericht der Bundesregierung. Dort wird Erwachsenwerden als die Bewältigung von drei Kernherausforderungen des Jugendalters verstanden (Deutscher Bundestag, 2017, S. 49): Qualifizierung, Selbstpositionierung und Verselbstständigung.

- Unter dem Stichwort *Qualifizierung* wird Jugend als das Lebensalter gesehen, in dem junge Menschen durch Bildungsprozesse umfassende Kompetenzen erwerben, um die eigene wie die gesellschaftliche Zukunft (mit-)gestalten zu können. Es wird von ihnen erwartet, allgemeinbildende, soziale und berufliche Handlungsfähigkeiten zu erlangen.
- Das Erwachsenwerden junger Menschen wird weiter unter dem Stichwort *Selbstpositionierung* gefasst. Damit ist gemeint, dass junge Menschen eine Balance zwischen subjektiver Freiheit und sozialer Zugehörigkeit finden. Junge Menschen müssen für sich selbst Positionen finden, wie sie sich in persönlichen, politischen und sozialen Beziehungen verorten. Sie sollen Urteilskraft entwickeln, eigene Haltungen finden, eigene Meinungen vertreten und eigene Wege gehen. Selbstpositionierung verlangt damit ein Ausbalancieren eigener Positionen innerhalb sozialer Zusammenhänge. Das Jugendalter ist in diesem Sinn von der Suche nach einem Platz in der Gesellschaft geprägt.
- Unter *Verselbstständigung* wird in diesem Kontext schließlich eine zunehmende persönliche, soziokulturelle, ökonomische und politische Verantwortungsübernahme verstanden. Im Vordergrund stehen dabei selbstbestimmte Entscheidungen und selbstständiges Handeln. Dazu gehört auch, langfristig bindende, eventuell sogar nicht revidierbare Entscheidungen für das eigene

Leben zu treffen und deren Konsequenzen zu tragen. Bereiche, die solche Entscheidungsprozesse umfassen, sind bspw. Medienhandeln, Peerbeziehungen, Sexualität, Konsum oder Mobilität (vgl. ebd., S. 178).

Durch diesen Dreiklang der Kernherausforderungen des Jugendalters wird betont, dass das Erwachsenwerden nicht nur durch den Erwerb von Bildungszertifikaten, Übergänge in Ausbildung oder Studium sowie die Positionierung auf dem Arbeitsmarkt (Qualifizierung) charakterisiert ist, sondern durchaus breitere Aspekte und Lebensbereiche umfasst (vgl. hierzu auch Berngruber & Gaupp, 2017).

Neben diesen vier dargestellten theoretischen Blickwinkeln existieren vielfältige weitere Konzeptionen zum Jugendalter. So legt die Übergangsforschung etwa den Schwerpunkt auf bildungsbezogene Übergänge von der Schule in Ausbildung oder Studium und weiter in den Beruf (vgl. z. B. Stauber et al., 2007). Konzepte aus dem Kontext der politischen Bildung, betonen die Wichtigkeit, junge Menschen dazu zu befähigen, sich eigene Meinungen und Urteile bilden, selbstbestimmt Entscheidungen treffen sowie gesellschaftlich Verantwortung übernehmen zu können (vgl. z. B. Massing, 2013). Die Sozialisationsforschung fokussiert den Prozess der Persönlichkeitsentwicklung und die damit einhergehende Verarbeitung der inneren und äußeren Realität. Die Entwicklung der eigenen Persönlichkeit wird dabei als nie abgeschlossen betrachtet, sondern als je nach individuellen Erfahrungen, Bedingungen und Herausforderungen über den Lebenslauf veränderbar (vgl. Hurrelmann & Bauer, 2015, S. 20) angesehen. Diese Ansätze in ihrer Breite und Vielfalt ausführlicher darzustellen, würde den Rahmen des Buches sprengen. Sie sind jedoch ebenfalls Teil der oben zitierten ›Landschaft‹ jugendtheoretischer Konzeptionen.

Verselbstständigung als Rahmenkonzept des Buches

Wie die in aller Kürze beschriebene »Wanderung durch die Landkarte jugendtheoretischer Konzeptionen« deutlich gemacht hat, weisen die verschiedenen theoretischen Herangehensweisen an das Thema »Erwachsenwerden« trotz unterschiedlicher disziplinärer Ausgangspunkte und Begrifflichkeiten vielfache Berührungspunkte und Überschneidungen auf. Erwachsenwerden beinhaltet in diesem Sinne u. a. Bildungs- und Qualifizierungsschritte zu bewältigen, Verantwortung für sich selbst und andere Personen zu übernehmen, Entscheidungen über die eigene Lebensgestaltung zu treffen sowie bürgerschaftlich oder politisch Verantwortung zu tragen. Die Diagnose dieser Schnittstellen und Gemeinsamkeiten zwischen den Konzepten führt uns zu dem – zugegebenermaßen vielleicht etwas wagemutigen – Versuch, ein Arbeitsmodell für das vorliegende Buch zu entwerfen, das die Gedanken der unterschiedlichen Konzeptionen aufnimmt und integriert. Wir unternehmen diesen Versuch unter der Begrifflichkeit von Verselbstständigung.

Verselbstständigung ist dabei kein neues Konzept. Dies gilt nicht erst seit der eben genannten jugendpolitischen Betonung durch den 15. Kinder- und Jugendbericht der Bundesregierung (Deutscher Bundestag, 2017). Vielmehr integriert es die Betrachtung verschiedener Schritte hin zum Erwachsenenalter, die in den Erziehungswissenschaften, der Kinder- und Jugendhilfe und in Teilen der Jugendsoziologie diskutiert werden (vgl. z. B. Kötters, 2000; Junge, 1995; Deutscher Bundestag, 2017). Diesen Konzeptionen ist gemein, dass sie sowohl alltagspraktische, soziale und subjektive Verselbstständigungsprozesse als auch biografische Lebensereignisse als Grad von Verselbstständigung beschreiben.

Konzept der Verselbstständigung

Das *Konzept der Verselbstständigung*, wie wir es verstehen und definieren, berücksichtigt und verbindet *drei Ebenen*. Zum einen werden zentrale objektiv mess- und datierbare Lebensereignisse als Bestandteile von Verselbstständigung gesehen. Dazu gehören, ähnlich wie es die Lebenslaufforschung mit ihren Statusübergängen formuliert, *faktische Schritte des Erwachsenwerdens*. Beispiele sind etwa das Verlassen der Schule oder der Auszug aus dem Elternhaus. Zum zweiten werden verschiedene *Alltagspraktiken und Handlungsspielräume* als Aspekte der Lebensführung junger Menschen beachtet. Hierzu gehören etwa zunehmende Aktivitäten ohne Eltern, die Beteiligung an Wahlen, sich verändernde Freizeitaktivitäten oder sich ausweitende Mobilitätsspielräume. Zum dritten spielen auch *subjektive, innere Faktoren* von Verselbstständigung auf der Ebene von Gefühlen, Einstellungen und Werten eine wichtige Rolle. Hier sind bspw. die emotionale Ablösung von den Eltern, die Etablierung politisch-gesellschaftlicher Werthaltungen oder die Veränderung der biografischen Selbstwahrnehmung von einem jugendlichen hin zu einem erwachsenen Selbstverständnis zu nennen. Dabei können sich Entwicklungen auf diesen drei Ebenen der Verselbstständigung gegenseitig beeinflussen. So kann etwa das Erreichen bestimmter äußerer Verselbstständigungsschritte die innere Verselbstständigung im Sinne eines Gefühls von »Erwachsen-Sein« befördern oder ein Gefühl von »Erwachsen-Sein« die Vorbedingung für neue Alltagspraktiken darstellen.

Was soll in diesem Buch nun *inhaltlich unter Verselbstständigung gefasst* werden? Mit dem Prozess des Erwachsenwerdens ist die Vorstellung verbunden, dass junge Menschen zunehmend auf eigenen Beinen stehen, für sich selbst sorgen, eigene Entscheidungen treffen und sich als Teil der Gesellschaft verstehen und diese mitgestalten. Dabei sind sie immer auch in gesellschaftliche Verpflichtungen, Erwartungen, Rollenzuschreibungen eingebunden. Im Kontext dieses Bandes werden die folgenden sechs Dimensionen des Erwachsenwerdens in den Blick genommen:

1. ökonomische Aspekte der Verselbstständigung (z. B. Geldverwendung und Konsumentscheidungen, finanzielles Einkommen über Nebenjobs oder Erwerbstätigkeit),

2. soziale Aspekte der Verselbstständigung (z. B. Verliebt sein, Eingehen von Partnerschaften, Sexualität, eigene Elternschaft, Veränderung von Freundschaften und Peerbeziehungen, Veränderungen in Familienbeziehungen und der Beziehung zu den Eltern),
3. räumliche Aspekte der Verselbstständigung (z. B. Auszug aus dem Elternhaus, eigenständiges Wohnen, sich ausweitende Mobilitätsoptionen inkl. des potenziellen Erwerbs eines Führerscheins, Auslandsaufenthalte),
4. bildungsbezogene Aspekte der Verselbstständigung (z. B. Abschluss der Schule, Beginn und Abschluss von Ausbildung oder Studium, Absolvieren von Zwischenschritten, Eintritt in Erwerbstätigkeit, Beteiligung an informellen und non-formalen außerschulischen Lernprozessen),
5. politisch-gesellschaftliche Aspekte der Verselbstständigung (z. B. Beteiligung an Wahlen, Demonstrationen oder Petitionen, Engagement und Ehrenamt in Vereinen, in der Jugendarbeit oder in Freiwilligendiensten),
6. mediale/kulturelle Aspekte der Verselbstständigung (z. B. Entwicklung eines eigenen Lebensstils, Freizeitaktivitäten, jugendkulturelle Alltagspraktiken und Formen der Selbstinszenierung, reflektierte Nutzung von digitalen Medien im Alltag).

Mitgedacht werden bei diesen Schritten auch immer die spezifischen Lebenslagen von Jugendlichen und jungen Erwachsenen, so z. B. deren ökonomische Lebenskontexte (Armutslagen), familiale Herkunft (Familienkonstellationen, Bildung der Eltern), unterschiedliche Migrationserfahrungen oder auch durch die Region des Aufwachsens bedingte regionale Disparitäten (Stadt/Land, West-/Ostdeutschland). Weitere relevante Lebenslagen sind etwa Geschlecht, der eigene Bildungsstatus oder das Aufwachsen mit einer Beeinträchtigung oder Behinderung. Für bestimmte Gruppen junger Menschen kann damit Verselbstständigung etwas sehr Spezifisches darstellen. So kann für Jugendliche mit einer körperlichen Beeinträchtigung Verselbstständigung in besonderer Weise in einer selbstständigen Mobilität unabhängig von erwachsenen Betreuungs- oder Pflegepersonen bestehen. Für junge Menschen, die in einem institutionellen Setting bspw. einer stationären Wohneinrichtung der Kinder- und Jugendhilfe aufwachsen, sind mit dem Verselbstständigungsschritt des Auszugs aus etwa einer Wohngruppe andere Dinge verbunden, wie für junge Menschen, die aus der Wohnung der Herkunftsfamilie ausziehen. In diesem Sinne ist das Konzept Verselbstständigung auch unter einer *diversitätsorientierten Perspektive* zu sehen.

Betont werden muss auch, dass sich *Prozesse von Verselbstständigung und Verbundenheit* mit der Herkunftsfamilie nicht ausschließen. Ganz im Gegenteil. Durch Verselbstständigungsschritte wie bspw. den Auszug aus dem Elternhaus oder den ersten eigenen Verdienst können sich Eltern und ihre erwachsenen Kinder neu und anders zueinander positionieren und sich ggfs. auch wieder annähern. Hierbei kann es verschiedene Formen von Verbundenheit zwischen Eltern und ihren jugendlichen bzw. erwachsenen Kindern geben, die auch über Haushaltsgrenzen hinweg bestehen können, d. h., Familien können sich auf vielfältige Weise unterstützen. Eine Konzeption, die die Veränderung der Solidaritäts- und Kooperationsverhältnisse zwischen den Generationen in den Mittelpunkt stellt und dabei drei Dimensionen von Generationensolidarität benennt, stammt von Szydlik (2004, S. 32). Als affektive Solidarität benennt er die emotionale Verbundenheit und Zusammengehörigkeit, die assoziative Solidarität umfasst gemeinsame Aktivitäten und Kontakte und die funktionale Solidarität beinhaltet den Austausch von finanziellen, zeitlichen und räumlichen Unterstützungsleistungen. Die Vielfalt an Solidarität kann sich u. a. an der Möglichkeit, in schwierigen Lebenslagen ins Elternhaus zurückzuziehen oder durch emotionale Unterstützung in Form von Trost oder einem offenen Ohr zeigen. So weisen empirische Befunde darauf hin, dass auch im jungen Erwachsenenalter die Eltern weiterhin eine zentrale Rolle im Leben der erwachsenen Kinder spielen, wenn es um Rat und Unterstützung in schwierigen Situationen geht (vgl. z. B. Berngruber, 2013).

Eine weitere wichtige Differenzierung in der Betrachtung von Verselbstständigungsschritten liegt in deren potenzieller *Nicht-Linearität*. So ist Verselbstständigung als Prozess zu verstehen, der nicht unbedingt immer stringent in Richtung höherer Autonomie und Selbstständigkeit verläuft, sondern durchaus auch Umwege und Schleifen beinhalten kann. Zudem können Schritte der Verselbstständigung wie im Fall eines ›Wieder-zurück-zu-den-Eltern-Ziehens‹ durchaus auch reversibel sein. Nicht zuletzt können sich vermeintlich widersprüchliche Konstellationen ergeben, die zu einem Bild einer teilweisen oder partiellen Verselbstständigung führen, wenn etwa bereits berufstätige junge Erwachsene noch bei den Eltern wohnen. Insbesondere in der Jugendforschungsliteratur wird weithin angenommen, dass sich das Erwachsenwerden im Laufe des 20. Jahrhunderts zunehmend »entstandardisiert«. In diesem Kontext werden Diskussionen um De-Standardisierungsprozesse (z. B. Brückner & Mayer, 2005), Entstrukturierung (Olk, 1985) und Jo-Jo-Biografien (Biggart & Walther, 2006) beim Übergang vom Jugend- ins Erwachsenenalter geführt. Hierbei stellt sich die Frage, inwiefern sich Normalbiografien auflösen, indem sich Statusübergänge stärker zeitlich voneinander entkoppeln, weiter ausdifferenzieren, verzögern oder rückgängig gemacht werden. Demgegenüber gibt es auch Annahmen und Befunde einer Beschleunigung oder auch Verdichtung der Jugendphase, die durch zeitlich enger verlaufende Übergänge bewirkt wird (vgl. z. B. Lüders, 2007; Berngruber, 2016; Berngruber et al., 2020).

Wir wollen das Kapitel zum Konzept Verselbstständigung mit einer Überlegung abschließen, die sich mit der *Frage einer möglichen »Zielgröße« dieses Prozesses* beschäftigt. Kurz gefasst geht es um die Frage, wann junge Menschen als erwachsen gelten können oder sollen: Was soll oder kann ein Zielzustand sein, den es als Erwachsensein zu erreichen gilt? Und um es vorweg zu nehmen – eine einfache Antwort auf diese Frage gibt es nicht.

Der Begriff »Erwachsensein« suggeriert, dass es eine Art »Ziel« gibt, auf das junge Menschen zusteuern, mit dem dann der Prozess das Erwachsenwerdens als abgeschlossen angesehen werden kann. Allein die eben genannten Überlegungen zu nicht linearen, umkehrbaren und partiellen Schritten der Verselbstständigung lassen diesen Gedanken jedoch schnell als verkürzt erscheinen. Wenn das Erwachsensein als die Erreichung der verschiedenen Verselbstständigungsschritte in Gänze verstanden wird, inwiefern können dann bspw. Menschen, die weshalb auch immer unverheiratet oder kinderlos bleiben, als ›erwachsen‹ gelten? Wie steht es um Menschen, die keine Ausbildung abgeschlossen haben oder keiner Form gesellschaftlich anerkannter Erwerbstätigkeit nachgehen? Diese beiden Beispiele machen deutlich, dass das Erwachsenwerden als Prozess mit Eigensinn und Eigenlogik zu versehen ist. Eine vereinfachte und vereinfachende Normativität ist damit nicht angemessen. Denn was dieses Erwachsen*sein* genau genommen bedeutet, lässt sich nicht allgemeingültig bestimmen und definieren, da es von historischen Kontexten abhängig ist und gesellschaftlich immer wieder neu verhandelt werden muss. Um es an einem Beispiel konkret zu machen: Die Vorstellungen eines sogenannten »Normallebenslaufs« der 1950er Jahre für eine junge Frau oder einen jungen Mann unterscheiden sich ganz maßgeblich von dem, wie unsere heutige Gesellschaft angesichts deutlich veränderter und zumindest in Teilen egalitärerer Geschlechterverhältnisse auf die Lebensverhältnisse junger Frauen und Männer blickt.

Um dennoch die Antwort auf die oben genannte Frage nicht vollends schuldig zu bleiben, kann für das vorliegende Buch und sein Verständnis von Verselbstständigung Folgendes festgehalten werden. Es existiert kein normatives Ziel, das jeder junge Mensch erreichen soll oder muss. Verselbstständigung beschreibt vielmehr den vielschichtigen Prozess des Erwachsenwerdens, den junge Menschen mit zunehmendem Alter durchlaufen und in dem sie ihre eigene Identität entwickeln und ihre Freiheitsgrade und Gestaltungsmöglichkeiten hin zu einem selbstverantworteten Lebensentwurf und zur Mitwirkung in der Gesellschaft schrittweise erweitern.

Aufbau des Buches

Der folgende Aufbau des Buches gliedert sich in zwei größere Teile. In Teil I werden das Erwachsenwerden Jugendlicher in einen gesamtgesellschaftlichen Kontext gestellt und *gesellschaftliche und institutionelle Rahmenbedingungen des Aufwachsens* thematisiert. Junge Menschen wachsen nicht in einem ›luftleeren Raum‹ auf, sondern sind Teil einer Gesellschaft, die sie prägt und die sie als Akteur*innen aktiv mitgestalten. Sie finden sich vielfältigen politischen, rechtlichen, ökonomischen, technischen und sozialen Bedingungen gegenüber, mit denen sie umgehen müssen und die ihnen Handlungsspielräume eröffnen oder verschließen. Hierzu gehören etwa die demografische Entwicklung, regionale Disparitäten, Migration und Zuwanderung, Institutionen und Angebote der Kinder- und Jugendhilfe, soziale, ökonomische und bildungsbezogene Ungleichheiten, Diversität im Sinne geschlechtlicher und sexueller Vielfalt sowie Fragen nach zeitlichen Verhältnissen von Jugend. Damit stehen die kontextualisierenden Lebenslagen der jungen Menschen im Zentrum des Interesses. Lebenslagen sind dabei als gesellschaftlich gestaltbare Rahmenbedingungen und im Sinne des Lebenslage-Ansatzes von Gerhard Weisser als eine Art »Spielraum« zu verstehen (zit. n. Leßmann, 2006, S. 33). Jugend ist demnach nicht nur als individuell zu gestaltende, sondern auch als gesellschaftlich und politisch gerahmte Lebensphase zu betrachten, wie es der 15. Kinder- und Jugendbericht (Deutscher Bundestag 2017, S. 25) formuliert. Diese gegenseitige Konstituierung wird aus unterschiedlichen Perspektiven betrachtet.

Sarah Beierle und Frank Tillmann stellen in »Jugend – verdrängt und umworben« demografische Wandlungsprozesse des Aufwachsens vor und diskutieren ihre Auswirkungen in Bezug auf das Aufwachsen Jugendlicher (▶ Kap. 1). Es wird die Bedeutung ihrer Partizipationsmöglichkeiten in städtischen und ländlichen Regionen hervorgehoben. Jugendliche Partizipation fokussiert auch Liane Pluto in ihrem Beitrag »Strukturen und Angebote der Kinder- und Jugendhilfe mit einem besonderen Blick auf die Jugendarbeit« (▶ Kap. 2). Sie zeigt die Umsetzung der rechtlichen Aufgaben und Prämissen der Kinder- und Jugendhilfe auf und thematisiert die Selbstorganisation Jugendlicher in der Jugendarbeit als entscheidendes konzeptionelles Charakteristikum. In dem Beitrag »Materielle Lebenslagen, Bildungs- und soziale Ungleichheiten im Jugend- und jungen Erwachsenenalter« benennt Brigitte Schels die Bedeutung von materiellen Verhältnissen und ihrer sozialen »Vererbung« (▶ Kap. 3). Hier wird deutlich, wie sich nicht alle Jugendlichen die oben skizzierten Anforderungen von Verselbstständigungsprozessen ›leisten‹ können. Claudia Krell gibt in dem Beitrag »Pluralisierung und Vielfalt als Merkmal jugendlicher Lebensrealitäten – eine Darstellung am Beispiel sexueller und geschlechtlicher Vielfalt« einen Überblick über vielfältige soziale Zugehörigkeiten (▶ Kap. 4). Es wird aufgezeigt, dass sich LSBT*Q Jugendliche und nicht LSBT*Q Jugendliche hinsichtlich ihrer gesellschaftlichen Position und Selbstverständlichkeit stark unterscheiden. Christian Lüders schließt den Teil des Buches mit dem Kapitel »Jugend und Zeit – Formen der Thematisierung« ab (▶ Kap. 5).

Teil II des Buches greift die unterschiedlichen Aspekte von Verselbstständigung als zentrale Schritte des Erwachsenwerdens auf. Mit Bezug auf empirische Studien der Jugendforschung wird der Blick auf die Lebensführung und Alltagspraktiken junger Menschen gerichtet. Es geht darum, was Jugendliche ganz konkret tun. Die Auswahl der Themen kann dabei keinen Anspruch auf Vollständigkeit einlösen, vielmehr geht es um eine entlang des Konzepts Verselbstständigung inhaltlich begründete Auswahl an Themen.

Eric van Santen und Claus Tully leiten mit dem Beitrag »Ökonomische Aspekte des Erwachsenwerdens« in den zweiten Teil des Buches ein (▶ Kap. 6). Die finanzielle Situation von Heranwachsenden in ihren Familien und zeitlichen Phasen des Aufwachsens wird in verschiedenen Aspekten verhandelt. Hierzu gehören bspw. die Gelderziehung in der Familie oder die Motivationen von Jugendlichen zu Einkommen und Erwerbstätigkeit.

Daran anknüpfend werden unterschiedliche *soziale Aspekte des Erwachsenwerdens* vorgestellt (▶ Kap. 7). Cathleen Grunert entfaltet im Kapitel »Peerbeziehungen« (▶ Kap. 7.1) die unterschiedlichen Arten des Peerkontakts von dyadischen Beziehungen bis hin zu sozialen Netzwerken. Sie stellt die hohe Bedeutung der Peers für unterschiedliche Arten von Problembearbeitungen dar und diskutiert verschiedene Theorieperspektiven. Eva-Verena Wendt konzentriert sich auf »Partnerschaft und Sexualität« und knüpft an die Peerbeziehungen an, in denen Partnerschaften eigegangen werden und die sich durch Partnerschaften umgestalten (▶ Kap. 7.2). Außerdem werden die Bedeutungen von sexuellen und partnerschaftlichen Erfahrungen in der Adoleszenz für das spätere Erwachsenenalter diskutiert. In dem Beitrag »Jugendliche, junge Erwachsene und ihre Eltern: Beziehungsdynamiken und gesellschaftliche Einflüsse« betrachten Andreas Lange und Ulrika Keller die Beziehungen von Heranwachsenden in ihren Familien. Beziehungsdynamiken werden als ständige Neuaushandlung zwischen Eltern und jugendlichen Kindern, die die Balance zwischen Autonomie und Nähe suchen, betrachtet (▶ Kap. 7.3).

»Räumliche Aspekte des Erwachsenwerdens« (▶ Kap. 8). werden von Kathrin Klein Zimmer unter dem Aspekt der Mobilität betrachtet. In ihrem Kapitel »Jugendliches Unterwegssein – lokal, regional, national und transnational« wird der Fokus auf das Unterwegssein ohne Erwachsene gelegt und Mobilität als Aneignung und Umgestaltung von Räumen aufgezeigt, die global wie lokal für Jugendliche unterschiedlich zugänglich sind (▶ Kap. 8.1). Anne Berngruber stellt in dem Beitrag »Der Auszug aus dem Elternhaus als räumliche Verselbstständigung im jungen Erwachsenenalter« unterschiedliche Gründe für den Aus- und Rückzug ins Elternhaus vor und diskutiert, inwiefern sich deren Zeitpunkte verändern (▶ Kap. 8.2).

Christine Steiner leitet in den Teil ein, der »Bildungsbezogene Aspekte des Erwachsenwerdens« (▶ Kap. 9) thematisiert, indem sie aufzeigt, dass die soziale Herkunft immer noch bedeutend für Bildungsübergänge ist. In ihrem Beitrag »Ausgelernt!? Übergänge Jugendlicher und junger Erwachsener im Bildungs- und Erwerbssystem« zeigt sie auch Veränderungen, z. B. in dem wachsenden Bildungserfolg von Frauen, auf und diskutiert vielfältig die Individualisierungsthese (▶ Kap. 9.1). Der Beitrag »Schule als Lebensort« von Mirja Lange setzt sich mit dem Ausbau der Ganztagsschulen und ihrem Wandel von Lernort zu Lebensort auseinander (▶ Kap. 9.2). Dabei werden den Anforderungen bestehende Ressourcen gegenübergestellt, um mit einem Appell für mehr ungebundene Freizeit für Jugendliche in der Ausgestaltung der Aktivitäten und Räumlichkeiten zu schließen. Dieser Freiraum kann und soll auch für informelle und non-formale Bildung genutzt werden. Hier differenzieren Birgit Reißig und Tatjana Mögling in ihrem Kapitel »Informelle und non-formale Bildung im Jugend- und jungen Erwachsenenalter« die Begrifflichkeiten. Dass die Trennung nur eine analytische ist, wird an den Beispielen von außerschulischer Bildung, kultureller Bildung und Peerkontakten aufgezeigt (▶ Kap. 9.3).

»Politische und gesellschaftliche Aspekte des Erwachsenwerdens« (▶ Kap. 10) werden von Martina Gille in dem Artikel »Zivilgesellschaftliches Engagement von jungen Menschen: Beteiligung in Vereinen sowie Übernahme freiwilliger Aufgaben« aufgegriffen » (▶ Kap. 10.1). Entgegen der öffentlichen These eines Rückgangs jugendlichen Engagements wird die vielfältige Beteiligung junger Menschen skizziert, die sich vor allem nach Geschlecht und Migrationshintergrund unterscheidet. Maruta Herding und Maren Zschach stellen in dem Beitrag »Politische Beteiligung junger Menschen als Ausdruck von gesellschaftlicher Mitgestaltung« verschiedene Beispiele der Wahlbeteiligung, organisierten politische Beteiligung und der Beteiligung in digitalen sozialen Netzwerken vor » (▶ Kap. 10.2).

Das Kapitel »Erwachsenwerden mit (mobilen) digitalen Medien und in digitalen Sozialräumen« von Karin Knop und Dorothée Hefner leitet in den letzten Teil des Buches ein » (▶ Kap. 11.1), der *mediale und kulturelle Aspekten des Erwachsenwerdens* betrachtet. Es werden Potentiale und Herausforderungen der Mediennutzung dargestellt und besonders die Anpassung der Heranwachsenden an das Nutzungsverhalten der Peergroup kenntlich gemacht. Natalia Wächter entwirft in dem Beitrag »Jugendkulturen und ihre Beiträge zur Verselbstständigung von Jugendlichen und jungen Erwachsenen« typische Jugendkulturen, wobei die bestehenden Geschlechterunterschiede vor allem in Bezug auf Musikkultur und Fankultur markant bleiben (▶ Kap. 11.2). Marius Harring gibt einen Einblick in »Die Rolle von Freizeit im Prozess des Erwachsenwerdens«. Anhand des Aufeinander-Zugehens von Freizeit und formalisierter Bildung wird dafür appelliert, dass freie Zeit auch als freies Kreieren jugendlicher Lebenswelten ermöglicht wird (▶ Kap. 11.3). Abschließend beschreiben Nora Gaupp und Anne Berngruber das Erwachsenwerden als einen vielschichtigen Prozess und setzen ihn in den Kontext der Corona-Pandemie (▶ Kap. 12).

Mit diesem Band möchten wir Ihnen als Leser*in einen kompakten Einblick in die Lebensphase Jugend geben. Ganz gleich, aus welchem Kontext heraus Sie dieses Buch zur Hand nehmen – im Rahmen eines sozialwissenschaftlichen Studiums, als Fachkraft aus der pädagogisch-praktischen Arbeit mit Jugendlichen, als Elternteil, als Wissenschaftler*in, als Person, die mit jugendpolitischen Fragen umgeht –, es bleibt zu hoffen, dass Sie neue Perspektiven, anregende Gedanken, hilfreiche Sortierungen und interessante Befunde darin finden.
Eine weitere digitale Möglichkeit, sich mit den Inhalten dieses Buches auseinanderzusetzen, ist unser Podcast »Erwachsenwerden heute«. Zu ausgewählten Kapiteln finden Sie dort Interviewausschnitte mit den Autor*innen sowie Jugendlichen und jungen Erwachsenen, die aus ihrer persönlichen Lebenswelt berichten. Sie finden den Podcast auf der Webseite des DJI unter: www.dji.de/podcast/erwachsenwerden_heute.

Und bevor wir Ihnen nun eine anregende Lektüre wünschen, bleibt uns noch Dank zu sagen all denjenigen, die zum Gelingen dieses Buches beigetragen haben. Unser Dank gilt – an erster Stelle – den Kolleg*innen, die sich mit einem Text an diesem Band beteiligt haben. Er gilt weiter unserem studentischen Kollegen Philipp Stachowiak, der uns in vielfältiger Weise wunderbar unterstützt hat. Und nicht zuletzt möchten wir uns sehr herzlich bei Elisabeth Häge, unserer Ansprechpartnerin im Kohlhammer Verlag bedanken, die uns im Entstehungsprozess dieses Buches in bester Weise begleitet hat.

Anne Berngruber & Nora Gaupp

Literatur

Althans, B. (2004): Fehlende Übergangsrituale im Islam. Die produktive Leerstelle des Anderen. In: C. Wulf, B. Althans, K. Audehm, C. Bausch, B. Jörissen, M. Göhlich, R. Mattig, A. Tervooren, M. Wagner-Willi & J. Zirfas, J. (Hrsg.): Bildung im Ritual. Schule, Familie, Jugend, Medien. Wiesbaden: Springer VS, S. 241–268.

Arnett, J. J. (2000): Emerging Adulthood. A Theory of Development From the Late Teens Through the Twenties. American Psychologist 55(5), 469–480.

Berngruber, A. (2013): Von Nesthockern und Boomerang Kids. Der Auszug aus dem Elternhaus als ein Schritt im Übergang vom Jugendlichen zum Erwachsenen. Berlin: Mensch und Buch.

Berngruber, A. (2016): Verdichtet oder entgrenzt? Schritte in die Selbständigkeit von Frauen und Männern im jungen Erwachsenenalter. Diskurs Kindheits- und Jugendforschung, 11(2), 179–192.

Berngruber, A. & Gaupp, N. (2017): Erwachsenwerden. Mehr als nur der Übergang von der Schule in den Beruf. BWP – Zeitschrift des Bundesinstituts für Berufsbildung. 46(4), 6–9.

Berngruber, A., Gaupp, N. & Lüders, C. (2020): Jugendlich, erwachsen oder doch »dazwischen«? Die biografische Selbstwahrnehmung junger Menschen im Kontext der Debatte um Emerging Adulthood. Diskurs Kindheits- und Jugendforschung, 4, 385–400.

Biggart, A. & Walther, A. (2006): Coping with Yo-Yo-Transitions. Young Adults' Struggle for Support, between Family and State in Comparative Perspective. In: C. Leccardi & E. Ruspini (Hrsg.): A New Youth? Young People, Generations and Family Life. Hampshire: Ashgate Publishing Company, 41–62.

Brückner, H. & Mayer, K. U. (2005): De-Standardization of the Life Course: What it Might Mean? And if it Means Anything, Whether it Actually Took Place? In: R. Macmillan (Hrsg.): The Structure of the Life Course: Standardized? Individualized? Differentiated?, Band 9 (S. 27–53). Advances in Life Course Research. Amsterdam: Elsevier.

Buchmann, M. C. & Kriesi, I. (2011): Transition to Adulthood in Europe. Annual Review of Sociology, 481–503.

Deutscher Bundestag (2017): 15. Kinder- und Jugendbericht. Bericht über die Lebenssituation junger Menschen und die Leistungen der Kinder- und Jugendhilfe in Deutschland. Bundestagsdrucksache 18/11050. Berlin.

Deutscher Bundestag (2013): 14. Kinder- und Jugendbericht. Bericht über die Lebenssituation junger Menschen und die Leistungen der Kinder- und Jugendhilfe in Deutschland. Bundestagsdrucksache 17/12200. Berlin.

Elder, G. H. (1978): Family History and the Life Course. In: Hareven, T. K. (Hrsg.): Transitions. The Family and the Life Course in Historical Perspective. New York, San Francisco/London: Academic Press, 17–64.

Erikson, E. H. (1988): Der vollständige Lebenszyklus. Frankfurt a. M.: Suhrkamp.

EKD [Evangelische Kirche in Deutschland] (2020): Konfirmation. Mündiges Gemeindemitglied werden. [https://www.ekd.de/Konfirmation-10846.htm], Zugriff am 03.06.2020.

Faltermaier, T., Mayring, P., Saup, W. & Strehmel, P. (1992): Entwicklungspsychologie des Erwachsenenalters. Grundriß der Psychologie 14. Stuttgart, Berlin/Köln: Kohlhammer.

Fend, H. (2003): Entwicklungspsychologie des Jugendalters. Ein Lehrbuch für pädagogische und psychologische Berufe. 3., durchgesehene Auflage, Opladen: Leske + Budrich.

Freund, A. (2003): Die Rolle von Zielen für die Entwicklung. Psychologische Rundschau, 54(4), 233–242.

Fuchs, T. & Wiezorek, C. (2018): Jugendweihe & Co. – Übergangsrituale im Jugendalter. Diskurs Kindheits- und Jugendforschung, 3, 257–259.

Gaupp, N. (2015): (Lebens-)Welten von Jugendlichen sind bunt – Jugendforschung und Jugendhilfe müssen diese Vielfalt abbilden. dreizehn Zeitschrift für Jugendsozialarbeit. 14, 10–14.

Gaupp, N. (2017): Diversitätsorientierte Jugendforschung – Überlegungen zu einer Forschungsagenda. Soziale Passagen. 9(2), 423–439.

Gisart, B. (2018): Teilnahme am politischen Leben durch Wahlen. In: Statistisches Bundesamt/Wissenschaftszentrum Berlin für Sozialforschung (Hrsg.): Datenreport 2018. Ein Sozialbericht für die Bundesrepublik Deutschland (S. 341–349). Reihe: Zeitbilder. Bonn: bpb.
Göppel, R. (2005): Das Jugendalter. Entwicklungsaufgaben – Entwicklungskrisen – Bewältigungsformen. Stuttgart: Kohlhammer.
Grotevant, H. D. & Cooper, C. R. (1985): Patterns of Interaction in Family Relationships and the Development of Identity Exploration in Adolescence. Child Development 56(2), 415–428.
Havighurst, R. J. (1982 [1948]): Developmental Tasks and Education. New York: Longmans.
Havighurst, R. J. (1953): Human Development and Education. New York: Longmans.
Havighurst, R. J. (1956): Research on the Developmental-Task Concept. The School Review, 64(5), 215–223.
Hofer, M. (2008): Autonomie. Entwicklungspsychologie des Jugendalters. In: R. K Silbereisen & H. Hasselhorn (Hrsg.): Enzyklopädie der Psychologie, Band 5 (S. 389–420). Göttingen u. a.: Hogrefe.
Huinink, J. (1995): Warum noch Familie? Zur Attraktivität von Partnerschaft und Elternschaft in unserer Gesellschaft. Frankfurt & New York: Campus.
Hurrelmann, K. & Bauer, U. (2015): Einführung in die Sozialisationstheorie. Das Modell der produktiven Realitätsverarbeitung, 11. Auflage. Weinheim/Basel: Beltz.
Hurrelmann, K. & Quenzel, G. (2016): Lebensphase Jugend. Eine Einführung in die sozialwissenschaftliche Jugendforschung. 13., überarbeitete Auflage, Weinheim/Basel: Beltz Juventa.
Junge, M. (1995): Forever young? Junge Erwachsene in Ost- und Westdeutschland. Opladen: Leske + Budrich.
Katholisch.de (2020): Die Firmung, darum geht es! Fragen und Antworten rund um das Sakrament der Firmung. [https://www.katholisch.de/artikel/4504-firmung], Zugriff am 03.06.2020.
Keniston, K. (1968): Young Radicals: Notes on Committed Youth. New York: Harcourt, Brace & World.
Konietzka, D. (2010): Zeiten des Übergangs. Sozialer Wandel des Übergangs in das Erwachsenenalter. Wiesbaden: Springer VS.
Kötters, C. (2000): Wege aus der Kindheit in die Jugendphase. Biographische Schritte der Verselbständigung im Ost-West-Vergleich. Opladen: Leske + Budrich.
Kracke, B. (2007): Loslösung vom Elternhaus. In: M. Hasselhorn & W. Schneider (Hrsg.): Handbuch der Entwicklungspsychologie (S. 501–510). Göttingen u. a.: Hogrefe.
Leßmann, O. (2006): Lebenslagen und Verwirklichungschancen (capability) – Verschiedene Wurzeln, ähnliche Konzepte. Vierteljahreshefte zur Wirtschaftsforschung, 75(1), 30–42.
Lüders, C. (2007): Entgrenzt, individualisiert, verdichtet. Überlegungen zum Strukturwandel des Aufwachsens. Sozialpädagogisches Institut im SOS-Kinderdorf e. V. (Hrsg.): SOS-Dialog 2007. Jugendliche zwischen Aufbruch und Anpassung (S. 4–10). München.
Mannheim, K. (1964): Wissenssoziologie. Auswahl aus dem Werk. Berlin/Neuwied: Luchterhand.
Massing, P. (2013): Politische Bildung. In: U. Andersen & W. Woyke (Hrsg.): Handwörterbuch des politischen Systems der Bundesrepublik Deutschland. 7., aktualisierte Auflage Heidelberg: Springer VS. [Verfügbar unter: https://www.bpb.de/nachschlagen/lexika/handwoerterbuch-politisches-system/202092/politische-bildung?p=all], Zugriff am 14.04.2020.
Meysen, T., Schönecker, L. & Wrede, N. (2020): Gesetzliche Altersgrenzen im jungen Erwachsenenalter. Expertise erstellt im Auftrag des Deutschen Jugendinstituts e. V. (DJI) für das Bundesjugendkuratorium (BJK) [https://www.bundesjugendkuratorium.de/assets/pdf/press/SOCLES_Rechtsexpertise_Altersgrenzen_2020.pdf], Zugriff am 17.07.2020.
Neugarten, B. L., Moore, J. W. & Lowe, J. C. (1965): Age Norms, Age Constraints, and Adult Socialization. American Journal of Sociology, 70(6), 710–717.
Olk, T. (1985): Jugend und gesellschaftliche Differenzierung – Zur Entstrukturierung der Jugendphase. In: H. Heid & W. Klafki (Hrsg.): Arbeit – Bildung – Arbeitslosigkeit. Bei-

träge zum 9. Kongress der Deutschen Gesellschaft für Erziehungswissenschaft (S. 290–301). Beiheft der Zeitschrift für Pädagogik 19. Weinheim: Beltz,

Pohl, R. (2007): Das autobiographische Gedächtnis. Die Psychologie unserer Lebensgeschichte. Stuttgart: Kohlhammer.

Quenzel, G. (2015): Das Konzept der Entwicklungsaufgaben. In: K. Hurrelmann, U. Bauer, M. Grundmann & S. Walper (Hrsg.): Handbuch Sozialisationsforschung, 8. Auflage (S. 233–250). Weinheim: Beltz

Reimer, M. (2001): Die Zuverlässigkeit autobiographischen Gedächtnisses und die Validität retrospektiv erhobener Lebensverlaufsdaten. Kognitive und erhebungspragmatische Aspekte. Materialien aus der Bildungsforschung, Nr. 71, Max-Planck-Institut für Bildungsforschung, Berlin.

Rindfuss, R. R. (1991): The Young Adult Years: Diversity, Structural Change, and Fertility. Demography 28(4), 439–512.

Rousseau, J.-J. (1978 [1762]): Emil oder Über die Erziehung. 4. Auflage, Paderborn: Ferdinand Schöningh.

Sessa, F. M. & Stinberg, L. (1991): Family Structure and the Development of Autonomy During Adolescence. Journal of Early Adolescence, 11(1), 38–55.

Shanahan, M. J., Porfeli, E. J., Mortimer, J. T. & Erickson, L. D. (2008): Subjective Age Identity and the Transition to Adulthood. When Do Adolescents Become Adults? In: R. A. Settersten, F. F. Furstenberg & R. G. Rumbaut (Hrsg.): On the Frontier of Adulthood. Theory, Research, and Public Policy (S. 225–255). Chicago und London: The University of Chicago Press.

Schelsky, H. (1957): Die skeptische Generation. Eine Soziologie der deutschen Jugend. Düsseldorf-Köln: Eugen Diederichs Verlag.

Schröder, S. (2018): Zwischen DDR-Erbe, Familienfest und Konfirmations-Äquivalent. Die politische Re-Definition der Jugendweihe in Deutschland am Beispiel der Jugendfeier des Humanistischen Verbandes Deutschlands. Zeitschrift für Religion, Gesellschaft und Politik, 2, 61–80.

Schulenberg, J. E., Bryant, A. L. & O'Malley, P. M. (2004): Taking Hold of some Kind of Life: How Developmental Tasks Relate to Trajectories of Well-Being during the Transition to Adulthood. Development and Psychopathology, 16(4), 1119–1140.

Smollar, J. & Youniss, J. (1989): Transformations in Adolescents' Perceptions of Parents. In: International Journal of Behavioral Development 12(1), 71–84.

Stauber, B., Pohl, A. & Walther, A. (2007) (Hrsg.): Subjektorientierte Übergangsforschung. Rekonstruktion und Unterstützung biografischer Übergänge junger Erwachsener. Weinheim/München: Juventa.

Stecher, L. & Zinnecker, J. (1998): Kind oder Jugendlicher? Biographische Selbst- und Fremdwahrnehmung im Übergang. In: J. Zinnecker & R. K. Silbereisen (Hrsg.): Kindheit in Deutschland. Aktueller Survey über Kinder und ihre Eltern, 2. Auflage (S. 175–191). Weinheim/München: Juventa.

Szydlik, M. (2004): Inheritance and Inequality: Theoretical Reasoning and Empirical Evidence. European Sociological Review, 20(1), 31–45.

Vaskovics, L. A. (2001): The Sociological Theory of Post-Adolescence. Review of Sociology, 7(1), 5–20.

Vossenkuhl, A. (2010): (Berufs-)Schulpflicht in Deutschland. BWP 6, 53–54.

Zentralrat der Juden in Deutschland (2020): Bar Mizwa und Bat Mizwa – Die religiöse Mündigkeit von Mädchen und Jungen. [https://www.zentralratderjuden.de/judentum/riten-und-gebraeuche/bar-mizwa-und-bat-mizwa-die-religioese-muendigkeit-von-maedchen-und-jungen/], Zugriff am 03.06.2020.

Zinnecker, J. (1991): Jugend als Bildungsmoratorium. Zur Theorie des Wandels der Jugendphase in west- und osteuropäischen Gesellschaften. In: Melzer, W., Heitmeyer, W., Liegle, L. & Zinnecker, J. (Hrsg.): Osteuropäische Jugend im Wandel. Ergebnisse vergleichender Jugendforschung in der Sowjetunion, Polen, Ungarn und der ehemaligen DDR (S. 9–24). Weinheim/München: Juventa.

Teil I Gesellschaftliche und institutionelle Rahmenbedingungen des Aufwachsens

1 Jugend – verdrängt und umworben

Sarah Beierle & Frank Tillmann

1.1 Aufwachsen unter den Bedingungen des demografischen Wandels

Für alle Jugendlichen – egal ob in der Stadt oder auf dem Land – ist ihr Aufwachsen von Globalisierung, Internationalisierung, Digitalisierung, Inter- und Transkulturalität, Mobilität, Heterogenität und Urbanisierung geprägt. Dennoch existieren gerade hinsichtlich der sozialräumlichen Lebenswelten nach wie vor große Unterschiede, die vielfach durch die jeweiligen demografischen Entwicklungen prädisponiert sind.

Kapitelüberblick

Gegenstand dieses Beitrags soll es sein, die Wechselbeziehungen zwischen demografischen Wandlungsprozessen und den durch die Jugendlichen wahrgenommenen regionalen Rahmenbedingungen ihres Aufwachsens zu untersuchen. Gleichsam ist hier insbesondere die Rolle lokaler und regionaler jugendpolitischer Demografiestrategien von Interesse. Dazu kann einerseits auf qualitative Befunde aus dem vom Deutschen Jugendinstitut durchgeführten Forschungsprojekt »Jugend im Blick – Regionale Bewältigung demografischer Entwicklung« (Beierle, Tillmann & Reißig, 2016) zurückgegriffen werden, bei dem Jugendliche sowie Fachkräfte in ländlich geprägten Untersuchungsregionen aus acht Bundesländern im Rahmen von Gruppendiskussionen und Einzelinterviews befragt wurden. Außerdem werden andererseits aktuelle Daten der öffentlichen Regionalstatistik – vor allem mit Blick auf die Lebenswirklichkeit und Binnenwanderung junger Menschen – ausgewertet. Der Beitrag schließt mit einem Fazit der gewonnenen Befunde für eine jugendgerechte kommunale Politik.

1.2 Demografische Entwicklungen auf regionaler Ebene

Gerade seit der Wiedervereinigung spielen sich in Deutschland tiefgreifende demografische Wandlungsprozesse ab, von denen nicht zuletzt Jugendliche betroffen sind: Die Bevölkerung wird älter und sie wird diverser – dies vollzieht sich jedoch regional sehr unterschiedlich. Vor allem ländliche und strukturschwache Regionen sind von Schrumpfungsprozessen betroffen. Dies trifft insbesondere auf viele ostdeutsche Flächenlandkreise sowie Regionen im Saarland und in Rheinland-Pfalz zu (BBSR, 2019). Generell muss hier von einem schleichenden Prozess der »Entleerung der dünn besiedelten ländlichen Räume« gesprochen werden (Münter & Osterhage, 2018, S. 18). Aber auch größere Städte wie Dessau-Roßlau und Cottbus im Osten Deutschlands oder Wolfsburg und Gelsenkirchen im Westen haben mit einer rückläufigen Bevölkerungsentwicklung zu kämpfen (BBSR, 2019). Demnach können demografische Verwerfungen hierzulande nicht als rein ländliches Problem einer fortschreitenden (Re-)Urbanisierung angesehen werden.

Ursachen der regional sehr unterschiedlichen Bevölkerungsentwicklungen sind einerseits generative Faktoren – wie etwa der einschneidende Geburtenrückgang im Ostteil Deutschlands nach der Wiedervereinigung (Dienel, 2005) – sowie andererseits die auftretende (Binnen-)Wanderung, wobei vor allem junge Menschen in die Städte drängen – so wie die überwiegen jungen neu Zugewanderten, während die älteren Menschen am ehesten in ländliche Räume migrieren (Bauer, Rulff & Tamminga, 2019). Diese altersselektive Attraktivität ländlicher bzw. städtischer Räume bildet sich auch im jeweils beobachtbaren Durchschnittsalter der Regionen ab, denen die Land- und Stadtkreise zugeordnet werden können. Hierbei wiesen im Jahr 2017 städtische Regionen mit einem Mittelwert von 43,8 Jahren das niedrigste Durchschnittsalter der Wohnbevölkerung auf, gefolgt vom den Regionen mit Verstädterungsansätzen mit 44,4 Jahren bis hin zu Landkreisen der ländlichen Regionen mit einem Mittelwert von 45,3 Jahren (BBSR, 2019). Neben den jeweiligen regionalen Geburtenraten wirkt sich der Wanderungssaldo der jungen Bevölkerung, d. h. das Verhältnis von Zuzügen und Abwanderungen, unmittelbar auf die demografische Entwicklung aus. Einen Überblick zu den regionalen Disparitäten demografischer Wandlungsprozesse – hier die Zu- und Fortzüge von jungen Erwachsenen zwischen 18 und 25 Jahren, die sogenannte Bildungswanderung – liefert Abbildung 1.1. Auch wenn für den Indikator der Zu- und Abwanderung der 18- bis 25-Jährigen die Bezeichnung »Bildungswanderung« benutzt wird – da sie berufsbiografisch häufig im Zusammenhang mit der Aufnahme eines Ausbildungsverhältnisses oder eines Studiums steht – kann eine bildungsbezogene Veranlassung zur Binnenmigration hier nicht per se unterstellt werden. Vielmehr ist für die jungen Menschen bspw. vielfach auch die Aufnahme einer Berufstätigkeit ausschlaggebend (vgl. Mettenberger, 2019) (► Abb. 1.1.).

Hier zeichnen sich die Grenzen der fünf ostdeutschen Länder mit ihren negativen Saldi der Bildungswanderung in den dunkel dargestellten Regionen deut-

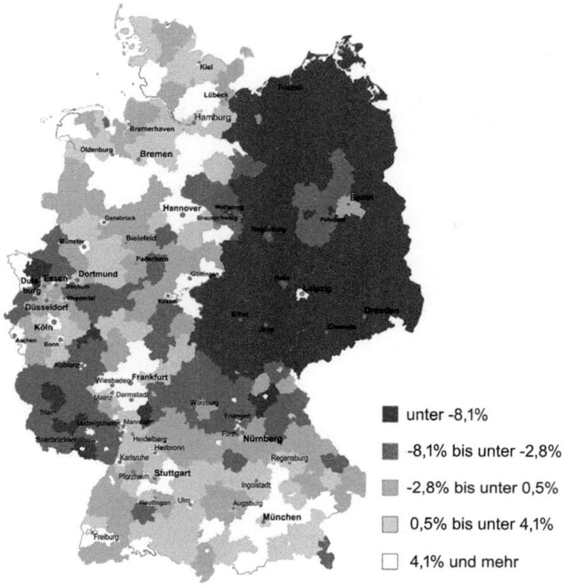

Abb. 1.1: Saldo aus Zu- und Abwanderung der 18- bis unter 25 -jährigen in Landkreisen und kreisfreien Städten im Zeitraum von 2012–2017 (in %) (erstellt über: BBSR (2019): INKAR – Indikatoren und Karten zur Raum- und Stadtentwicklung. BBSR. Bonn)

lich ab. Somit haben innerhalb der betrachteten fünf Jahre gerade dort mehr junge Menschen ihren Landkreis verlassen als aus dieser Altersgruppe dorthin zugewandert sind. Gleichzeitig werden auch in Westdeutschland demografische Verwerfungen sichtbar – etwa in Franken und im Rheinland. Da sich die Geburtenrate als ein demografischer Faktor wesentlich aus dem Anteil der Wohnbevölkerung ergibt, der sich in einer generativen biografischen Lebensphase befindet, kann dieser gegenüber der Abwanderung junger Menschen als kausal nachrangig angesehen werden. Typisch für viele Landkreise, aber auch Städte ist hierbei eine selbstverstärkende Dynamik von Abwanderung, negativen öffentlichen Diskursen und einer nachteiligen Regionalentwicklung (vgl. Christmann, 2009). Somit gilt es hier vorrangig zu beleuchten, was die Attraktivität einer Region aus Sicht von Jugendlichen ausmacht und welche Erwartungen sie an sie richten.

Betrachtet man die Zusammensetzung der Wohnbevölkerung hinsichtlich weiterer Merkmale, so zeigen sich unabhängig vom Alter bei den Migrationsanteilen deutliche regionale Unterschiede: So ist der Anteil der Minderjährigen mit Migrationshintergrund mit Werten zwischen 8,9 und 12,1 % in den ostdeutschen Flächenländern deutlich geringer als in den westdeutschen mit Anteilen zwischen 23,5 und 46,2 % und als in den Stadtstaaten, wo diese sogar zwischen 45,2 und 50,5 % liegen. In den ostdeutschen Flächenländern handelt es sich aber deutlich häufiger um Kinder und Jugendliche, die selbst zugewandert (41 % all jener mit Migrationserfahrung) sind, als in den westdeutschen Flächenländern und Stadtstaaten (18,4 % derer mit Migrationserfahrung). Zehn Jahre zuvor waren bereits vergleichbare migrationsbezogene Unterschiede zwischen den Regionen zu beobachten – allerdings auf einem geringeren Niveau. Wenngleich die eigene Migrationserfahrung insgesamt eher geringfügig zugenommen hat, gibt es jedoch in allen Regionen für einige Altersgruppen erhebliche Veränderungen (Autorengruppe Kinder- und Jugendhilfestatistik, 2019).

1.3 Bedingungen des Aufwachsens Jugendlicher in strukturschwachen ländlichen Räumen

Das Jugendalter ist durch eine Reihe von Veränderungsprozessen gekennzeichnet, die junge Menschen durchlaufen und mitgestalten. Eine zentrale Anforderung dieses Lebensabschnitts besteht in der Herausbildung der eigenen Persönlichkeit und Identität. Für Jugendliche gilt es dabei, Fähigkeiten, Kompetenzen, Kulturtechniken und Wissen zu erwerben, die es ihnen ermöglichen, ein eigenständiges, selbstbestimmtes Leben zu führen und gesellschaftliche Teilhabe zu erlangen (Deutscher Bundestag, 2017, S. 89f.).

Allerdings verändern sich die Lebensrealitäten und somit die Bedingungen des Aufwachsens in modernen Gesellschaften sehr rasch. Durch Megatrends wie den demografischen Wandel, Digitalisierung und Globalisierung ergeben sich sowohl Chancen als auch Risiken für junge Menschen in ihrem Sozialisationsprozess. Die ökonomischen, emotionalen und sozialen Ressourcen, die der Bewältigung dieser Herausforderungen dienen, sind allerdings ungleich verteilt und werden in der Regel von der Elterngeneration an die Kinder weitergegeben. Dementsprechend haben es Jugendliche mit einem armen und bildungsfernen Hintergrund hierzulande im internationalen Vergleich deutlich schwerer als Gleichaltrige, die über eine gute Ressourcenausstattung verfügen (Schleicher, 2019).

Soziale Benachteiligung sollte diesbezüglich auch in Zusammenhang mit der regionalen Verortung gesetzt werden, denn neben den individuellen bzw. familiären Voraussetzungen nehmen zusätzlich auch die Angebotsstrukturen und Sozialisationsgelegenheiten einer Region erheblichen Einfluss auf die Bedingungen des Aufwachsens. Im Zuge des Jugendalters finden Sozialisationsprozesse zunehmend außerhalb der Familie und in institutionalisierten und/oder peer-orientierten Settings statt. Jedoch zeigen sich hier deutliche Disparitäten z. B. zwischen Ost- und Westdeutschland, städtischen und ländlichen Räumen sowie insbesondere zwischen ökonomisch starken und schwachen Regionen.

Nachfolgend werden die Bedingungen des Aufwachsens Jugendlicher in strukturschwachen ländlichen Räumen anhand von drei Teilhabebereichen näher betrachtet. *Bildungsteilhabe* stellt einen zentralen Aspekt dar, da die Chancen zur gesellschaftlichen Teilhabe nach wie vor weitgehend über eine bildungsadäquate Platzierung auf dem Erwerbsmarkt reguliert werden. Erfahrungsgelegenheiten in der Peergroup stellen im Jugendalter wichtige Experimentierräume bereit. Daher werden zweitens die Besonderheiten der *Freizeitgestaltung* von jungen Menschen in ländlichen Räumen betrachtet. Auch die Berücksichtigung ihrer Belange und Bedürfnisse hat einen erheblichen Einfluss darauf, ob junge Menschen ihre Umwelt und ihre Biografie als gestaltbar wahrnehmen. Somit werden drittens die *Partizipations- und Mitgestaltungsmöglichkeiten* junger Menschen erörtert.

1.3.1 Bildungsteilhabe

Seit Jahren kann hierzulande beobachtet werden, dass sich die Binnenwanderung nicht nur altersselektiv vollzieht, sondern auch bildungsspezifisch. Demnach sind es überproportional gut ausgebildete junge Menschen, die die Regionen mit, aus ihrer Sicht, wenig vielversprechenden Verwirklichungsoptionen verlassen (Milbert & Sturm, 2016). Eine differenzierte Betrachtung der Bedingungen in peripheren Räumen liefert hier jedoch eine ambivalente Beschreibung von Aspekten der Bildungsteilhabe. Einerseits muss konstatiert werden, dass ländliche Regionen den dort lebenden Kindern und Jugendlichen geringere Bildungschancen einräumen. So liegt der Anteil von Absolvent*innen mit Hochschulreife in dünn besiedelten ländlichen Kreisen mit 26 % deutlich niedriger als in den städtischen mit 32 % und vor allem den großstädtischen mit über 40 % (Reißig & Tillmann, 2017, S. 313). Auch legt bspw. die Untersuchung von Bildungswegentscheidungen in Oberfranken den Schluss nahe, dass Elternhäuser den Besuch ihrer Kinder auf einer weiterführenden Schule dann häufiger abwenden, wenn sich diese weiter entfernt befindet. Als Schwellenwert dafür wurde hier bereits eine kritische Entfernung von fünf Kilometern ermittelt. Zudem trat zutage, dass dies insbesondere auf eher bildungsferne Elternhäuser zutraf, so dass sich im ländlichen Raum offenbar eine stärkere Reproduktion von Bildungsungleichheiten vollzieht (Fischer, Zeichner & Hofmann, 2018).

Wenngleich diese Erscheinungsformen einer geringeren Bildungsteilhabe kaum als entscheidungsrelevant für die Abwanderung in andere Regionen gelten können, bildet das Vorhandensein von Schulstandorten insbesondere im ländlichen Raum – wie in Fallstudien aus Österreich hervorgeht – durchaus einen demografischen Haltefaktor für Familien. Auch darin kommt eine sich anbahnende Abwärtsspirale selbstverstärkender regionaler Dynamiken zum Vorschein (vgl. Kroismayr, Hirzer & Bittner, 2016). Angesichts einer wegbrechenden Bildungsinfrastruktur sind Kinder und Jugendliche somit als eine der ersten Bevölkerungsgruppen von regionalen demografischen Wandlungsprozessen betroffen.

Doch gerade an der Schwelle nachschulischer Anschlusspläne werden – wie aus dem qualitativen Material der Gruppendiskussionen mit Jugendlichen hervorgeht – die vorhandenen Perspektiven weiterführender Bildungsoptionen als wichtiger Pull-Faktor für Jugendliche in Bezug auf ihre Bleibeabsichten entscheidungsrelevant. Dies kann für die beiden Standortmerkmale vorhandener Ausbildungsplätze sowie der Studienangebote für Hochschulzugangsberechtigte in der Region veranschaulicht werden.

Angebots-Nachfrage-Relation (ANR)

Einen Indikator zur Abbildung der regionalen Angebotssituation liefert die Angebots-Nachfrage-Relation (ANR). Sie gibt die Anzahl der offenen Ausbildungsstellen im Verhältnis zu den bei der Bundesagentur für Arbeit gemeldeten Ausbildungssuchenden an. Darin kommt zum Ausdruck, welche regionalen Optionen Jugendliche in Bezug auf die Erlangung eines Ausbildungsplatzes vorfinden.

Angesichts der im Grundgesetz verbrieften Berufswahlfreiheit müssten, einem Urteil des Bundesverfassungsgerichts zufolge, 12,5 % mehr Stellen als Bewerber*innen vorgehalten werden (BVerfGE 55, S. 274), was jedoch in kaum einem Landkreis erreicht wird. Wenngleich hier deutliche regionale Unterschiede bestehen, ist im Durchschnitt für das Jahr 2017 festzustellen, dass ländlich geprägte Landkreise eine für die Absolvent*innen sogar etwas günstigere ANR von 109 Ausbildungsplätzen je 100 Bewerber*innen verzeichneten – gegenüber den städtischen mit 104 (BBSR, 2019).

Anders gestaltet sich die Angebotssituation auf dem Land für Jugendliche mit Hochschulzugangsberechtigung. Hier ist die Landschaft der Hochschulstandorte sichtbar ausgedünnt, wenn bei 60 % der 203 ländlich geprägten Flächenkreise nicht einmal in angrenzenden Landkreisen Studienmöglichkeiten bestehen (ebd.). In den Gruppendiskussionen des Forschungsprojekts »Jugend im Blick« wurde von den Teilnehmer*innen in Gymnasialbildungsgängen denn auch betont, wie sehr sie Studienmöglichkeiten in ihrer Region schätzen (würden). Stellt man in den Landkreisen die weiterführenden berufs- und allgemeinbildenden Angebote dem jeweiligen Saldo der sogenannten Bildungswanderung der 18- bis 25-Jährigen gegenüber, so zeigt sich ein naheliegender Zusammenhang: Über 30 % der auf Landkreisebene auftretenden Zu- und Abwanderungsbewegungen lassen sich durch das Vorhandensein solcher weiterführenden Angebote aufklären. Dennoch zeugen die qualitativ erhobenen Sichtweisen der Jugendlichen an den Untersuchungsstandorten davon, dass die Entscheidung, den Heimatort mit Blick auf die berufliche Selbstverwirklichung zu verlassen, den meisten nicht leichtfällt. Innerhalb der Forschung wird dabei kontrovers diskutiert, inwiefern »weiche Standortfaktoren« zur Wahrnehmung der Region beitragen (vgl. Grabow, 2004).

1.3.2 Freizeitgestaltung

Für Heranwachsende stellen Treff- bzw. Freizeitmöglichkeiten als Orte freiwilliger jugendlicher Gesellung wichtige Gelegenheitsstrukturen im Sinne von Lern-, Erfahrungs- und Experimentierräumen bereit, in denen sie sich mit Gleichaltrigen oder mit Personen mit ähnlichen Interessen austauschen und auseinandersetzen können. Da der Erwerb von Normen und Verhaltensweisen dabei zunehmend im Freundes- und Bekanntenkreis erfolgt, brauchen Jugendliche neben Schule und der familiären Wohnung im Sinne des Konzepts der dritten Orte (Oldenburg, 2000) z. B. Jugendräume, die für sie leicht zu erreichen und niedrigschwellig zugänglich sind und die sie eigenständig gestalten können.

Für die Peergroup-Vergemeinschaftung führt der demografische Wandel in bevölkerungsarmen Regionen jedoch zu einigen spezifischen Problemlagen bzw. Herausforderungen. So hat die Zentralisierung des Bildungswesens durch Schulfusionen oder Schulschließungen in schrumpfenden Regionen auch Auswirkungen auf Gelegenheitsstrukturen zur Herausbildung von Peer- und Freundschaftsbeziehungen (Walgenbach, 2011). Entsprechend bedarf es in bestimmten ländlichen Regionen einer erhöhten Mobilitätsanstrengung, um gewisse Freizeitaktivitäten und Treffen mit Peers realisieren zu können (Harring, 2018, S. 331). Dabei unterscheiden sich die reinen Fahrzeiten häufig gar nicht so stark gegenüber den Fahrzeiten von Jugendlichen in der Großstadt – aufgrund der deutlich geringeren Taktung der Verkehrsmittel sind es insbesondere die langen Wartezeiten, die für die Leerläufe im Tagesablauf verantwortlich sind.

In ländlichen Räumen spielen zivilgesellschaftliche Akteur*innen hinsichtlich der Infrastruktur zur Freizeitgestaltung eine erhebliche Rolle. Dies hängt insbesondere auch damit zusammen, dass sich kommerzielle Anbieter von Freizeitorten (z. B. Kinos, Cafés, Diskotheken) bei rückläufiger demografischer Entwicklung aus der Fläche zurückziehen. Der Freiwilligensurvey 2014 zeigte auf dass in ländlichen Räumen im Verhältnis signifikant mehr (junge) Menschen als in den Städten ehrenamtlich engagiert sind. Dies trifft aber überwiegend auf die westdeutschen ländlichen Räume zu. Zudem stellt sich im Stadt-Land-Vergleich die höhere Bedeutung von Vereinen im Alltagsleben der Jugendlichen auf dem Land heraus (Simonson, Vogel & Tesch-Römer, 2017, S. 26). Allerdings ist hier die Angebotspalette vielerorts auf z. B. Sportvereine und Heimatvereine begrenzt. Daher kann es in ländlichen Regionen auch zu einem größeren Konformitätsdruck an lokale Peer-Kulturen kommen (Siebert, 2006). Zunehmend wirkt sich die Alterung der Bevölkerung auch auf die Zivilgesellschaft aus. Es wird immer schwieriger, in der knappen verbleibenden Freizeit einerseits Angebote in bspw. Jugendverbänden, Jugendpolitik oder Sportvereinen wahrzunehmen und andererseits insbesondere diese aktiv (ehrenamtlich) zu gestalten.

In der Studie »Jugend im Blick« konnte durch die Auswertung qualitativer Daten aus Gruppendiskussionen ermittelt werden, dass die soziale Eingebundenheit durch Aktivitäten in Vereinen, Organisationen und Angeboten der Jugendarbeit einen erheblichen Einfluss auf die Lebensqualität der Jugendlichen nimmt. Insbesondere waren es die Jugendlichen mit einer hohen Sozialkapitalausstattung, die mit ihren Lebensbedingungen auf dem Land zufrieden waren. Sie haben hohe Bildungsambitionen und verfügten über den finanziellen und emotionalen Rückhalt ihrer Familien und ihres sozialen Umfelds und können über soziale Kontakte z. B. Mobilitätsherausforderungen bewältigen. Dennoch sind es genau diese Jugendlichen, die zumindest einen zeitweisen Wegzug aus der Region planen, um ihre eigenen beruflichen Vorhaben verfolgen zu können.

Das Aufwachsen in ländlichen Räumen verläuft im Spannungsfeld zwischen dörflicher Tradition einerseits und den Anforderungen der modernen Gesellschaft andererseits. Den meisten Jugendlichen gelingt es gut, sich darin zu orientieren. In stark peripheren Orten kann es jedoch zu einer »Verinselung jugendlicher Lebenswelten« kommen, nämlich dann, wenn es den Jugendlichen nicht gelingt, verschiedene parallele Lebenswelten durch eigene Syntheseleistungen zu verbinden. Dies trifft insbesondere auf die Jugendlichen mit einer geringen Ressourcenausstattung und geringem Sozialkapital zu. Gerade für diese Jugendlichen bildet Schule – in ländlichen Gegenden oft die einzige öffentliche Institution – mit ihren außerunterrichtlichen Angeboten auch einen relevanten Freizeitrahmen und kann somit Möglichkeitsräume für Peerbeziehungen eröffnen (vgl. Becker & Moser, 2013).

1.3.3 Jugendliche Belange und Jugendpartizipation

Neben dem Ringen um Freiräume für die Freizeitgestaltung wird in der Jugendpolitik die Forderung immer lauter, Jugendliche stärker in Entscheidungsprozesse einzubeziehen. Dies wird insbesondere mit Blick darauf diskutiert, dass zum einen junge Menschen politisch wenig repräsentiert sind und zum anderen bestehende Beteiligungsformate diese kaum erreichen und zu wenig in reale Beteiligungsprozesse integrieren (Gaiser, Krüger, de Rijke & Wächter, 2016).

Junge Menschen stärker in die Gestaltung ihres Lebensraums aktiv einzubinden, ist eine Anforderung, die sowohl für die Stadt als auch für das Land gilt. Da aber in ländlichen Räumen die Anzahl an Kindern und Jugendlichen in Relation zur Gesamtbevölkerung geringer ist, scheinen hier die älteren Generationen häufig das regionale gesellschaftliche Miteinander und die politische Schwerpunktsetzung zu dominieren.

In der Studie »Jugend im Blick« wurde das Vorhandensein politischer Interessensvertretungen über Jugendparlamente oder Jugendvertretungen auf Landkreisebene erhoben. Hierbei zeigten sich deutschlandweit deutliche Unterschiede hinsichtlich der Frage, wie viele Jugendliche durch die formalen Formate vertreten werden. In Gruppendiskussionen äußerten die Jugendlichen gleichzeitig ein hohes allgemeines Partizipationsbedürfnis. Die wenigen Studien, die es zu formalen Interessensvertretungen gibt, legen nahe, dass sie oft nur einem begrenzten Teil von Kindern und Jugendlichen die Möglichkeit der aktiven Mitarbeit bieten und nicht den Querschnitt der Bevölkerung abbilden. Die Erfahrungen mit Kinder- und Jugendparlamenten fallen sehr unterschiedlich aus und hängen von lokalen Strukturen, den Rahmenbedingungen und Ressourcen und den tatsächlichen Einflussmöglichkeiten ab. Sie sind eine Form von Interessensvertretung – können aber nicht die einzige sein (vgl. Speck, 2010; Rollfing, 2018).

Auch Jugendringe als Zusammenschlüsse der Jugendverbände und Jugendorganisationen vor Ort haben den Anspruch, nicht nur für die in ihnen vertretenen Organisationen und Gruppen zu sprechen, sondern die Interessen aller Kinder und Jugendlichen zu vertreten (Peucker, Pluto & van Santen, 2019). Doch auch hier zeigen sich deutliche regionale Unterschiede. In einem Drittel der Jugendamtsbezirke gibt es keinen Jugendring, wobei auch hierbei bundeslandspezifische Unterschiede bestehen und insbesondere in kreisangehörigen Gemeinden mit einem eigenen Jugendamt seltener ein Jugendring auf der Ebene des Jugendamtsbezirks existiert. Damit fehlt in diesen Regionen ein wichtiger Akteur der Jugendpolitik und der Interessensvertretung junger Menschen.

Als Teil der politischen Öffentlichkeit ist es zudem die Aufgabe der Kinder- und Jugendarbeit, jungen Menschen auch Erfahrungen der Mitbestimmung, Mitgestaltung und Verantwortungsübernahme jenseits ihrer Institutionen zu ermöglichen. In einem Positionspapier der Landesjugendämter von 2016 ist die Bedeutung der Kinder- und Jugendarbeit für das Bereitstellen von Diskursräumen als Voraussetzung dafür, dass Kinder und Jugendliche ihre Anliegen in die kommunale Öffentlichkeit bringen können, erörtert worden (Bundesarbeitsgemeinschaft Landesjugendämter, 2016). Die Einbeziehung von jungen Menschen durch niedrigschwellige Beteiligungsformate ist von vielen Akteuren als Herausforderung erkannt worden, allerdings wird auch betont, dass in sehr großen Flächenlandkreisen hierbei große organisatorische Hürden vorliegen. Die im Projekt »Jugend im Blick« befragten Jugendlichen hatten so gut wie keine Erfahrungen mit Partizipationsansätzen auf der kommunalen Ebene. Doch genau dies wünschten Sie sich: Dass sie aktiv eingebunden werden, gefragt werden und sich ihre Ideen auch tatsächlich in Ergebnissen widerspiegeln.

1.4 Schlussfolgerungen

Neben den klassischen Differenzierungen nach Stadt und Land, Ost und West sowie Süd und Nord weisen detailliertere Betrachtungen der lokalen Jugendpolitik darauf hin, dass diese auch innerhalb einer Kategorie sehr heterogen sind. Die Rahmenbedingungen des Aufwachsens werden durch Kommunen und kreisfreie Städte maßgeblich beeinflusst. Die Befunde aus »Jugend im Blick« verdeutlichen, dass junge Menschen eine hohe Verbundenheit mit der Herkunftsregion aufweisen, jedoch in ländlichen Räumen vielfach eine eingeschränkte Infrastruktur an Bildungs- und Freizeitangeboten vorfinden. Gleichzeitig stellen Jugendliche bzw. junge Erwachsene eine bedeutsame Schlüsselgruppe innerhalb der Wohnbevölkerung für die regionale demografische Entwicklung dar. Denn sie befinden sich in einer biografischen Phase, in der sie nach neuen bildungsbezogenen bzw. beruflichen Anschlüssen suchen und zumeist noch keine Verantwortung für eigene Kinder und pflegebedürftige Angehörige tragen.

Zur Rekonstruktion der Wechselbeziehung zwischen den Jugendlichen und ihrer Herkunftsregion kann hier auf den Strukturationsansatz nach Anthony Giddens (1984) zurückgegriffen werden, der die gegenseitige Bedingtheit von Strukturen und deren Konstitution durch individuelles Handeln unterstellt. Für die Regionalforschung bedarf es hierbei jedoch einer »Verräumlichung« des Konzeptes, indem etwa die Frage nach regionalen Machtverhältnissen und nach dem

Einfluss regionaler Strukturen auf die Lebensverläufe der dort lebenden Menschen gestellt wird (Werlen, 1997, S. 89f.). In Bezug auf den ersteren Aspekt kann angesichts der vorliegenden Ergebnisse festgestellt werden, dass demografische Entwicklungen als Seismograf einer Region interpretiert werden können. Dabei fallen in vielen Regionen die Bedeutung junger Menschen für die Vitalität einer Region und die (fehlende) machtpolitische Berücksichtigung ihrer Belange auseinander. Auf Seiten der Jugendlichen werden die vorfindlichen regionalen Strukturen auf der Einstellungsebene in Form eines Images der Herkunftsregion repräsentiert. Auf der Handlungsebene mündet diese vielfach in einer »Abstimmung mit den Füßen«, indem die Region zugunsten der persönlichen Verwirklichungspläne verlassen wird. Durch die damit hervorgerufene Überalterung werden solche Strukturen verfestigt, die zum Nachteil junger Menschen ausgestaltet sind. Eine demografische Trendwende kann hier nur erreicht werden, wenn diese Diskrepanz zwischen der besonderen Bedeutung junger Menschen für die Region und dem fehlenden Stellenwert der Wahrnehmung ihrer Belange überwunden wird. Demnach ist Jugendpolitik im besten Sinne als Demografiepolitik zu denken, indem gerade Bildungs- und Freizeitangebote ausgebaut sowie die besonderen Mobilitäts- und Beteiligungsbedürfnisse von Jugendlichen und jungen Erwachsenen in der Region berücksichtigt werden.

Literatur

Deutscher Bundestag (2017): 15. Kinder- und Jugendbericht. Bundestagdrucksache 18/11050 Deutscher Bundestag. Berlin.

Autorengruppe Kinder- und Jugendhilfestatistik (2019): Kinder- und Jugendhilfereport 2018. Eine kennzahlenbasierte Analyse. Opladen u. a.: Budrich.

Bauer, T. K., Rulff, C. & Tamminga, M. (2019): Berlin Calling – Internal Migration in Germany. Ruhr Economic Paper, RWI. Essen.

BBSR [Bundesamt für Bauwesen und Raumordnung] (2019): INKAR – Indikatoren und Karten zur Raum- und Stadtentwicklung. BBSR. Bonn.

Becker, H. & Moser, A. (2013): Jugend in ländlichen Räumen zwischen Gehen und Bleiben. Lebenssituation und Zukunftspläne von Jugendlichen in sechs Regionen in Deutschland. Thünen Report 12. Braunschweig: Thünen Institut.

Beierle, S., Tillmann, F. & Reißig, B. (2016): Jugend im Blick – Regionale Bewältigung demografischer Entwicklungen. Projektergebnisse und Handlungsempfehlungen. Halle (Saale)/München: DJI.

Bundesarbeitsgemeinschaft der Landesjugendämter (2016): Kommune als Ort der Jugendpolitik. Jugendarbeit in den Fokus stellen. Positionspapier. Potsdam.

BVerfGE 55.274 – Berufsausbildungsabgabe – Urteil des 2. Senats vom 10. Dezember 1980.

Christmann, G. (2009): Jugendliche als Raumpioniere von morgen. Leibniz-Institut für Raumbezogene Sozialforschung. Erkner.

Dienel, C. (2005): Einleitung: Theorie und Praxis regionaler Bevölkerungsentwicklung in Ostdeutschland. In: C. Dienel (Hrsg.): Abwanderung, Geburtenrückgang und regionale Entwicklung: Ursachen und Folgen des Bevölkerungsrückgangs in Ostdeutschland (S. 7–32). Wiesbaden: Springer VS.

Fischer, M., Zeichner, C. & Hofmann, J. (2018): Soziale Disparitäten am Übergang in die Sekundarstufe II und die Bedeutung der Distanz zur nächstgelegenen weiterführenden Schule. In: M. Sixt, M. Bayer & D. Müller (Hrsg.): Bildungsentscheidungen und lokales Angebot: Die Bedeutung der Infrastruktur für Bildungsentscheidungen im Lebensverlauf (S. 139–166). Münster/New York: Waxmann.

Gaiser, W., Krüger, W., de Rijke, J. & Wächter, F. (2016): Jugend und politische Partizipation in Deutschland und Europa. In: J. Tremmel & M, Rutsche (Hrsg.): Politische Beteiligung junger Menschen. Grundlagen – Perspektiven – Fallstudien (S. 13–38). Wiesbaden: Springer VS.

Giddens, A. (1984): The Constitution of Society: Outline of the Theory of Structuration. Polity Press: Cambridge.

Grabow, B. (2004): Rolle und Bedeutung weicher Standortfaktoren. In: Leibniz-Institut für Länderkunde (Hrsg.): Nationalatlas Bundesrepublik Deutschland – Unternehmen und Märkte (S. 40–41). Heidelberg: Spektrum.

Harring, M. (2016): Freizeitaktivitäten der Peers in städtischen und ländlichen Regionen. In: S.-M. Köhler, H-H. Krüger & N. Pfaff (Hrsg.): Handbuch Peerforschung (S. 123–138). Opladen u. a.: Budrich.

Kroismayr, S., Hirzer, P. & Bittner, M. (2016): Schulschließungen im ländlichen Raum – Beginn oder Endpunkt einer demografischen, wirtschaftlichen und sozialen Abwärtsspirale? In: R. Egger & A. Posch (Hrsg.): Lebensentwürfe im ländlichen Raum. Ein prekärer Zusammenhang? (S. 139–167). Wiesbaden: Springer VS.

Mettenberger, T. (2019): Abwanderung junger Erwachsener und die Folgen für ländliche Regionen. In: A. Engel, U. Harteisen & K. Maas: Gehen oder Bleiben? Was Jugendliche im ländlichen Raum hält. ZZHH Working Paper Nr. 1 (S. 5–14). Zukunftszentrum Holzminden.

Milbert, A. & Sturm, G. (2016): Binnenwanderungen in Deutschland zwischen 1975 und 2013. Informationen zur Raumentwicklung. BBSR. IzR, (2), 121–144.

Münter, A. & Osterhage, F. (2018): Trend Reurbanisierung? Analyse der Binnenwanderungen in Deutschland 2006 bis 2015. Gütersloh: Bertelsmann Stiftung.

Oldenburg, R. (2000): Celebrating the Third Place: Inspiring Stories about the »Great Good Places« at the Heartof Our Communities. New York: Marlowe & Company.

Peucker, C., Pluto, L. & Santen, E. van (2019): Status Quo Jugendringe. Bundesweite empirische Befunde zu Situation und Perspektiven. München: DJI Eigenverlag.

Reißig, B. & Tillmann, F. (2017): Bildungsteilhabe junger Menschen in ländlichen Räumen. Empirische Befunde aus Landkreisen mit demografischen Verwerfungen In: Die Deutsche Schule (DDS), 109(4), S. 308–321.

Rollfing, P. (2018): Kommunale Kinder- und Jugendgremien im Land Brandenburg. Ernsthafte Partizipation von Kindern und Jugendlichen? Potsdam: Universität Potsdam.

Schleicher, A. (2019): Weltklasse. Schule für das 21. Jahrhundert gestalten. Bielefeld: wbv.

Siebert, I. (2006): Herausforderungen für die Jugendarbeit: Demographischer Wandel in ostdeutschen ländlichen Regionen. Unsere Jugend, 58(5), 194–205.

Simonson, J., Vogel, C. & Tesch-Römer, C. (Hrsg.) (2017): Freiwilliges Engagement. Der Deutsche Freiwilligensurvey 2014. Wiesbaden: Springer VS.

Speck, K. (2010): Wertebildung und Partizipation von Kindern und Jugendlichen. In: W. Schubarth, K. Speck & H. L. S. von Berg (Hrsg.): Wertebildung in Jugendarbeit, Schule und Kommune. Bilanz und Perspektiven (S. 61–90). Wiesbaden: Springer VS.

Walgenbach, K. (2011): Jugend und demographischer Wandel – sozialisationsrelevante Prozesse und Prognosen. Diskurs Kindheits- und Jugendforschung, 6(1): 75–87.

Werlen, B. (1997): Globalisierung, Region und Regionalisierung. Soziogeographie alltäglicher Realisierungen, Band 2, 3., überarbeitete Auflage. Stuttgart: Steiner.

2 Strukturen und Angebote der Kinder- und Jugendhilfe mit einem besonderen Blick auf die Jugendarbeit

Liane Pluto

Der 15. Kinder- und Jugendbericht, der sich thematisch explizit der Jugendphase zugewendet hat, stellt deutlich heraus, dass der Blick auf Jugendliche nicht nur darauf gerichtet sein sollte, welche Aufgaben und Herausforderungen Jugendliche und junge Erwachsene individuell (auch innerhalb bestimmter Institutionen wie z. B. der Schule) zu meistern haben, sondern die Aufmerksamkeit gleichermaßen darauf gerichtet werden muss, wie gut die gesellschaftlichen Institutionen zu einem gerechten und gelingenden Aufwachsen von jungen Menschen beitragen. Jugendliche kommen mit einer Vielzahl von Institutionen in Berührung: Mit Schulen, Ausbildungsinstitutionen und Betrieben, Sportvereinen, Freiwilligendiensten, Jugendorganisationen, Beratungsstellen, Wohngruppen und vielen anderen mehr. Diese haben sehr unterschiedliche Vorstellungen und Konzepte davon, was die Lebenslagen Jugendlicher und junger Erwachsener ausmacht, z. B. indem sie von unterschiedlichen Altersgrenzen ausgehen (vgl. Meysen, Schönecker & Wrede, 2020) oder die Frage, was eine »gelingende« Jugend ausmacht, unterschiedlich beantworten. Dementsprechend gestalten die jeweiligen Institutionen ihre Angebote und damit wiederum die Rahmenbedingungen für das Aufwachsen Jugendlicher.

Kapitelüberblick

Der Beitrag befasst sich mit der Kinder- und Jugendhilfe als einem der zentralen institutionellen Kontexte im Aufwachsen von Jugendlichen und jungen Erwachsenen. Nachdem im ersten Teil grob umrissen wird, welchen Auftrag die Kinder- und Jugendhilfe hat, welchen Prämissen sie folgt und welche Angebote sie unterbreitet, wird im zweiten Teil ein zentrales Arbeitsfeld der Kinder- und Jugendhilfe – die Jugendarbeit – näher beleuchtet.

2.1 Kinder- und Jugendhilfe – Auftrag, Prinzipien, Angebote

Institutionell (und etwas vereinfacht gesehen) bildet die Kinder- und Jugendhilfe das Dach für die meisten Erziehungs-, Bildungs- und Betreuungsangebote außerhalb von Schule für die Altersgruppe der 0- bis 27-Jährigen (§ 7 SGB VIII). Die Kinder- und Jugendhilfe ist damit ein großes, unterschiedliche Arbeitsfelder einschließendes Handlungsfeld, das rechtlich durch das SGB VIII (Kinder- und Jugendhilfegesetz) gefasst ist. Im Gesetz ist eine Vielfalt an Arbeitsformen und Handlungsaufträgen festgelegt.

Sozialgesetzbuch – Achtes Buch – Kinder- und Jugendhilfe (§ 1 SGB VIII)

(1) Jeder junge Mensch hat ein Recht auf Förderung seiner Entwicklung und auf Erziehung zu einer eigenverantwortlichen und gemeinschaftsfähigen Persönlichkeit.
(2) Pflege und Erziehung der Kinder sind das natürliche Recht der Eltern und die zuvörderst ihnen obliegende Pflicht. Über ihre Betätigung wacht die staatliche Gemeinschaft.
(3) Jugendhilfe soll zur Verwirklichung des Rechts nach Absatz 1 insbesondere
1. junge Menschen in ihrer individuellen und sozialen Entwicklung fördern und dazu beitragen, Benachteiligungen zu vermeiden oder abzubauen,
2. Eltern und andere Erziehungsberechtigte bei der Erziehung beraten und unterstützen,
3. Kinder und Jugendliche vor Gefahren für ihr Wohl schützen,
4. dazu beitragen, positive Lebensbedingungen für junge Menschen und ihre Familien sowie eine kinder- und familienfreundliche Umwelt zu erhalten oder zu schaffen.

Die Ziele der Kinder- und Jugendhilfe sind umfassend, wie in § 1 SGB VIII deutlich wird, und sie sind notwendigerweise vergleichsweise allgemein gehalten. Drei zentrale Handlungsperspektiven bzw. -prämissen werden nachfolgend hervorgehoben.

Eine (erste) wichtige Perspektive der Kinder- und Jugendhilfe ist, dass sie sich an alle jungen Menschen und ihre Familien richtet und nicht vorrangig an bestimmte Gruppen, die besonderer Unterstützung bedürfen. Mit dieser Prämisse wird anerkannt, dass das Aufwachsen in modernen Gesellschaften komplex ist und Hilfe und Unterstützung in unterschiedlichen Lebensphasen benötigt werden. Mit diesem Verständnis von Kinder- und Jugendhilfe wird auch darauf reagiert, dass sich gesellschaftliche Veränderungen vollziehen (z. B. Geschlechterrollen, Erwerbstätigkeit von Frauen, Familienformen, Anteil von Menschen mit Migrationshintergrund), auf die der Staat mit Unterstützungsangeboten reagiert. Zwei Beispiele illustrieren dies: Die Kindertagesbetreuung als Angebot der Kinder- und Jugendhilfe wird heutzutage von nahezu allen Eltern in Anspruch genommen (vgl. Autorengruppe Kinder- und Jugendhilfestatistik, 2019). Und auch die Erziehungsberatung erfährt nach wie vor eine hohe Akzeptanz (vgl. Fendrich, Pothmann & Tabel 2018, S. 64), denn Fragen der Erziehung lassen sich angesichts vielfältiger Optionen, einer damit einhergehenden erhöhten Verunsicherung von Eltern und einem oft fehlenden Rückgriff auf die eigenen Erfahrungen beim Aufwachsen oft nicht so klar beantworten.

Weiterhin besteht (zweitens) eine wichtige Prämisse im SGB VIII darin, dass Angebote und Hilfen vor allem unterstützend, fördernd sowie präventiv und nicht korrigierend, eingreifend sowie sanktionierend angelegt sind. Nicht der Staat setzt sich an die erste Stelle in Fragen der Erziehung, sondern die Eltern sind diejenigen, die für die Erziehung zuständig sind und bleiben (selbst meist dann, wenn z. B. Jugendliche nicht mehr bei ihren Eltern, sondern in einer Wohngruppe aufwachsen). Staatliche Stellen wachen (lediglich) darüber. Hilfen der Kinder- und Jugendhilfe sind somit als ein Recht (meist der Eltern) auf eine staatliche Leistung angelegt und nicht als Zwangseingriff. Nichtsdestotrotz kann es trotz rechtzeitiger und präventiv ausgerichteter Angebote in Familien zu Situationen kommen, in denen »eine dem Wohl des Kindes oder Jugendlichen entsprechende Erziehung«, wie es in § 27 SGB VIII (1) heißt, nicht gewährleistet ist, z. B. bei großen Konflikten untereinander, Gewalt, sexuellen Übergriffen und Vernachlässigung. Insbesondere Hilfen nach §§ 27ff SGB VIII (Hilfen zur Erziehung) sind für solche Konstellationen konzipiert. Derartige Unterstützungsangebote sind gemeinsam zwischen der Kinder- und Jugendhilfe (konkret dem Jugendamt), den Eltern sowie den Kindern und Jugendlichen zu entwickeln, damit sie eine gute Chance haben, auch erfolgreich zu sein. Solche Hilfen können z. B. Sozialpädagogische Familienhilfe oder die stationäre Unterbringung in einer Wohngruppe sein. In der Regel enden diese Hilfen – zumindest als Anspruch der Eltern –, wenn die jungen Menschen ihr 18. Lebensjahr vollenden. Auch danach gibt es noch Möglichkeiten der Unterstützung für junge Volljährige (§ 41 SGB VIII – Hilfe für junge Volljährige, Nachbetreuung), allerdings werden diese nicht so häufig gewährt. In den letzten Jahren wurde jedoch in der Fachdiskussion darauf hingewiesen, dass Hilfen, die über das 18. Lebensjahr hinausgehen, notwendiger werden, u. a. auch weil sich die Jugendphase ausdehnt (vgl. z. B. Berngruber & Gaupp, 2017). Die meisten Jugendlichen können heutzutage oft bis weit in das dritte Lebensjahrzehnt auf die Unterstützung ihrer Eltern zählen, z. B. indem sie bei der Berufswahl beraten, Kontakte fürs Praktikum vermitteln, Wohnraum zur Verfügung stellen oder finanziell unter die Arme greifen. Haben Jugendliche diese Unterstützung nicht, z. B. weil sie eine stationäre Einrichtung mit 18 Jahren verlassen müssen, wird es für sie deutlich schwieriger ihren Lebensweg zu gestalten. Auf diese gesellschaftlich veränderten Realitäten muss auch die Kinder- und Jugendhilfe mit ihren Angeboten reagieren (Sievers, Thomas & Zeller, 2015).

In § 1 (3) 4 SGB VIII wird (drittens) betont, dass eine Aufgabe der Kinder- und Jugendhilfe auch darin besteht, »positive Lebensbedingungen für junge Menschen und ihre Familien sowie eine kinder- und familienfreundliche Umwelt zu erhalten oder zu schaffen«. Kinder- und Jugendhilfe soll demnach auch dazu beitragen, förderliche Rahmenbedingungen für das Aufwachsen zu schaffen, z. B. indem sie Gelegenheitsstrukturen für Aktivitäten für die Altersgruppe der Jugendlichen bereitstellt. Diese Aufgabe kommt zwar nicht allein der Kinder- und Jugendhilfe zu, aber sie hat eine besondere Anwaltsfunktion, die Interessen von Kindern, Jugendlichen und ihren Familien zu vertreten (vgl. Wiesner, 2015, S. 100), indem sie sich mit anderen staatlichen Stellen vernetzt, Politik im Sinne von Kindern und Jugendlichen beeinflusst und auf eine Vernetzung von Planungen hinwirkt (vgl. Seckinger, 2018).

Im Einzelnen gehören zur Kinder- und Jugendhilfe folgende Aufgabenbereiche:

- Kindertagesbetreuung (Bildung, Erziehung und Betreuung von Kindern von 0 bis 6 Jahren und Schulkindbetreuung),
- Kinder- und Jugendarbeit und Jugendsozialarbeit (z. B. Schulsozialarbeit, Unterstützung bei der beruflichen Ausbildung und Eingliederung in die Arbeitswelt),
- Hilfen zur Erziehung (z. B. Erziehungsberatung, sozialpädagogische Gruppenarbeit, Unterbringung in stationären Wohngruppen oder in Pflegefamilien), Eingliederungshilfe für seelisch behinderte Kinder und Jugendliche, Hilfe für junge Volljährige,
- Förderung der Erziehung in der Familie (u. a. Familienbildung, allgemeine Erziehungsberatung und Trennungs- und Scheidungsberatung),
- andere Aufgaben wie Inobhutnahmen, Mitwirkung in gerichtlichen Verfahren (z. B. Jugendhilfe im Strafverfahren, Mitwirkung vor dem Familiengericht), Mitwirkung im Vormundschaftswesen.

Für die Erfüllung der Aufgaben der Kinder- und Jugendhilfe ist die kommunale Ebene zuständig, also die Landkreise, kreisfreien Städte und zum Teil die einzelnen Gemeinden. Gesetzliche Vorgaben auf Bundes- und Landesebene geben vor, dass Angebote zu schaffen sind und welche allgemeinen Ziele diese verfolgen sollen. Der öffentliche Träger auf der kommunalen Ebene, das Jugendamt, hat die Gesamtverantwortung für die Erfüllung der Aufgaben und ist verpflichtet, Angebote in ausreichender Quantität und Qualität vorzuhalten. Was ausreichend ist, ist im Rahmen der Jugendhilfeplanung (§ 80 SGB VIII) zu bestimmen. Es wird davon ausgegangen, dass vor Ort am besten bestimmt werden kann, welche Angebote und Hilfen konkret notwendig sind.

Die Angebote werden sowohl von freien als auch von öffentlichen Trägern erbracht.[1] Angebote und Einrichtungen, die von den Gebietskörperschaften (kreisfreien Städten, Landkreisen, Gemeinden), im Fall der Kinder- und Jugendhilfe oft vom Jugendamt selbst, unterbreitet werden, befinden sich in öffentlicher Trägerschaft. Als freie Träger werden nicht-öffentliche Anbieter sozialer Dienstleistungen bezeichnet, die gemeinnützig sind. Zu ihnen zählen die Spitzenverbände der sechs Wohlfahrtsverbände (Caritas, Diakonie, Paritätischer Wohlfahrtsverband, als Zusammenschluss vieler Träger wie z. B. SOS-Kinderdörfer, Arbeiterwohlfahrt, Deutsches Rotes Kreuz und Zentralwohlfahrtsstelle der Juden) und weitere Vereine und Initiativen. Das dem SGB VIII – wie auch anderen Berei-

1 Als dritte Gruppe gibt es noch privatgewerblich agierende Träger. Diese spielen in der Kinder- und Jugendhilfe rein quantitativ jedoch eine geringe Rolle (vgl. Autorengruppe Jugendhilfestatistik, 2019; Gadow, Peucker, Pluto, Santen & Seckinger, 2013).

chen der sozialen Arbeit – zugrunde liegende Subsidiaritätsprinzip gibt den Angeboten freier Träger einen Vorrang.[2] Die Zusammenarbeit von öffentlichen und freien Trägern ist zudem gesetzlich verankert (§§ 3 und 4 SGB VIII) und soll – gemäß einer pluralen Gesellschaft – dazu beitragen, eine Vielfalt von konzeptionell unterschiedlich ausgerichteten Angeboten zu schaffen.

2.2 Kinder- und Jugendarbeit[3] als institutionell bereitgestellte Gelegenheitsstruktur für Jugendliche und junge Erwachsene

Ein Handlungsfeld, das sich (traditionell) besonders an die Altersgruppe der Jugendlichen und jungen Erwachsenen richtet, ist die Jugendarbeit. Jugendarbeit umfasst ein breites Spektrum an Angeboten und Aktivitäten der Freizeitgestaltung für Jugendliche. Historisch betrachtet haben sich zwei große Bereiche in der Jugendarbeit entwickelt, die auch heute meist unterschieden werden – die offene und die verbandliche Jugendarbeit, obwohl sich dies bei den einzelnen Angeboten und Aktivitäten nicht unbedingt in Unterschieden niederschlägt. Zur offenen Jugendarbeit zählen Jugendzentren, Jugendhäuser, Jugendbegegnungsstätten und mobile Angebote. Jugendverbände stellen Zusammenschlüsse von jungen Menschen dar, die gemeinsame Interessen verfolgen bzw. ihr Handeln an spezifischen Wertvorstellungen orientieren. Zur verbandlichen Jugendarbeit gehören u. a. Jugendgruppen im religiösen, kulturellen, politischen oder sportlichen Bereich, z. B. katholische oder muslimische Jugendgruppen, verschiedenste Pfadfindergruppen, Jugendfeuerwehr, Jugend des Technischen Hilfswerks, Landjugend, BUND-Jugend, Falken, Chorjugend, Assyrischer Jugendverband.

Jugendarbeit richtet sich prinzipiell an alle jungen Menschen, unabhängig von ihrem Alter, ihrer Herkunft, ihrem Bildungsstand, ihrem Geschlecht und insbesondere unabhängig von Problemen, die sie haben oder die ihnen zugeschrieben werden (Sturzenhecker & Deinet, 2018). Die Angebote der Jugendarbeit sind nicht-kommerziell, in der Regel kostenfrei und an keinerlei sonstige Voraussetzungen geknüpft. In einem Positionspapier der Arbeitsgemeinschaft der Kinder- und Jugendhilfe (AGJ) wird die Jugendarbeit beschrieben, als »der einzige institutionell gesicherte und staatlich geförderte Ort, an dem Kinder und Jugendliche eigenständig gestaltbare und auslotbare Erfahrungsräume nutzen können, in denen nicht Erwachsene mit ihren Erwartungen Orientierungspunkte bilden und in denen eine Lernkultur vorherrscht, die auf Erfahrungen des alltä-

2 § 4 SGB VIII: »Soweit geeignete Einrichtungen, Dienste und Veranstaltungen von anerkannten Trägern der freien Jugendhilfe betrieben werden oder rechtzeitig geschaffen werden können, soll die öffentliche Jugendhilfe von eigenen Maßnahmen absehen.«

3 Im Folgenden wird der Einfachheit halber der Begriff »Jugendarbeit« für die »Kinder- und Jugendarbeit« verwendet.

glichen Lebens setzt und so nachhaltige Wirkung auf Bildungsprozesse entfaltet« (AGJ, 2011, S. 1). Handlungsprinzipien der Jugendarbeit sind Offenheit, Freiwilligkeit, Partizipation und Sozialräumlichkeit (Sturzenhecker & Deinet, 2018). Jugendarbeit hat eine besondere Bedeutung auch deshalb, weil sie wie kaum ein anderer Bereich der Gesellschaft Räume zur Verfügung stellt, die für das Erwachsenwerden von Bedeutung sind, bspw. für die Ablösung vom Elternhaus, die Möglichkeit Kontakte zu Peers zu knüpfen und von ihnen zu lernen, die Erprobung und Veränderung von Konfliktlösungsstrategien, das Entwickeln konstruktiver Umgangsformen.

Einen wichtigen Kern der Jugendarbeit bildet das ehrenamtliche Engagement. Dieses ist von den Anfängen der Jugendarbeit zu Beginn des 20. Jahrhunderts ein Ausdruck des für die Jugendarbeit grundlegenden Prinzips der Selbstorganisation. In Jugendverbänden sind damit ganz unterschiedliche Tätigkeiten verbunden wie z. B. die Leitung von Gruppen, die Organisation von Veranstaltungen, Konzerten oder Kindergottesdiensten, das Durchführen von Schulungen und Trainings, die Arbeit im Vorstand. Je nach Verband gehören zu den ehrenamtlichen Tätigkeiten vor allem solche, die den Kern des Verbandes ausmachen, wie z. B. bei der Feuerwehr Hilfe bei Bränden, Unfällen und Umweltkatastrophen zu leisten. In der offenen Jugendarbeit wird dem ehrenamtlichen Engagement häufig ein geringerer Stellenwert zugemessen, obwohl die vielen Jugendclubs und Jugendräume nicht existieren könnten, wenn die Jugendlichen sich nicht ehrenamtlich engagierten (vgl. Pluto & van Santen, 2019). Typische ehrenamtliche Tätigkeiten in Jugendzentren sind Thekendienst, Veranstaltungsorganisation oder Mitarbeit im Vorstand des Trägers des Jugendzentrums. Eine wichtige Aufgabe des hauptberuflichen Personals in der Jugendarbeit ist es, ehrenamtlich Tätige zu unterstützen.

Zugleich übernimmt die Jugendarbeit – auch historisch – schon immer sozialintegrative Funktionen (vgl. Böhnisch, 2013). Dies ist jedoch nicht ihr vordergründiger Auftrag, z. B. indem sie sich vorrangig an benachteiligte Jugendliche richtet. Vielmehr sollen die Angebote und Gelegenheitsstrukturen vielfältige Anknüpfungspunkte für die Interessen Jugendlicher bilden und somit Bildungsprozesse anregen. Zugleich bietet die Jugendarbeit mit ihrer Alltagsorientierung eine Basis für Beratungs- und Unterstützungsleistungen, die andere Hilfen nicht bieten können, weil sie die jungen Menschen nicht erreichen. Für die offene Jugendarbeit kann das etwas genauer beschrieben werden.

Offene Jugendarbeit

In der Regel kommen junge Menschen nicht in ein Jugendzentrum, um explizit Unterstützung zu erhalten. Jugendliche kommen eher mit ihren alltagsgebundenen Erwartungen, Wünschen, Fragen, Sorgen und Problemen in die Einrichtung. Das kann der Streit mit dem*der besten Freund*in ebenso sein wie die Frage, ob das eigene Äußere den angenommenen Erwartungen anderer genügt. Es werden im alltäglichen Kontakt sowohl existenzielle Ängste als auch ›banale‹ Dinge des Alltags Gegenstand von Gesprächen wie Erfahrungen von Ungerechtigkeit unter Peers, im Elternhaus oder der Schule, gesundheitliche Fragen oder Gewalterfahrungen. Empirisch zeigt sich, dass die meisten Einrichtungen Beratung leisten und als Beratungsthemen und -anlässe Konflikte, Beziehungen bzw. Freundschaften, Schule, der Übergang von der Schule in den Beruf, Familie, Gewalt, Sexualität, Sucht und Mobbing ganz oben stehen (Seckinger, Pluto, Peucker & van Santen, 2016, S. 179). Eine wichtige Qualität der offenen Jugendarbeit ist, dass Jugendliche sich beraten lassen, weil sie das wollen und das Vertrauen haben, dass die Fachkräfte auf angemessene Art und Weise auf ihre Anliegen reagieren. Diese Qualität entsteht auch dadurch, dass die Einrichtungen einen Erfahrungsort für Zugehörigkeit und Gemeinschaft bieten, an dem Alltagserfahrungen und -frust ihren Platz haben.

2.2.1 Struktur der Angebote – Quantität der Nutzung

Sich einen quantitativen Eindruck von der Jugendarbeit zu verschaffen, ist sehr schwierig, da die Jugendarbeit – wie zuletzt im 15. Kinder- und Jugendbericht konstatiert wird – »wenig standardisiert, ständiger Weiterentwicklung unterworfen, an seinen Rändern hochgradig fluide und systematisch kaum auf einen Nenner zu bringen [ist]« (Deutscher Bundestag, 2017, S. 367). Da sie nicht vollständig öffentlich gefördert wird, vielfach von Jugendlichen selbst organisiert und nicht nur von beruflichem Personal verantwortet wird und/oder in Einrichtungen stattfindet, ist eine Erfassung und empirische Beschreibung der Jugendarbeit schwierig (vgl. auch Seckinger, Pluto, Peucker & Gadow, 2009).

Bundesweit existieren derzeit laut Kinder- und Jugendhilfestatistik ungefähr 11.000 Einrichtungen[4] der offenen Jugendarbeit (vgl. Statistisches Bundesamt, 2020), allerdings sind diese nicht zu gleichen Teilen in allen Regionen verteilt. Das heißt, die Möglichkeiten für Jugendliche eine Einrichtung besuchen zu können gestalten sich sehr unterschiedlich, weil z. B. längere Entfernungen überwunden werden müssen. Hauptberufliches Personal gibt es in einem Teil der Einrichtungen (ca. 25.000 Beschäftigte bundesweit). Die anderen Einrichtungen sind selbstorganisierte Treffs von Jugendlichen, oft auf dem Land, die es ihnen ermöglichen, gemeinsam ihre Freizeit zu verbringen.[5]

Durchschnittlich hat etwa jede*r fünfte Jugendliche bzw. junge Erwachsene zwischen 13 und 32 Jahren zumindest ab und an ein Jugendzentrum besucht und etwa jede*r zehnte Jugendliche bzw. junge Erwachsene besucht regelmäßig ein Jugendzentrum (Deutscher Bundestag, 2017). Zudem werden Jugendzentren

4 Aus den in der Kinder- und Jugendhilfestatistik vorhandenen Kategorien sind hier folgende einbezogen worden: »Jugendzentrum, -freizeitheim, Haus der offenen Tür«, »Jugendräume/Jugendheim ohne hauptamtliches Personal«, »Jugendkunstschule, kulturpädagogische und kulturelle Einrichtung für junge Menschen«.

5 Eine genaue Zahl vor allem selbstorganisierter Treffs ist jedoch nicht so einfach zu bestimmen, weil es viele Jugendräume gibt, die keine Förderung erhalten und auch nur eine bestimmte Zeit existieren und somit in der Statistik nicht erfasst werden.

häufiger von Jungen und jungen Männern als von Mädchen und jungen Frauen und häufiger von bildungsfernen jungen Menschen besucht (vgl. Seckinger et al., 2016). Die empirischen Befunde zeigen aber auch, dass zwischen den Einrichtungen große Unterschiede bestehen. In den Einrichtungen findet sich zudem häufig ein breites Altersspektrum zwischen sechs und über 21 Jahren. Die Altersgruppe, die jedoch in nahezu allen Einrichtungen vertreten ist, sind Jugendliche zwischen 13 und 17 Jahren. Diese Altersgruppe bildet unter allen jungen Menschen in den Einrichtungen im Durchschnitt die größte Gruppe (ebd., S. 156). In den letzten Jahren sind die Besucher*innen von Einrichtungen durchschnittlich etwas jünger geworden. Kinder gehören heute oft selbstverständlich zur Besuchergruppe der Einrichtungen dazu; häufig gibt es auch spezifische Angebote für sie.

Am ehesten geeignet, Aussagen darüber zu machen, wie viele Jugendliche und junge Menschen derzeit in Jugendverbänden aktiv sind, sind Jugendstudien. Auf Basis der Jugendstichprobe des AID:A-Survey 2019 ergibt sich ein Anteil einer Vereinszugehörigkeit bei den 12- bis 17-Jährigen von 44 % und in der Altersgruppe der 18- bis 32-Jährigen von 36 %. Werden Sportvereine, die den höchsten Anteil der Vereinszugehörigkeiten ausmachen, hinzugerechnet, beträgt der Anteil im Alter zwischen 12 und 17 Jahren 70 % und von 18 bis 32 Jahren 51 % (eigene Berechnungen; für AID:A vgl. Kuger & Walper, im Erscheinen). Konkreter bedeutet dies, dass 19 % der 12- bis 17-Jährigen in einer kirchlichen oder religiösen Gruppe, 17 % in einem Gesangsverein, Musikverein, einer Theatergruppe o. Ä., 9 % in der freiwilligen Feuerwehr, im Technisches Hilfswerk, der Deutschen Lebens-Rettungs-Gesellschaft o. Ä., 5 % in einer Initiative oder Gruppe, die politische Themen aufgreift, wie Umwelt, Frieden, Menschenrechte, Tierschutz oder andere soziale Probleme, 4 % in einem Heimat-, Bürger- oder Schützenverein, 2 % in einer Gewerkschaft oder einem Berufsverband (wenn 16 Jahre oder älter) und 1 % in einer politischen Organisation oder Partei aktiv sind. Insgesamt zeigen diese Daten, dass Jugendarbeit ein sehr verbreitet genutztes Angebot ist und für viele Jugendliche einen Teil ihres Aufwachsens ausmacht.

2.2.2 Entwicklungen der Jugendarbeit

Jugendarbeit ist seit ihren Anfängen durch das Spannungsfeld aus staatlichen Interessen und selbstorganisierten Aktivitäten von Jugendlichen geprägt. Dabei wechselten sich historisch Phasen eher stärkerer staatlicher Instrumentalisierung und Zeiten ausgeprägterer jugendlicher Selbstbestimmung ab. Auch heute wird immer wieder um das Verhältnis von staatlicher Einflussnahme und jugendlicher Selbstorganisation gerungen. Beispiele dafür finden sich in der Diskussion dazu, inwieweit die Jugendarbeit für gesellschaftliche Aufgaben, wie die Schulkinderbetreuung im Zuge des Ausbaus der Nachmittagsbetreuung oder Präventionsaufgaben in Dienst genommen wird bzw. werden soll und was dabei die Rolle der Jugendarbeit ist bzw. sein sollte. Dabei besteht die Gefahr, dass je stärker die Jugendarbeit für andere Aufgaben instrumentalisiert wird, desto eher verliert sie ihre besondere Bedeutung für Jugendliche, die dort häufig einen Ort finden, der nicht von Erwachsenen dominiert wird. Gerade die Offenheit der Angebote macht den Kern der Attraktivität der offenen Jugendarbeit aus (Sturzenhecker, 2006) und auch die Jugendverbände ziehen ihr Potenzial für Jugendliche aus der Mischung aus bereitgestellten Strukturen und Angeboten und den Gelegenheiten, diese mit- und umzugestalten.

Vor dem Hintergrund, dass die Jugendarbeit eine Pflichtaufgabe der Kommunen ist, wird immer wieder über die angemessene Ausstattung mit personellen und finanziellen Ressourcen und den Erhalt von Angeboten der Jugendarbeit diskutiert. Das ist vor Ort nicht immer einfach und hat viel damit zu tun, inwiefern es eine politische und fachliche Überzeugung gibt, dass die Angebote für Jugendliche notwendig und wichtig sind. Zweckfreie Räume bzw. Räume, die von Jugendlichen selbst ausgestaltet werden können, sind in einer Zeit, die durch Verdichtungs- und Beschleunigungsprozesse (Lüders, 2007) geprägt ist, umso wichtiger. In diesem Zusammenhang wird immer wieder auch die Jugendarbeit im ländlichen Raum thematisiert. Gerade dort besteht eine besondere Herausforderung darin, erreichbare Einrichtungen und Angebote der Jugendarbeit trotz eines demografisch bedingten Rückgangs der Zahl junger Menschen zu erhalten (► Kap. 1).

Darüber hinaus gibt es weitere Themen, die für die Jugendarbeit in den kommenden Jahren wichtig sein und bleiben werden, wie z. B. die Inklusion junger Menschen mit Behinderungen sowie insgesamt eine weitere Diversitätsorientierung oder auch das Thema Digitalisierung.

Literatur

AGJ [Arbeitsgemeinschaft Kinder- und Jugendhilfe] (Hrsg.) (2011): Kinder- und Jugendarbeit unter Gestaltungsdruck. Zur Notwendigkeit, Angebote der Kinder- und Jugendarbeit zu erhalten und weiterzuentwickeln. Positionspapier der Arbeitsgemeinschaft für Kinder- und Jugendhilfe. Berlin.

Autorengruppe Kinder- und Jugendhilfestatistik (2019): Kinder- und Jugendhilfereport 2018. Eine kennzahlenbasierte Analyse. Opladen u. a.: Budrich.

Berngruber, A. & Gaupp, N. (2017): Erwachsenwerden. Mehr als nur der Übergang von der Schule in den Beruf. BWP – Zeitschrift des Bundesinstituts für Berufsbildung, 46(4), 6–9.

Böhnisch, L. (2013): Die sozialintegrative Funktion der Offenen Kinder- und Jugendarbeit. In: U. Deinet & B. Sturzenhecker (Hrsg.): Handbuch Offene Kinder- und Jugendarbeit. 4., überarbeitete und aktualisierte Auflage (S. 3–9). Wiesbaden: Springer VS.

Deutscher Bundestag (2017): 15. Kinder- und Jugendbericht. Bericht über die Lebenssituation junger Menschen und die Leistungen der Kinder- und Jugendhilfe in Deutschland. Berlin: BMFSFJ [https://www.bmfsfj.de/bmfsfj/service/publikationen/15-kinder-und-jugendbericht-115440], Zugriff am 05.05.2020.

Fendrich, S., Pothmann, J. & Tabel, A. (2018): Monitor Hilfen zur Erziehung 2018. Dortmund: Eigenverlag Forschungsverbund DJI/TU Dortmund.

Gadow, T., Peucker, C., Pluto, L., Santen, E. van & Seckinger, M. (2013): Wie geht's der Kinder- und Jugendhilfe? Empirische Befunde und Analysen. Weinheim/Basel: Beltz Juventa

Kuger, S. & Walper, S. (im Erscheinen): AID:A der integrierte Survey des Deutschen Jugendinstituts. In: Aufwachsen in Deutschland 2019 – Alltagswelten von Kindern, Jugendlichen und Familien.

Lüders, C. (2007): Entgrenzt, individualisiert, verdichtet. Überlegungen zum Strukturwandel des Aufwachsens. SOS-Dialog, 4–10.

Meysen, T., Schönecker, L. & Wrede, N. (2020): Gesetzliche Altersgrenzen im jungen Erwachsenenalter. Expertise. Erstellt im Auftrag des Deutschen Jugendinstituts e. V. (DJI) für das Bundesjugendkuratorium (BJK). München: DJI.

Pluto, L. & Santen, E. van (2019): Freiwilliges Engagement in der Offenen Kinder- und Jugendarbeit – Schattendasein eines weitverbreiteten Phänomens. Ursachen, Folgen und Handlungsbedarf. Deutsche Jugend, 67(7/8), 305–312.

Seckinger, M. (2018): Institutionelle Unterstützung im Jugendalter. In: A. Lohaus (Hrsg.): Entwicklungspsychologie des Jugendalters. Springer-Lehrbuch. Berlin/Heidelberg: Springer.

Seckinger, M., Pluto, L., Peucker, C. & Gadow, T. (2009): DJI-Jugendverbandserhebung. Befunde zu Strukturmerkmale und Herausforderungen. München: DJI Eigenverlag.

Seckinger, M., Pluto, L., Peucker, C. & Santen, Eric van (2016): Einrichtungen der offenen Kinder- und Jugendarbeit. Eine empirische Bestandsaufnahme. Weinheim/München: Beltz Juventa.

Sievers, B., Thomas, S. & Zeller, M. (2015): Jugendhilfe – und dann? Zur Gestaltung der Übergänge junger Erwachsener aus stationären Erziehungshilfen – Ein Arbeitsbuch. Frankfurt a. M.: Eigenverlag IGfH.

Statistisches Bundesamt [Destatis] (Hrsg.) (2020): Statistiken der Kinder- und Jugendhilfe. Einrichtungen und tätige Personen (ohne Tageseinrichtungen für Kinder) 2018.

Sturzenhecker, B. & Deinet, U. (2018): Kinder- und Jugendarbeit. In: K. Böllert (Hrsg.): Kompendium Kinder- und Jugendhilfe, 2 Bände (S. 693–712). Wiesbaden: Springer VS.

Sturzenhecker, B. (2006): Wir machen Ihnen ein Angebot, das sie ablehnen können – Strukturbedingungen der Kinder- und Jugendarbeit und ihre Funktionalität für Bildung. In: W. Lindner, (Hrsg.): 1964–2004: Vierzig Jahre Kinder- und Jugendarbeit in Deutschland. Aufbruch, Aufstieg und neue Ungewissheit (S. 179–192). Wiesbaden: Springer VS.

Wiesner, R. (Hrsg.) (2015): SGB VIII. Kinder und Jugendhilfe. Kommentar. 5. Auflage. München: C. H. Beck.

3 Materielle Lebenslagen, Bildungs- und soziale Ungleichheiten im Jugend- und jungen Erwachsenenalter

Brigitte Schels

3.1 Hintergrund

Über ihre Eltern verfügen junge Menschen über unterschiedliche materielle Ressourcen, z. B. Einkommen und Vermögen, soziale Ressourcen wie soziale Kontakte und Netzwerke und kulturelle Ressourcen wie familiäre Werte und Ambitionen, um den Übergang in das Erwachsenenalter zu meistern. Somit beeinflusst die soziale Herkunft mit, wie groß oder klein der Spielraum der jungen Menschen für wichtige Entscheidungen in der Lebensphase ist: bis zu welchem Schulabschluss junge Menschen auf die Schule gehen, ob sie studieren oder eine Berufsausbildung machen, wann sie ausziehen und einen eigenen Haushalt und Familie gründen. Dieses Kapitel betrachtet insbesondere die Bedeutung der materiellen Lage im Jugend- und im jungen Erwachsenenalter (siehe Kasten »Kapitelüberblick«).

Kapitelüberblick

In diesem Kapitel wird die Frage diskutiert, weshalb die materielle Lage beeinflusst, dass junge Menschen Schritte der Verselbstständigung in unterschiedlicher Weise und unterschiedlichem Tempo gehen, so dass sich sozial ungleiche Übergänge in das Erwachsenenalter entwickeln. Insbesondere junge Menschen, die in Armut aufwachsen, erfahren relative Nachteile in der Lebensphase. Armut bedeutet, dass sie in ihrem Haushalt nicht über das Mindestmaß an finanziellen Mitteln und einen Lebensstandard verfügen, der in der Gesellschaft als Voraussetzung für soziale Teilhabe und soziale Integration erachtet wird.

Das Kapitel ist wie folgt gegliedert: Als erstes werden theoretische Grundlagen vorgestellt, in welcher Weise die materielle Lage der Herkunftsfamilie den Übergang in das Erwachsenenalter prägt. Die materielle Lage wird dabei als eine Dimension des sozialen Status der Herkunftsfamilie definiert. Neben Fragen von Bildungsungleichheiten wird auch auf Statusübergänge der Familien- und Haushaltsgründung eingegangen. Erst wenn die jungen Menschen, insbesondere mit einer ersten Erwerbstätigkeit, über ein eigenes Einkommen verfügen, verlieren die materiellen Ressourcen der Eltern – nach und nach – an Bedeutung. Doch gerade das Lösen aus dem elterlichen Haushalt geht für junge Erwachsene zumindest temporär mit einem höheren Armutsrisiko einher. In einem zweiten Schritt betrachtet das Kapitel daher Ausmaß und Bedeutung von Armut im Jugend- und im jungen Erwachsenenalter. Es werden etablierte Armutskonzepte vorgestellt und hinsichtlich ihrer Aussagekraft über die Lebenslagen von Jugendlichen und jungen Erwachsenen diskutiert.

3.2 Konzeptionelle und theoretische Grundlagen

Ein zentrales Interesse der Ungleichheitsforschung ist der Zusammenhang zwischen dem sozialen Status der Eltern und den (späteren) Lebenschancen der Kinder. Die materielle Lage ist dabei eine Facette des familiären Sozialstatus (siehe Kasten »Messung des Sozialstatus der Eltern …«). Die Forschung interessiert sich insbesondere für die Mechanismen, mit denen ein Zusammenhang zwischen Sozialstatus der Eltern und Entwicklung der Kinder erklärt werden kann. Im Modell der intergenerationalen Vererbung (auch Transmission) sozialer Statuspositionen entfalten die materiellen Ressourcen der Herkunftsfamilie ihre Wirkung über unterschiedliche Kanäle (Duncan & Brooks-Gunn, 2000): Ein Aufwachsen in Armut mindert die Möglichkeiten der körperlichen, kognitiven und persönlichen Entwicklung, schränkt die Möglichkeiten der Bildungsbeteiligung und Beteiligung an außercurricularen Aktivitäten ein. Armut in der Herkunftsfamilie geht weiter mit eingeschränkten Möglichkeiten der sozialen und finanziellen Unterstützung einher, mit Stress und familiären Konflikten. Zudem leben arme Kinder häufiger in einem schlecht ausgestatteten, beengten und unsicheren Wohnumfeld. Im folgenden Abschnitt werden zentrale theoretische Überlegungen zur Bedeutung der materiellen Lage der Herkunftsfamilie für erstens die Bildungschancen der Kinder und zweitens für Statusübergänge von der Jugend in das Erwachsenenalter ausgeführt (in Bezug auf die Reproduktion sozialer Zuschreibungen ▶ Kap. 1).

Messung des Sozialstatus der Eltern und der materiellen Lage der Herkunftsfamilie

Der soziale Status der Herkunftsfamilie kann über unterschiedliche Indikatoren wie Beruf und Erwerbsstatus, Einkommen oder Bildungsabschluss der Eltern gemessen werden. Jeder dieser Indikatoren spricht eine unterschiedliche Dimension sozialer Herkunft an. Während der Beruf der Eltern auch mit Status und Ansehen einhergeht, werden über das elterliche Einkommen die tatsächlich verfügbaren finanziellen Ressourcen und der Lebensstandard im Haushalt bestimmt. Mit dem Bildungsstand der Eltern sind familienimmanente Wertigkeiten von Bildung, kulturelle Praktiken und Ambitionen verknüpft. Diese Dimensionen hängen in Teilen zusammen, da z. B. Familien mit geringqualifizierten Eltern im Schnitt über niedrigere Einkommen verfügen als Familien mit akademisch gebildeten Eltern. Zudem ist z. B. elterliche Arbeitslosigkeit eine der Hauptursachen familiärer Armut. Studien, die mit mehreren Indikatoren arbeiten, können aufdecken, welche Ressourcen der Herkunftsfamilie im Vererbungsprozess von Bedeutung sind. Doch sind die Möglichkeiten der Studien oftmals durch die Datenlage beschränkt, da valide Informationen über die Bedingungen in der Herkunftsfamilie insbesondere in Befragungen nicht leicht zu erheben sind. Zum Beispiel können Kinder eher den Beruf oder Bildungsabschluss ihrer Eltern berichten als das Einkommen ihrer Eltern beziffern. Dies kommt noch mehr zum Tragen, wenn Personen retrospektiv über ihre Eltern berichten, also im Erwachsenenalter gefragt werden, was ihre Eltern gemacht haben, als sie selbst etwa 15 Jahre alt waren. Daher bilden Studien Herkunftsunterschiede empirisch oftmals über Einzelindikatoren wie Bildung oder Beruf der Eltern ab, in denen Unterschiede in den finanziellen Ressourcen der Familie als auch in den familienimmanenten Wertigkeiten und Aspirationen gebündelt sind.

3.2.1 Familiäre materielle Situation und Bildungsungleichheiten

Bildung ist in modernen Gesellschaft eine der zentralen Voraussetzungen für eine stabile Arbeitsmarktintegration und soziale Teilhabe (Solga, 2017). Dementsprechend gibt es eine breite Forschungstradition, die die Bedeutung der Herkunftsfamilie für Bildungserfolg und Bildungsentscheidungen in den Blick nimmt (Becker & Lauterbach, 2016). Wichtige Bildungsentscheidungen stehen insbesondere zum Ende der Grundschulzeit und der allgemeinbildenden Schulzeit an. Nach Theorien rationaler Bildungsentscheidungen (Boudon, 1974) bewerten Familien die Kosten, Nutzen und Erfolgswahrscheinlichkeiten der Bildungsalternativen wie z. B. den Weg zum Abitur versus zu einem mittleren Schulabschluss unterschiedlich.

Hierfür sind zunächst die schulischen Leistungen der Kinder relevant. Es bestehen soziale Unterschiede, weil Kinder in unterschiedlichen familiären Sozialisationsbedingungen aufwachsen, die sich unmittelbar auf die Schulleistungen, z. B. Noten, Schulabschlüsse oder Kompetenzen, auswirken. Man spricht hier von den primären Effekten sozialer Herkunft. Die materiellen Ressourcen der Eltern spielen eine Rolle, weil diese beeinflussen, ob Kinder Nachhilfeunterricht erhalten und außerschulische Aktivitäten wie Musikunterricht oder Sportvereine wahrnehmen. Zudem variieren die Lern- und Entwicklungsbedingungen im häuslichen Umfeld. So haben Kinder in beengten Wohnungen weniger Rückzugsmöglichkeiten, um sich auf Hausaufgaben und Lernen zu konzentrieren.

Weitere Herkunftsunterschiede in den Bildungsentscheidungen bestehen selbst bei gleichen Schulleistungen, weil die Familien die Kosten und Nutzen der Bildungsalternativen unterschiedlich einschätzen. Dies sind die sekundären Effekte sozialer Herkunft. Finanzielle Aspekte spielen nicht nur über die direkten Bildungskosten wie Aufwendungen für Lernmittel, Wege zur Schule oder Ausbildung oder Schul- und Studiengebühren eine Rolle, sondern bestehen insbesondere in den Opportunitätskosten (Breen & Goldthorpe, 1997; Becker & Lauterbach, 2016), d. h., je länger ein Kind auf die Schule geht und eine Berufsausbildung macht, desto später wird es auf dem Arbeitsmarkt aktiv und finanziell unabhängig von den Eltern. Gleich hohe absolute Bildungskosten können daher in den Familien in Relation zum Haushaltseinkommen als unterschiedlich belastend empfunden werden. Neben den materiellen Bedingungen spielt mit Blick auf den Nutzen von Bildungsalternativen das Motiv des Statuserhalts eine zentrale Rolle, da Abitur und Studium für statushöhere Familien wichtiger sind als für statusniedrigere Familien, um Statusabstiege über die Generationen zu vermeiden. Zudem unterscheiden sich die Kosten-Nutzen-Bewertungen, weil Eltern abhängig von eigener Schul- und Berufsausbildung über spezifisches Wissen hinsichtlich Funktionsweise und Anforderungen in den unterschiedlichen Bildungszweigen verfügen (Becker & Lauterbach, 2016).

3.2.2 Familiäre finanzielle Situation und Verselbstständigungsschritte

Des Weiteren wird der Übergang in das Erwachsenenalter durch Schritte der Verselbstständigung wie Erwerbseintritt, Auszug aus dem Elternhaus, Partnerschaft und Familiengründung geprägt. Gemeinhin wird in der Übergangsforschung bilanziert, dass junge Menschen heute später als junge Menschen früherer Geburtskohorten in das Erwerbsleben eintreten. Sie haben zum einen mehr Möglichkeiten insbesondere in weiterführende und akademische Bildung zu investieren, doch spielen zum anderen auch Unsicherheiten auf dem Arbeitsmarkt eine Rolle. Das junge Erwachsenenalter hat sich damit als eigenständige Lebensphase der Rollenexploration zwischen Jugend und Erwachsenenalter etabliert (Arnett, 2000), die sich allerdings nicht alle jungen Menschen gleichermaßen ›leisten‹ können.

Ebenso wie die Frage der Bildungsentscheidungen kann der Zeitpunkt der Haushalts- und Familiengründung von jungen Menschen als Resultat individueller Kosten-Nutzen-Abwägungen betrachtet werden, in denen die materiellen Ressourcen der Herkunftsfamilie eine wesentliche Rolle spielen. Partnerschaft, Haushalts- und Familiengründung sind kostspielig und zum Teil, wie die Elternschaft, nicht reversibel (Billari, Hiekel & Liefbroer, 2019). So ist ein Auszug aus dem Elternhaus in einen eigenen Haushalt nur dann möglich, wenn die jungen Menschen selbst ein ausreichendes Einkommen aus Erwerbstätigkeit oder sozialstaatlichen Leistungen haben (siehe Kasten »Sozialstaatliche Leistungen …«) oder die Eltern die nötige finanzielle Unterstützung bieten (z. B. Jacob & Kleinert, 2008). Dabei ist anzumerken, dass familiäre Transfers auch noch nach dem Auszug aus dem Elternhaus eine wichtige finanzielle Quelle sind und erst nach und nach mit zunehmenden Alter an Bedeutung verlieren (z. B. Swartz, Kim, Uno, Mortimer & O'Brien, 2011).

Mit Blick auf den Nutzen der Haushalts- und Familiengründung spielen schichtspezifische Präferenzen und Ziele eine Rolle, die im familiären Sozialisationsprozess geprägt werden. Während junge Menschen höherer sozialer Schichten Autonomie insbesondere über Bildungsinvestitionen und Erwerbstätigkeit anstreben, und dies zunächst noch unabhängig von einer Partnerschaft und eigenen Kindern, nehmen junge Menschen geringerer sozialer Schichten mit Partnerschaft und früher Elternschaft einen Autonomiegewinn wahr (Billari et al., 2019). Dies ist umso mehr von Bedeutung, da nicht-traditionelle Familienstrukturen und beengte Wohnverhältnisse die Wahrscheinlichkeit eines raschen Auszugs aus dem Elternhaus erhöhen (z. B. Buck & Scott, 1993).

Empirische Befunde belegen insofern (z. B. Berzin & de Marco, 2010; Jacob & Kleinert, 2008; Zimmermann & Konietzka, 2018), dass junge Menschen aus armen Familien mit höherer Wahrscheinlichkeit sehr früh aus dem Elternhaus ausziehen und früher selbst Eltern werden als Kinder aus nicht armen Familien. Diese Übergänge scheinen teils zu früh stattzufinden, da die jungen Menschen in der Folge häufiger instabile Partnerschaften haben und seltenerer heiraten, was zu weiteren materiellen Unsicherheiten führt (▶ Kap. 3.2). Kinder aus statushöheren Familien ziehen dagegen insbesondere für Ausbildungs- oder Studienbeginn aus, ohne dass damit eine Partnerschaft oder Familiengründung verknüpft ist.

Sozialstaatliche Leistungen für junge Menschen

In den europäischen Sozialstaatsmodellen unterscheidet sich die finanzielle Förderung von jungen Menschen (Aassve, Iacovou & Mencarini, 2006). Während junge Menschen in sozial-demokratischen Sozialstaaten (z. B. Niederlande und skandinavische Länder) eine relativ breite, individuelle finanzielle Förderung unabhängig ihrer Herkunftsfamilie erhalten können, ist die Herkunftsfamilie in konservativen Sozialstaaten (z. B. Deutschland, Österreich, Frankreich) vorrangig für den Lebensunterhalt der Kinder zuständig, in Deutschland in der Regel bis zum 25. Lebensjahr. In liberalen Sozialstaaten (z. B. England) existiert eine breite sozialstaatliche Mindestsicherung. In südeuropäischen Sozialstaaten, in denen es kaum staatliche Leistungen gibt, ist die Familie generell die vorrangige Unterstützungsquelle. Abhängig von der Verfügbarkeit der sozialstaatlichen Leistungen zeigen sich im internationalen Vergleich unterschiedliche Auszugsmuster aus dem Elternhaus (▶ Kap. 8.2)

Die wichtigste sozialstaatliche finanzielle Leistung für junge Menschen in Deutschland ist die Bundesausbildungsförderung (BAföG), die in der Regel abhängig vom elterlichen Einkommen Student*innen und Schüler*innen an beruflichen Schulen zusteht. Zudem existiert die Berufsausbildungsbeihilfe (BAB), die als Zuschuss bei sehr geringen Einkommen während einer betrieblichen Ausbildung gewährt wird. Die wichtigste Leistung der Mindestsicherung ist in Deutschland die Grundsicherung für Arbeitssuchende, das Arbeitslosengeld II, das eine Leistung für Haushalten ohne Einkommen oder mit sehr geringen Einkommen ist. Die Möglichkeiten, dass sich junge Menschen über die Grundsicherung für Arbeitssuchende einen ersten eigenen Haushalt finanzieren, sind begrenzt. Die Kosten werden nach § 22 SGB II bei unter 25-Jährigen nur bei gravierenden Härtefällen übernommen, wenn ein Zusammenleben mit den Eltern nicht mehr zumutbar ist.

3.3 Armut in Jugend und im jungen Erwachsenenalter

Über die vergangenen Jahre waren in Deutschland immer mehr junge Menschen von Armut betroffen, so dass das Thema auch zunehmend Beachtung in der Sozialberichterstattung und Politik findet (Groh-Samberg, 2018), so etwa in den Armuts- und Reichtumsberichten der Bundesregierung.

Armut und Armutsmaße

Armut bedeutet, dass Menschen nicht über die finanziellen Voraussetzungen für soziale Teilhabe in unterschiedlichen Lebensbereichen wie Wohnen, Bildung, Gesundheit, Ernährung, soziale Kontakte verfügen (Überblick in Hauser, 2018). In der Armutsforschung herrscht Konsens darüber, dass Armut ein multidimensionales Phänomen ist. Daher werden oft mehrere Armutsmaße zur Beschreibung der Lebenslagen in einer Gesellschaft herangezogen. Etablierte Armutsmaße sind etwa relative Einkommensarmut, Bezug von Leistungen der Mindestsicherung und materielle Deprivation.

Relative Einkommensarmut erfasst das verfügbare Einkommen eines Haushalts im Vergleich zum mittleren Einkommen in einer Gesellschaft. Haushalte gelten als einkommensarm, wenn ihr Nettoäquivalenzeinkommen weniger als 60 % des Medians des durchschnittlichen Nettoeinkommens in Deutschland ist. In der Sozialberichterstattung wird hier auch von Armutsgefährdung gesprochen. Ein Äquivalenzeinkommen gewichtet das Haushaltseinkommen, um die Einkommen von Haushalten unterschiedlicher Größe und Bedarfe nach Haushaltszusammensetzung vergleichbar zu machen.

Ebenso ein einkommensbezogenes Maß ist die sogenannte Hilfequote, d. h. der Anteil der Empfänger*innen an Leistungen der Grundsicherung für Arbeitssuchende (siehe Kasten »Sozialstaatliche Leistungen …«) in einer Altersgruppe.

Maße der materiellen Deprivation erfassen unmittelbar die materiellen Mangellagen im Haushalt. Hierzu wird erfragt, ob Personen oder Haushalt aus finanziellen Gründen wichtige Güter, z. B. Auto, Waschmaschine, Telefon, internetfähigen Computer, und Aktivitäten, z. B. eine Woche Urlaub im Jahr, Freunde treffen oder einladen, entbehren, die einen allgemeinhin akzeptierten Lebensstandard kennzeichnen.

Einen Überblick über das Ausmaß von Armut bei jungen Menschen gibt der folgende Abschnitt 3.3.1. Noch wenig wird dabei darüber reflektiert, welche Aussagekraft die etablierten Armutsmaße für die Altersgruppe der jungen Menschen hat. Überlegungen hierzu stehen im Vordergrund von Abschnitt 3.3.2.

3.3.1 Armut bei jungen Menschen in Deutschland

Je nach Armutsmaß (siehe Kasten »Armut und Armutsmaße«) werden unterschiedliche Gruppen von armen und armutsgefährdeten jungen Menschen quantifiziert. Nach Angaben des Statistischen Bundesamtes auf Basis des EU-SILC lag die relative Einkommensarmutsschwelle im Jahr 2018 bei 13.628 Euro im Jahr für einen Einpersonenhaushalt – und 21 % der 18- bis 24-Jährigen galten als armutsgefährdet. Im Vergleich dazu lag die Armutsgefährdungsquote bei den 25- bis 54-Jährigen bei 14 %, bei Jugendlichen unter 18 bei 15 %. Betrachtet man den Anteil der Empfänger*innen an Leistungen der Grundsicherung für Arbeitssuchende, so waren dies in der Gruppe der 15- bis 24-Jährigen 9 % im Vergleich zu 8 % bei den 25- bis 54-Jährigen (Statistik der Bundesagentur für Arbeit, 2019).

Studien zeigen zudem, dass das Ausmaß strikter materieller Deprivation, nach der junge Menschen im Haushalt über mehrere Belastungen oder Einschränkungen verfügen, bei jungen Menschen im Vergleich zur relativen Einkommensarmut recht gering ist, 2013 waren rund 6 % der 18- bis 29-Jährigen in Deutschland von strikter materieller Deprivation betroffen. Dennoch war das Risiko der materiellen Deprivation von Haushalten mit einem jungen Haushaltsvorstand unter 30 Jahren mit rund 8 % doppelt so hoch wie bei Haushalten mit älteren Haushaltsvorständen (rund 4 %) (Schels, Dietrich, Haas, Angelis & Tubadji, 2019).

3.3.2 Armut im komplexen Übergang

Die Kennzahlen zum Ausmaß der Armut bei jungen Menschen in Deutschland sagt dabei noch nichts darüber aus, ob Lebenslagen in relativer Einkommensarmut oder materieller Deprivation für die jungen Menschen selbst bedeutsam sind. Angesichts der komplexen Lebensbedingungen, die sich mit den Statusübergängen in Bildung, Arbeit und Familie über eine längere Zeit strecken (Heinz, 2011), ist der Sozialstatus von jungen Menschen nicht immer eindeutig zu bestimmen. So verfügen die meisten jungen Menschen in Schule und Ausbildung (noch) über kein oder über ein sehr geringes Einkommen. Ihre Lebenslage hängt zudem maßgeblich davon ab, ob sie noch zu Hause bei den Eltern leben oder ausgezogen sind, ob sie Partner*innen oder Familie haben. Daher ist es eine kritische Frage, ob und unter welchen Bedingungen Armut in jungen Jahren eine nachteilige Lebenslage beschreibt oder, in anderen Worten, ob die etablierten Armutsmaße in ihrer Aussagekraft zum Lebensstandard von jungen Menschen eingeschränkt sind (Schels, 2020; Ayllón, 2015). So fehlen bislang Studien mit altersadäquaten Indikatoren, die explizit die Lebenslagen von Jugendlichen und jungen Erwachsenen erfassen, wie dies in der Forschung zu Kinderarmut etabliert ist (Zimmermann, 2000; Main & Bradshaw, 2012).

Einen differenzierten Blick ermöglicht die Beschreibung von Haushalts- und Individualeinkommen von jungen Menschen in einem Haushalt mit Eltern oder einem eigenen Haushalt. In einem gemeinsamen Haushalt wird – mitunter vereinfachend – davon ausgegangen, dass die Einkommen aller Haushaltsmitglieder gepoolt und unter den Haushaltsmitgliedern geteilt werden. So sind junge Menschen, die noch mit ihren Eltern zusammenwohnen, am besten vor Einkommensarmut geschützt (Aassve et al., 2006). Die Haushaltsäquivalenzeinkommen in Elternhaushalten liegen im Schnitt deutlich über dem Haushaltseinkommen der jungen Menschen, die bereits in einer eigenen Lebensgemeinschaft leben (Reinowski & Steiner, 2006). Dagegen sind die Individualeinkommen der jungen Menschen in gemeinsamen Haushalten mit Eltern unterdurchschnittlich hoch; ohne die Eltern wären sie überdurchschnittlich häufig individuell einkommensarm. Dies bedeutet, dass das individuelle Einkommen der jungen Menschen noch keine finanzielle Eigenständigkeit ermöglicht. Weil ein ausreichendes Einkommen oft die Voraussetzung für die Gründung eines eigenen Haushalts ist, sind junge Menschen in einer eigenen Lebensgemeinschaft überdurchschnittlich oft nicht individuell arm.

Sobald die jungen Menschen mit einem*r Partner*in zusammenleben, können sie einerseits die finanziellen Mittel in dem ›neuen‹ Haushalt poolen, übernehmen jedoch auch mehr finanzielle Verantwortung. Zudem kumulieren finanzielle Risiken, wenn beide Partner*innen in jungen Haushalten in den ersten Erwerbsjahren noch geringe Einkommen erzielen und die Erwerbssituation noch unsicherer ist als bei älteren Arbeitnehmer*innen (Schels et al., 2019). Befunde zeigen, dass junge Partnerschaftshaushalte den Vorteil der jungen Menschen, die noch bei den Eltern leben, im Schnitt nicht ausgleichen können und über geringere Haushaltsäquivalenzeinkommen verfügen (Aassve et al., 2006; Reinowski & Steiner, 2006). Zudem erleben junge Menschen mit Familiengründung zumindest vorübergehend ein erhöhtes Einkommensarmutsrisiko (Aassve, Davia, Iacovou & Mazzuco, 2007).

Neben der Beschreibung objektiver Lebenslagen kann auch das subjektive Erleben von Armut durch junge Menschen betrachtet werden. Im Herkunftshaushalt puffern etwa Eltern oft die finanziellen Notlagen ab, indem sie eher die Ausgaben für sich selbst einschränken als die Ausgaben für die Kinder (Walper, 2001), so dass sich die Einkommenssituation des Haushalts nicht unmittelbar auf Gesundheit und Lebenszufriedenheit der Kinder auswirkt (Treanor, 2014). Erst über den sozialen Vergleich werden finanzielle Einschränkungen tatsächlich als Belastung erlebt (z. B. Keuschnigg & Wolbring, 2012), etwa wenn die jungen Menschen im Vergleich zu Peergroup, Freund*innen und Mitschüler*innen zurückstecken müssen. Bereits in der Kindheit spiegelt sich die Einkommenssituation im subjektiven Erleben der Kinder wider (Treanor, 2015). Weiterführend zeigen Befunde für die Übergangsphase in das Erwachsenenalter, dass Einkommensarmut und materielle Deprivation im Alter ab 25 Jahren stärker die Lebenszufriedenheit von jungen Menschen einschränken als noch im jüngeren Alter (Schels, 2020).

3.4 Fazit und Ausblick

Aus der bisherigen Forschung ist gut belegt, dass die materiellen Bedingungen der Herkunftsfamilie nachhaltig die Lebenschancen der Kinder prägen und Nachteile eines Aufwachsens in Armut bis in das (junge) Erwachsenenalter hineinreichen. Die vielschichtigen Befunde verweisen auf einen komplexen Prozess der sozialen Vererbung, der weder einfach theoretisch zu fassen noch vollständig empirisch erforscht ist. Die in diesem Beitrag vorgestellten theoretischen Überlegungen, dass die materielle Situation der Herkunftsfamilie sowohl die Sozialisationsbedingungen als auch die Kosten-Nutzen-Bewertungen von Handlungsoptionen beeinflusst, verweist auf grundlegende Mechanismen, weniger auf wechselseitige Zusammenhänge, wann sich Faktoren der Ungleichheitstransmission verstärken oder abmildern (in Bezug auf institutionelle Rahmenbedingungen ▶ Kap. 2). Obwohl z. B. angenommen werden kann, dass elterliche Arbeitslosigkeit den Haushalt so stark finanziell belastet, dass Vater und Mutter überfordert sind, ihre Kinder in Schule und Ausbildung zu unterstützen, kann partnerschaftliche Unterstützung auch das Stresspotential durch Armut abfedern. Dies mag Familien, die auf Ersparnisse oder soziale Netzwerke zurückgreifen können, leichter fallen. Um diese Komplexität theoretisch zu erfassen, sind etwa weiterführende Theorien sozialer Unterstützung oder der Handlungsfähigkeit wichtig (z. B. Conger, Conger & Martin, 2010). Dennoch zeigt die Forschungsliteratur deutlich, dass es enorme soziale Unterschiede im Entscheidungsspielraum der jungen Menschen für die zentralen Verselbstständigungsschritte gibt. Die finanziellen Ressourcen, über die die jungen Menschen abhängig von ihren Eltern und später von ihrem (ersten) eigenen Einkommen verfügen, sind dabei ein zentraler Faktor, so dass materielle Armut auch mit ›ärmeren‹ Handlungsspielräumen einhergeht. Dies kann sich in Krisenzeiten verschärfen, wenn Ausbildungsplätze und Stellen für Erwerbseinsteiger*innen fehlen und Möglichkeiten der finanziellen Verselbstständigung eingeschränkt werden.

Literatur

Aassve, A., Davia, M. A., Iacovou, M. & Mazzuco, S. (2007): Does leaving home make you poor? Evidence from 13 European countries. European Journal of Population/Revue Européenne de Démographie, 23(3/4), 315-338. (https://doi.org/10.1007/s10680-007-9135-5)

Aassve, A., Iacovou, M. & Mencarini, L. (2006): Youth poverty and transition to adulthood in Europe. Demographic Research, 15(2), 21–50.

Arnett, J. J. (2000): Emerging adulthood: A theory of development from the late teens through the twenties. American psychologist, 55(5), 469 (https://doi.org/10.1037/0003-066X.55.5.469).

Ayllón, S. (2015): Youth poverty, employment, and leaving the parental home in Europe. Review of Income and Wealth, 61(4), 651–676 (https://doi.org/10.1111/roiw.12122).

Becker, R. & Lauterbach, W. (Hrsg.) (2016): Bildung als Privileg – Erklärungen und Befunde zu den Ursachen der Bildungsungleichheit (S. 3–51). Wiesbaden: Springer VS (https://doi.org/10.1007/978-3-658-11952-2_1).

Berzin, S. C. & De Marco, A. C. (2010): Understanding the impact of poverty on critical events in emerging adulthood. Youth & Society, 42(2), 278–300 (https://doi.org/10.1177/0044118X09351909).

Billari, F. C., Hiekel, N. & Liefbroer, A. C. (2019): The Social Stratification of Choice in the Transition to Adulthood. European Sociological Review, 35(5), 599–615 (https://doi.org/10.1093/esr/jcz025).
Boudon, R. (1974): Education, Opportunity, and Social Inequality. New York: Wiley.
Breen, R. & Goldthorpe, J. H. (1997): Explaining educational differentials: Towards a formal rational action theory. Rationality and Society, 9(3), 275–305 (https://doi.org/10.1177/104346397009003002).
Buck, N. & Scott, J. (1993): She's Leaving Home: But Why? An Analysis of Young People Leaving the Parental Home. Journal of Marriage and Family, 55(4), 863–874 (https://doi.org/10.2307/352768).
Conger, R. D., Conger, K. J. & Martin, M. J. (2010): Socioeconomic status, family processes, and Individual development. Journal of Marriage and Family, 72(3), 685–704 (https://doi.org/10.1111/j.1741-3737.2010.00725.x).
Duncan, G. J. & Brooks-Gunn, J. (2000): Family poverty, welfare reform, and child development. Child development, 71(1), 188–196 (https://doi.org/10.1111/1467-8624.00133).
Groh-Samberg, O. (2018): Armut von Jugendlichen und jungen Erwachsenen. In: P. Böhnke, J. Dittmann & J. Goebel (Hrsg.): Handbuch Armut: Ursachen, Trends, Maßnahmen (S. 120–130). Opladen: Budrich.
Hauser, R. (2018): Das Maß der Armut: Armutsgrenzen im sozialstaatlichen Kontext. In: EU. Huster, J. Boeckh & H. Mogge-Grotjahn (Hrsg.): Handbuch Armut und soziale Ausgrenzung (S. 149–178). Wiesbaden: Springer VS (https://doi.org/10.1007/978-3-658-19077-4_7).
Heinz, W. R. (2011): Jugend im gesellschaftlichen Wandel: soziale Ungleichheiten von Lebenslagen und Lebensperspektiven. In: E. M. Krekel & T. Lex (Hrsg.): Neue Jugend, neue Ausbildung? Beiträge aus der Jugend- und Bildungsforschung (S. 15–30). Bielefeld: Bertelsmann.
Jacob, M. & Kleinert, C. (2008): Does Unemployment Help or Hinder Becoming Independent? The Role of Employment Status for Leaving the Parental Home. European Sociological Review, 24(2), 141–153 (https://doi.org/10.1093/esr/jcm038).
Keuschnigg, M. & Wolbring, T. (2012): Reich und zufrieden? Theorie und Empirie zur Beziehung von Wohlstand und Lebenszufriedenheit. (Special Issue »Reichtum«). Berliner Journal für Soziologie, 22(2), 189–216 (https://dx.doi.org/10.1007/s11609-012-0183-2).
Main, G. & Bradshaw, J. (2012): A child material deprivation index. Child Indicators Research, 5(3), 503–521 (https://doi.org/10.1007/s12187-012-9145-7).
Reinowski, E. & Steiner, C. (2006): Armut von jungen Erwachsenen in der Bundesrepublik. Vierteljahrshefte zur Wirtschaftsforschung, 75(1), 89–107 (https://doi.org/10.3790/vjh.75.1.89).
Schels, B., Dietrich, H., Haas, A., Angelis, V. & Tubadji, A. (2019): On the Extremes: Poverty of Young Adults in Greece and Germany (2008–2012). In: M. Grimm, B. Ertugrul & U. Bauer (Hrsg.): Children and Adolescents in Times of Crises in Europe (S. 81–103). Cham: Springer (https://doi.org/10.1007/978-3-030-16331-0_6).
Schels, B. (2020): When poverty becomes detrimental to life satisfaction in the transition to adulthood. Journal of Longitudinal and Life Course Studies. online first (https://dx.doi.org/10.1332/175795919X15762387808264).
Solga, H. (2017): Bildungsarmut und Ausbildungslosigkeit in der Bildungs-und Wissensgesellschaft. In: R. Becker (Hrsg.): Lehrbuch der Bildungssoziologie (S. 443–485). Wiesbaden: Springer VS (https://doi.org/10.1007/978-3-658-15272-7_14).
Statistik der Bundesagentur für Arbeit (2019): Tabellen, SGB II-Hilfequoten (Monats- und Jahreszahlen), Nürnberg, Oktober 2019 [https://statistik.arbeitsagentur.de/Navigation/Statistik/Statistik-nach-Themen/Grundsicherung-fuer-Arbeitsuchende-SGBII/Ueberblick/Ueberblick-Nav.html], Zugriff am 10.12.2019.
Swartz, T. T., Kim, M., Uno, M., Mortimer, J. & O'Brien, K. B. (2011): Safety nets and scaffolds: Parental support in the transition to adulthood. Journal of Marriage and Family, 73(2), 414–429 (https://doi.org/10.1111/j.1741-3737.2010.00815.x).
Treanor, M. C. (2014): Deprived or not deprived? Comparing the measured extent of material deprivation using the UK government's and the Poverty and Social Exclusion sur-

veys' method of calculating material deprivation. Quality & Quantity, 48(3), 1337–1346 (https://doi.org/10.1007/s11135-013-9838-0).

Treanor, M. C. (2015): The Effects of Financial Vulnerability and Mothers' Emotional Distress on Child Social, Emotional and Behavioural Well-Being: A Structural Equation Model. Sociology, 50(4), 673–694 (https://doi.org/10.1177/0038038515570144).

Walper, S. (2001): Ökonomische Knappheit im Erleben ost- und westdeutscher Kinder und Jugendlicher: Einflüsse der Familienstruktur und Auswirkungen auf die Befindlichkeit. In: A. Klocke & K. Hurrelmann (Hrsg.): Kinder und Jugendliche in Armut. Umfang, Auswirkungen und Konsequenzen (S. 169–187). Opladen: Westdeutscher Verlag.

Zimmermann, G. E. (2000): Ansätze zur Operationalisierung von Armut und Unterversorgung im Kindes- und Jugendalter. In: C. Butterwegge (Hrsg.): Kinderarmut in Deutschland. Ursachen, Erscheinungsformen und Gegenmaßnahmen (S. 59–77). Frankfurt a. M.: Campus.

Zimmermann, O. & Konietzka, D. (2018): Social disparities in destandardization – Changing family life course patterns in seven European countries. European Sociological Review, 34(1), 64–78 (https://doi.org/10.1093/esr/jcx083).

4 Pluralisierung und Vielfalt als Merkmal jugendlicher Lebensrealitäten – eine Darstellung am Beispiel sexueller und geschlechtlicher Vielfalt

Claudia Krell

Die Lebenswege junger Menschen in Deutschland sind heute deutlich weniger vorgegeben und vorhersehbar, als dies noch bei früheren Generationen der Fall war. Individuell gestaltbare und zeitlich entgrenzte Möglichkeiten bieten Jugendlichen und jungen Erwachsenen einerseits große Chancen, ihr Leben nach ihren Wünschen, Vorstellungen und Interessen zu gestalten. Andererseits zeichnen sich ungleiche Voraussetzungen und besondere Herausforderungen klar ab. Ein Aspekt, der neben beispielsweise gesellschaftlichen und familiären Bedingungen die Vielfalt jugendlicher Biografien formt, ist deren sexuelle Orientierung bzw. geschlechtliche Zugehörigkeit.

Kapitelüberblick

Der folgende Artikel gibt einen Überblick darüber, inwieweit sexuelle und geschlechtliche Vielfalt das Aufwachsen und (Er-)Leben von Jugendlichen beeinflusst. Nach einem kurzen Blick auf die Pluralität jugendlicher Lebensformen wird auf die Situationen von lesbischen, schwulen, bisexuellen, trans* und queeren Jugendlichen eingegangen und dargestellt, in welchen Kontexten sie Besonderheiten in einem heteronormativen Umfeld erfahren, welchen Herausforderungen sie gegenüberstehen, wo sie einfach ›nur‹ junge Menschen sein können – und ob wir auf dem Weg sind hin zu einer Realität, in der Vielfalt die neue Normalität darstellt.

4.1 Individualisierung und gestiegene Ansprüche an Heranwachsende

Das Aufwachsen junger Menschen in Deutschland wird durch zahlreiche gesellschaftliche und individuelle Bedingungen bestimmt, die im Gegensatz zu früheren Zeiten vielfältige Biografien und Lebensrealitäten ermöglichen bzw. erzeugen.

> »Der einzelne Mensch wird aus den überlieferten Bedingungen herausgelöst, die noch vor vier oder fünf Generationen die Lebensgestaltung nach Alter, Herkunft, Religion

und Geschlecht festlegten. Diese haben an Verbindlichkeit verloren« (Hurrelmann & Quenzel, 2016).

Sowohl durch diese Herauslösung als auch die grundlegende Anerkennung von Jugend als eigenständige Lebensphase bzw. die zeitliche Ausdehnung hin zu einem eigenen Lebensabschnitt haben jungen Menschen in Deutschland im 21. Jahrhundert größtenteils viele Freiheiten, um ihr Leben flexibel an gesellschaftliche sowie intra- und interpersonelle Bedingungen, Wünsche und Anforderungen anzupassen bzw. diese entsprechend zu gestalten. Diese Situation ist dabei allerdings – überspitzt formuliert – Fluch und Segen zugleich, baut sie doch neben der Chance auf Individualisierung bzw. Optimierung des Lebensentwurfs (in Bezug auf die Individualisierungsthese ► Kap. 9.1) auch auf das Vorhandensein der dafür notwenigen Kompetenzen und nimmt den jungen Menschen in die Verantwortung für seine Lebensgestaltung:

> »Auf der ‚Kostenseite‹ dieser Entwicklung steigender Individualisierungsanforderungen steht eine wachsende individuelle Gestaltungsverantwortung für den eigenen Lebensentwurf« (Gaupp, 2015).

Mehr Freiheitsgrade im Aufwachsen ermöglichen jungen Menschen somit auf der einen Seite, sich in verschiedenen Bereichen, die im weiteren Lebensverlauf wichtig sind, auszuprobieren und Erfahrungen zu sammeln (z. B. in Hinblick auf Bildungs- bzw. Ausbildungsmöglichkeiten, Sexualität, Beziehungen) und sich individuell zu entwickeln. Auf der anderen Seite brechen strukturierende Elemente weg, die der Orientierung dienen und es wird ein gewisses Maß an Aufmerksamkeit, Reflexionsfähigkeit, Verantwortung und schlussendlich Disziplin bzw. Zielstrebigkeit notwendig, damit eine Entwicklung, die mit den individuellen Wünschen und gesellschaftlichen Rahmenbedingungen kompatibel ist, gelingen kann. Zugleich erhöht sich der Druck, diese vielen Entfaltungsmöglichkeiten auszuschöpfen und nicht ungenutzt verstreichen zu lassen (Hurrelmann & Quenzel, 2016).

4.2 Plurale Lebensformen Jugendlicher

Die Ausgangsbedingungen, die junge Menschen für die individuelle Formung ihres Lebenswegs vorfinden, sind häufig sehr verschieden. Junge Menschen leben in strukturstarken oder -schwachen Teilen Deutschlands, besuchen verschiedene Schulformen, deren Abschluss den Zugang zu einem Ausbildungs- oder Studienplatz mehr oder weniger wahrscheinlich macht, sie leben in Familien, in denen sie emotionale und/oder ökonomische Sicherheit und Unterstützung erleben oder in denen diese Ressourcen nicht verfügbar sind und in denen unterschiedliche Werte, Normen und politische Ausrichtungen gelebt werden. Sie sind unter friedlichen Bedingungen aufgewachsen oder haben Bedrohung und Gewalt erlebt. Sie sprechen unterschiedliche Sprachen, haben verschiedene Hautfarben und Körperformen, ihre familiären oder kulturellen Wurzeln liegen außerhalb und innerhalb Deutschlands und sind vielleicht mit Migrations- oder Fluchterfahrungen verknüpft. Sie wachsen mit oder ohne physischer, psychischer oder kognitiver Beeinträchtigung/Behinderung auf, sind religiös – oder eben auch nicht – und unterscheiden sich bezüglich ihrer sexuellen Orientierung und geschlechtlicher Zugehörigkeit. Die Lebenssituation von Jugendlichen und jungen Erwachsenen in Deutschland ist somit von strukturellen, gesellschaftlichen, persönlichen und familiären Bedingungen geprägt sowie zunehmend durch individuelle und vielfältige Biografien gekennzeichnet.

4.3 Sexuelle und geschlechtliche Vielfalt

Zwei wichtige Aspekte mit Blick auf *Diversität* sind die sexuelle Orientierung und die geschlechtliche Zugehörigkeit von jungen Menschen.

Sexuelle Orientierung

Die sexuelle Orientierung bezieht sich auf die geschlechtliche Zugehörigkeit der Person, zu der sich ein Mensch romantisch, sexuell und/oder emotional hingezogen fühlt. Im gleichgeschlechtlichen Kontext ist hier von lesbisch, schwul oder homosexuell die Rede. Heterosexuelle Personen interessieren sich für gegengeschlechtliche Menschen, bisexuelle Menschen fühlen sich zu Menschen beiderlei Geschlechter hingezogen. Pansexuelles Begehren geht über die Vorstellung von zwei Geschlechtern hinaus und asexuelle Menschen verspüren keine oder wenig sexuelle Anziehung zu anderen Menschen[1].

Geschlechtliche Zugehörigkeit

Die geschlechtliche Zugehörigkeit bezeichnet die individuell empfundene Geschlechtszugehörigkeit eines Menschen. Entspricht sie dem bei der Geburt zugewiesenen Geschlecht, wird dies cisgeschlechtlich genannt. Häufig wird dies jedoch nicht explizit benannt, weil es die gesellschaftliche Norm darstellt. Stimmt das geschlechtliche Erleben nicht mit dem zugewiesenen Geschlecht überein, ist die Rede von Transgeschlechtlichkeit (auch trans*, transsexuell, transident, transgender). Entsprechen die geschlechtlichen Merkmale eines Menschen nicht den, nach medizinisch Kriterien festgelegten Erscheinungsformen als eindeutig weiblich oder männlich, heißt dies Intergeschlechtlichkeit (auch inter*, intergeschlechtlich, intersexuell). Gender*queer oder nicht-

1 Eine gute Übersicht zu den unterschiedlichen Begrifflichkeiten und deren Nutzung bietet das Lexikon des Projekts 100 % Mensch (https://100mensch.de/lexikon/).

binär sind weitere geschlechtliche Zugehörigkeiten jenseits des Frau-Mann-Schemas.

Queer, was im Englischen so viel wie verrückt oder seltsam bedeutet, war sehr lange ein negativer, abwertender Begriff. Inzwischen wurde er durch Aktivist*innen positiv umgedeutet. Queer wird in diesem Artikel als Überbegriff für die Selbstbeschreibung von Menschen genutzt, die nicht heterosexuell bzw. nicht cisgeschlechtlich sind.

Jugendliche und junge Erwachsene bezeichnen sich heute eher als nicht heterosexuell oder nicht cisgeschlechtlich, als dies bei älteren Generationen der Fall ist. In einer aktuelleren Erhebung gaben 7,4 % der Teilnehmer*innen aus Deutschland an, sich als lesbisch, schwul, bisexuell oder transgender zu definieren (Dalia Research, 2016)[2]. Bei den 14- bis 29-jährigen lag der Anteil mit 11,2 % deutlich höher (ebd.). Mit Blick auf europäische Jugendliche zeigt sich dieses Bild ebenfalls:

> »Our results show that young people are more likely to describe their sexual orientation as something other than only heterosexual: 16 % of Europeans between the ages of 14 and 29, compared to 7.5 % between 30 and 65« (ebd.).

Auch in anderen Studien wird dieser Alterseffekt sichtbar (GLAAD, 2017). Anzunehmen ist, dass eine in den letzten Jahrzehnten stattgefundene gesellschaftliche Liberalisierung, eine zunehmende rechtliche Gleichstellung sowie die bessere Verfügbarkeit von Wissen über sexuelle und geschlechtliche Vielfalt dazu beitragen, dass junge Menschen heute eher die Chance haben, ihr Empfinden zu erkennen, zu benennen und ihren Vorstellungen entsprechend zu leben. Demgegenüber steht allerdings, dass in den letzten Jahren konservative und rechtspopulistische Strömungen erstarkt sind, die auf eine Rückbesinnung auf heteronormative Werte, binäre Geschlechterrollen und ›traditionelle‹ Familienformen drängen. Junge LSBT*Q[3] Personen werden dadurch als »anders/abweichend« und außerhalb der Mehrheitsgesellschaft positioniert und sind damit dem Risiko von Exklusion und Diskriminierung ausgesetzt.

2 Die Daten variieren über die einbezogenen Länder sehr, in Ungarn beispielsweise geben nur 1,5 % der Teilnehmer*innen an, LSBT zu sein.

3 Die Abkürzung LSBT*Q steht für lesbisch, schwul, bisexuell, trans* und queer. Unterschiedliche Abkürzungen wie z. B. LSBT sind abhängig von der Zusammensetzung der Stichprobe in den angebrachten Studien.

4.4 Plurale Lebensformen am Beispiel der Situation von LSBT*Q Jugendlichen und jungen Erwachsenen

Die Lebenssituationen, Erfahrungswelten und biografischen Verläufe von LSBT*Q Jugendlichen und jungen Erwachsenen unterscheiden sich *auf der einen Seite* ebenso voneinander, wie dies bei heterosexuellen und cisgeschlechtlichen jungen Menschen auch der Fall ist. Neben den oben unter *Pluralität jugendlicher Lebenswelten* beschriebenen Merkmalen wie z. B. der familiären, schulischen, regionalen oder sozioökonomischen Situation, gehören sie unterschiedlichen Jugendkulturen an, verfügen über verschiedene politisch-gesellschaftliche Wertehaltungen, engagieren sich in unterschiedlich hohem Maße für ihre Interessen wie beispielweise im Sport, der Politik, einem Ehrenamt oder einem anderen Hobby (in Bezug auf die Jugendarbeit ▶ Kap. 2).

Auf der anderen Seite ist ihr Aufwachsen vom gesellschaftlichen Umgang mit sexueller und geschlechtlicher Vielfalt geprägt. Diese Situation stellt eine spezifische Gemeinsamkeit dar, die lesbischen, schwulen, bisexuellen, trans* und queeren junge Menschen eigen ist und die sie von heterosexuellen und cisgeschlechtlichen Jugendlichen und jungen Erwachsenen unterscheidet. Zusätzlich zu den grundlegenden Schritten des Erwachsenwerdens und den damit verbundenen Anforderungen, erleben sie damit Herausforderungen und Konflikte, die genuin mit ihrer sexuellen Orientierung oder geschlechtlichen Zugehörigkeit in Zusammenhang stehen. Eine Studie der Human Rights Campaign aus den USA veranschaulicht diese Situation durch eine Befragung von heterosexuellen und cisgeschlechtlichen Jugendlichen einerseits und LSBT Jugendlichen andererseits.

Tab. 4.1: Unterschiedliche Wünsche und Probleme von LGBT-Jugendlichen im Vergleich zu hetero-sexuellen und cisgeschlechtlichen Jugendlichen

Three most commonly described phenomena	For those asked to describe one thing in their lives they would like to change right now		Among those asked to describe the most important problem facing their lives right now	
	LGBT youth identified	**Non-LGBT youth identified**	**LGBT youth identified**	**Non-LGBT youth identified**
1.	Understanding/ Tolerance/ Hate (18 %)	Money/ Dept/ Finances (20 %)	Non-accepting families (26 %)	Classes/ Exams/ Grades (25 %)
2.	My parent-/ family situation (15 %)	Appearance/ Weight (9 %)	School/ Bullying problems (21 %)	College/ Career (14 %)
3.	Where I live/ Who I live with (9 %)	Improving mental health (7 %)	Fear of being missed out or open (18 %)	Financial pressures related to college or job (11 %)

Quelle: HRC, 2012, S. 2

Gefragt nach Problemen, denen die Jugendlichen momentan in ihrem Leben gegenüberstehen, bezogen sich die häufigsten drei Nennungen von nicht LSBT Jugendlichen auf ihre Noten und das Examen, auf das Studium und die Karriere und den finanziellen Druck, den sie im Zusammenhang mit dem Studium oder ihrem Job erleben (HRC, 2012). LSBT Jugendliche nannten als größte Probleme nicht-akzeptierende Familien, Probleme in der Schule/Bullying und die Angst davor, »out« zu sein und offen zu leben (ebd.). Die Antworten der LSBT Jugendlichen bedeuten *nicht*, dass sie *keine* Schwierigkeiten mit ihren Noten, dem College oder ihren Finanzen haben. Vielmehr machen sie deutlich, dass Probleme, die durch den gesellschaftlichen Umgang mit sexueller und geschlechtlicher Vielfalt verursacht werden, so raumeinnehmend sind, dass andere jugend- bzw. alterstypische Problematiken dadurch überlagert werden. Belastungen können sich potenzieren und im Sinne von Minderheitenstress zu einer erhöhten Vulnerabilität führen.

Minderheitenstressmodelle

Minderheitenstressmodelle, die sich auf die sexuelle Orientierung (Meyer, 2003) oder geschlechtliche Zugehörigkeit beziehen (Testa et al., 2015), berücksichtigen neben allgemeinen Stressoren, die jede Person unabhängig von ihrer sexuellen Orientierung oder geschlechtlichen Zugehörigkeit beeinflussen können (z. B. Arbeitsplatzverlust), distale und proximale Minderheitenstressoren, die sich direkt auf diese Merkmale beziehen. Als distale Faktoren kommen objektive Ereignisse bzw. Vorurteilserfahrungen wie Diskriminierung, Ablehnung und Gewalt in Frage (Meyer, 2003). Unter proximalen Faktoren werden subjektive Bewertungen und Eindrücke wie internalisierte Homo- oder Trans*-Negativität, Verheimlichung oder Verschweigen der eigenen Identität sowie negative Erwartungen wie z. B. die Angst vor Ablehnung gefasst (Meyer, 2003; Testa et al., 2015).

Neuere Forschungen weisen darauf hin, dass auch strukturelle oder institutionalisierte Diskriminierung die psychische Gesundheit von nicht heterosexuellen Personen negativ beeinflussen können (Sattler, 2018). Im Zusammenspiel mit Resilienzfaktoren (z. B. Copingstrategien, soziale Unterstützung, Verbundenheit mit der Gemeinschaft, Stolz) ergeben sich Auswirkungen der Stressoren auf die psychische und körperliche Gesundheit (ebd.). Werden im Sinn einer intersektionalen Perspektive weitere Merkmale berücksichtigt, die zu Stigmatisierung bzw. Diskriminierung führen können (z. B. Alter, niedrige formale Bildung, geringer sozioökonomischer Status, familiäre Migrationserfahrung, Beeinträchtigung/Behinderung), kann dies in Form von Mehrfachdiskriminierung zu einer wiederum höheren Belastung führen.

4.4.1 Coming-out-Erfahrungen von LSBT*Q Jugendlichen

Um selbst zu realisieren und später auch nach außen hin deutlich zu machen, dass die heteronormativen Vorannahmen von Begehren und Geschlecht für die eigene Person nicht zutreffen, durchleben junge LSBT*Q häufig einen Coming-out-Prozess. Viele empfinden dabei schon früh, dass sie ›anders‹ – also nicht heterosexuell oder cisgeschlechtlich – sind. Bspw. waren sich mehr als 60 % von über 5.000 LSBT*Q Jugendlichen, die sich an einer Studie des Deutschen Jugendinstituts beteiligt haben, mit 16 Jahren über ihre sexuelle Orientierung oder geschlechtliche Zugehörigkeit im Klaren, 15 bis 30 % »wussten es schon immer« (Krell & Oldemeier, 2017). Zwischen dem eigenen Bewusstwerden (inneres Coming-out) und dem Moment, an dem die jungen Menschen das erste Mal mit einer anderen Person darüber sprechen oder dies auf anderem Wege deutlich machen (äußeres Coming-out), vergehen häufig mehrere Jahre (ebd.). Den Prozess des inneren Coming-outs beschreiben viele Jugendliche als kompliziert, häufig entwickeln sie in dieser Zeit Ängste und Sorgen, insbesondere davor, wie die Umwelt bzw. das soziale Umfeld reagieren wird. Sie sorgen sich, dass sie z. B. von Freund*innen und Familienmitgliedern abgelehnt werden, sich Probleme im Bildungs- oder Arbeitsbereich ergeben oder sie in ihrem Erleben nicht ernst genommen werden (ebd.). Coming-out ist zudem eine lebenslange Aufgabe, d. h. jede Person, die nicht heterosexuell oder cisgeschlechtlich ist, muss für sich abwägen, wie offen sie in alltäglichen Situationen mit dieser Tatsache umgeht, da ein Coming-out auch immer mit dem Risiko verbunden ist, negative Erfahrungen zu machen.

Mit Blick auf sexuelle und geschlechtliche Vielfalt lässt sich hinzufügen, dass lesbische, schwule und bisexuelle Jugendliche mehr Freiheitsgrade genießen, als junge trans* und inter*Personen. Die heteronormative Matrix, die die Basis unserer Gesellschaft bildet, geht von zwei ›naturgegebenen‹ Geschlechtern – Männern und Frauen – aus, die sich in ihrem Begehren wechselseitig aufeinander beziehen. Durch eine gesellschaftliche Diskussion in den letzten Jahrzehnten, die sowohl eine Liberalisierung als auch rechtliche Veränderung bezüglich gleichgeschlechtlicher Lebensweisen anstieß, sind nicht heterosexuelle Konstellationen in den Fokus gerückt und konnten sich in gewisser Weise als – wenn auch noch nicht selbstverständliche – Alternative etablieren.

Die Akzeptanz und Rechte von nicht cisgeschlechtlichen Menschen sind dagegen noch nicht an diesem Punkt angekommen, was auch Auswirkung auf deren gesellschaftliche Sichtbarkeit hat. Für trans* und gender*diverse Jugendliche kann dies bedeuten, dass sie in ihrem Aufwachsen selten auf (Rollen-)Modelle oder Darstellungen für ihre Empfindungen stoßen, die beschreiben, dass das ihnen bei der Geburt zugewiesenes Geschlecht nicht ihrer geschlechtlichen Zugehörigkeit entspricht. Ihnen fehlen sozusagen die Worte, sie leben häufig mit dem Gefühl, der*die Einzige zu sein und haben Angst davor, mit ihrem geschlechtlichen Erleben nicht ernst genommen zu werden (ebd.). Sowohl das innere wie äußere Coming-out ist für sie häufig schwierig, Transitionsprozesse, die rechtliche, medizinische und hormonelle Schritte umfassen können, sind langwierig, teuer und von schwierigen Zugängen zu professionellen Informationen und Strukturen gekennzeichnet (ebd.).

4.4.2 Repräsentation von sexueller und geschlechtlicher Vielfalt im Alltag

Junge Menschen wachsen trotz einer Veränderung des gesellschaftlichen Umgangs mit sexueller und geschlechtlicher Vielfalt häufig in einem Umfeld auf, in dem LSBT*Q Lebensweisen entweder kaum sichtbar sind oder in einer negativen, abwertenden oder lächerlichen Art und Weise repräsentiert werden, die eine positive Identifikation erschwert. Im schulischen Kontext erleben sie sowohl in Lehrmaterialien (Bittner, 2011) als auch im Unterricht (Krell & Oldemeier, 2017), dass das Thema LSBT*Q meist fehlt. Im schulischen Alltag taucht es zudem häufig nur in Form von Beschimpfungen oder Vorurteilen auf (Klocke, 2012). Zwar haben im Vergleich zu früheren Jahren mehr Schüler*innen im »Aufklärungsunterricht« von Homosexualität gehört (Bundeszentrale für gesundheitliche Aufklärung, 2015), allerdings wird Bildungseinrichtungen häufig nach wie vor ein LSBT*Q feindliches Klima bescheinigt (Koordinierungsstelle für gleichgeschlechtliche Lebensweisen, 2011), das auch LSBT*Q Lehrkräften häufig nicht den Raum bietet, offen und selbstbestimmt aufzutreten (Antidiskriminierungsstelle des Bundes, 2017). Eine fächerübergreifende Erwähnung von sexueller und geschlechtlicher Vielfalt als gleichwertige Alternative findet kaum statt (Krell & Oldemeier, 2017). In öffentlichen Medien, Büchern, Zeitschriften, auf Werbeplakaten und in Filmen tauchen LSBT*Q Charaktere eher selten auf, mitunter ist deren Darstellung zudem klischeehaft und negativ konnotiert. In digitalen Medien, z. B. bestimmten YouTube-Kanälen oder Eigenproduktionen von Netflix, finden sich in den letzten Jahren dagegen zum Teil sehr gut dargestellte Protagonist*innen, die sexuelle und geschlechtliche Vielfalt auf persönliche und selbstverständliche Weise thematisieren. LSBT*Q Jugendliche und junge Erwachsene finden, ähnlich wie z. B. junge Menschen mit Behinderung, ihr (Er-)Leben in der alltäglichen ›Normalität‹, die sie umgibt, nur selten wieder.

4.4.3 Risiken von Diskriminierung und gesellschaftlicher Exklusion

In vielen Lebensbereichen ist sexuelle und geschlechtliche Vielfalt nicht nur nicht existent. Vielmehr ist der gesellschaftliche Umgang mit nicht heterosexuellen oder nicht cisgeschlechtlichen Lebensweisen Grund dafür, dass junge LSBT*Q Personen Exklusion und Diskriminierung ausgesetzt sind.

Zum einen erleben sie dies in Kontexten, aus denen sich Jugendliche nicht ohne langfristig negative Konsequenzen zurückziehen können – etwa im Bildungsbereich und in der Familie (ebd.).

> »[…] in contrast with other vulnerable youth groups such as minority ethnic youth who generally do not face problems of racism and religious intolerance within their own families, ›for gays and lesbians abuse often begins at home‹« (ILGA-Europe 2006, S. 7).

Kommt es zu Konflikten im familiären Umfeld, ist dies nicht nur eine große Belastung für die jungen Menschen – es fehlt gleichzeitig ein wichtiger Unterstützungsfaktor. Familiärer Rückhalt gilt als eine der wichtigsten Ressourcen bei der Prävention von Suiziden unter LSBT*Q Jugendlichen und jungen Erwachsenen (Eisenberg & Resnick, 2006), die gegenüber heterosexuellen und cisgeschlechtlichen jungen Menschen ein deutlich erhöhtes Risiko für Suizide, psychische Erkrankungen und Substanzmissbrauch aufweisen (Plöderl, 2016). Dies sind weniger individuelle Probleme einzelner Jugendlicher, sondern vielmehr Reaktionen auf Ansprüche einer heteronormativen Gesellschaft, die queere Jugendliche nicht erfüllen können.

Zum anderen findet Diskriminierung sehr häufig an Orten statt, die junge LSBT*Q in ihrem Alltag nutzen bzw. nutzen müssen, z. B. im öffentlich Raum oder in Freizeitkontexten (Krell & Oldemeier, 2018). Diskriminierung kann sowohl in erlebter Form stattfinden als auch in antizipierter Form (also in der Annahme bzw. der Angst davor, dass Diskriminierung stattfinden könnte).

4.4.4 Ambivalentes Alltagserleben

Es wäre zu kurz gegriffen, die Lebensrealitäten von LSBT*Q Jugendlichen und jungen Erwachsenen auf Probleme und Herausforderungen zu reduzieren. Diese sind an vielen Stellen präsent und teilweise auch sehr dominant. Allerdings gibt es ebenso Lebensbereiche, in denen junge Lesben, Schwule, bisexuelle, trans* und queere Personen Unterstützung, Akzeptanz und Anerkennung erfahren. Positive Erfahrungen machen sie etwa in der Familie oder im sozialen Umfeld, insbesondere im Freundeskreis. Häufig ist bspw. die beste Freundin oder der beste Freund die Person, mit der das erste Mal über die eigenen Gefühle gesprochen wird (Krell & Oldemeier, 2017). Auch sind die Reaktionen auf das erste äußere Coming-out überwiegend neutral bis positiv – weil sich die jungen Menschen soweit möglich eine Person suchen, der sie vertrauen und von der sie sich Unterstützung erwarten (ebd.). Freundschaften – sowohl im virtuellen Raum als auch im realen Leben – sind eine sehr große Ressource im Aufwachsen von LSBT*Q Jugendlichen und jungen Erwachsenen. Die gemeinsame Freizeitgestaltung sowie die Nutzung von LSBT*Q spezifischen Jugendangeboten und Strukturen sind ebenso positive Erfahrungen wie die Vernetzung, der Informationsaustausch und das hohe Engagement im Internet (Krell & Oldemeier, 2018).

Am Beispiel Internet lässt sich indes sehr gut die tägliche Ambivalenz verdeutlichen, die LSBT*Q Jugendliche und junge Erwachsene erleben. Einerseits haben sie hier z. B. die Möglichkeit Informationen zu erhalten, Menschen kennenzulernen, Rollenbilder zu finden und sich selbst in Diskussionen oder über Blogeinträge einzubringen (ebd.). Viele zeigen sich online offener, als ihnen dies offline im Alltag möglich ist (GLSEN, o. J.). Gleichzeit ist das Internet der Freizeitbereich, in dem sie am häufigsten Diskriminierung, z. B. in Form von bedrohenden oder abwertenden Kommentaren oder Postings, erleben (Krell & Oldemeier, 2018).

Eine weitere Ambivalenz entsteht dadurch, dass auf der einen Seite suggeriert wird, dass bspw. durch die Eheöffnung und die dritte Geschlechtsoption sexuelle und geschlechtliche Vielfalt in der Mitte der Gesellschaft angekommen ist und es deshalb keine Benachteiligung mehr gibt bzw. geben sollte. Auf der anderen

Seite erleben die jungen Menschen täglich (mehrfach), dass ihre Situation nicht selbstverständlich oder gar ›normal‹ sondern erklärungsbedürftig und außergewöhnlich ist und sie mit ihrer nicht heterosexuellen Orientierung oder nicht cisgeschlechtlichen Zugehörigkeit nach wie vor ›aus dem gesellschaftlichen Rahmen fallen‹.

4.5 Vielfalt ist alltäglich – aber die neue Normalität?

Wie dieser Beitrag deutlich macht, haben sich die Lebenssituationen und -bedingungen von Jugendlichen und jungen Erwachsenen in den letzten Jahrzehnten wesentlich verändert. Im Lebensabschnitt »Jugend« haben die Wahlmöglichkeiten und Freiheitsgrade zugenommen und dadurch der Individualisierung und Pluralisierung jugendlicher Biografien Raum gegeben. Diversität ist möglich und Bestandteil jugendlichen Alltags. Mit Blick auf die Situation von LSBT*Q Jugendlichen und jungen Erwachsenen, die Teil dieser vielfältigen Jugendgeneration sind, lässt sich jedoch resümieren, dass ihr (Er-)Leben oftmals nach wie vor nicht selbstverständlicher Bestandteil der gesellschaftlichen Realität bzw. Normalität ist. Sie sind mit besonderen Herausforderungen wie dem inneren und äußeren Coming-out, der Entwicklung eines für sie passenden Lebensentwurfs als lesbischer, schwuler, bisexueller, trans* oder queerer junger Mensch, dem Leben in einer heteronormativen Umwelt und dem Umgang mit Ambivalenzen und Diskriminierung konfrontiert. Hierfür entwickeln sie Strategien und greifen auf Ressourcen zurück, die sie darin unterstützen mit unterschiedlichen Situationen umzugehen.

Den Wunsch von vielen LSBT*Q Jugendlichen und jungen Erwachsenen nach einer Normalität unterschiedlicher sexueller Orientierungen und geschlechtlicher Zugehörigkeiten bringt folgendes Zitat aus der Studie »Coming-out – und dann …?!« (Krell & Oldemeier, 2017) zum Ausdruck:

> »Ich glaube, ich würde es cool finden, wenn es halt keine Rolle spielen würde. Wenn es einfach alles gleich wäre, so wie jetzt halt diese Heterosexualität sozusagen das ist, was jeder als Norm akzeptiert. Wenn einfach die Norm wäre »Jeder liebt einfach den Menschen, den er liebt, unabhängig davon, welches Geschlecht der jetzt hat«. Also, wenn auch einfach alles, was mit Ehe und Geschlecht, was da noch alles dran hängt an Status, irgendwelche Machtgefüge, keine Ahnung, wenn das halt weg wäre oder keine Rolle spielen würde. Wenn halt der Mensch im Zentrum stünde und nicht »In was für einem Körper steckt dieser Mensch?« und »Wen begehrt er?«. Das wäre glaube ich, für mich so eine Idealvorstellung, dass es halt um die Person geht, und nicht um das Drumherum, was halt Zufall« (Alina, 22 Jahre, cisweiblich, bisexuell).

Literatur

Antidiskriminierungsstelle des Bundes (Hrsg.) (2017): LSBTIQ*-Lehrkräfte in Deutschland. Diskriminierungserfahrungen und Umgang mit der eigenen sexuellen und geschlechtlichen Identität im Schulalltag. Berlin [http://www.antidiskriminierungsstelle.de/SharedDocs/Downloads/DE].

Bittner, M. (2011): Geschlechterkonstruktionen und die Darstellung von Lesben, Schwulen, Bisexuellen, Trans* und Inter* (LSBTI) in Schulbüchern. Eine gleichstellungsorientierte Analyse mit einer Materialsammlung für die Unterrichtspraxis. Frankfurt a. M.

Bundeszentrale für gesundheitliche Aufklärung (Hrsg.) (2015): Jugendsexualität. Die Perspektive der 14--25-Jährigen. Köln.

Dalia Research (2016): 6 % of Europeans identify as Lesbian, Gay, Bisexual or Transgender (LGBT). Berlin [https://daliaresearch.com/counting-the-lgbt-population-6-of-europeans-identify-aslgbt/], Zugriff am 4.2.2020.

Eisenberg, M. E. & Resnick, M. D. (2006): Suicidality among gay, lesbian and bisexual youth: the role of protective factors. Journal of Adolescent Health. 39(5), 662–668.

Gaupp, N. (2015): (Lebens-)Welten von Jugendlichen sind bunt – Jugendforschung und Jugendhilfe müssen diese Vielfalt abbilden. dreizehn Zeitschrift für Jugendsozialarbeit. 14, 10–14.

GLSEN [Gay Lesbian and Straight Education Network] (o J.): GLSEN's Out Online: The Experiences of Lesbian, Gay, Bisexual and Transgender Youth« First National Report to Look In-Depth at LGBT Youth Experience Online. [https://www.glsen.org/news/out-online-experiences-lgbt-youth-internet]/, Zugriff am 05.05.2020.

GLAAD [Gay and Lesbian Alliance Against Defamation] (2017): Accelerating Acceptance 2017. [https://www.glaad.org/files/aa/2017_GLAAD_Accelerating_Acceptance.pdf], Zugriff am 30.10.2020.

HRC [Human Rights Campaign] (Hrsg.) (2012): Growing up LGBT in America. HRC Youth Survey Report. New York.

Hurrelmann, K. & Quenzel, G. (2016): Lebensphase Jugend. Eine Einführung in die sozialwissenschaftliche Jugendforschung, 13., überarbeitete Auflage. Weinheim: Beltz.

ILGA-Europe & IGLYO (Hrsg.) (2006): Social exclusion of young lesbian, gay, bisexual and transgender (LGBT) people in Europe. Brüssel.

Klocke, U. (2012): Akzeptanz sexueller Vielfalt an Berliner Schulen. Eine Befragung zu Verhalten, Einstellung und Wissen zu LSBT und deren Einflussvariablen. Senatsverwaltung für Bildung, Jugend und Wissenschaft (Hrsg.): Berlin.

Koordinierungsstelle für gleichgeschlechtliche Lebensweisen München (Hrsg.) (2011): »Da bleibt noch viel zu tun …!« Befragung von Fachkräften der Kinder- und Jugendhilfe zur Situation von lesbischen, schwulen und transgender Kindern, Jugendlichen und Eltern in München. München.

Krell, C. & Oldemeier, K. (2017): Coming-out – und dann …?! Coming-out-Verläufe und Diskriminierungserfahrungen von lesbischen, schwulen, bisexuellen, trans* und queeren Jugendlichen und jungen Erwachsenen in Deutschland. Opladen: Budrich.

Krell, C. & Oldemeier, K., unter Mitarbeit von Austin-Cliff, G. (2018): Queere Freizeit. Inklusions- und Exklusionserfahrungen von lesbischen, schwulen, bisexuellen, trans* und *diversen Jugendlichen in Freizeit und Sport. München. DJI. (https://www.dji.de/fileadmin/user_upload/bibs2018/26869_DJI_QueereFreizeit.pdf).

Projekt 100 % Mensch. Lexikon. [https://100mensch.de/lexikon/], Zugriff am 05.05.2020.

Meyer, I. H. (2003): Prejudice, Social Stress, and Mental Health in Lesbian, Gay, and Bisexual Populations: Conceptual Issues and Research Evidence. Psychol Bull, 129(5), 674–697.

Oerter, R. & Montada, L. (Hrsg.) (2002): Entwicklungspsychologie. 5., vollständig überarbeitete Auflage. Weinheim: Beltz.

Plöderl, M. (2016): Out in der Schule? Bullying und Suizidrisiko bei LGBTI Jugendlichen. Suizidprophylaxe, 43(1), 6–13.

Sattler, F. A. (2018): Minderheitenstress und psychische Gesundheit von Lesben, Schwulen und Bisexuellen. Philipps-Universität Marburg (http://archiv.ub.uni-marburg.de/diss/z2018/0109/pdf/dfas.pdf).

Testa, R. J., Habarth, J., Peta, J., Balsam, K. & Bockting, W. (2015): Development of the Gender Minority Stress and Resilience Measure. Psychology of Sexual Orientation and Gender Diversity, 2(1), 65–77.

5 Jugend und Zeit – Formen der Thematisierung

Christian Lüders

Bekanntlich sind Raum und Zeit Grundkategorien menschlichen Denkens und Handelns. Während z. B. Immanuel Kant sie als transzendentale Bedingungen der Möglichkeit von Erkenntnis betrachtet, sieht die Soziologie in ihnen genuine Gegenstände der Theorie und Forschung – z. B. als Soziologie des Raumes (vgl. Löw, 2017) und als Soziologie der Zeit (vgl. Nassehi, 2008). Für die Jugendforschung und die wissenschaftlichen Diskurse um Jugend gilt allerdings, dass die Aufmerksamkeiten auf die beiden Kategorien sehr ungleich verteilt sind. Während die Kategorie des sozialen Raumes in Jugendforschung und -theorie an vielen Stellen auf Interesse stieß und eine Reihe von Studien und systematische Beiträge angestoßen hat (vgl. z. B. Hummrich, 2011; Kessl & Reutlinger, 2019), lässt sich Analoges in Bezug auf die Kategorie Zeit nicht sagen. Der Sache nach spielt sie in den Debatten um Jugend und in der entsprechenden Forschung implizit fast immer eine Rolle, was nicht überraschend ist, wenn man Zeit als eine Dimension betrachtet, mit deren Hilfe die Welt geordnet und Erkenntnis möglich wird; aber in systematischer Hinsicht kann man nicht behaupten, dass sie ein bevorzugtes Thema der Jugendforschung darstellt.

Nun stellt Zeit für sich genommen ein vertracktes Thema dar (vgl. Safranski, 2015). Zugleich gibt es – wie angedeutet schon aus erkenntnistheoretischen Gründen – keinen Gegenstand sozialwissenschaftlichen Nachdenkens und Forschens, auch im Jugendbereich nicht, der nicht auch zeitliche Aspekte aufweisen würde. Und auf Anhieb könnte man viele Evidenzen vorlegen, wie sich die Zusammenhänge gestalten. Das beginnt bei der Einsicht, dass Jugend selbst eine Phase ist, also zeitlich beschränkt mit einem Anfang und Ende, führt weiter über die Beobachtung, dass Jugendliche in unterschiedlicher Weise Zeit verbringen, bis zu gesellschaftstheoretischen Zugängen, die z. B. von einer allumfassenden Beschleunigung gesellschaftlicher Prozesse sprechen (vgl. z. B. Rosa, 2005); würde diese These zutreffen, müsste sie unweigerlich auch für Jugendliche gelten.

Man könnte an dieser Stelle beginnen, über die Gründe der angedeuteten Zurückhaltung bei der Bearbeitung des Themenkomplexes Jugend und Zeit nachzudenken. Das soll hier nicht geschehen – auch weil klagen nicht weiterhilft. Stattdessen soll ein erster, noch sehr vorläufiger Versuch gestartet werden, Formen der Befassung mit Zeit im Kontext von Jugendforschung und -theorie zu benennen, um das Thema wenigstens ansatzweise zu umreißen. Dabei gilt, dass es sich weder um eine systematische noch um eine vollständige Liste der Formen handelt. Zwei weitere, hier nicht näher ausgeführte Formen der Thematisierung mögen dies verdeutlichen: Würde man den Blick stärker auf psychologische Aspekte von Jugend legen, würden schnell weitere Thematisierungsformen sichtbar werden. So zeigt z. B. die Entwicklungspsychologie, dass die Entwicklung des Zeitbewusstseins selbst einem Entwicklungsprozess, der sich bis in die Anfänge des Jugendalters vollzieht (vgl. klassisch: Piaget, 1974), unterliegt. Ebenfalls aus der Entwicklungspsychologie stammt der Begriff der alterstypischen Entwicklungsaufgaben; mit ihm werden die charakteristischen Herausforderungen beschrieben, die im Verlauf des Jugendalters zu bewältigen sind, wie u. a. den »Körper bewohnen lernen«, den Umgang mit Sexualität einüben, den Aufbau neuer sozialer Beziehungen, die Aneignung von Welt sowie die Bewältigung der Übergänge Schule – Ausbildung – Beruf und die Entwicklung einer eigenständigen Identität (Fend, 2005, S. 205ff.).

Und ein zweites Beispiel: Die im Folgenden genannten Thematisierungsformen setzen Jugend im Sinne einer eigenständigen Lebensphase voraus. Dies ist keineswegs selbstverständlich, wie die entsprechende historische Forschung belegt: Jugend als eine eigene Phase ist eine Erfindung der Moderne (vgl. Einleitung in diesem Band; Gillis, 1980; Fend, 1988; Levi & Schmitt 1996, 1997; Savage, 2008).

Kapitelüberblick

Vor diesem Hintergrund sollen im Folgenden einige zentrale Formate der Thematisierung von Jugend und Zeit in der jüngeren Theoriedebatte um Jugend und Jugendforschung skizziert werden. Um diese Formate der Thematisierung nicht nur abstrakt zu benennen, werden die Beschreibungen exemplarisch, also ohne Anspruch auf Vollständigkeit, mit Beispielen angereichert.

5.1 Verbrachte Zeit – Zeitverwendung

Die sicherlich am weitesten verbreitete Form der Thematisierung von Zeit im Kontext von Jugendforschung besteht in der empirischen Erfassung, wie Jugendliche ihre Zeit verbringen. Häufig wird nach beliebtesten Freizeittätigkeiten gefragt, ohne dass dabei konkrete Zeitangaben gemacht bzw. abgefragt werden (vgl. hierzu auch Calmbach et al., 2020, S. 201ff.). So ermittelt z. B. die jüngste Shell-Jugend-Studie, dass über die Hälfte der befragten Jugendlichen (55 %) sich üblicherweise und am häufigsten mit anderen treffen. In der gleichen Studie wurde dieser Wert nur vom »Musik hören« (57 %) übertroffen. »Im Internet surfen« antworteten 50 % und 45 % kreuzten »Videos, Filme, Serien anschauen« an (Wolfert & Leven, 2020, S. 214). Interessanterweise ist das einzige Thema, bei dem genauer nach einem Zeitanteil nachgefragt wird, die Internetnutzung – unabhängig davon, ob privat, in der Ausbildung oder im Beruf. »Im Durchschnitt sind sie 3,7 Stunden im Internet aktiv. Nur 2 % haben angegeben, zwischen 12 und 24 Stunden täglich online zu sein. Die große Mehrheit (86 %) nennt Nutzungszeiten zwischen einer halben Stunde und 6 Stunden« (ebd., S. 224). Ähnliche Daten liefern auch die längsschnittlich angelegten JIM-Studien, die die Nutzung von Medien regelmäßig untersuchen. So kam die jüngste Studie z. B. zu dem Ergebnis, dass

> »die geschätzte Spieldauer […] bei Jugendlichen nach eigenen Angaben an Werktagen durchschnittlich 121 Minuten (über alle Spieleoptionen Computer-, Konsolen-, Tablet- und Smartphonespiele gesehen) [beträgt]. Im Vergleich zum Vorjahr ist die durchschnittliche Spielzeit damit um 40 Minuten gestiegen (2019: 81 Minuten, 2018: 103 Minuten). Am Wochenende steigt die Nutzungsdauer auf durchschnittlich 145 Minuten (2019: 117 Minuten, 2018: 125 Minuten). Offenbar führen die Einschränkungen alternativer Freizeitaktivitäten im Kontext von Corona auch zu einer intensiveren Beschäftigung mit digitalen Spielen« (Medienpädagogischer Forschungsverbund Südwest, 2020, S. 56).

Etwas auskunftsfähiger in Bezug auf verbrachte Zeit sind sogenannte Zeitverwendungsstudien oder Zeitbudgetstudien. Die letzte größere vorliegende Studie, die »Zeitverwendungserhebung 2012/2013« des Statistischen Bundesamtes, ist leider schon ein bisschen in die Jahre gekommen. Die Studie kommt z. B. mit Blick auf die 10- bis 17-Jährigen zu dem Ergebnis, dass sich »an den grundsätzlichen Mustern […] im Zeitverlauf wenig geändert [habe]: Nach wie vor dominieren Aktivitäten im Bereich Qualifikation und Mediennutzung die Zeitverwendung der Jugendlichen. Zu beobachten ist eine leichte Zunahme im Bereich Qualifikation. Im Vergleich zu ihren Altersgenossen eine Dekade zuvor, verbringen Jungen und Mädchen 2012/2013 circa 20 Minuten mehr Zeit mit Tätigkeiten im Hinblick auf ihre Qualifikation. Parallel hierzu ist der Zeitaufwand für Mediennutzung sowie Sport/Hobby/Spiele leicht zurückgegangen« (Wirth, 2017, S. 120).

Zeitverwendung wird aber auch in anderen größeren Surveys erhoben. Ein Beispiel hierfür ist der Lebenslagensurvey des Deutschen Jugendinstitutes AID:A, in dem u. a. nicht nur Zeitverwendung, sondern auch das Zeitempfinden Jugendlicher zum Thema gemacht wurde (vgl. Berngruber & Gaupp, 2021; zur Zeitverwendung Grgic & Züchner, 2013).

5.2 Bedeutung der verbrachten Zeit – zwei Perspektiven

Die empirische Beschreibung, wie Jugendliche ihre Zeit verbringen, ist das eine; die Frage, was die jeweilige Art und Weise der Zeitverwendung für Jugendliche bedeutet, ist etwas anderes. Dabei ist zu bedenken, dass auf die Frage der Bedeutung Antworten aus mindestens zwei Perspektiven möglich sind. Aus der ersten Perspektive wären die Jugendlichen selbst zu befragen. Es ging also um die subjektive Bedeutung und Bewertung ihrer Art der Zeitverwendung bzw., wie gerade am Rande erwähnt, um ihr Zeitempfinden, ihre Zeiterfahrung; man könnte auch mit Bergson (2015) von Innen- und Erlebniszeit sprechen. Der Sache nach wird damit eine Fülle von Fragen aufgeworfen: ob denn genug Zeit für dieses oder jenes bleibt, ob und inwiefern die Art und Weise, die eigene Zeit zu nutzen, tatsächlich als eigene Zeit, als »Eigenzeit« (Nowotny, 1993), erfahren wird, wie das Verhältnis von Eigenzeit und fremdbestimmter Zeit erlebt wird, was dabei ggf. Wohlbefinden, Druck, Stress oder gar gesundheitliche Belastungen auslöst. Lange Zeit waren für solche Fragestellungen Tagebücher beliebte Objekte der Analyse (vgl. Winterhager-Schmid, 2003). In jüngerer Zeit dienen vorrangig Befragungen offen-qualitativer wie standardisierter Art als Datenquellen (vgl. z. B. Lange & Wehmeyer, 2014).

Neben der egologischen Perspektive der Jugendlichen selbst ist als zweiter Zugang die Bedeutungszuschreibung durch externe Beobachter*innen, meist Wissenschaftler*innen, aber auch Fachkräfte, Lehrkräfte und die interessierte Öffentlichkeit zu nennen. Sie alle machen sich mehr oder weniger systematisch und konzeptgeleitet Gedanken über das, was sie beobachten. Auf diese Weise entstehen dann bei entsprechender Plausibilisierungen leitende Thesen zum Jugendalter. Hierzu gehört z. B., dass neben Elternhaus, Schule und Berufsausbildung erst die Peer-Beziehungen und seit jüngerem die Medien eigenständige und für das Aufwachsen zentrale Sozialisationsorte geworden sind. In anderen Kontexten liefern die entsprechenden Studien Hinweise – z. B. anhand der Daten über Art und Umfang ehrenamtlichen Engagements – über den Grad gesellschaftlicher Integration.

Immer wieder trifft man in diesem Zusammenhang auch auf Versuche, die Verwendung von Zeit und die darin enthaltenen Orientierungen zu typologisieren. Ein bekanntes Beispiel, wenn auch schon etwas älter, ist die Unterscheidung von Cavalli (1988) in einen eigenstrukturierten Typ, einen eigendestrukturierten Typ, einen fremdstrukturierten Typ und einen fremddestrukturierten Typ, um auf dieser Basis einerseits Optionen und andererseits Gefährdungen der jeweiligen Typen zu beschreiben. Eine andere in der Jugendforschung verankerte Forschungstradition ist die Erhebung von Zukunftsorientierungen, verbunden ggf. mit einer Generationentypologie. Nicht selten geht es dabei aber nicht allein um den Blick auf Zukunft als solche; vielmehr fragt sich die Forschung, stellvertretend für die Gesellschaft, wie optimistisch oder weniger optimistisch junge Menschen in die Zukunft blicken, um dann erleichtert zu erfahren, dass zuletzt »der Optimismus in die eigene Zukunft […] auf hohem Niveau« geblieben sei (Leven, Quenzel & Hurrelmann 2019, S. 181ff.).

5.3 Wandel der Jugendphase seit ca. 1950: Moratorium und Entstrukturierung

Eine ganz andere Perspektive auf das Thema Jugend und Zeit nimmt ein, wer sich mit dem Wandel der Jugendphase befasst. Aus einer längerfristigen historischen Perspektive rückt dabei – wie oben kurz erwähnt – zunächst die Erfindung der Jugend als eigenständige Phase im Lebenslauf im 18. Jahrhundert, ihre Vorformen und der seitdem beobachtbare Formwandel in den Mittelpunkt des Interesses. Aus einer historisch etwas eingeschränkteren Perspektive etwa ab den 1950er Jahren in den westlichen Industrienationen und damit auch im deutschsprachigen Raum mit Blick primär auf Westdeutschland wird der Wandel der Jugendphase vor allem ab Ende der 1970er Jahre des letzten Jahrhunderts zum Thema. Als Folie fungierte dabei eine Vorstellung von Jugend als Phase der Vorbereitung auf das Erwachsenenalter mit einem vergleichsweise klaren Anfang und vor allem einem klaren Ende:

> »Etwa am Ende des einundzwanzigsten Lebensjahres setzt die ›Volljährigkeit‹ des Jugendlichen ein. Es ist üblich, den einundzwanzigsten Geburtstag besonders zu feiern. Von diesem Zeitpunkt an besitzt auch der männliche Jugendliche ein offizielles Heiratsrecht, das von seinen Eltern rechtlich nicht mehr gestört werden kann. Der Einzelne darf bei politischen Wahlen seine Stimme abgeben. Im beruflichen Bereich ist für die meisten Ausmaß und Art ihrer Karriere im starken Maß entschieden. Straftaten werden nunmehr mit voller Schärfe des Erwachsenenrechts geahndet« (Neidhardt, 1970, S. 96).

Das Zitat macht deutlich, welche gesellschaftlichen Erwartungen damals an Jugendliche bis zum 21. Lebensjahr gestellt wurden.

Ende der 1970er, Anfang der 1980er Jahre mehrten sich die Anzeichen, dass dieses Modell zunächst an den Rändern, später auch im Kern zu erodieren begann. So stellt z. B. Hornstein 1982 fest:

> »Auf das Jugendalter folgt in der herkömmlichen Abfolge das Erwachsenenalter. Es ist im Wesentlichen definiert durch die Übernahme einer Berufsrolle, durch ökonomische Selbständigkeit und die Gründung einer eigenen Familie. Für die Gegenwart ist charakteristisch, daß auf die Phase des Jugendalters diejenige des Nach-Jugendalters folgt und nicht der Eintritt in den Erwachsenenstatus. […] Die Phase der Post-Adoleszenz schiebt sich zwischen Jugendalter und Erwachsenenalter in der Weise, dass sie auch einen erheblichen Teil des traditionellen Jugendalters in sich einbezieht. Das Leben in dieser eigenständigen Kultur beginnt verhältnismäßig früh und es zieht sich weit in das Erwachsenenalter hinein« (Hornstein, 1982, S. 264).

In der Fachdiskussion wurde dieser Wandel zunächst als Entstrukturierung der Jugendphase beschrieben. Schon bald kam auf der Basis empirischer Studien ein zweiter, unter der Perspektive der Zeit interessanter Gesichtspunkt hinzu. Diagnostiziert wurde ein Wandel der Jugendphase insofern, als sie vorrangig aus der Sicht junger Menschen zunehmend weniger als Vorbereitung auf das Erwachsenenleben begriffen wurde, sondern als eine eigenständige Lebensphase mit genuinen Sinngehalten. Gegenüber dem auf Zukunft, konkret das Erwachsenenleben gerichteten vorbereitenden Moratorium wurde die sogenannte Gegenwartsorientierung junger Menschen betont (vgl. Münchmeier, 1998; empirisch z. B. Reinders & Butz, 2001).

Diese Entwicklung hat sich bis heute fortgesetzt. In der jüngeren Diskussion, die um den Begriff »emerging adulthood« (vgl. Arnett, 2014; Diskurs Kindheits- und Jugendforschung, 2020) kreist und vor allem aus der amerikanischen Diskussion angeregt ist und dabei Topoi der Diskussion um die Altersgruppe der »jungen Erwachsenen« (vgl. Walther, 1996) aufnimmt, wird die Entstrukturierungsthese fortgeschrieben. In diesem Sinne kommt auch der 15. Kinder- und Jugendbericht der Bundesregierung zu dem Ergebnis, dass sich »das Jugendalter mit zentralen Schritten der Verselbstständigung bis zum Teil weit in das dritte Lebensjahrzehnt ausdehnt« (Deutscher Bundestag 2017, S. 93).

5.4 Generationen: Ein unscharfes Konzept zwischen Erklärung und Entleerung

Wer über Generation bzw. Generationen spricht, denkt unvermeidlich auch in Zeitdimensionen. Dabei spielt es zunächst keine Rolle, ob der Generationsbegriff als formale Kategorie zur Sortierung von Alterskohorten, deren Abfolge und Verhältnisse im Kleinen (»Drei-Generationen-Familie«) oder Großen (»68-Generation«) verwendet wird oder ob mit ihm ein jeweils spezifischer gemeinsamer Erfahrungshorizont, die »Formierung eines Bewusstseins«, wie Karl Mannheim formuliert, verbunden wird (vgl. Mannheim, 2017 [1928]; vgl. auch Hornstein & Lüders, 1985). Auch ist zunächst unerheblich, ob der Generationenbegriff eher als deskriptives Etikett verwendet wird oder ob mit dem Generationenbegriff weitergehende Ansprüche verbunden sind. Immerhin wollte Mannheim mit seinem Verständnis von Generation sozialen Wandel erklären (vgl. Zinnecker, 2002).

Sieht man sich die jüngere Forschung an, so kommt man nicht umhin, ihr gleichsam einen Zwischenstatus zwischen diesen Formen, über Generation zu sprechen, zuzuschreiben (vgl. jüngst Ecarius, 2020). Weniger hilfreich ist der Wettbewerb von Studien und Veröffentlichungen, die sich in unregelmäßigen Abständen bei der Entdeckung neuer Generationskonfigurationen überbieten (vgl. z. B. die »Generation Z«: Carrington et al., 2016; die »Generation Greta« Hurrelmann & Albrecht, 2020). Empirisch plausibilisiert werden diese Etiketten üblicherweise durch den Nachweis, dass bestimmte Orientierungen, Einstellungen, ggf. auch Praxen in der jeweiligen Alterskohorte weit, was nicht unbedingt heißen muss: mehrheitlich – verbreitet sind. Die Generationsfigur rechtfertigt sich also aus der empirischen Beobachtung synchron auftretender Orientierungen und damit ggf. zusammenhängender Praxen. Inwieweit aber diese Orientierungen tatsächlich zu einem Gefühl auf Seiten der Jugendlichen führen, einer gemeinsamen Generation anzugehören, ist damit noch nicht entschieden und empirisch offen – wobei mitgedacht werden muss, dass solch generationsidentitätsstiftenden Narrative nicht selten erst im Nachhinein entstehen.

Wenn in jüngster Zeit, meist ohne belastbare empirische Daten, von der »Lost Generation« oder der »Generation Corona« gesprochen wird (Horx, 2021), dann wird der Generationenbegriff endgültig weitgehend entleert. Es wird ein gemeinsamer Erfahrungshorizont und eine gesellschaftliche Gleichzeitigkeit postuliert, ohne dass klargemacht wird, welche Momente es sind, die die Einheit als Generation stiften.

5.5 Gesellschaftlicher Wandel

Es liegt in der Natur der Sache, dass Theorien, die sich mit gesellschaftlichem Wandel befassen, ein Zeitbezug innewohnt. Kennzeichnend unter dieser Perspektive ist dabei, dass nahezu alle bekannten Theorien gesellschaftlichen Wandels (vgl. als ein Beispiel Imhof, 2006) meist allgemeiner Natur sind, Jugend also nicht zum Ausgangspunkt der Beschreibung des Wandels gemacht wird. In der jugendtheoretischen Diskussion und Forschung führt dies nicht selten dazu, dass derartige Theorien mitunter als Ausgangspunkt genommen werden, um von dort aus über die Implikationen auf jugendliche Lebenslagen nachzudenken oder sie zum Gegenstand von Forschung zu machen.

Ein Beispiel hierfür ist die Beschleunigungsthese von Hartmut Rosa. Als er seine Studie »Beschleunigung« (2005) vorlegte und darin eine umfassende Theorie der Geschwindigkeitssteigerungen und – später – den damit einhergehenden Entfremdungserfahrungen in vielen Bereichen spätmoderner Gesellschaften formulierte (Rosa, 2013), lag es nahe, auch der Frage nachzugehen, ob und inwiefern diese Diagnose auch für junge Menschen zutrifft, was sie für sie in ihrem Alltag bedeutet – auch um die Reichweite der Thesen von Rosa zu prüfen.

In der Jugendforschung wurde vielfältig an die Diagnose angeknüpft – wenn auch in eher heterogener Weise, nicht gerade systematisch und vor allem nicht empirisch. So sahen z. B. Helsper, Krüger und Sandring in der Beschleunigungsthese in Verbindung mit dem Konzept der Verdichtung eine relativierende Variante der These von der Individualisierung der Jugendphase. Relativierend insofern, als aus der Sicht der Autor*innen die Individualisierungsthese zunächst vorrangig die Perspektive der Vervielfältigung von Optionen und der individuellen Freisetzung betont habe, während erstens die Aspekte der Bildungsungleichheit (Helsper et al., 2015, S. 13) und zweitens Individualisierung als Moment einer bestimmten Form der Versubjektivierung zu wenig diskutiert worden seien (ebd., S. 14). Und drittens würden »Normalisierungskontrollen und Standardisierung in Verbindung mit einer zunehmenden Beschleunigung« (Helsper, Krüger & Sandring, 2015, S. 14) an Bedeutung gewinnen, was in der Folge zu ambivalenten Konstellationen führen würde (vgl. z. B. Helsper, 2012).

An anderer Stelle wurde der Frage nachgegangen, allerdings wiederum eher theoretisch als empirisch untermauert, inwieweit sich – analog der Beschleunigungsthese – strukturelle und institutionelle Verdichtungsphänomene beobachten lassen, wobei offen blieb, was dies im Alltag der Jugendlichen im Einzelnen und in Bezug auf die unterschiedlichen Kontexte des Aufwachsens bedeutet (Lüders, 2007; vgl. auch Leccardi, 2009).

Um derartige Fragen belastbar empirisch zu beantworten, bräuchte es entsprechende längsschnittliche Vergleichsdaten. Weil aber Großtheorien, wie z. B. jene von Rosa, meist in historisch größeren Dimensionen argumentieren, stößt an dieser Stelle die Empirie schnell an ihre Grenzen. Man wird also nicht umhinkommen, dass die generellen Thesen gesellschaftlichen Wandels, wenn man den Blick auf den Alltag junger Menschen lenkt, immer nur näherungsweise empirisch unterfüttert bzw. plausibilisiert werden können und dass ein erheblicher Rest an gefühlter Veränderung eine Rolle spielt.

5.6 Der biografische Blick auf Jugend

Als eine weitere Form, über Jugend und Zeit zu sprechen und zu forschen, soll als zuletzt kurz auf biografische Zugänge eingegangen werden. Als biografischer Zugang werden hier alle Perspektiven bezeichnet, die Jugend als Moment einer Lebensgeschichte begreifen. Mit der Etablierung der Biografieforschung während der letzten rund 40 Jahre hat auch dieses Feld erheblich an Bedeutung gewonnen. Entweder aus der rückblickenden Perspektive als Erwachsene*r auf die eigene Jugendzeit oder als etwas weniger distanzierte Beobachtung bestimmter Phasen der eigenen Jugend noch als Jugendliche*r oder junge*r Erwachsene*r (als ein illustratives Beispiel vgl. Eckold, 2018) wird ein breites Spektrum an Analyseperspektiven verfolgt (vgl. Klika, 2018; vgl. zuletzt als ein Beispiel Thole & Schildknecht, 2020).

5.7 Eine vorläufige Zwischenbilanz

Es ist schon zuvor angedeutet worden, dass der vorliegende Parforceritt durch den Themenkomplex Jugend und Zeit notwendigerweise bruchstückhaft bleiben muss. Vielleicht reicht er aber aus, um zwei Dinge sichtbar zu machen:

- Das Thema Jugend und Zeit spielt in vielfältiger Form in den jüngeren und älteren jugendtheoretischen Debatten und der auf Jugend bezogenen Forschung eine zentrale Rolle. Allerdings mangelt es bislang an Versuchen, die Zugänge einerseits und die Ergebnisse andererseits zu systematisieren. Vieles bleibt implizit. Wo das Thema explizit gemacht wird, verbleibt man meist auf der Ebene der Aneinanderreihung entsprechender Studien und Einsichten, ohne dass der Versuch gestartet wird, die Erträge zu bündeln und theoretisch fruchtbar zu machen. Hier bestünden also noch Spielräume.
- Jugenddebatten und Jugendforschung unter der Perspektive der Zeit zu diskutieren, provoziert Rückfragen an etablierte Diskurslinien. Als ein Beispiel sei auf die durch den 15. Kinder- und Jugendbericht zusätzlich angeregte Debatte um die Notwendigkeit von Freiräumen für das Aufwachsen heute verwiesen:

> »Jugend wird in modernen Gesellschaften […]schon immer mit der Vorstellung verbunden, dass es neben und in Sozialisationsorten wie Familie, Schule, Ausbildung, organi-

sierten Freizeitangeboten und verantwortlichen Kontrollinstanzen auch stets mehr oder weniger selbst gestaltbare Spiel- und Erprobungsräume, Gegenwelten, Rückzugsorte und Auszeiten gäbe« (vgl. Deutscher Bundestag, 2017, S. 109).

Historische Studien machen in diesem Zusammenhang auf weitreichende Verschiebungen in Richtung Schule aufmerksam – in der Diskussion mit dem Begriff der Scholarisierung der Jugendphase bezeichnet (▶ Kap. 9.2). Unter der Perspektive von Zeit läge es nahe, die damit einhergehenden Veränderungen bezüglich des Umgangs mit Zeit und deren jeweiliger Bedeutung näher unter die Lupe zu nehmen bzw. zeittheoretisch präziser zu bestimmen. Die weitab von Jugendforschung geführten Debatten um Weltzeit, Lebenszeit, Eigenzeit, Erlebniszeit, die dort anzutreffenden Diskussion z. B. um das Schrumpfen der Zeiterfahrung – gerade auch im Kontext der Digitalisierung (vgl. Hartmann, Prommer, Deckner & Görland, 2019) – u. a. m. würden ein reichhaltiges Repertoire an Kategorien und Analyseperspektiven zur Verfügung stellen, von denen der jugendtheoretische Diskurs und die Jugendforschung nur profitieren könnten – auch wenn damit zu rechnen ist, dass damit auch die Komplexität der Analyseperspektiven und des Diskurses gesteigert wird.

Literatur

Arnett, J. J. (2014): Emerging Adulthood: The Winding Road from the Late Teens Through the Twenties. Oxford: Oxford University Press.

Bergson, H. (2015 [1934]): Denken und schöpferisches Werden. Hamburg: CEP Europäische Verlagsanstalt.

Berngruber, A. & Gaupp, N. (2021): Jugendzeit – Zeitverwendung und Zeitempfinden von Jugendlichen in Deutschland. In: F. Arlt & A. Heimgartner (Hrsg.): Zeit und Offene Kinder- und Jugendarbeit (im Erscheinen). Wien/Zürich: LIT.

Calmbach, M., Flaig, B., Edwards, J., Möller-Slawinski, H., Borchard, I. & Schleer, Chr. (2020): SINUS-Jugendstudie 2020. Lebenswelten von Jugendlichen im Alter von 14 bis 17 Jahren in Deutschland. Berlin. [https://www.bpb.de/shop/buecher/schriftenreihe/311857/sinus-jugendstudie-2020-wie-ticken-jugendliche], Zugriff am 08.03.2021.

Carrington, V., Rowsell, J., Priyadharshini, E. & Westrup, R. (Hrsg.) (2016): Generation Z. Zombies, Popular Culture and Educating Youth. Wiesbaden: Springer.

Cavalli, A. (1988): Zeiterfahrungen von Jugendlichen. Versuch einer Typologie. In: R. Zoll (Hrsg.): Zerstörung und Wiederaneignung von Zeit (S. 387–404). Frankfurt a. M.: Suhrkamp.

Deutscher Bundestag (2017): 15. Kinder- und Jugendbericht. Bericht über die Lebenssituation junger Menschen und die Leistungen der Kinder- und Jugendhilfe in Deutschland. Bundestagdrucksache 18/11050. Berlin 01.02.2017 [http://pdok.bundestag.de/], Zugriff am 08.03.2021.

Diskurs Kindheits- und Jugendforschung (2020): Themenheft Emerging Adulthood, 15(4).

Ecarius, J. (2020): Jugend: Moderne und spätmoderne Generationsmuster. In: Grunert, C., Bock, K., Pfaff, N. & Schröer, W. (Hrsg.) (2020): Erziehungswissenschaftliche Jugendforschung. Ein Aufbruch (S. 35–52). Wiesbaden: Springer VS.

Eckold, A. (2018): Zeit im Arrest. Biographische und lebenspraktische Bedeutung des Jugendarrestes. Wiesbaden: Springer VS.

Fend, H. (1988): Sozialgeschichte des Aufwachsens. Bedingungen des Aufwachsens und Jugendgestalten im zwanzigsten Jahrhundert. Frankfurt a. M.: Suhrkamp.

Fend, H. (Hrsg.) (2005): Entwicklungspsychologie des Jugendalters. Stuttgart: UTB.

Gillis, J. R. (1980): Geschichte der Jugend. Tradition und Wandel im Verhältnis der Altersgruppen und Generationen. Weinheim/Basel: Beltz
Grgic, M. & Züchner, I. (Hrsg.) (2013): Medien, Kultur und Sport. Was Kinder und Jugendliche machen und ihnen wichtig ist. Die MediKuS-Studie. Weinheim/Basel: Beltz Juventa.
Hartmann, M., Prommer, E., Deckner, K. & Görland, St. O. (Hrsg.) (2019): Mediated Time. Perspectives on Time in a Digital Age. Cham (Schweiz).
Helsper, W. (2012): Jugend in Modernisierungsambivalenzen und die »Antwort« von Schulkulturen. In: J. Ecarius & M. Eulenbach (Hrsg.): Jugend und Differenz. Aktuelle Debatten der Jugendforschung (S. 77–106). Wiesbaden: Springer VS.
Helsper, W., Krüger, H.-H. & Sandring, S. (2015): Wandel der Theorie- und Forschungsdiskurse in der Jugendforschung. In: S. Sandring, W. Helsper & H.-H. Krüger (Hrsg.): Jugend. Theoriediskurse und Forschungsfelder (S. 9–32). Wiesbaden: Springer VS
Hornstein, W. (1982): Unsere Jugend. Über Liebe, Arbeit, Politik. Weinheim/Basel: Beltz.
Hornstein, W. & Lüders, C. (1985): Das Problem der Generationen in der Jugendforschung heute. Anmerkungen aus pädagogischer Sicht. In: Bildung und Erziehung 38, 213–230.
Horx, T (2021): Die Generation Corona. [https://www.zukunftsinstitut.de/artikel/zukunftsreport/generation-corona/], Zugriff am 08.02.2021.
Hummrich, M. (2011): Jugend und Raum. Exklusive Zugehörigkeitsordnungen in Familie und Schule. Wiesbaden: Springer VS.
Hurrelmann, K. & Albrecht, E. (2020): Generation Greta. Was sie denkt, wie sie fühlt und warum das Klima erst der Anfang ist. Weinheim/Basel: Beltz.
Imhof, K. (2006): Die Diskontinuität der Moderne: Zur Theorie des sozialen Wandels. Frankfurt a. M./New York: Campus.
Kessl, F. & Reutlinger, C. (Hrsg.) (2019): Handbuch Sozialraum. Grundlagen für den Bildungs- und Sozialbereich. Wiesbaden: Springer VS.
Klika, D. (2018): Biographie und Jugend. In: H. Lutz, M. Schiebel & E. Tuider (Hrsg.) (2018): Handbuch Biographieforschung (S. 303–313). Wiesbaden. Springer VS.
Lange, M. & Wehmeyer, K. (2014): Jugendarbeit im Takt einer beschleunigten Gesellschaft. Veränderte Bedingungen des Heranwachsens als Herausforderung. Weinheim/München: Beltz Juventa.
Leccardi, C. (2009): Widersprüchliche Zeiten: Beschleunigung und Verlangsamung in Biographien junger Frauen und Männer. In: V. King & B. Gerisch (Hrsg.): Zeitgewinn und Selbstverlust. Folgen und Grenzen der Beschleunigung (S. 242–260). Frankfurt u. a.: Campus.
Leven, I., Quenzel, G. & Hurrelmann, K. (2019): Bildung: Immer noch entscheidet die soziale Herkunft. In: Shell Deutschland Holding (Hrsg.): 18. Shell Jugendstudie – Jugend 2019 (S. 163–185). Weinheim/Basel: Beltz.
Levi, G. & Schmitt, J.-C. (Hrsg.) (1996): Geschichte der Jugend. Von der Antike bis zum Absolutismus. Frankfurt a. M.: Springer VS.
Levi, G. & Schmitt, J.-C. (Hrsg.) (1997): Geschichte der Jugend. Von der Aufklärung bis zur Gegenwart. Frankfurt a. M.: Springer VS.
Löw, M. (2017): Raumsoziologie. 9. Auflage. Frankfurt a. M.: Suhrkamp.
Lüders, C. (2007): Entgrenzt, individualisiert, verdichtet. Überlegungen zum Strukturwandel des Aufwachsens. In: SOS Dialog. Fachmagazin des SOS-Kinderdorf e. V., S. 4–10. [https://www.sos-kinderdorf.de/portal/paedagogik/publikationen/jugendliche-zwischen-aufbruch-und-anpassung-8766], Zugriff am 08.03.2021.
Medienpädagogischer Forschungsverbund Südwest (2020): JIM-Studie 2020. Jugend, Information, Medien. Basisuntersuchung zum Medienumgang 12- bis 19-Jähriger. Stuttgart [https://www.mpfs.de/fileadmin/files/Studien/JIM/2020/JIM-Studie-2020_Web_final.pdf], Zugriff am 08.03.2021.
Mannheim, K. (2017[1928]): Das Problem der Generationen. In: Kölner Zeitschrift für Soziologie und Sozialpsychologie, 69, 81–119.
Münchmeier, R. (1998): »Entstrukturierung« der Jugendphase. Zum Strukturwandel des Aufwachsens und zu den Konsequenzen für Jugendforschung und Jugendtheorie. In:

Aus Politik und Zeitgeschichte. Beilage zur Wochenzeitung Das Parlament. B 31/98 vom 24. Juli 1998, S. 3–13.
Nassehi, A. (2008): Die Zeit der Gesellschaft. Auf dem Weg zu einer soziologischen Theorie der Zeit. Neuauflage mit einem Beitrag »Gegenwarten«. Wiesbaden: Springer VS.
Neidhardt, F. (1970): Die Generation. Jugend und Gesellschaft in der Bundesrepublik. In: K.-M. Bolte, F. Neidhardt, F. & H. Holzer (Hrsg.): Deutsche Gesellschaft im Wandel (S. 85–186). Opladen: Leske.
Nowotny, H. (1993): Eigenzeit. Entstehung Strukturierung eines Zeitgefühls. Frankfurt a. M.: Suhrkamp.
Piaget, J. (1974): Die Bildung des Zeitbegriffs beim Kinde. Frankfurt a. M.: Suhrkamp.
Reinders, H. & Butz, P. (2001) Entwicklungswege Jugendlicher zwischen Transition und Moratorium. In: Zeitschrift für Pädagogik, 47(6), S. 913–928.
Rosa, H. (2005): Beschleunigung. Die Veränderung der Zeitstrukturen in der Moderne. Frankfurt a. M.: Suhrkamp.
Rosa, H. (2013): Beschleunigung und Entfremdung. Entwurf einer Kritischen Theorie spätmoderner Zeitlichkeit. Berlin: Suhrkamp.
Safranski, R. (2015): Zeit. Was sie mit uns macht und was wir aus ihr machen. München: Hanser.
Savage, J. (2008): Teenage. Die Erfindung der Jugend (1875–1945). Frankfurt a. M./New York: Campus.
Shell Deutschland Holding (Hrsg.) (2019): Jugend 2019. Eine Generation meldet sich zu Wort. 18. Shell Jugendstudie. Weinheim/Basel: Beltz.
Thole, W. & Schildknecht L. (2020): »Ich bin nicht Teil von etwas« – Biographische Wege von Jugendlichen. Zur Konstruktion von Selbstoptimierungsnarrationen. In: C. Grunert, K. Bock, N. Pfaff & W. Schröer (Hrsg.): Erziehungswissenschaftliche Jugendforschung. Ein Aufbruch (S. 185–205). Wiesbaden: Springer VS.
Walther, A. (Hrsg.) (1996): Junge Erwachsene in Europa. Jenseits der Normalbiographie: Opladen: Springer VS.
Winterhager-Schmid, Luise (2003): Jugendtagebuchforschung. In: Friebertshäuser, B. & Prengel, A. (Hrsg.): Handbuch Qualitative Forschungsmethoden in der Erziehungswissenschaft (S. 354–370). Weinheim/München: Beltz Juventa.
Wirth. H. (2017): Die Zeitverwendung von Kindern und Jugendlichen – Lernen am Modell? Geschlechtsspezifische Unterschiede in der Zeitverwendung für Haushaltstätigkeiten. In: Statistisches Bundesamt (Destatis) (Hrsg.): Wie die Zeit vergeht. Analysen zur Zeitverwendung in Deutschland. Beiträge zur Ergebniskonferenz der Zeitverwendungserhebung 2012/2013 am 5./6. Oktober 2016 in Wiesbaden. Wiesbaden [https://www.destatis.de/DE/Themen/Gesellschaft-Umwelt/Einkommen-Konsum-Lebensbedingungen/Zeitverwendung/Publikationen/Downloads-Zeitverwendung/tagungsband-wie-die-zeit-vergeht-5639103169004.pdf?__blob=publicationFile], Zugriff am 08.03.2021.
Wolfert, S. & Leven, I. (2019): Freizeitgestaltung und Internetnutzung: Wie Online und Offline ineinandergreifen. In: Shell Deutschland Holding (Hrsg.): Jugend 2019. Eine Generation meldet sich zu Wort. 18. Shell Jugendstudie (S. 213–246). Weinheim/Basel: Beltz.
Zinnecker, J. (2002): Das Deutungsmuster Jugendgeneration. Fragen an Karl Mannheim. In: H. Merkens & J. Zinnecker (Hrsg.): Jahrbuch Jugendforschung (S. 61–98). Opladen: Springer VS.

Teil II Lebensführung, Alltagspraktiken und Schritte des Erwachsenwerdens

6 Ökonomische Aspekte des Erwachsenwerdens

Eric van Santen & Claus Tully

Nahezu alle theoretisch-konzeptionellen Blickwinkel auf die Lebensphase Jugend und den Prozess des Erwachsenwerdens beschreiben auch die Relevanz ökonomischer Aspekte hierfür. In dem Konzept der Entwicklungsaufgaben in der Lebensphase Jugend wird die Fähigkeit zur Nutzung von Geld- und Warenmarkt und die ökonomische Selbstversorgung als zwei der Entwicklungsaufgaben des Jugendalters benannt (vgl. z. B. Hurrelmann, 2007, S. 37). Die entwicklungspsychologische Perspektiven zum Thema Jugend thematisieren ökonomische Aspekte unter dem Blickwinkel der finanziellen (Un-)Abhängigkeit bzw. der Selbstständigkeit von den Eltern (vgl. z. B. Vaskovics, 1997, S. 17). Eigene ökonomische Ressourcen fördern in dieser Perspektive Prozesse der Ablösung und der Autonomieentwicklung. Die lebenslauftheoretische Perspektive auf das Erwachsenwerden betont wiederum die Bedeutung von Statusübergängen als wichtige Lebensereignisse, die zu einer anderen sozialen Position und der Lebensorganisation führt. Die Erlangung einer finanziellen Selbstständigkeit markiert einen solchen bedeutenden Statusübergang (vgl. z. B. Konietzka, 2010). Und aus jugendpolitischer Sicht wird neben Qualifizierung und Selbstpositionierung die Verselbstständigung, die als zunehmende soziale, ökonomische und politische Verantwortungsübernahme beschrieben wird, als eine der drei Kernherausforderungen des Jugendalters betrachtet (vgl. Deutscher Bundestag, 2017, S. 49).

Gemein haben diese theoretisch-konzeptionellen Blickwinkel auf die Lebensphase Jugend, dass sie ökonomische Ressourcen von Jugendlichen und jungen Erwachsenen mit einer Erweiterung von Handlungsspielräumen in Verbindung bringen. Ökonomische Ressourcen eröffnen Spielräume, über die der Erwerb von Gütern im Dienste individueller Distinktion, Selbstpositionierung, der Gestaltung der eigenen Präsenz und Identität und die Unabhängigkeit gegenüber den Eltern gelingen soll. Zudem ist die Jugendphase kommerzialisiert. Das heißt vieles, was im Jugendalltag relevant ist, ist geldpflichtig (Tully, 2018, S. 26ff.; Albert et al., 2019, S. 40). Einerseits werden Konsumartikel dank globalisierter Produktion billiger (z. B. Kleidung, Elektronik), andererseits funktioniert der Jugendalltag fast nur mit Geld. Die Kommunikation bedarf heute des Besitzes von Gerätschaften und Verträgen. Mobilität ist weiträumig und kostenpflichtig usw.[1] Die eigene Vernetzung und Integration gelingt kommunikationstechnisch, Gemeinsamkeiten werden über geteilten Geschmack (z. B. präferierte Serien im

---

1 Die JIM-Studie 2018 zeigt etwa, dass inzwischen der Smartphone-Besitz bei Jugendlichen annähernd 100 % beträgt (MFS 2018, S. 6).

Pay-TV) identifiziert. Somit sind Teile jugendlicher Ausgaben unmittelbar marktabhängig. Daran ändert sich auch nichts, wenn einzelne Güter nicht mehr gekauft, sondern zur Nutzung (z. B. Streaming von Musik, Serien und Filme, weitere Flatrates) erworben werden.

Wirtschaftliches Wachstum gründet auf Konsum. Im Dienste kontinuierlichen Wachstums werden fortgesetzt neue Absatzfelder gesucht. Jugendtypische Produkte gehören dazu. Dieser spezifische Markt trifft auf ein jugendtypisches Bedürfnis modern und sichtbar zu werden. Vieles, was das eigene Sosein unterstreicht, wird auf diese Weise marktfähig. Typische Jugendmarken stellen darauf ab, weil die Jugendlichen in der Summe über mehrere Milliarden Geldmittel verfügen und auch die Konsumentscheidungen von den Eltern beeinflussen.

Bei der Beschreibung ökonomischer Aspekte des Erwachsenwerdens von Jugendlichen sind zwei Dimensionen zu unterscheiden. Eine biografische, die wir als die vertikale begreifen und die das Aufwachsen zum Thema hat, und eine horizontale, die die ökonomischen Aufwendungen der Familien für ihre Kinder sowie des Staates zur sozialen Einbettung von Jugendlichen und junge Erwachsenen in die Gesellschaft beschreibt.

Jugendliche wachsen im Mikrosystem Familie und im Makrosystem Gesellschaft auf. Der Eintritt in die Gesellschaft erfolgt über die Familie, sei sie vollständig oder unvollständig, arm oder reich. Die eigene soziale Platzierung in der Gesellschaft ist das Projekt des Aufwachsens und Erwachsenwerdens. Diese korrespondiert mit der sozialen Herkunft und damit auch mit der Ausstattung an kulturellen und finanziellen Ressourcen der Herkunftsfamilie, was die nachstehenden Befunde zeigen.

Kapitelüberblick

Der Beitrag folgt dieser konzeptionellen Differenzierung und betrachtet eingangs zuerst die horizontale, die einbettende Dimension, nämlich die Herkunftsfamilie als sozio-ökonomischer Ort (▸ Kap. 6.1). Thematisiert werden in diesem Kontext die unterschiedlichen Bedingungen des Aufwachsens, gemessen an der Einkommenssituation und den Konsumausgaben für Jugendliche in Familien und den gesellschaftlichen Hilfen für Familien. Anschließend werden Aspekte der vertikalen Dimension angesprochen, hier geht es um die eigenen Einkommensquellen und den Umgang mit Geld in der Phase des Aufwachsens (▸ Kap. 6.2).

6.1 Die sozioökonomische Situation der Heranwachsenden in ihren Familien

Die sozioökonomische Situation der Familien prägt die Entwicklungsmöglichkeiten von Heranwachsenden in der Gesellschaft (▶ Kap. 3). Sie rahmt, eröffnet oder begrenzt Handlungsspielräume (vgl. z. B. Tophoven, Lietzmann, Reiter & Wenzig, 2018; Laubstein, Holz & Seddig, 2016). Jugendliche sind, solange sie keiner Erwerbstätigkeit nachgehen, für Familien ein Kostenfaktor. Die Ergebnisse der Einkommens- und Verbrauchsstichprobe (EVS) zeigen, dass die Ausgaben für Kinder und Jugendliche mit zunehmendem Alter größer werden: Die Ausgaben für die 12- bis unter 18-Jährigen sind ca. 200 Euro höher als die für die unter 6-Jährigen (587 vs. 784 Euro, Statistisches Bundesamt 2018, S. 17).

Der Sozialstaat Deutschland beteiligt sich an den notwendigen Ausgaben für Jugendliche und junge Erwachsene. Es existieren hierzu zahlreiche Regelungen. Steuerliche und direkte monetäre Leistungen sollen Familien bezüglich des besonderen Förderbedarfs zur Versorgung von Jugendlichen und jungen Erwachsenen entlasten. Staatliche Transferleistungen an Familien sollen Unterschiede ökonomisch ungleicher Ausgangslagen möglichst ausgleichen. Diese Leistungen können nicht alle Kosten für Jugendliche und jungen Erwachsene kompensieren, wie statistische Befunde zeigen. Die staatlichen Transferleistungen für Familien steigen mit der Kinderzahl, allerdings steigen auch die Ausgaben von Familien. Gleichwohl ist der Zuwachs unterproportional zur Anzahl der Kinder (Statistisches Bundesamt 2018, S. 15). Familien nutzen im eigenen Interesse Synergie-Effekte, d. h. Spielzeug und Kleidung werden weitervererbt und aufgrund der Budgetrestriktionen wird der Familienalltag ökonomisiert (z. B. werden benötigte Gegenstände für den Alltag über Online-Plattformen oder Flohmärkte ge- und verkauft). Bei Alleinerziehenden ist der kindbezogene Kostenanteil am Familienetat durchschnittlich größer als bei Elternpaarfamilien (Statistisches Bundesamt 2018, S. 15). Wenn also gesellschaftlich der Anteil an Alleinerziehenden steigt (vgl. Destatis & WZB 2018, S. 61), verweist dies auch auf einen wachsenden Anteil von Familien mit herausfordernder ökonomischer Lage. Dies resultiert daraus, dass die frei verfügbaren Budgetanteile von Alleinerziehenden in der Regel geringer sind.

Die Knappheit finanzieller Ressourcen ist vor allem bei Alleinerziehenden wie auch bei Familien mit niedrigerem sozialökonomischen Status besonders bemerkbar. Zu beobachten ist die Wirkung des aus der Volkswirtschaftslehre bekannten Engel'schen Gesetzes. Es besagt: Je geringer das Einkommen, desto größer ist der Budgetanteil, der nicht gestaltbar ist. Das heißt, bei niedrigerem Einkommen ist lediglich ein geringerer Ausgabenanteil frei verfügbar. Denn die Ausgaben für Wohnen, Essen, Strom, Heizung, Mobilität etc. sind vorgegeben, sie machen im unteren Dezil der Haushaltsnettoeinkommen im Durchschnitt bisweilen über 100 % des verfügbaren Budgets aus (Statistisches Bundesamt 2018, S. 21).[2] Ärme-

2 Diese Haushalte sind darauf angewiesen zu ›entsparen‹ oder sich zu verschulden.

re Haushalte verzeichnen zudem, bemessen am verfügbaren Einkommen, vergleichsweise höhere kindbezogene Aufwendungen als die reicheren.

Die Konsumausgaben für Familien beziehen sich auf Aufwendungen

a) für Grundbedürfnisse (für Essen, Kleidung, Wohnung, Instandsetzung, Energie, Körperpflege),
b) zur Teilhabe am gesellschaftlichen und ökonomischen Leben (Kommunikation, Freizeit, Unterhaltung, Kultur, Beherbergung und Gaststättenleistungen) und
c) für Bildung.[3]

Hier zeigen Analysen ein erhebliches Ausmaß an sozialer Ungleichheit zwischen Kindern und Jugendlichen in einkommensschwachen und einkommensstarken Familien (▶ Tab. 6.1).[4] Sie beziehen sich auf alle drei genannten Bereiche.

Im obersten Nettoeinkommensdezil, das sind die Bestverdiener, sind die Ausgaben für Kinder und Jugendliche in allen Bereichen absolut um ein Vielfaches höher. Dennoch, das zeigt die nachstehende Tabelle 6.1, ist der Einkommensanteil diesbezüglicher Ausgaben im untersten Nettoeinkommensdezil am größten (33 % vs. 19 %). Selbst die Aufwendungen für Bildung sind einkommensabhängig, obgleich der Besuch öffentlicher Schulen in Deutschland frei ist. Bei den Haushalten mit den geringsten Einkommen werden monatlich 32 Euro, bei denen mit den höchsten Einkommen 80 Euro für das Bildungswesen verausgabt. Letztere wenden wohl zusätzliches Geld für Lehrmittel und Unterstützungsleistungen (z. B. Nachhilfe) auf (▶ Tab. 6.1).

Die regelmäßigen und standardisierten Datenerhebungen zum Einkommen und Verbrauch zeigen seit 1998 in Deutschland eine Verschiebung bei den Teilhabechancen bestimmter Bevölkerungsgruppen. Die Gruppen der Haushalte des untersten Nettoeinkommensquartils sowie Alleinlebende und Alleinerziehende gehören dazu. Vorrangig Befunde zu städtischen Räumen legen nahe, dass die genannten Haushaltstypen im Zeitverlauf anteilig mehr zur Befriedigung ihrer »Grundbedürfnisse ausgeben und dafür auf Ausgaben für soziale Teilhabe verzichtet haben« (Sachs, Hoch & Weinelt, 2017, S. 36).

Leistungen für Familien als Zuschüsse und direkte Zuwendungen für Kinder und Jugendliche werden inzwischen breiter diskutiert. Dabei geht es um Bildungs- und Teilhabeleistungen (z. B. Geld für Schulausflüge, Schulbedarf, Zuschüsse zum Mitgliedschaftsbeitrag im Sportverein oder der Kosten für den Besuch einer Musikschule) für Kinder und Jugendliche aus Familien in prekären Lebenslagen oder die Diskussion über ein mögliches bedingungsloses Grundeinkommen, das auch Kindern, Jugendlichen und junge Erwachsene unmittelbar zu

3 Analysen hierzu beruhen auf der Einkommens- und Verbraucher-Stichprobe (EVS). Die Zuordnungen der dort unterschiedenen Einzelausgaben zu »Überkategorien« unterscheiden sich geringfügig zwischen den verschiedenen Autor*innen, die Analysen auf der Basis der EVS-Daten durchführen.

4 Die Auswahl der spezifizierten Ausgabenbereiche umfasst, gemessen an allen Ausgaben für Kinder und Jugendliche, zwei Drittel aller Ausgaben für Kinder und Jugendliche. Die Ausgabenbereiche in der Tabelle 6.1 bilden die Zuordnung einzelner Ausgabenbereiche von Sachs et al. (2017, S. 12) ab.

Tab. 6.1: Verhältnis ausgewählter Ausgaben für Kinder und Jugendliche zwischen dem ersten und zehnten Dezil der Haushaltsnettoeinkommen nach Ausgabenbereichen (nur Paarhaushalte mit zwei ledigen unter 18-jährigen Kindern), 2013

Ausgabenbereiche	Ausgaben für Kinder pro Monat in Euro		Anteil an der Summe aller Konsumausgaben für Kinder (in %)		Verhältnis der nominalen Ausgaben für Kinder von 10. zu 1. Dezil
	Haushalte des 1. Dezils*	Haushalte des 10. Dezils	Haushalte des 1. Dezils	Haushalte des 10. Dezils	
Nahrungsmittel, Getränke	176	265	26 %	15 %	1,5
Bekleidung und Schuhe	54	149	8 %	8 %	2,8
Innenausstattung, Haushaltsgeräte und -gegenstände	25	123	4 %	7 %	4,9
Gesundheitspflege (z. B. Medikamente, Arztkosten)	15	129	2 %	7 %	8,6
Verkehr	38	137	6 %	8 %	3,6
Post und Telekommunikation	34	44	5 %	2 %	1,3
Freizeit, Unterhaltung und Kultur	68	307	10 %	17 %	4,5
Bildungswesen	32	80	5 %	4 %	2,5
Summe aller Konsumausgaben für Kinder	**679**	**1.817**	**33 %**	**19 %**	**2,7**
Haushaltsnettoeinkommen	2.067	9.518			4,6

Lesebeispiel: Für Kinder aus Paarhaushalten mit zwei ledigen unter 18-Jährigen werden für Nahrungsmittel und Getränke in Haushalten mit den niedrigsten Einkommen monatlich 176 Euro und in Haushalten mit den höchsten Einkommen 265 Euro ausgegeben. Dies entspricht 26 % respektive 15 % der Summe aller Konsumausgaben für Kinder und Jugendliche in diesen Haushalten. Die Ausgaben für Nahrungsmittel und Getränke sind in den Haushalten mit den höchsten Einkommen absolut 1,5 mal höher als in den Haushalten mit den niedrigsten Einkommen.

*Dezile jeweils der Haushaltsnettoeinkommen

Quelle: Statistisches Bundesamt 2018, S. 27 auf der Basis der Einkommens- und Verbrauchsstichprobe (EVS) 2013; Summe der hochgerechneten Haushalte in der Grundgesamtheit 2.474.000; eigene Berechnungen

Gute kommen soll. Direkte Zuwendungen für Jugendliche und junge Erwachsene stützen deren Eigenständigkeit in der Familie und reduzieren die Abhängigkeit vom Elternhaus.[5] Diese neuen öffentlich geführten Überlegungen zeigen, dass Aufwachsen in der modernen Gesellschaft zunehmend als Verselbstständigung des Subjekts gewertet wird. Sie rücken spezifische Entwicklungsaufgaben von Jugendlichen und jungen Erwachsenen in den Blick. Sie werden, anders als früher, nicht nur als Anhängsel des Familienalltags gesehen.

Mit ihren Zuwendungen an Jugendliche und junge Erwachsenen rahmt die Gesellschaft das Aufwachsen, sie stiftet eine bestimmte Infrastruktur und entsprechende Angebote. Auch die öffentlich finanzierten Leistungen der Kinder- und Jugendhilfe sind als gruppenbezogenes Angebot an Heranwachsende zu sehen (► Kap. 2).

6.2 Geld in der Phase des Aufwachsens

Geld spielt in der Phase des Aufwachsens eine wichtige Rolle. Aufwachsen geht mit der Qualifizierung für die eigene künftige Platzierung in der Gesellschaft und die gelingende Integration in die Gesellschaft einher. Die Bedeutung dieser Lebensphase ist an der Verlängerung der Bildungsphase ablesbar. Bei den 15- bis unter 20-Jährigen sind 90 % im formalen Bildungssystem (Schule, Berufsvorbereitung, Berufsausbildung, Studium) und bei den 20- bis unter 25-Jährigen ist es etwa die Hälfte (49 %) der Altersgruppe. Im Alter von 24 sind es noch mehr als ein Drittel (36 %) (vgl. Deutscher Bundestag 2017, S. 147f.). Damit wurde auch die Dauer der ökonomischen Unselbstständigkeit ausgedehnt. Bis in die 1980er Jahre war ökonomische Verselbstständigung an eigenständigen Einkommenserwerb geknüpft, d. h., Konsum hatte seine Basis im eigenen Einkommen (Ausbildungsvergütung). Inzwischen sind eigenes Einkommen und Konsum schon länger deutlich entkoppelt. Gleichzeitig ist die Vorbereitung auf den Jugendstatus und die Lebensphase Jugend selbst durch einen Zuwachs an finanziellen Aufwendungen gekennzeichnet. Wie im Abschnitt 6.1 bereits festgehalten, steigen mit dem fortschreitenden Alter der Kinder und Jugendlichen auch die familiären Ausgaben für sie.

Was die ökonomische Lage Jugendlicher und junger Erwachsener betrifft, so hängt diese stark von der Konstellation des Lebensalltags ab. Hier spielen die Wohnsituation, die Einbindung in das formale Bildungssystem und potenzielle Geldquellen eine Rolle. Im Folgenden werden deshalb drei Gruppen unterschieden: Schüler*innen, Jugendliche in Berufsausbildung und Studium sowie Erwerbstätige. Gesondert wird auf die Frage der Prekarität der Jugendphase eingegangen.

5 Dabei spielt jedoch ein gewisses Misstrauen den Eltern gegenüber auch eine Rolle. Diese Transferleistungen sollen nicht das Familienbudget erhöhen, sondern zweckbezogen eingesetzt werden.

6.2.1 Schüler*innen

Jugendliche und junge Erwachsene, die (noch) nicht ihren eigenen Lebensunterhalt durch Erwerbstätigkeit oder andere sichere Einkommensquellen (z. B. eigene Einkünfte durch Vermietung, Verpachtung oder sonstige Vermögensrenditen) bestreiten können, sind auf andere Quellen angewiesen. Die wichtigsten sind Taschengeld oder geldwerte Leistungen (vgl. zu letzterem Tully & van Santen, 2012, S. 204), die aus dem familialen Haushaltseinkommen finanziert werden, Einkünfte aus Nebenjobs sowie Zuwendungen von Großeltern und anderen Verwandten.

Zur Herkunft der Geldmittel Jugendlicher, die ihren Lebensunterhalt nicht über Erwerbsarbeit finanzieren geben die Ergebnisse der AID:A-II-Studie des Deutschen Jugendinstituts Auskünfte. Wie die Tabelle 6.2 zeigt, bekommen fast alle 14- bis 18-jährigen Schülerinnen (96 %) Taschengeld, und zwar im Durchschnitt 41,40 Euro. Mit dem Alter steigt das Taschengeld signifikant an (vgl. Tully & van Santen, 2012, S. 208). Ein Drittel der Schüler*innen bezieht zusätzliches Einkommen über Nebenjobs. Wer einen Nebenjob hat, verfügt mit durchschnittlich 70,30 Euro pro Monat über deutlich mehr Geld als die, die nur Taschengeld bekommen. Eröffnet werden damit zusätzliche Spielräume für individuelles Konsumverhalten.[6] Die Höhe des Taschengeldes wird durch Zuverdienst per Nebenjobs nicht negativ beeinflusst. Das heißt, Schüler*innen mit Nebenjobs wird das Taschengeld nicht gekürzt. Offensichtlich wollen Eltern ihre Kinder nicht demotivieren, Nebenjobs aufzunehmen. Sie bewerten mithin die stärkere ökonomische Position ihrer Kinder positiv. Allerdings gibt es Befunde aus England, die darauf hindeuten, dass es wahrscheinlicher wird, dass Eltern das Taschengeld kürzen, je mehr ihre Kinder regelmäßig neben der Schule jobben. Dieser Effekt ist bei Mädchen größer als bei Jungen und am stärksten, wenn sie 16 Jahre alt sind (Holford, 2016). Die Ergebnisse werden so interpretiert, dass je näher Schulabschlüsse rücken, die die zukünftigen Bildungs- und Arbeitsmarktchancen der Kinder mitprägen, Eltern dazu neigen, die Höhe der finanziellen Zuwendungen für ihre Kinder zu nutzen, den Arbeitsanreiz für ihre Kinder zu verringern. Verbunden ist damit die Hoffnung, den zeitlichen Freiraum für Schule zu erhöhen (▶ Tab. 6.2).

Tabelle 6.2 zeigt, Schüler*innen mit Nebenjobs verfügen über ein höheres Budget. Die Daten des SOEP zu den Motiven für Nebenjobs zeigen: ›Geld verdienen‹ ist das bei 17-jährigen Schüler*innen mit 78 % am häufigsten genannte Motiv. Lediglich 19 % der 17-Jährigen nennen als Jobmotiv das Interesse am Tätigkeitsinhalt. Nebenjobs werden von den Jugendlichen selbst also vorrangig aus pekuniärer Sicht und weniger als Lern- und Erfahrungsfeld bewertet (eigene Berechnungen mit dem Sozio-Ökonomischen Panel, SOEP).

6 Hinzu kommen nichtmonetäre Erträge von Nebenjobs. Nebenjobs fungieren nämlich immer auch als informelles Lernfeld, das außerhalb des organisierten Bildungssystems angesiedelt ist und zusätzliche Lernmöglichkeiten eröffnet (vgl. dazu z. B. Tully, 2004, S. 421ff.; Tully & van Santen, 2020).

Tab. 6.2: Einkommensquellen von 14- bis unter 18-jährigen Schüler*innen, die noch nicht erwerbstätig sind (Mehrfachnennungen) sowie durchschnittliche Höhe deren Budgets pro Monat in Euro

Quelle	Anteil	Euro
Taschengeld bzw. regelmäßige Zuwendungen von den Eltern, Verwandten oder nahestehenden Personen	96 %	41,40 (39,8)
Eigener Verdienst aus regelmäßigen Jobs (netto)	33 %	70,30 (76,6)
Sonstige Finanzierungsquellen	11 %	45,80 (118,0)
Ohne eigenes Budget	3 %	
Durchschnittliche Höhe des Budgets insgesamt		67,70 (85,7)
Lesebeispiel: 33 % der 14- bis unter 18-jährigen Schüler*innen haben einen Nebenjob. Die, die einen Nebenjob haben, verdienen damit im Durchschnitt netto 70,30 Euro im Monat		

Quelle: AID:A II, 2015; eigene Berechnungen; n = 2.170 14- bis unter 18-jährige Schüler*-innen (Standardabweichung der verfügbaren Mittel in Euro in Klammern)

Zudem wird Taschengeld als pädagogisches Mittel gesehen, den Umgang mit Geld zu erlernen (vgl. z. B. Langmeyer & Winklhofer, 2014). Empirische Studien zeigen, dass zwar die Eltern beim Lernen des Umgangs mit Geld für Jugendliche eine wichtigere Rolle spielen als etwa Nebenjobs oder schulische Inhalte zu diesem Thema (Shim, Barber, Card, Xiao & Serido, 2010). Taschengeld alleine bedingt jedoch keine Gelderziehung. Es bedarf vielmehr einer Kombination von Taschengeld, Ausgabenkontrolle und gezielter Unterstützung und Beratung beim Sparen bzw. bei Ausgaben. Erst dies führt zu einer erfolgreichen Gelderziehung (Bucciol & Veronesi, 2014).

6.2.2 Jugendliche in Berufsausbildung und Studium

Auszubildenden stehen – abhängig von regionalen und berufsspezifischen Merkmalen – durchschnittlich pro Monat 908 Euro in einem Range von 413 bis 1263 Euro zur Verfügung (Berechnet auf der Basis der tariflichen Ausbildungsvergütungen 2018, Beicht, 2019, S. 5). Das heißt, die Vergütung liegt gelegentlich unterhalb des BAföG-Höchstsatzes. Studierende, die alleine wohnen bzw. alleine wirtschaften, verfügen über ein durchschnittliches monatliches Einkommen in Höhe von 918 Euro im Monat.[7] Dies besagt die 21. Sozialerhebung des Deutschen Studentenwerks von 2017. Mit steigendem Alter der Studierenden nimmt dieser Betrag zu. Er korrespondiert mit dem Bildungsniveau der Eltern der Stu-

7 Das sind etwa 51 % aller Studierenden (ebd., S. 88).

dierenden und der regionalen Herkunft (in West- höher als in Ostdeutschland). Insgesamt zeigt sich eine relativ starke Streuung der Einkommenshöhe bei Studierenden (Middendorff et al., 2017, S. 41). Einem Fünftel der alleine wohnenden bzw. alleine wirtschaftenden Studierenden steht monatlich weniger als 670 Euro (BAföG-Höchstsatz in 2016) zur Verfügung. 86 % der nicht bei den Eltern wohnenden Studierenden werden von den Eltern unterstützt, 61 % haben einen Nebenjob[8], 25 % beziehen BAföG[9], 19 % bekommen Geld von Bekannten oder Verwandten, 18 % greifen auf Mittel zurück, die vor dem Studium angespart wurden, und ein kleiner Teil (ca. 6 %) hat zur (Teil-)Finanzierung Kredite aufgenommen (ebd., S. 42).

Transfereinkommen wie BAföG spielen für etwa ein Viertel aller Studierenden eine herausgehobene Rolle. Die Berechtigung zum Bezug von BAföG hängt von der Einkommenssituation der Eltern ab. Eine Ausnahme ist gegeben, wenn dem Studium eine längere Phase eigener Erwerbstätigkeit vorausging. BAföG -Bezug bedeutet eine größere finanzielle Unabhängigkeit gegenüber den Eltern.

Im Vergleich zu Schüler*innen haben Studierende deutlich häufiger einen Nebenjob. Mehr als zwei Drittel (68 %) der an Hochschulen Studierenden jobben (ebd. et al., 2017, S. 60). Der Anteil erwerbstätiger Studierender erreicht wieder den Spitzenwert des Sommersemesters 2003. Sich »etwas mehr leisten können« ist das häufigste genannte Motiv für Nebenjobs (72 %), es folgen (mehr) »Unabhängigkeit von Eltern« (62 %) sowie »Notwendigkeit für Lebensunterhalt« (59 %). Dies signalisiert die Andersartigkeit der Lebenssituation von Studierenden im Unterschied zu der der Schüler*innen. Der Nebenjob eröffnet Studierenden Handlungsspielräume, vergrößert die Unabhängigkeit von der Familie und dient der Existenzsicherung. Das Motiv, sich per Nebenjob ein weiteres Lern-, Erfahrungs- und potenzielles Beschäftigungsfeld zu erschließen, ist weniger einschlägig (36 %) (vgl. ebd. et al., 2017, S. 62).

Der Gelderwerb, also die Aufstockung des eigenen Budgets, ist Kernmotiv für Nebenjobs. Er ermöglicht die ökonomische Verselbstständigung gegenüber der Herkunftsfamilie und die Finanzierung des eigenen unabhängigen Konsums.

Fast ein Drittel der Auszubildenden (27 %) jobbt. Der zeitliche Aufwand liegt durchschnittlich bei 9,2 Stunden, der zur Fulltime-Ausbildung hinzukommt (Beicht & Krewerth, 2010). Ob Ausbildungsvergütung und moderne Lebensführung zusammenpassen ist eine offene Frage. Empirisch zeigt sich, dass Ausbildungsverträge insbesondere in Branchen mit niedrigen Ausbildungsvergütungen (2016: 146.000 Abbrüche) vorzeitig beendet werden (BIBB, 2018). Inzwischen hat der Bundestag eine Reform des Berufsbildungsgesetzes beschlossen. Auszubildende erhalten ab 01.01.2020 mindestens 515 Euro brutto monatlich, bis 2023 steigt diese Vergütungsuntergrenze sukzessive bis auf 620 Euro und nähert sich dem Mindestlohn an.

---

8 Bezogen auf alle Studierende sind es 68 % (ebd., S. 60).

9 Unter allen Studierenden sind es 18 %, der niedrigste Anteil seit 1991 (ebd., S. 53).

6.2.3 (Erwerbstätige) Jugendliche und junge Erwachsene in finanziell prekären Lebenslagen

Die berichteten Budgets von Jugendlichen und jungen Erwachsenen, die in formalen Bildungsinstitutionen eingebunden sind und nicht bei ihren Eltern wohnen, liegen in der Regel unterhalb der Grenze, die die Armutsgefährdung markiert.[10] Der Vergleich mit Altersgruppen über 30 zeigt, die Bildungssituation ist für die Armutsgefährdung wichtiger als das nominale Alter (Deutscher Bundestag 2017, S. 152).

Die Entlohnungsmechanismen in Deutschland betonen Seniorität und Berufserfahrung, dies benachteiligt junge Erwachsene am Anfang ihres Berufslebens. Bezogen auf die Situation von erwerbstätigen jungen Erwachsenen nach einer Ausbildung formuliert die Kommission des 15. Kinder- und Jugendberichts:

> »Insgesamt zeigt sich, dass sich die Situation für eine einkommensabhängige Armutseinschätzung bei jungen Erwachsenen als wenig dramatisch darstellt, sobald sie nach einer Ausbildung erwerbstätig sind; hier unterscheidet sich die Armutsquote nicht wesentlich von denen anderer Altersgruppen. Anders sieht es bei jungen Erwerbstätigen aus, die über keine Ausbildung verfügen: Sie sind eindeutig eine auffällig prekäre Armutsrisikogruppe« (Deutscher Bundestag 2017, S. 153).

Zum Armutsrisiko gehört Verschuldung als wichtige Kenngröße prekärer Lebenslagen. Im Jahr 2018 haben 34.606 der 20- bis unter 25-Jährigen wegen Überschuldung die Hilfe einer Beratungsstelle gesucht (Statistisches Bundesamt 2019, Tab. 1). Sie waren mit durchschnittlich 8.489 Euro verschuldet. Das entsprach dem 11-fachen des durchschnittlichen monatlichen Einkommens dieser ratsuchenden Personengruppe. Als häufigster Grund für die Überschuldung der jungen Erwachsenen wird eine unwirtschaftliche Haushaltsführung genannt. Junge Erwachsene verschulden sich vorrangig für Telekommunikation (ebd., Tab. 5.1). Beide Aspekte kennzeichnen die jungen Erwachsenen im Vergleich zu den anderen Altersgruppen.

6.4 Ausblick

Mit fortschreitender Kommerzialisierung des Jugendalltags, in dem viele lebensalltägliche Aktionen geldpflichtig sind, steigt der Geldbedarf. Und weil auch die Bildungsphase der Heranwachsenden heute länger andauert als bei den Generationen davor, verlängert sich die Abhängigkeit der Jugendlichen und jungen Erwachsenen von der Familie und vom familialen Budget. In verdichteten Räumen erschweren zudem Wohnungsnot und damit einhergehende Preissteigerungen den Alltag von Familien und die ökonomische Verselbstständigung Heranwach-

10 Personen mit einem Einkommen von weniger als 60 % des mittleren Einkommens der Gesamtbevölkerung. Diese lag 2018 z. B. für Alleinlebende bei 1.136 Euro pro Monat.

sender. Die Verselbstständigung, die eigenständige Lebensführung und Ablösung von der Herkunftsfamilie wird erschwert, und sie wird vor allem für ökonomisch schwächere Gruppen deutlich komplizierter.

In den öffentlichen Debatten wird gelegentlich die Forderung nach umfassenderen Transferleistungen laut, die auch für Jugendliche und junge Erwachsene eine größere Unabhängigkeit gegenüber ihren Eltern zur Folge hätten (Stichwort: Bürgergeld/bedingungsloses Grundeinkommen). Zunächst aber sind Familien und ihre Kinder auf Eigeninitiative, also auf individuelle Lösungen angewiesen. Das sind u. a. solche, die durch die Übernahme von (Neben-)Jobs, zusätzliche finanzielle Spielräume eröffnen können. Wie aber entwickelt sich dieser spezielle Teilarbeitsmarkt? Es gibt Anzeichen, die für das Verschwinden solcher Jobs sprechen. Dabei spielt die Digitalisierung der Arbeitswelt ebenso wie weitergehende Institutionalisierung der Kinderbetreuung eine Rolle. Das klassische Tätigkeitsfeld für Nebenjobs (Babysitting) in den unteren Lebensaltern wird etwa durch institutionelle Kinderbetreuung begrenzt. Allerdings gibt es ebenso Anhaltspunkte, die für eine weitere ›Verjobbung‹ sprechen. Hierfür steht das ausgedehnte Angebot an Mini- und Mikrojobs, die durch Jobs in Gestalt des Cloud-, Gig- und Clickworkings ergänzt werden. Abgesicherte empirische Befunde dazu stehen noch aus. Da die durch Nebenjobs erworbenen (zusätzlichen) Mittel in aller Regel ohnehin nicht zu einer von den Eltern unabhängigen ökonomischen Selbstständigkeit führen, wird die Jugendphase für viele auch unabhängig davon, wie sich die Gelegenheiten für Nebenjobs entwickeln, weiterhin durch ein Nebeneinander von ökonomischer Abhängigkeit – auch in Phasen einer Lebensführung außerhalb des Elternhauses – und eigenständigem Konsum geprägt sein.

Literatur

Albert, M., Hurrelmann, K., Quenzel, G., Schneekloth, U., Leven, I., Utzmann, H. & Wolfert, S. (2019): Jugend 2019. 18. Shell-Jugendstudie. Eine Generation meldet sich zu Wort. Weinheim: Beltz.

Beicht, U. & Krewerth, A. (2010): Geld spielt eine Rolle! Sind Auszubildende mit ihrer Vergütung zufrieden? BIBB-Report, 4(14), 1–16.

Beicht, U. (2019): Tarifliche Ausbildungsvergütungen: Anstieg und Strukturen 2018 sowie Entwicklungen seit 1976. Bonn: Bundesinstitut für Berufsbildung [www.bibb.de/veroeffentlichungen/de/publication/download/9586], Zugriff am 25.01.2020.

Bucciol, A. & Veronesi, M. (2014): Teaching children to save: What is the best strategy for lifetime savings?. Journal of Economic Psychology, 45, 1–17.

BIBB [Bundesinstitut für Berufsbildung] (2018): Datenreport zum Berufsbildungsbericht 2018. Informationen und Analysen zur Entwicklung der beruflichen Bildung. Bonn.

Destatis & WZB (Hrsg.) (2018): Datenreport 2018. Ein Sozialbericht für die Bundesrepublik Deutschland. Bonn: bpb.

Deutscher Bundestag (2017): 15. Kinder- und Jugendbericht. Bericht über die Lebenssituation junger Menschen und die Leistungen der Kinder und Jugendhilfe in Deutschland. Bundestagdrucksache 18/11050. Berlin.

Holford, A. (2016): Do Parents Tax Their Children? Teenage Labour Supply and Financial Support. IZA DP No. 10040.

Hurrelmann, K. (2007): Lebensphase Jugend. Eine Einführung in die sozialwissenschaftliche Jugendforschung, 9., aktualisierte Auflage. Weinheim/München: Beltz Juventa.

Konietzka, D. (2010): Zeiten des Übergangs. Sozialer Wandel des Übergangs in das Erwachsenenalter. Wiesbaden: Springer VS.

Langmeyer, A. & Winklhofer, U. (2014): Taschengeld und Gelderziehung. Eine Expertise zum Thema Kinder und ihr Umgang mit Geld mit aktualisierten Empfehlungen zum Taschengeld. München [www.dji.de/fileadmin/user_upload/bibs2014/DJI_Expertise_Taschengeld.pdf], Zugriff am 24.01.2020.

Laubstein, C., Holz, G. & Seddig, N. (2016): Armutsfolgen für Kinder und Jugendliche. Erkenntnisse aus empirischen Studien in Deutschland. Gütersloh: Bertelsmann-Stiftung.

MPFS [Medienpädagogischer Forschungsverbund Südwest] (2018): JIM-Studie 2018. Jugend, Information, Medien. Basisuntersuchung zum Medienumgang 12- bis 19-Jähriger. Stuttgart: Medienpädagogischer Forschungsverbund Südwest.

Middendorff, E., Apolinarski, B., Becker, K., Bornkessel, P., Brandt, T., Heißenberg, S. & Poskowsky, J. (2017): Die wirtschaftliche und soziale Lage der Studierenden in Deutschland 2016. 21. Sozialerhebung des Deutschen Studentenwerks durchgeführt vom Deutschen Zentrum für Hochschul- und Wissenschaftsforschung [www.bmbf.de/pub/21._Sozialerhebung_2016_Hauptbericht.pdf], Zugriff am 24.01.2020.

Sachs, A., Hoch, M. & Weinelt, H. (2017): Grundbedürfnisse und Teilhabe in Deutschland: Wer kann sich was leisten? Veränderungen von Einkommen und Konsumausgaben zwischen 1998 und 2013, Gütersloh: Bertelsmann-Stiftung.

Shim, S., Barber, B., Card, N., Xiao, A. & Serido, J. (2010): Financial socialization of first year college students. The roles of parents, work, and education. Journal of Youth and Adolescence, 39, 1457–1470.

Statistisches Bundesamt (2018): Konsumausgaben von Familien für Kinder. Berechnungen auf der Grundlage der Einkommens- und Verbrauchsstichprobe 2013. Wiesbaden.

Statistisches Bundesamt (2019): Statistik zur Überschuldung privater Personen 2018. Fachserie 15, Reihe 5. Wiesbaden.

Tophoven, S., Lietzmann, T., Reiter, S. & Wenzig, C. (2018): Aufwachsen in Armutslagen. Zentrale Einflussfaktoren und Folgen für die soziale Teilhabe. Gütersloh: Bertelsmann-Stiftung.

Tully, C. (2004): Arbeitsweltkontakte von Schülerinnen und Schülern an allgemeinbildenden Schulen. Zeitschrift für Soziologie der Erziehung und Sozialisation, 24(4), 408–430.

Tully, C. (2018): Jugend – Konsum – Digitalisierung. Wiesbaden: Springer.

Tully, C.& Santen, E. van (2012): Das verfügbare Geld im Jugendalltag von 13- bis 17-Jährigen Schülern und Schülerinnen: Empirische Ergebnisse. Diskurs Kindheits- und Jugendforschung, 7(2), 197–211.

Tully, C. & Santen, E. van (2020): Nebenjobs. In: P. Bollweg, J. Buchna & Th. Coelen (Hrsg.): Handbuch Ganztagsbildung. Wiesbaden: Springer.

Vaskovics L. A. (1997): Ablösungsprozeß Jugendliche – Elternhaus. In: L. A. Vaskovics & H. Lipinski (Hrsg.): Familiale Lebenswelten und Bildungsarbeit (S. 15–50). Wiesbaden: Springer VS.

7 Soziale Aspekte des Erwachsenwerdens

7.1 Peerbeziehungen

Cathleen Grunert

7.1.1 Peers und Formen von Peerbeziehungen

Mit zunehmendem Alter verändern sich die sozialen Beziehungsmuster Heranwachsender, und es werden neben den oftmals familial gesetzten oder arrangierten Bezugspersonen weitere, eher freiwillig und selbstständig gewählte Sozialbezüge relevant. Diese werden in den Sozialwissenschaften häufig mit dem Begriff der Peers oder Peerbeziehungen umschrieben.

Kapitelüberblick

Im Folgenden wird zunächst auf diese Begriffsverwendung und die unterschiedlichen Formen von Peerbeziehungen eingegangen, auch wenn nicht immer Einigkeit darüber besteht, was konkret unter Peers zu verstehen ist (Köhler, Krüger & Pfaff, 2016, S. 12). Anschließend werden einige theoretische Perspektiven skizziert, um schließlich nach dem Stellenwert von Peerbeziehungen im Jugendalter sowie nach sozialen Ungleichheitsdimensionen zu fragen.

Als Peers werden diejenigen sozialen Beziehungen bezeichnet, die weniger auf hierarchischen, also asymmetrischen Beziehungsverhältnissen basieren, sondern zwischen eher Gleichrangigen bestehen. Peers sind also die Statusgleichen, wobei häufig auch von den Gleichaltrigen gesprochen wird, nicht zuletzt, da sich die Statusgleichheit im Kindes- und Jugendalter zumeist über institutionalisierte Altersnormen und daran anschließende Zugehörigkeitsordnungen herstellt.

Die symmetrische Reziprozität der sozialen Beziehungen steht also im Mittelpunkt der Definitionsversuche von Peerbeziehungen, für die exemplarisch Maria von Salisch u. a. folgende Merkmale für das Jugendalter herausstellt (Salisch, 2016, S. 75ff.).

- »Gleiche Stellung gegenüber pädagogischen Institutionen«: aus dieser soziologischen Perspektive besteht Gleichrangigkeit aufgrund ähnlicher Positionen gegenüber den Regeln und Anforderungen in institutionalisierten pädagogischen Arrangements.

- »Ähnlicher Stand der kognitiven und moralischen Entwicklung«: Im Anschluss an entwicklungspsychologische Ansätze, etwa Piagets Stufenmodell der Entwicklung (Piaget, 2015) oder auch Wygotskijs Konzept der Entwicklungszonen (Wygotskij, 1993 [1934]), befinden sich Peers auf ähnlichen Stufen der kognitiven und moralischen Entwicklung.
- »Geteilte Entwicklungsaufgaben und normative Lebensereignisse«: Peers haben ähnliche Lebensereignisse zu bewältigen, wie etwa Übergänge in die Schule, die Hochschule, in die Ausbildung, aber auch andere Entwicklungsaufgaben, wie die Positionierung zu anderen und zu gesellschaftlichen Fragen und sie tun dies über unterschiedliche Formen der Vergemeinschaftung, die Unterstützungspotentiale bieten.

Als Peers werden jedoch nicht nur diejenigen Beziehungen zu Alters- oder Statusgleichen beschrieben, zu denen eine freundschaftliche Beziehung besteht. Vielmehr kommen hier alle Sozialbeziehungen in den Blick, die für die Lebens- und Alltagsgestaltung von Bedeutung sind und darüber auch sozialisatorische Relevanz erhalten. So sind bspw. in einer Schulklasse nicht alle Schüler*innen miteinander befreundet, dennoch nehmen sie aufeinander Bezug und sind über die institutionelle Setzung aufeinander verwiesen (Breidenstein & Kelle, 2002).

Insofern lassen sich mit Blick auf Peerbeziehungen verschiedene Konstellationen unterscheiden:

a) Erstens dyadische, eher feste Freundschaftsbeziehungen, die durch Offenheit und Vertrautheit gekennzeichnet sind. Sie werden mit zunehmendem Alter relevanter als Orte der gemeinsamen Bewältigung ähnlicher Lebensprobleme und der wechselseitigen Anerkennung.
b) Zweitens informelle Cliquen in schulischen oder außerschulischen Kontexten, deren Gruppenmitgliedschaft zumeist auf Freiwilligkeit basiert und die durch eine hohe Fluktuation gekennzeichnet sein können.
c) Sowohl in Freundschaftsbeziehungen als auch in Peergroups müssen die Jugendlichen selbst aktiv werden, um Anerkennung zu finden, Rollen und Gruppennormen sind nicht festgeschrieben, sondern werden ausgehandelt, und es entwickeln sich eigene (jugend-)kulturelle Praktiken.
d) Anders ist dies in organisierten Gruppen z. B. in Gestalt von Schulklassen oder Vereinsgruppen, die eine gemeinsame Aufgabe oder ein gemeinsames Thema verbindet. Insbesondere die Schulklasse kann dabei als »Zwangsvergemeinschaftung« (Breidenstein, 2008, S. 950) beschrieben werden, in der Kinder und Jugendliche über einen langen Zeitraum in altershomogenen Gruppen zusammengefasst werden und aufeinander verwiesen sind. Bei außerschulischen Gruppen, etwa in Vereinen oder Verbänden spielen mit zunehmendem Alter dann auch die Peers selbst für den Einstieg, aber auch für den Verbleib eine wichtige Rolle.
e) Viertens finden sich Interaktionsgeflechte oder größere soziale Netzwerke, die eher durch oberflächliche Beziehungen und eine hohe Fluktuation gekenn-

zeichnet sind. Hierunter lassen sich vor allem Einbindungen in spezifische Szenen subsumieren, für die die Kategorie des Alters dann auch immer weniger eine Rolle spielt, sondern Gleichrangigkeit in erster Linie über (jugend-)kulturelle Präferenzen und szenespezifisches Wissen hergestellt wird (Eisewicht, Niederbacher & Hitzler, 2020).

7.1.2 Theoretische Perspektiven auf die sozialisatorische Bedeutung von Peers

Zur Bedeutung von Peers für die Sozialisation von Kindern und Jugendlichen finden sich unterschiedliche theoretische Ansätze, die aus einer strukturfunktionalistischen, einer entwicklungspsychologischen oder einer ungleichheitstheoretischen Perspektive auf das Thema blicken.

Aus einer *strukturfunktionalistischen Perspektive* hat bereits Parsons (Parsons, 1959) die Peergroup als fluides Gebilde charakterisiert, in das Kinder und Jugendliche ein- und austreten können und in dem Zugehörigkeiten auf Freiwilligkeit basieren. Sie treten insbesondere mit dem Übergang in die Schule als soziale Beziehungen neben die Familie, in der Zugehörigkeiten festgeschrieben und Beziehungsverhältnisse hierarchisch und von emotionaler Abhängigkeit geprägt sind. Peerbeziehungen sieht Parsons demgegenüber als Beziehungen zu Statusgleichen, die später auch den Großteil der Beziehungen in der Erwachsenenwelt ausmachen, so dass sie auch als Medium der Verselbstständigung und der Einübung in das Erwachsenenhandeln betrachtet werden. Deshalb haben Peers eine wichtige Funktion für das Hineinwachsen in die gesellschaftliche Ordnung, in der Anerkennung oder Ablehnung für Rollenleistungen primär mit Statusgleichen ausgehandelt werden. Die Schule hat dann sozusagen den Nebeneffekt, vielfältige Formen informeller Peerpraktiken zu ermöglichen, woraus sich durchaus auch Interessenskonflikte zwischen den Anforderungen der Schule und denen der Peers ergeben können (ebd., S. 312). Damit deutet Parsons bereits an, dass sich in Peerbeziehungen auch Gegenbewegungen gegen die erwarteten Rollenmuster eröffnen können, was er zum einen als Potential für Innovation, zum anderen aber auch als Gefahr für Devianz deutet.

Aus einer *entwicklungspsychologischen Perspektive* sieht Erik H. Erikson (2005 [1950]) die Funktion der Peergroup im Jugendalter eher in ihrem Beitrag zur Identitätsbildung. Über Peerbeziehungen finden und entwickeln Jugendliche ihre soziale Identität, indem ihre Entwürfe auf Anerkennung oder Ablehnung stoßen (Oswald, 2009) und in interaktiven Prozessen verhandelt werden. Diese Phase beschreibt Erikson als krisenhaft, da sie mit Zweifeln, Ablösung und Neuausrichtung verbunden ist. Die Frage »Wer bin ich, wer bin ich nicht?« wird entscheidend mit darüber bearbeitet, herauszufinden, wie man »im Vergleich zum eigenen Selbstgefühl in den Augen anderer« (Erikson, 1994 [1959], S. 106), insbesondere der Peers, erscheint. Interaktionistische Theoriemodelle im Anschluss an Mead (1995 [1934]) haben diese Herausbildung des Selbstbildes über wechselseitige Perspektivenübernahme weiter ausbuchstabiert und vor allem im Kontext der Kindheitsforschung auf das gemeinsame Aushandeln von Sinn und Bedeutung in Peerbeziehungen als Herstellung einer eigenständigen Peerkultur verwiesen (Corsaro, 2009). Verselbstständigung als kulturelle Verselbstständigung wird damit auch entscheidend den Peers im Jugendalter zugeschrieben.

James Youniss (1994) weist schließlich auf das Potential von Peers nicht nur für die soziale, sondern auch für die kognitive und moralische Entwicklung von Kindern und Jugendlichen hin, auf die auch schon Jean Piaget (2015 [1932]) aufmerksam gemacht hat. Dieses Potential sieht Youniss vor allem in der symmetrischen Form der Beziehung gegeben, die es erfordert, Problemlösungen gemeinsam auszuhandeln. Sowohl Sachprobleme als auch Konfliktbearbeitung erfordern einen gemeinsamen Austausch und ein kollaboratives Finden von Lösungen, anders als in asymmetrischen Beziehungen mit Eltern oder anderen Erwachsenen, in denen Lösungen oft bereits feststehen oder vorgegeben werden. Zwar existieren Statusunterschiede auch zwischen Peers, jedoch sind diese Hierarchien weniger statisch und beruhen stärker auf Aushandlungsprozessen. Diese Spezifik von Peerbeziehungen bildet gleichzeitig einen Rahmen, der Lern- und Bildungsprozesse auf eine gänzlich andere soziale Interaktionsgrundlage stellt, als dies innerhalb der Familie und insbesondere auch im schulischen Unterricht der Fall ist. Der Ansatz der »zone of proximal development« von Lev Wygotskijs (1993 [1934]) verweist zudem darauf, dass insbesondere die sozialen Aktivitäten mit Gleichaltrigen, die auf einer höheren Ebene der kognitiven Entwicklung stehen, es ermöglichen, neue Problemlösestrategien zu erfahren und zu entwickeln. Beide Ansätze verweisen auf die spezifischen Leistungen der Peerinteraktion im Hinblick auf Lernen und Entwicklung, indem Peers als Ko-Konstrukteur*innen ihres eigenen Entwicklungsprozesses gefasst werden und Verselbstständigungsschritte in vielfältigen Dimensionen gemeinsam hervorbringen. Entscheidend ist damit die Integration in solche Interaktionsbeziehungen und damit auch die Möglichkeit der Teilhabe an Gleichaltrigengruppen. Auf diese Akteursperspektive hat in sozialisationstheoretischer Hinsicht auch Jürgen Zinnecker (2000) mit seinem – durchaus umstrittenen (Bauer 2000) – Konzept der Selbstsozialisation hingewiesen und den Gruppenaktivitäten der Peers ein hohes Sozialisationspotential zugeschrieben.

Aus einer *ungleichheitstheoretischen Perspektive* wird zudem betont, dass in Peerbeziehungen eine »Tendenz zur Homologisierung« (Steinhoff & Grundmann 2016, S. 505) im Hinblick auf soziale Herkunftsmilieus besteht. Soziale Homologisierung findet dabei sowohl über Zugänge und Teilhabemöglichkeiten in struktureller Hinsicht statt, geht aber auch mit habituellen Passungen einher, die auf ähnliche Wahrnehmungs-, Denk- und Handlungsmuster verweisen, wobei sich beide Dimensionen durchaus wechselseitig bedingen. Die Schule spielt dabei als »Zuteilungsapparatur für Gleichaltrigenbeziehungen« (Eckert, 2012, S. 10) eine besondere Rolle, indem sie Jugendliche in altersmäßig homogenen und formalisierten Gruppen zusammenschließt, die sich im deutschen Schulsystem hinsichtlich ihrer sozialen Herkunft stark ähneln (Baumert, Stanat & Watermann, 2006). Darüber eröffnet sich Jugendlichen einerseits ein Möglichkeitsraum für Peerbeziehungen, andererseits ist dies aber immer auch ein erzwungener Raum, der die strukturellen Bedingungen der Institution mit in die Peerbeziehungen hineinträgt.

Alle Theorieperspektiven weisen auf die Ambivalenz der sozialisatorischen Wirkung von Peerbeziehungen hin, da sie einerseits entwicklungs-, lern- und bildungsförderlich wirken sowie die Bearbeitung biografischer und gesellschaftlicher Herausforderungen und damit Verselbstständigungsschritte unterstützen können. Andererseits können in ihren Bearbeitungsformen aber immer auch von Normen und Konventionen abweichende Erfahrungen wirksam werden. Dies birgt sowohl Potential für Kreativität und Innovation, kann aber auch in eher problematische Muster münden, etwa im Hinblick auf Risiko-, delinquentes oder gewaltförmiges Verhalten.

7.1.3 Bedeutung von Peerbeziehungen für Jugendliche

Mit zunehmendem Alter werden Peerbeziehungen immer wichtiger und nehmen einen zentralen Stellenwert in den Sozialbeziehungen Jugendlicher ein. 97 % der in der Shell-Studie befragten 12- bis 25-jährigen Jugendlichen finden es wichtig bzw. sehr wichtig, dass man gute Freunde hat, über die man Anerkennung erfährt (Wolfert & Quenzel, 2019, S. 157). Insbesondere sozio-emotionale Faktoren wie Geborgenheit, Verlässlichkeit oder Vertrauen gewinnen im Jugendalter für die Zuweisung des Freundschaftsstatus an Bedeutung. In der NRW-Studie »Appsolutley smart« gaben dann auch 92 % der 10- bis 18-Jährigen an, dass sie einen besten Freund oder eine beste Freundin haben (Maschke, Stecher, Coelen, Ecarius & Gusinde, 2013, S. 52). Auch der Anteil fester Partnerschaften steigt im Jugendalter deutlich an und ist in der Altersgruppe der 15- bis 17-Jährigen für etwa ein Viertel relevant, während dies für ein Drittel der 18- bis 21-Jährigen und über die Hälfte der 22- bis 25-Jährigen zutrifft (Wolfert & Quenzel, 2019, S. 153). Im Jugendalter werden insbesondere auch informelle Gruppen wichtig, in denen Jugendliche nicht nur gleichgesinnte Kommunikations- und Freizeitpartner*innen, sondern auch einen Freiraum gegenüber der Familie sowie den funktionalen Anforderungen der Schule finden. So gaben in der Shell-Studie von 2010 64 % der 12- bis 14-Jährigen und 76 % der 18- bis 21-Jährigen an, dass sie an informellen Gruppen partizipieren (Leven, Quenzel & Hurrelmann, 2011, S. 82).

Auch wenn die Jugendlichen den Faktor der Freundschaft sehr stark betonen, existiert innerhalb informeller Gruppen eine starke Variationsbreite an Einbindungsqualität und Bedeutungszuschreibungen. Wetzstein, Erbeldinger, Hilgers & Eckert (2005) konnten in einer Studie mit 3.000 15- bis 25-jährigen Jugendlichen herausarbeiten, dass für etwa die Hälfte derjenigen, die angaben, einer Clique anzugehören, diese auch eine besondere Rolle spielt. Die Autor*innen konnten für diese Jugendlichen bestimmte Einbindungsmerkmale und -qualitäten herausarbeiten, die in einer Typologie verdichtet wurden (ebd., S. 161ff.). So betonen manche Jugendliche, dass ihnen die Gruppe Möglichkeiten der Problembearbeitung bietet und teilweise auch als Familienersatz dient. Solche ›*geborgenheitsorientierten Gruppen*‹ stellen ein positives emotionales Klima bereit, das auch zur Bewältigung von problematischen biografischen Erfahrungen in Familie oder Schule beitragen kann. Gerade auf diese Kompensationsfunktion weisen auch andere Studien hin (z. B. Krüger, Deinert & Zschach, 2012).

Gemeinsame Problembearbeitung spielt auch für Jugendliche eine Rolle, die sonst kaum in festere Gleichaltrigenbeziehungen eingebunden sind. Diese sind häufig in *›prekäre Gruppenzugehörigkeiten‹* integriert, in denen Defizitbewältigung auch über gewaltförmiges und deviantes Verhalten bearbeitet wird. Das abweichende Verhalten der Jugendlichen wird zwar als eine Reaktion auf die Exklusion aus anderen Zusammenhängen und auf fehlende Anerkennung in Familie oder Schule gedeutet, aber nicht nur dysfunktional interpretiert. Es erzeugt auch subkulturelle Lebensentwürfe sowie Norm- und Wertvorstellungen, die einen gemeinschaftsfördernden und identitätsstiftenden Charakter haben und in denen gegenseitige Anerkennung durchaus ein wichtiger Wert ist (auch Wellgraf, 2014). Für die Jugendlichen selbst hat dies dann einen durchaus funktionalen Charakter.

Daneben verweisen Wetzstein, Erbeldinger, Hilgers & Eckert (2005) auf einen Gruppentyp der *›interessenorientierten Zugehörigkeit‹*, der für Jugendliche vor allem als Lernraum von Bedeutung ist. Jugendliche sind hier entweder fluide eingebunden, um in wechselnden Gruppen ihren persönlichen Interessen nachgehen zu können oder relativ kontinuierlich, um in einer Clique, einem Verein oder Verband ihre sportlichen, musikalischen oder politischen Interessen und Fähigkeiten auszubauen. Hierzu zählen auch informelle Gruppen, die sich einer bestimmten Jugendszene (z. B. Hip-Hopper, Skater, Punks) zurechnen und darüber ein gruppenbezogenes Selbstverständnis entwickeln. Dabei kann dann auch delinquentes, gewaltbezogenes oder auch Risikoverhalten eine Rolle spielen.

Peerbeziehungen werden damit in ganz unterschiedlichen Bezügen für Jugendliche relevant, wobei sich die Einbindung in verschiedene Peerkonstellationen und deren Bedeutungszuschreibungen durch die Jugendlichen immer auch verändern können.

7.1.4 Peerbeziehungen und soziale Ungleichheit

Die Norm-, Wert- und Verhaltensvorstellungen, die in Peergroups entstehen, sind jedoch nicht unabhängig von den familialen Herkunftskontexten und sozialen Lagerungen, in die die Jugendlichen eingebunden sind. Im Wechselspiel mit den strukturellen Dimensionen sozialer Homologisierung (z. B. Schule, Vereine, Nachbarschaft) bilden sie Ermöglichungs- wie auch Begrenzungsräume sowohl für den Zugang zu Peergroups als auch für sich darin entfaltende soziale und kulturelle Praktiken (Steinhoff & Grundmann, 2016, für Jugendszenen Hoffmann 2016, vgl. Kap. 2).

Zudem sind auch nicht alle Jugendlichen überhaupt in freundschafts- und/oder gruppenförmige Peerbeziehungen eingebunden, sondern ganz oder zeitweise aus diesen ausgeschlossen. Insbesondere von materieller Armut betroffene Kinder und Jugendliche haben es häufig schwer, Anschluss an Gleichaltrige zu finden, und sind seltener in informelle Peergroups integriert (Chassé, 2016). Sie sind auch außerhalb der Schule kaum in formalisierte Gruppen, etwa in Vereinen, eingebunden und können weniger an jugendkulturellen Konsumpraktiken partizipieren. Ungleichheiten zeigen sich auch im Hinblick auf den Migrationsstatus. So macht die aktuelle Shell-Studie darauf aufmerksam, dass Jugendliche, die laut Studiendefinition über einen Migrationshintergrund verfügen seltener an informellen Freundschaftsgruppen teilhaben und dass Freundschaftsbeziehungen sich stärker auf Jugendliche mit ähnlicher ethnischer Herkunft beziehen (Wolfert & Quenzel, 2019, S. 159). Reinders weist darauf hin, dass das Zustandekommen interethnischer Freundschaften deutlich auch von der besuchten Schulform abhängig ist. Während an Hauptschulen Jugendliche häufig solche Freundschaftskonstellationen berichten, sinkt deren Anteil an Gymnasien deutlich (Reinders, 2016. S. 238). Schule spielt hier also einmal mehr eine Rolle als Ermöglichungs- bzw. Begrenzungsstruktur differenter Peerbeziehungen, wenngleich hier auch sozialräumliche Faktoren von Bedeutung sind. Sowohl die östlichen Bundesländer als auch ländliche Regionen bieten deutlich weniger Möglichkeitsräume für das Entstehen interethnischer Freundschaften als westdeutsche Bundesländer sowie großstädtische Regionen. In letzteren sorgen dann wiederum starke Segregationsbewegungen für eine soziale Entmischung der Nachbarschaften, die wiederum Peerbeziehungen anfälliger macht für soziale Homologisierung, nicht nur in ethnischer Perspektive, sondern auch im Hinblick auf ökonomische Deprivation und Bildungsbeteiligung (El-Mafaalani & Strohmeier, 2015).

7.1.5 Fazit

Peerbeziehungen besitzen insgesamt für Jugendliche einen zentralen Stellenwert als eigene Handlungs- und Erfahrungsräume, in denen sie ihre Lebensthemen und Lebenslagen gemeinsam bearbeiten und dabei eigene (jugend-)kulturelle Praktiken und Werte entwickeln. Darüber bilden sie eine Quelle für soziale, personale und sachbezogene Lern- und Entwicklungsprozesse, die sowohl für das peerkulturelle Miteinander als auch für die Bearbeitung gesellschaftlicher Anforderungen bis hinein ins Erwachsenenalter relevant sind. Gleichzeitig liefern sie Orientierungsfolien für gesellschaftliche, kulturelle und politische Positionierungsprozesse und bilden somit einen Ermöglichungsraum für Verselbstständigungs-, Selbstpositionierungs- und durchaus auch Qualifizierungsprozesse (Deutscher Bundestag, 2017). Soziale Homologisierungstendenzen sorgen jedoch – nicht zuletzt begründet über die soziale Selektivität des deutschen Bildungssystems – dafür, dass Peervergemeinschaftungen zumeist milieubezogen erfolgen und darüber soziale Ungleichheiten auch in den Potentialen entstehen, die Peerbeziehungen als Lern- und Entwicklungsräume innewohnen.

Peerbeziehungen bis hin zu jugendkulturellen Vergemeinschaftungen sind damit nicht nur Freizeitphänomene, sondern haben eine hohe Bedeutung weit über die Freizeitdimension hinaus. Das Ausgeschlossensein aus diesen sozialen Beziehungskontexten im Jugendalter erweist sich deshalb häufig als Sozialisationsdefizit und kann Folgen für die Ausbildung sozialer und personaler Kompetenzen wie auch für schulisches Wohlbefinden und schulische Leistungsfähigkeit haben (Salisch, 2016).

Die Bearbeitung sozialer und gesellschaftlicher Anforderungen in Peerkontexten erfolgt aber nicht immer im Sinne der vorgegebenen gesellschaftlichen Ordnung, darauf verweisen nicht nur als delinquent eingeschätzte peerkulturelle Praktiken. Vielmehr werden in Peerbeziehungen auch Deutungen ausgehandelt, die das Vorgegebene in Frage stellen, die Normen durchbrechen und Veränderungen einfordern. Dies wird nicht nur an den größeren Phänomenen der Jugendbewegungen deutlich, die sich explizit auf gesellschaftliche Problembündel beziehen, oder an den jugendkulturellen Szenen, die alternative Lebensstile entwickeln. Vielmehr zeigt sich dies etwa auch dann, wenn Jugendliche über ihre Peerinteraktionen von den Eltern abweichende Wertvorstellungen entwickeln (Brake, 2010), wenn sie neue kreative Ansätze für den Umgang mit Medien (Deutscher Bundestag, 2017, 2020) oder neue jugendkulturelle Ausdrucksformen (Eisewicht, Niederbacher & Hitzler, 2020) hervorbringen oder wenn sie in der Auseinandersetzung mit der schulischen Ordnung eigene peerkulturelle Räume herstellen (Bennewitz, Breidenstein & Meier, 2015).

Während lange Zeit eher kritisch und aus einer Delinquenzperspektive auf Peerbeziehungen geschaut wurde, geraten Dimensionen peerkultureller Praxis wie auch die mit ihnen verbundenen Lern- und Bildungspotentiale (Grunert & Krüger, 2019) immer mehr in den Blick der Forschung. Eher unterbelichtet bleiben bislang jedoch Peerbeziehungen bei älteren Jugendlichen und jungen Erwachsenen, etwa in ihrer Relevanz für Berufswahlentscheidungen oder Ausbildungsbiografien, sowie Peerbeziehungen von Jugendlichen mit Behinderung, die ohnehin noch eher selten in den Blick einer empirischen Jugendforschung geraten (Grunert, 2020, S. 26f.; Brodersen & Gaupp, 2020).

Literatur

Bauer, U. (2002): Selbst- und/oder Fremdsozialisation: Zur Theoriedebatte in der Sozialisationsforschung. Eine Entgegnung auf Jürgen Zinnecker. Zeitschrift für Soziologie der Erziehung und Sozialisation, 22(2), 118–142.

Baumert, J., Stanat, P. & Watermann, R. (2006): Schulstruktur und die Entstehung differenzieller Lern- und Entwicklungsmilieus. In: J. Baumert (Hrsg.): Herkunftsbedingte Disparitäten im Bildungswesen: differenzielle Bildungsprozesse und Probleme der Verteilungsgerechtigkeit. Vertiefende Analysen im Rahmen von PISA (S. 95–188). Wiesbaden: Springer VS.

Bennewitz, H., Breidenstein, G. & Meier, M. (2015): Zum Verhältnis von Peerkultur und Schulkultur. In: J. Böhme, M. Hummrich & R.-T. Kramer (Hrsg.): Schulkultur. Theoriebildung im Diskurs. Wiesbaden: Springer VS.

Brake, A. (2010): Familie und Peers: zwei zentrale Sozialisationskontexte zwischen Rivalität und Komplementarität. In: M. Harring, O. Böhm-Kasper, C. Rohlfs & C. Palentien (Hrsg.): Freundschaften, Cliquen und Jugendkulturen. Peers als Bildungs- und Sozialisationsinstanzen (S. 385–405). Wiesbaden: Springer VS.

Breidenstein, G. (2008): Peer-Interaktion und Peer-Kultur. In: W. Helsper & J. Böhme (Hrsg.): Handbuch der Schulforschung, 2., durchgesehene und erweiterte Auflage (S. 945–964). Wiesbaden: Springer VS.

Breidenstein, G. & Kelle, H. (2002): Die Schulklasse als Publikum. Zum Verhältnis von Peer Culture und Unterricht. Die Deutsche Schule, 94(3), 318–329.

Brodersen, F. & Gaupp, N. (2020): Diversitätsorientierung in der Jugendforschung. Konzeptionelle Überlegungen am Beispiel von Forschung mit Jugendlichen mit Behinderungen. In: C. Grunert, K. Bock, N. Pfaff & W. Schröer (Hrsg.): Erziehungswissenschaftliche Jugendforschung. Ein Aufbruch (S. 167–184). Wiesbaden: Springer VS.

Chassé, K. A. (2016): Kinder in Armut und Gleichaltrigenbeziehungen in der mittleren und späten Kindheit. In: S.-M. Köhler, H.-H. Krüger & N. Pfaff (Hrsg.): Handbuch Peerforschung (S. 515–530). Leverkusen-Opladen: Budrich.

Corsaro, W. A. (2009): Peer Culture. In: J. Qvortrup, W. A. Corsaro & M.-S. Honig (Hrsg.): The Palgrave handbook of childhood studies (S. 301–315). Basingstoke, Hampshire: Palgrave Macmillan.

Deutscher Bundestag (2017): 15. Kinder- und Jugendbericht. Bericht über die Lebenssituation junger Menschen und die Leistungen der Kinder- und Jugendhilfe in Deutschland. Berlin.

Eckert, R. (2012): Die Dynamik jugendlicher Gruppen. Über Zugehörigkeit, Identitätsbildung und Konflikt. Weinheim: Beltz Juventa.

Eisewicht, P., Niederbacher, A. & Hitzler, R. (2020): Jugendkulturen und Szenen. In: H.-H. Krüger, C. Grunert & K. Ludwig (Hrsg.): Handbuch Kindheits- und Jugendforschung. Wiesbaden: Springer VS.

El-Mafaalani, A. & Strohmeier, K. P. (2015): Segregation und Lebenswelt – Die räumliche Dimension sozialer Ungleichheit. In: A. e Mafaalani, S. Kurtenbach & K. P. Strohmeier (Hrsg.): Auf die Adresse kommt es an. Segregierte Stadtteile als Problem- und Möglichkeitsräume begreifen (S. 18–42). Weinheim/Basel: Beltz Juventa.

Erikson, E. H. (1994 [1959]): Identität und Lebenszyklus. Drei Aufsätze. 14. Auflage. Berlin: Suhrkamp.

Erikson, E. H. (2005 [1950]): Kindheit und Gesellschaft. 14. Auflage. Stuttgart: Klett-Cotta.

Grunert, C. (2020): Jugend – noch eine relevante Kategorie erziehungswissenschaftlicher Forschung? Zum Stellenwert von Jugendforschung in der Erziehungswissenschaft. In: C. Grunert, K. Bock, N. Pfaff & W. Schröer (Hrsg.): Erziehungswissenschaftliche Jugendforschung. Ein Aufbruch (S. 15–34). Wiesbaden: Springer VS.

Grunert, C. & Krüger, H.-H. (2019): Peerbeziehungen. In: P. Bollweg, J. Buchna, T. Coelen & H.-U. Otto (Hrsg.): Handbuch Ganztagsbildung (S. 703–716). Wiesbaden: Springer VS.

Hoffmann, N. F. (2016): Szene und soziale Ungleichheit. Wiesbaden: Springer VS.

Köhler, S.-M., Krüger, H.-H. & Pfaff, N. (2016): Peergroups als Forschungsgegenstand – Eine Einleitung. In: S.-M. Köhler, H.-H. Krüger & N. Pfaff (Hrsg.): Handbuch Peerforschung (S. 11–33). Leverkusen-Opladen: Budrich.

Krüger, H.-H., Deinert, A. & Zschach, M. (Hrsg.) (2012): Jugendliche und ihre Peers. Freundschaftsbeziehungen und Bildungsbiografien in einer Längsschnittperspektive. Opladen: Budrich.

Leven, I., Quenzel, G. & Hurrelmann, K. (2011): Familie, Schule, Freizeit: Kontinuitäten im Wandel. In: M. Albert, K. Hurrelmann & G. Quenzel (Hrsg.): Jugend 2010. Eine pragmatische Generation behauptet sich (S. 53–128). Frankfurt a. M.: Fischer.

Maschke, S., Stecher, L., Coelen, T., Ecarius, J. & Gusinde, F. (2013): Appsolutely smart! Ergebnisse der Studie Jugend.Leben. Bielefeld: Bertelsmann.

Mead, G. H. (1995 [1934]): Geist, Identität und Gesellschaft. Aus der Sicht des Sozialbehaviorismus. Frankfurt a. M.: Suhrkamp.

Oswald, H. (2009): Anerkennung durch Gleichaltrige in Kindheit und Jugend. Soziale Passagen, 1(2), 177–191.

Parsons, T. (1959): The school class as a social system: some of its functions in American society. Harvard Educational Review, 29(4), 297–318.

Piaget, J. (2015 [1932]): Das moralische Urteil des Kindes. Schlüsseltexte Band 3. Stuttgart: Klett-Cotta.

Reinders, H. (2016): Interethnische Peer- und Freundschaftsbeziehungen. In: S.-M. Köhler, H.-H. Krüger & N. Pfaff (Hrsg.): Handbuch Peerforschung (S. 237–248). Leverkusen-Opladen: Budrich.

Salisch, M. von (2016): Die psychologische Perspektive. In: S.-M. Köhler, H.-H. Krüger & N. Pfaff (Hrsg.): Handbuch Peerforschung (S. 75–88). Leverkusen-Opladen: Budrich.

Steinhoff, A. & Grundmann, M. (2016): Peers und die Reproduktion sozialer Ungleichheit. In: S.-M. Köhler, H.-H. Krüger & N. Pfaff (Hrsg.): Handbuch Peerforschung (S. 499–514). Leverkusen-Opladen: Budrich.

Wygotskij, L. S. (1993 [1934]): Denken und Sprechen. Frankfurt a. M.: Fischer.
Wellgraf, S. (2014): Hauptschüler. Zur gesellschaftlichen Produktion von Verachtung. Bielefeld: transcript.
Wetzstein, T., Erbeldinger, P. I., Hilgers, J. & Eckert, R. (2005): Jugendliche Cliquen. Zur Bedeutung der Cliquen und ihrer Herkunfts- und Freizeitwelten. Wiesbaden: Springer Fachmedien.
Wolfert, S. & Quenzel, G. (2019): Vielfalt jugendlicher Lebenswelten: Familie, Partnerschaft, Religion und Freundschaft. In: M. Albert, K. Hurrelmann & G. Quenzel (Hrsg.): Jugend 2019 – 18. Shell Jugendstudie. Eine Generation meldet sich zu Wort (S. 133–162). Weinheim/Basel: Beltz.
Youniss, J. (1994): Soziale Konstruktion und psychische Entwicklung. Frankfurt a. M.: Suhrkamp.
Zinnecker, J. (2000): Selbstsozialisation. Essay über ein aktuelles Konzept. ZSE: Zeitschrift für Soziologie der Erziehung und Sozialisation, 20(3), 272–290.

7.2 Partnerschaft und Sexualität

Eva-Verena Wendt

7.2.1 Einleitung

Das erste Verliebtsein, eine erste romantische Beziehung aufzubauen und erste sexuelle Erfahrungen zu sammeln – all das sind wichtige Entwicklungs- und Verselbstständigungsschritte, die viele Jugendliche bereits vor der Volljährigkeit erleben. So waren bspw. laut Zahlen der Bravo-Dr.-Sommer-Studie (2016) im Alter von 17 Jahren bereits 91 % der Jungen und 89 % der Mädchen schon einmal verliebt, 66 % der Jungen und 63 % der Mädchen berichten mit 17 Jahren schon mal eine*n feste*n Partner*in gehabt zu haben. Bei vielen Jugendlichen verlaufen die romantische und sexuelle Entwicklung quasi Hand in Hand: Mit zunehmender Dauer der Liebesbeziehungen im Jugendalter kommt es auch meist zu immer intensiveren sexuellen Erfahrungen (Wendt, 2009). Die Aufnahme erster sexueller und romantischer Beziehungen zählt dem Entwicklungsaufgabenkonzept zufolge zu den zentralen Entwicklungs- und Lernaufgaben der Adoleszenz (Eschenbeck & Knauf, 2018), teilweise schon beginnend in der frühen Adoleszenz und mit weitreichenden Verbindungen zu den Entwicklungsaufgaben des Erwachsenenalters (Etablierung stabiler Partnerschaften, Gründung einer Familie). Die romantische Entwicklung ist eng mit der Ablösung von den Eltern, der stärkeren Hinwendung zu Gleichaltrigen und damit mit der zunehmenden Verselbstständigung im Jugendalter verbunden. Trotz der Bedeutsamkeit dieser neuen Beziehungserfahrungen für den Verselbstständigungsprozess während der Adoleszenz haben sich Wissenschaftler*innen jedoch lange Zeit kaum systematisch mit diesem Themenfeld auseinandergesetzt (Brown, Feiring & Furman, 1999). Seit der Jahrtausendwende sind nun aber zahlreiche internationale wie auch nationale Publikationen zum Thema Partnerschaften im Jugendalter entstanden, die das Thema auf vielfältige Weise beleuchten (vgl. Collins, 2003; Seiffge-Krenke & Shulman, 2012; Wendt, 2019).

Kapitelüberblick

Im folgenden Beitrag wird versucht, anhand nationaler und internationaler Befunde, die Bedeutung der romantischen und sexuellen Entwicklung für den Verselbstständigungsprozess herauszuarbeiten. Der Text geht hierzu in vier Abschnitten auf

1. die Anbahnung,
2. das Eingehen,
3. die Gestaltung erster Partnerschaften sowie
4. die Bedeutung dieser Beziehungserfahrungen für die spätere Entwicklung im (jungen) Erwachsenenalter ein.

7.2.2 Anbahnung erster Liebesbeziehungen: Der Umbau von Peerbeziehungen und gegengeschlechtliche Kontakte als Basis

Jugendstudien zeigen, dass erste romantische Gefühle schon beim Übergang von der Kindheit ins Jugendalter auftreten: So berichten im Alter von elf Jahren 65 % der Mädchen und 60 % der Jungen, schon einmal verliebt gewesen zu sein (BRAVO-Studie, 2016). Bei der Aufnahme erster romantischer Kontakte und Beziehungen im Jugendalter haben vor allem die Peers eine wichtige Bahnungs- und Lenkungsfunktion. Schon Dunphy (1963) betonte in einer wegweisenden Studie den Einfluss der Peers auf die Entwicklung von Liebesbeziehungen, besonders der statushohen Mitglieder*innen der Peergroup (siehe Viehhaus & Wendt, 2018): Diese nehmen eine Art Vorreiterrolle bei der Aufnahme von Liebesbeziehungen ein und forcieren so die Bildung von geschlechtsheterogenen Gruppen, was zur weiteren Etablierung von Liebesbeziehungen in der Peergroup führt. Auch neuere Daten zeigen, dass eine größere Anzahl an gegengeschlechtlichen Peers in der Gleichaltrigengruppe die Wahrscheinlichkeit erhöht, eine Liebesbeziehung zu haben (z. B. Connolly et al., 2000). Sogenannte »sozial-romantische Freizeitaktivitäten« wie ausgehen oder auf Feste/Partys gehen dienen als Möglichkeit der Kontaktaufnahme zum anderen Geschlecht und sagen eine frühere Aufnahme von Liebesbeziehungen vorher (Silbereisen & Wiesner, 1999). Doch Freundschaftsbeziehungen spielen nicht nur als »Partner*innenmarkt« eine Rolle, sie können auch als »Übungsfeld« für die Gestaltung von engen Beziehungen aufgefasst werden (z. B. Scharf & Mayseless, 2001, siehe auch Wendt, 2019): So lassen sich tatsächlich Ähnlichkeiten in der Beziehungsqualität von Freundschafts- und Liebesbeziehungen nachweisen (Furman, Simon, Shaffer & Bouche, 2002; Ha, Overbeek, Greef, Scholte & Engels, 2010).

Das häufig rezipierte Phasenmodell von Brown (1999) beschreibt die Anbahnung erster Partnerschaften im Entwicklungsverlauf, erklärt die Bedeutung der Peerbeziehungen in diesem Prozess und macht darüber hinaus auch qualitative Unterschiede in der Beziehungsgestaltung im Verlauf der Adoleszenz deutlich. Das Modell umfasst vier Phasen (vgl. Wendt, 2019; Vierhaus & Wendt, 2018):

1. In der frühen Adoleszenz werden in der »Initiationphase« (Anfangsphase) erste Kontakte oder kurze Beziehungen aufgenommen, bei denen die Einübung sozialer Kompetenzen und der Aufbau einer eigenen Identität im Vordergrund stehen und die Peers als Berater*innen und Vorbilder fungieren.
2. Während der mittleren Adoleszenz geht es im Rahmen der »Statusphase« darum, den*die ›richtige*n‹ Partner*in zu haben, um Anerkennung durch die Peergroup zu erfahren. Zentrale Motive für die Aufnahme von romantischen Beziehungen sind die Befriedigung der Bedürfnisse nach Anschluss und Geborgenheit in der Gruppe.
3. Erst während der späten Adoleszenz und der folgenden »Affectionphase« (Affektphase) spielen die Peers eine weniger dominante Rolle: Durch die Partnerschaft selbst werden emotionale und sexuelle Befriedigung erlebt und somit tiefgreifendere Partnerschaftserfahrungen in einer exklusiven Paarbeziehung gemacht.
4. Im jungen Erwachsenenalter geht es während der »Bondingphase« (Bindungsphase) schließlich um den Aufbau von dauerhaften Partnerschaften, möglicherweise sogar als Basis für die spätere Familiengründung.

Tatsächlich konnten die von Brown angenommenen Phasen in unterschiedlichen Altersstufen auch in einer deutschen Längsschnittstudie von Seiffge-Krenke (2003) nachgewiesen werden, belegt etwa durch eine ansteigende Partnerschaftsdauer und charakteristische Unterschiede in der Partnerschaftsqualität in Abhängigkeit vom Alter der befragten Jugendlichen.

Ähnlich definieren auch Furman & Simon (1999) für die bei Brown genannten vier Altersphasen zentrale Bedürfnisse der Jugendlichen nach Anschluss, Sexualität, Fürsorge und Bindung, die in unterschiedlichen Phasen der Adoleszenz primär befriedigt würden (vgl. Wendt, 2019; Vierhaus & Wendt, 2018). Viel wichtiger jedoch ist der in diesem Modell als zentral angenommene Wechsel der Bezugspersonen von den Eltern hin zum*zur Partner*in, der im Verlaufe des höheren Jugendalters und bei ausreichender Partnerschaftsdauer schließlich die Bindungs- und Fürsorgefunktion übernimmt. Dieser Wechsel wird jedoch frühestens ab der späten Adoleszenz angenommen, wo gleichzeitig von einem verstärkten Aufbau längerfristiger Partnerschaften ausgegangen wird, die auch unabhängig vom Peerkontext und dessen Anerkennung Bestand haben. Das Modell betont damit die Bedeutsamkeit von Partnerschaften für den Verselbstständigungsprozess mit Ablösung von den Eltern ab der späten Adoleszenz.

Zwar bietet das Internet vor allem über Nachrichtendienste, soziale Netzwerke und Datingplattformen vielfältige Möglichkeiten Beziehungen anzubahnen. Doch auch heute lernen nur sehr wenige Jugendliche eine*n Partner*in im Internet kennen, die meisten Partnerschaften etablieren sich in der Schule: So lernen laut einer Studie von über 5000 Jugendlichen im Alter von 13 bis 18 Jahren in den USA nur 3,4 % der nicht-LGBT*Q Jugendlichen ihre*n Partner*in über Plattformen im Internet kennen (Korchmaros, Ybarra & Mitchell, 2014). Demgegenüber scheint die Anbahnung einer Partnerschaft im Netz bei LGTB*Q-Jugendlichen eine größere Rolle zu spielen, so dass hier immerhin 15,1 % der Jugendlichen berichten, ihre*n Partner*in im Netz kennengelernt zu haben. Laut einer Studie aus Taiwan erhöhen Aktivitäten im Netz auf sozialen Plattformen die Wahrscheinlichkeit, dass erste Partnerschaften früher eingegangen werden, während die Internetnutzung primär zu Informationszwecken mit einem späteren Einstiegsalter in Partnerschaften verbunden ist (Cheng, Ma & Missari, 2014).

7.2.3 Eingehen von Liebesbeziehungen: Verbreitung und Alter bei zentralen Übergängen in der romantischen und sexuellen Entwicklung

Im Rahmen der Shell-Jugendstudie berichten insgesamt 39 % der befragten 12- bis 25-Jährigen (N = 2.604), aktuell eine feste Partnerschaft zu haben (Albert, Hurelmann & Quenzel, 2015, S. 63): Erwartungsgemäß nimmt mit höherem Alter der Anteil an Jugendlichen mit einer festen Partnerschaft zu, so dass 10 % der 12- bis 14-Jährigen, 25 % der 15- bis 17-Jährigen sowie 47 % der 18- bis 21-Jährigen eine feste Partnerschaft angeben. Weitere Daten zeigen, dass in allen Altersgruppen im Jugendalter Mädchen zu einem signifikant höheren Anteil in einer aktuell bestehenden Partnerschaft sind als Jungen, möglicherweise aufgrund der früheren Pubertätsentwicklung bei Mädchen und der Wahl älterer Peerkontakte und Partner*innen (Wendt & Walper, 2013).

Bei einer retrospektiven Erfassung der Partnerschaftsbiografie in der pairfam-Studie bei Jugendlichen im Alter von 15 bis 17 Jahren ergibt sich in Bezug auf das Alter bei der ersten festen Partnerschaft ein geschätztes durchschnittliches Alter von 15,1 Jahren (Wendt, 2015). Für Jungen wie für Mädchen sowie für ostdeutsche wie westdeutsche Jugendliche zeigt sich laut einer älteren Auswertung, die immerhin aber eine der wenigen ist, bei der der Fokus auf romantischen *und* sexuellen Übergängen liegt, eine einheitliche Reihenfolge bei drei wichtigen romantischen und sexuellen Übergängen (Silbereisen & Wiesner, 1999): mit im Durchschnitt etwa 14,7 Jahren erfolgt das erste Sich-Verlieben, mit einigem Abstand mit etwa 16,5 Jahren dann die erste feste Partnerschaft und nahezu zeitgleich die ersten sexuellen Erfahrungen (allgemein erfragt) im Alter von durchschnittlich 16,6 Jahren. Mädchen vollziehen laut dieser Auswertung die ersten beiden Übergänge tendenziell früher und sind bspw. bei der ersten Partnerschaft im Durchschnitt 16,2 Jahre, Jungen 16,9 Jahre. In Bezug auf die sexuelle Entwicklung bestätigen jedoch auch aktuellere Auswertungen mit den pairfam-Daten aus dem Jahr 2013 den hohen Altersmittelwert von über 16 Jahren bei intensiveren sexuellen Erfahrungen (Wendt & Walper, 2013): So liegt laut der pairfam-Studie der geschätzte Median für das durchschnittliche Alter beim ersten Petting bei der Befragung 2008/09 im Durchschnitt bei 16,1 Jahren, beim ersten Geschlechtsverkehr im Durchschnitt bei 17,1 Jahren.

Genauere Daten zur sexuellen Entwicklung berichtet die deutsche Studie »Jugendsexualität 2015« der Bundeszentrale für gesundheitliche Aufklärung (BZgA; Bode & Heßling, 2015): In der Altersgruppe der 14- bis 17-Jährigen haben unter den Jugendlichen deutscher Herkunft im Durchschnitt etwa 77 % Erfahrung mit Küssen, etwa 52 % mit Brustpetting, etwa 41 % mit männlich-aktivem Genitalpetting, 39 % mit weiblich-aktivem Genitalpetting und 31 % mit vaginalem Geschlechtsverkehr, wobei es insgesamt nur wenige nachweisbare Geschlechtsunterschiede gibt (vgl. Wendt, 2019). Auch in Bezug auf den wohl markantesten Übergang in der sexuellen Entwicklung, dem Erleben des ersten Geschlechtsverkehrs, zeigt die Studie Jugendsexualität 2015 erwartungsgemäß eine altermäßige Zunahme der Erfahrenheit: Nur 6 % der 14-Jährigen haben diesen bereits erlebt, mit 15 Jahren 19 %, mit 16 Jahren 39 %, mit 17 Jahren 58 %, mit 18 Jahren 69 %, mit 19 Jahren 77 %, mit 20 Jahren 84 % und schließlich mit 25 Jahren 93 % (Bode & Heßling, 2015, S. 107). Bei der Aufnahme sexueller Aktivität ist das Vorhandensein einer romantischen Beziehung ein wichtiger Einflussfaktor, und die romantische und sexuelle Entwicklung verlaufen im Jugendalter in der Mehrzahl der Fälle quasi Hand in Hand (vgl. Wendt, 2019). Durch zunehmende Dauer und Intensität einer Liebesbeziehung erhöht sich auch die Wahrscheinlichkeit, dass es in diesen Beziehungen zu intensiveren sexuellen Erfahrungen und schließlich auch zum Geschlechtsverkehr kommt (z. B. Wendt & Walper, 2013). Der erste Geschlechtsverkehr erfolgt aktuell bei der Mehrheit der Jugendlichen im Rahmen einer festen Partnerschaft. So waren der Studie »Jugendsexualität 2015« zufolge 73 % der Mädchen und 61 % der Jungen deutscher Herkunft im Alter von 14 bis 17 Jahren mit dem*der ersten Koituspartner*in fest befreundet (Bode & Heßling, 2015, S. 130).

Bildungsstand und Sexualität

Der Bildungsstand der Jugendlichen ist ebenfalls ein Einflussfaktor für die Aufnahme sexueller Aktivität. Bei bildungsbezogen benachteiligten Jugendlichen, d. h. Förder- oder Hauptschüler*innen, ist nachweisbar, dass sie, im Gegensatz zu Jugendlichen in höheren Schulzweigen, bereits in jüngerem Alter sexuelle Beziehungen aufnehmen, das erste Mal häufiger als überraschendes Ereignis und nicht als partnerschaftliche Entscheidung erleben, weniger konsequent verhüten, häufiger unsichere Verhütungsmethoden wählen sowie insgesamt schlechter aufgeklärt sind (ebd., Wendt & Walper, 2013).

Insgesamt zeigen diese Zahlen eine im Verlauf des Jugendalters zunehmende Aufnahme von Partnerschaften und sexuellen Beziehungen mit steigendem Alter sowie eine enge Verquickung der romantischen und sexuellen Entwicklung. Allerdings verlaufen diese Prozesse nicht bei allen Jugendlichen gleich (Seiffge-Krenke & Shulman, 2012). So gibt es bspw. Hinweise darauf, dass insbesondere bei LSBT*Q Jugendlichen der Aufbau erster romantischer und sexueller Beziehungen weniger formalisiert und individuell sehr unterschiedlich verläuft. Viele gleichgeschlechtlich orientierte Jugendliche sammeln während der Adoleszenz zwar erste sexuelle Erfahrungen, insbesondere Jungen, während feste gleichgeschlechtliche Partnerschaften häufig erst später etabliert werden (Diamond, Savin-Williams & Dubè, 1999). Ursächlich hierfür könnten innere Unsicherheiten bezüglich der eigenen sexuellen Orientierung und Geschlechtsidentität, des geeigneten Zeitpunkts des Coming-outs sein (Krell & Oldemeier, 2017), aber auch befürchtete und tatsächliche Diskriminierungen bei und nach dem Aufbau gleichgeschlechtlicher Partnerschaften (Toomey, Ryan, Diaz & Russel, 2010).

7.2.4 Gestaltung romantischer Beziehungen in Abhängigkeit vom Alter

Auch anhand der Dauer und Qualität von Partnerschaften lässt sich in zahlreichen Studien tatsächlich eine zunehmende Intensivierung romantischer Beziehungen im Verlauf des Jugendalters bis hin zum jungen Erwachsenenalter nachweisen (Wendt, 2019). So belegt etwa eine Längsschnittstudie eine wachsende durchschnittliche Partnerschaftsdauer: im Durchschnitt für 13- Jährige etwa vier Monate, mit 15 Jahren fünf Monate, mit 17 Jahren zwölf Monate und mit 21 Jahren 21 Monate (Seiffge-Krenke, 2003). Gerade beim Vergleich mit älteren Alterskohorten zeigt sich aber erwartungsgemäß, dass Jugendliche eine deutlich kürzere (aktuelle) Partnerschaftsdauer berichten als Erwachsene. So beträgt die aktuelle durchschnittliche Beziehungsdauer bei Jugendlichen zwischen 15 und 17 Jahren 0,7 Jahre, bei jungen Erwachsenen im Alter von 25 bis 27 Jahren jedoch 4,6 Jahre (Wendt, 2015). Die kürzere Beziehungsdauer im Jugendalter ist u. a. auch durch das deutlich höhere Trennungsrisiko junger Paare bedingt. So zeigen Auswertungen der pairfam-Daten, dass 55,3 % der dort befragten Jugendlichen (15–17 Jahre) nach einem Jahr von ihrem*ihrer Partner*in wieder getrennt waren. Im Gegensatz dazu waren von den im jungen Erwachsenenalter Befragten (25–27 Jahre) ein Jahr später nur 11,3 % der Paare getrennt (Wendt, Schmahl & Walper, 2013). In einer qualitativen Studie von Matthiesen (2013) zeigte sich im Zusammenhang mit dem Trennungsrisiko junger Paare, dass knapp ein Drittel der Jugendlichen (dort 16–19 Jahre alt) eine sogenannte »beziehungsferne Biographie« mit keinen oder nur kurzfristigen Beziehungserfahrungen von unter sechs Monaten erlebt hat, während nur ca. 20 % der Jugendlichen eine »Langzeitbeziehungs-Biographie« mit einer Partnerschaft von über zwei Jahren aufweisen (ein weiteres Drittel hat eine »seriell-monogame Beziehungsbiographie« mit mindestens zwei sexuell aktiven Beziehungen).

In Bezug auf die Partnerschaftsgestaltung lassen sich einige Besonderheiten von jungen Paarbeziehungen im Jugendalter abbilden (vgl. Wendt, 2019). So zeigen verschiedene Studien, dass sich jüngere Jugendliche vor allem Beziehungen mit großer Harmonie und wenig Streit wünschen (Fleer, Klein & Hassenbrauck, 2002), was sich auch tatsächlich in einer geringeren Konflikthäufigkeit in jüngeren Partnerschaften äußert (Wendt, 2016). Gleichzeitig weisen Jugendliche auch mehr emotionale Unsicherheiten in ihren Partnerschaften auf (ebd.), also verstärkte Ängste, dem*der Partner*in nicht zu gefallen oder von diesem*dieser möglicherweise abgelehnt zu werden, wenn die eigenen Bedürfnisse stärker gezeigt würden. Insgesamt sind gerade die Partnerschaften in der frühen und mittleren Adoleszenz von wenig gegenseitiger Verpflichtung und geringem Commitment geprägt, das jedoch bis zum jungen Erwachsenenalter an Bedeutsamkeit gewinnt (Seiffge-Krenke & Shulman, 2012).

Insgesamt stellt sich die Frage, ob Jugendliche angesichts ihrer noch geringeren Beziehungserfahrungen besondere Schwierigkeiten in der Gestaltung intimer Beziehungen aufweisen (vgl. Wendt, 2019). Tatsächlich lässt sich nachweisen, dass Jugendliche im Vergleich zu jungen Erwachsenen negativere Konfliktlösestile mit mehr verbaler Aggression und Rückzug gegenüber dem*der Partner*in erleben (Wendt, 2016). Insgesamt scheint sich das Konfliktlöseverhalten in Partnerschaftsbeziehungen Jugendlicher im Entwicklungsverlauf zu einer stärkeren Kompromissfähigkeit hin zu verbessern (Seiffge-Krenke & Shulman, 2012). Aber auch generell intensivieren sich die vertrauensvolle Hinwendung an eine*n Partner*in bis zum jungen Erwachsenenalter, bspw. nachweisbar durch einen höheren Grad an Affektivität und gegenseitiger Unterstützung – besonders wenn Stressoren und Konflikte in der Partnerschaft bewältigt werden müssen (Seiffge-Krenke, 2003; Seiffge-Krenke et al., 2010).

7.2.5 Die Bedeutung von Partnerschaftserfahrungen für das spätere Erwachsenenalter

Während der Adoleszenz werden durch die romantischen Erfahrungen bedeutsame Beziehungskompetenzen erworben, die auch im (jungen) Erwachsenenalter wichtig für die Gestaltung von dauerhaften Partnerschaften sind. Empirischen Befunden zufolge haben bspw. Jugendliche und junge Erwachsene mit früheren Partnerschaftserfahrungen weniger emotionale Unsicherheiten in einer neuen Partnerschaft als Personen, die keine früheren Partnerschaftserfahrungen haben (Lux & Walper, 2016). Zu viele wechselnde Partnerschaften, die auch als Überinvolvement bezeichnet werden, gehen aber offenbar mit einer geringeren Qualität künftiger Beziehungen einher (Madsen & Collins, 2011). Bei denjenigen Jugendlichen, die kaum oder gar keine romantischen Erfahrungen sammeln, den sogenannten »Late Bloomers«, sind vor allem Probleme im Hinblick auf das Selbstbewusstsein, das Selbstbild und die sozialen Skills belegbar (Steinberg, 2017, S. 286f.), wobei mangelnde Vorerfahrung aber nicht zwangsläufig mit einer schlechteren Beziehungsqualität in Liebesbeziehungen im jungen Erwachsenenalter verbunden ist (Madsen & Collins, 2011).

Vor allem die Qualität der Beziehungserfahrungen im Jugendalter ist Befunden aus Längsschnittstudien zufolge für die Entwicklung positiver Beziehungskompetenzen im jungen Erwachsenenalter relevant (Zimmer-Gembeck, Siebenbrunner & Collins, 2004; Seiffge-Krenke, 2003). Dennoch ist nicht eindeutig, ob und inwieweit spätere Partnerschaftserfahrungen fundamental von konkreten Partnerschaftserfahrungen im Jugendalter geprägt sind oder ob andere Beziehungsgefüge aus der Familie oder dem Peernetzwerk und die damit verbundenen vorbestehenden Erfahrungen langfristig entscheidender sind (z. B. Seiffge-Krenke, 2003; Madsen & Collins, 2011, vgl. Wendt, 2019).

Partnerschaften und die Herausbildung schulischer und beruflicher Perspektiven

In der Altersphase, in der Jugendliche erste Partnerschaften aufnehmen, sind auch andere wichtige Entwicklungsaufgaben von zentraler Bedeutung, primär die Identitätsbildung und die damit eng verbundene Entwicklung schulischer und beruflicher Perspektiven (vgl. Wendt, 2019). So steht laut einer längsschnittlichen Analyse eine geringere schulische Leistung und Motivation mit einer Überinvolviertheit in romantische Beziehungen mit 16 Jahren in Verbindung, aber auch umgekehrt können sinkende schulische Leistungen und Motivation längsschnittlich eine spätere romantische Überinvolviertheit vorhersagen (Zimmer-Gembeck, Siebenbrunner & Collins, 2001). Auch anderes internalisierendes und externalisierendes Problemverhalten von Jugendlichen steigt in der mittleren Adoleszenz als Folge von kurzen, wechselnden Partnerschaften (Casual Dating) an, wohingegen bei Erfahrungen mit festen Partnerschaften das Problemverhalten sogar sinkt (Davies & Windle, 2000). Insgesamt ist davon auszugehen, dass die Qualität romantischer Erfahrungen im Bereich der schulischen Entwicklung, aber auch in Bezug auf die Entwicklung anderen Problemverhaltens, relevant ist, wobei vor allem kurze, wechselnde Beziehungen problematisch zu sein scheinen, aber die Frage nach der Einflussrichtung nicht abschließend geklärt ist (vgl. Wendt, 2019).

7.2.6 Fazit: Romantische und sexuelle Beziehungen als Teil der Verselbstständigung im Jugendalter

Es hat sich gezeigt, dass die Mehrzahl der Jugendlichen während der Adoleszenz erste romantische und sexuelle Erfahrungen macht. Insgesamt kann die romantische und sexuelle Entwicklung auch als Verselbstständigungsprozess aufgefasst werden, innerhalb dessen sich die Jugendlichen schrittweise von den Eltern ablösen und sich Gleichaltrigen zuwenden, wobei die Peerbeziehungen gleichzeitig als Partner*innenmarkt wie auch als Übungsfeld für romantische Beziehungen dienen. Die Partnerschaften Jugendlicher gestalten sich mit steigendem Alter zunehmend intensiv mit einer höheren emotionalen und sexuellen Bindung der Partner*innen aneinander, was die Verselbstständigung und das Unabhängig-Werden von den Eltern bis hin zum Erwachsenenalter unterstreicht. Die vorhandene Forschung belegt anhand einiger weniger Studien zudem die hohe Bedeutsamkeit von Partnerschaftserfahrungen für die Beziehungsgestaltung im jungen Erwachsenenalter. Hier wären weitere Studien bedeutsam, die die langfristige Entwicklung von Jugendlichen bis ins Erwachsenenalter begleiten, zumal nicht alle Jugendlichen während des Jugendalters erste Partnerschaften eingehen, sondern diesen Entwicklungsschritt erst im Erwachsenenalter gehen, und hier nach wie vor weitgehend Unklarheit herrscht, welche Auswirkungen mangelnde romantische und sexuelle Erfahrungen haben.

Literatur

Albert, M., Hurrelmann, K., Quenzel, G. & TNS Infratest Sozialforschung (2015): Jugend 2015. 17. Shell Jugendstudie. Frankfurt a. M.: Fischer Taschenbuch.

Bode, H. & Heßling, A. (2015): Jugendsexualität 2015. Die Perspektive der 14- bis 25-Jährigen. Ergebnisse einer aktuellen Repräsentativen Wiederholungsbefragung. Köln: Bundeszentrale für gesundheitliche Aufklärung.

BRAVO-Studie (2016): BRAVO Dr.-Sommer-Studie. München: Bauer Media Group.

Brown, B. B. (1999): »You're Going Out with Who?«. Peer Group Influences on Adolescent Romantic Relationships. In: W. Furman, B. B. Brown, & C. Feiring (Hrsg.): The development of romantic relationships in adolescence (S. 291–329). Cambridge: University Press.

Brown, B. B., Feiring, C. & Furman, W. (1999): Missing the love boat. Why researchers have shied away from adolescent romance. In: dies. (Hrsg.): The development of romantic relationships in adolescence (S. 1–16). Cambridge: University Press.

Cheng, S., Ma, J. & Missari, S. (2014): The effects of Internet use on adolescents' first romantic and sexual relationships in Taiwan. International Sociology, 29(4), 324–347.

Collins, W. A. (2003): More than myth. The developmental significance of romantic relationships during adolescence. Journal of Research on Adolescence, 13(1), 1–24.

Connolly, J., Furman, W. & Konarski, R. (2000): The role of peers in the emergence of heterosexual romantic relationships in adolescence. Child Development, 71(5), 1395–1408.

Davies, P. T. & Windle, M. (2000): Middle adolescents' dating pathways and psychosocial adjustment. Merrill-Palmer Quarterly: Journal of Developmental Psychology, 46, 90–118.

Diamond, L. M., Savin-Williams, R. C. & Dubè, E. M. (1999): Sex, Dating, Passionate Friendships, and Romance. Intimate Peer Relations Among Lesbian, Gay, and Bisexual Adolescents. In: W. Furman, Wyndol, B. B. Brown, B. Bradford & C. Feiring (Hrsg.): The development of romantic relationships in adolescence (S. 175–210). Cambridge: University Press.

Dunphy, D. C. (1963): The social structure of urban adolescent peer groups. Sociometry, 26, 230–246.

Eschenbeck, H. & Knauf, R.-K. (2018): Entwicklungsaufgaben und ihre Bewältigung. In: A. Lohaus (Hrsg.): Entwicklungspsychologie des Jugendalters (S. 23–50). Berlin/Heidelberg: Springer.

Fleer, B., Klein-Heßling, J. & Hassebrauck, M. (2002): Konzepte der Qualität von Paarbeziehungen im Jugendalter. Zeitschrift für Entwicklungspsychologie und Pädagogische Psychologie, 34(1), 21–29.

Furman, W. & Simon, V. A. (1999): Cognitive representations of adolescent romantic relationships. In: Furman, W., Brown, B. B. & Feiring, C. (Hrsg.): The development of romantic relationships in adolescence (S. 75–98). Cambridge: University Press.

Furman, W., Simon, V. A. Shaffer, L., Bouche, H. A. (2002): Adolescents' Working Models and Styles for Relationships with Parents, Friends, and Romantic Partners. Child Develpment, 73(1), 241–255.

Ha, T., Overbeek, G., Greef, M. de, Scholte, R., H .J. & Engels, R. (2010): The importance of relationships with parents and best friends for adolescents' romantic relationship quality: Differences between indigenous and ethnic Dutch adolescents. International Journal of Behavioral Development, 34(2), 121–127.

Korchmaros, J. D., Ybarra, M. L., & Mitchell, K. J. (2014): Adolescent online romantic relationship initiation: Differences by sexual and gender identification. Journal of Adolescence, 40, 54–64.

Krell, C. & Oldemeier, K. (2017): Coming-out – und dann ...? ! Coming-out-Verläufe und Diskriminierungserfahrungen von lesbischen, schwulen, bisexuellen, trans* und queeren Jugendlichen und jungen Erwachsenen in Deutschland. Berlin/Toronto: Opladen: Budrich.

Lux, U. & Walper, S. (2016): Partnerschaftsbeziehungen nach einer Trennung. Vor- und Nachteile gegenüber ersten Liebesbeziehungen. Psychotherapeut, 16(1), Schwerpunkt: Liebesbeziehungen.

Matthiessen (2013): Jugendsexualität im Internetzeitalter. Eine qualitative Studie zu sozialen und sexuellen Beziehungen von Jugendlichen. Bundeszentrale für gesundheitliche Aufklärung (BZgA) (Hrsg.). Köln: Bundeszentrale für gesundheitliche Aufklärung.

Madsen, S. D. & Collins, W. A. (2011): The Salience of Adolescent Romantic Experiences for Romantic Relationship Qualities in Young Adulthood. Journal of Research on Adolescence, 21(4),789–801.

Scharf, M. & Mayseless, O. (2001): The capacity for romantic intimacy. Exploring the contribution of best friend and marital and parental relationships. Journal of Adolescence, 24, 379–399.

Seiffge-Krenke, I. (2003): Testing theories of romantic development from adolescence to young adulthood. Evidence of a developmental sequence. International Journal of Behavioral development, 27(6), 519–531.

Seiffge-Krenke, I. & Shulman, S. (2012): Transformations in Heterosexual Romantic Relationships across the Transition into Adolescence. In: B. Laursen & W. A. Collins (Hrsg.): Relationship Pathways: From Adolescence to Young Adulthood (S. 157–190). New York: Oxford University Press.

Seiffge-Krenke, I., Bosma, H. Chau, C. Çok, F., Gillespie, C., Loncaric, D., Molinar, R., Cunha, M., Veisson, M. & Rohail, I. (2010): All they need is love? Placing romantic stress in the context of other stressors: A 17-nation study. International Journal of Behavioral development, 34(2), 106–112.

Silbereisen, R. K. & Wiesner, M. (1999): Erste romantische Beziehungen bei Jugendlichen aus Ost- und Westdeutschland. Ein Vergleich der Prädiktoren von 1991 und 1996. In: Silbereisen, R. K. & Zinnecker, J. (Hrsg.): Entwicklung im sozialen Wandel (S. 101–118). Weinheim/Basel: Juventa

Steinberg, L. (2017): Adolescence. Eleventh Edition. New York: McGraw Hill.

Toomey, R. B., Ryan, C., Diaz, R. M., Card, N. A. & Russell, S. T. (2010): Gender-nonconforming lesbian, gay, bisexual, and transgender youth: School victimization and young adult psychosocial adjustment. Developmental Psychology, 46(6).

Vierhaus, M. & Wendt, E.-V. (2018): Sozialbeziehungen zu Gleichaltrigen. In: Lohaus, A. (Hrsg.): Entwicklungspsychologie des Jugendalters (S. 139–168). Berlin: Springer.

Wendt, E.-V. (2009): Sexualität und Bindung. Qualität und Motivation sexueller Paarbeziehungen im Jugend- und jungen Erwachsenenalter. Weinheim: Juventa.

Wendt, E.-V. (2015): Frühe Partnerschaftsbeziehungen in drei Kohorten. Befunde aus dem pairfam-Panel. Vortrag am 30.10.2015 auf der DACH-Tagung am Deutschen Jugendinstitut in München.

Wendt, E.-V. (2016): Paarbeziehungen Jugendlicher und junger Erwachsener. Ein Fokus auf Unsicherheiten und Konflikte. Psychotherapeut, Schwerpunkt: Liebesbeziehungen, 16 (1), 10–15.

Wendt, E.-V. (2018): Die Jugendlichen und ihr Umgang mit Sexualität, Liebe und Partnerschaft. Stuttgart: Kohlhammer.

Wendt, E.-V. & Walper, S. (2013): Sexualentwicklung und Partnerschaften Jugendlicher. Ergebnisse einer repräsentativen Befragung von 15- bis 17-Jährigen. Zeitschrift für Soziologie der Erziehung und Sozialisation, 33(1), 62–81.

Wendt, E.-V., Schmahl, F. & Walper, Sabine (2013): Coping with Partnership Breakup. A Prospective Analysis of Separation Distress Among Adolescents and Adults. Vortrag auf der SRCD am 19.04.2013 in Seattle, Washington (USA).

Zimmer-Gembeck, M. J., Siebenbruner, J. & Collins, W. A. (2001): Diverse aspects of dating. Associations with psychosocial functioning from early to middle adolescence. Journal of Adolescence, 24(3), 313–336.

Zimmer-Gembeck, M. J. & Siebenbruner, J. & Collins, W. A. (2004): A prospective study of intraindividual and peer influences on adolescents' heterosexual romantic and sexual behavior. Arch. Sex. Behav., 33, 381–394.

7.3 Jugendliche, junge Erwachsene und ihre Eltern: Beziehungsdynamiken und gesellschaftliche Einflüsse

Andreas Lange & Birgit Ulrika Keller

7.3.1 Eltern-Kind-Beziehungen von der Jugend bis ins junge Erwachsenenalter: Modelle und Befunde aus Entwicklungspsychologie und Sozialisationsforschung

Jenseits von »storm and stress«

Eine sowohl in Wissenschaft als auch im Common Sense verbreitete Auffassung zum Beziehungsgefüge zwischen Jugendlichen sowie jungen Erwachsenen und ihren Eltern lässt sich als »storm and stress«-Perspektive umschreiben: Eltern-Kind-Beziehungen sind demnach von andauernden Kommunikations- und Wertekonflikten und partiellem Unverständnis der Parteien geprägt, was heutzutage durch die unterschiedlichen Medienaffinitäten der Generationen noch gefördert würde. Demgegenüber hat sich in den Sozialwissenschaften eine Perspektive durchgesetzt, die sich für die grundlegenden Transformationen der Beziehungen zwischen Eltern und ihren Kindern in bestimmten Lebensphasen als Form der mehr oder weniger gelingenden Bewältigung von familialen Entwicklungsaufgaben interessiert. Dabei wird sowohl auf die dyadische Ebene der Beziehungen zwischen Kind und einzelnen Elternteilen als auch auf die Beziehungsebene des Paars geachtet (Kreppner, 1999). Diese sind beide hochrelevant für die gesellschaftlich wie individuell gewünschten Verselbstständigungsprozesse der jungen Erwachsenen.

Unisono konvergieren die Befunde dahingehend, dass eine konsistente, liebevoll-warme Eltern-Kind-Beziehung in der frühen Kindheit zu einer Reihe von Entwicklungsgelegenheiten und positiven Kompetenzentwicklungen der Jugendlichen führt (Walper & Gniewosz, 2018). Umgekehrt ziehen frühe Störungen des Eltern-Kind-Gefüges in der Kindheit eine Reihe von negativen Konsequenzen für Jugendliche bzw. junge Erwachsene (Jacob & Zeddies, 2020) nach sich. Hier schon deutet sich damit an, dass die Beziehungsgeschichte der Eltern-Kind-Dyaden und -Triaden für den weiteren Lebenslauf die weiteren Interaktionen und Austauschprozesse mit bahnt.

Kapitelüberblick

Dieses Kapitel widmet sich dem Spannungsfeld von Individuation und Verbundenheit zwischen Heranwachsenden und Eltern und es werden Faktoren benannt, welche auf den Transformationsprozess der Eltern-Kind-Beziehung Einfluss nehmen. Abschließend erfolgt eine Einordnung vor dem Hintergrund lebensphasenspezifischer Herausforderungen und gesellschaftlicher Trends.

Bei aller Kontinuität von bestimmten Mustern des Umgangs der familialen Generationen miteinander stellt sich in spätmodernen Gesellschaften (s. u.) für Heranwachsende die Aufgabe, sich neue soziale Partner*innen und Welten zu erschließen, und damit zumindest eine partielle Autonomie von den Eltern zu erlangen und einen Schritt hin zu einer Form der Individuation (s. u.) zu vollziehen: Die Erlangung von Eigenständigkeit, die jetzt ansteht, ist eine qualitativ andere als die in der Kindheit, weil sich jetzt auch die Möglichkeit von sexuellen Beziehungen und den sich damit verbindenden potenziellen biografierelevanten Konsequenzen eröffnet (siehe Einleitung). Was aus der Kinderperspektive so lebenswichtig war, nämlich die Eltern zu idealisieren, wird jetzt hinderlich. Das gilt auch für viele anderen Systeme wie Kultur, Politik etc. Die Konflikte mit den Eltern nehmen oft von einem auf den anderen Tag zu – allerdings sinken sie bis zum Ende der Jugend wieder signifikant ab (Seiffge-Krenke, 1997). Zum anfänglichen Konflikt trägt insbesondere bei, dass sich die Entwicklungsziele und Relevanzen von Jugendlichen zuerst einmal anders darstellen als diejenigen der Eltern für ihre jugendlichen Kinder. Die Attraktionskraft erlebnisreicher Freizeit, hoch geschätzte Expertise in Sachen Popularkultur, die zunehmende Bedeutung der Peers und die eigene Entwicklung von markenzeichenartigen Identitätsmerkmalen (Silkenbeuer & Thiersch, 2020) prallen auf die elterliche Betonung von sozialer Akzeptanz in der Erwachsenengesellschaft, Autoritätsansprüchen der Erwachsenen gegenüber den Jugendlichen und Erfolg in Feldern der Bildung und Ausbildung (Collins & Laursen et al., 1997; Dekovic, Noom & Meeuis, 1997; Endepohls, 1995). Insgesamt gesehen verselbstständigen sich die Jugendlichen mit zunehmendem Alter in der Folge dieser Entwicklungen in praktischer und sozialer Hinsicht. Auch ihr Vertrauen in die Fähigkeit, das eigene Leben in der Hand zu haben, steigt (Cornelißen & Entleitner, 2014).

Empirisch zeigt sich, dass sich im Verlauf der frühen zur späten Adoleszenz zwar die Zeit insgesamt verringert, die mit den Eltern verbracht wird, es nehmen aber

a) die interpersonell relevanten Kommunikationen, insbesondere mit den Müttern zu und
b) wird der Affekt in den alltäglichen Interaktionen mit Vätern und insbesondere Müttern wieder positiver (Larson, Richards, Moneta, Holmbeck & Duckett, 1996).

Auch zeigen neuere Panoramastudien zur Jugend, dass die mit den Eltern verbrachte Zeit in bestimmten Aktivitäten durchaus weiter geschätzt werden – das »Doing Family« (Jurczyk, Lange & Thiessen, 2014) bildet weiter eine Basis für Beziehungen und Beziehungsaushandlungen (Wolffert & Leven, 2019, S. 215).

Neuschneidungen der binnenfamilialen Kommunikation ergeben sich durch die vermehrte Nutzung von Smartphones im Familienalltag. Die beziehungsbezogenen Botschaften via Smartphone tragen zur Nähe der Beziehungen zwischen Eltern und jugendlichen Kindern bei, wohingegen die Kommunikation über den profanen und teilweise anstrengenden Alltag dies nicht tut (Warren & Aloia, 2018).

7.3.2 Autonomie und Nähe, Individuation und Verbundenheit balancieren

Auf die temporäre »Ablösung von den Eltern« folgt also in der Tendenz eine neue Phase des Verbundenseins (Gerhard, 2005). »Ablösung« bedeutet also nicht unbedingt, sich von der Herkunftsfamilie zu trennen, auszuziehen und auf der Basis von anderen Wertvorstellungen ein gänzlich neues Leben zu beginnen, sondern es steht für eine ständige Balance zwischen Autonomie und Nähe und neue Formen des Miteinanders.

Individuation

Einer der gängigsten Ansätze in der interdisziplinären Forschung zu Jugend und jungen Erwachsenen und ihren Eltern konzeptualisiert dieses sich verändernde Gefüge als »Individuation«. Es handelt sich dabei um einen dyadischen Ko-Konstruktionsprozess, beginnend in der Adoleszenz, der sich dann weiter über die gemeinsame Lebensspanne erstreckt. Autor*innen wie Youniss und Smollar (1985) unterscheiden dabei zwei Dimensionen, die Verbundenheit und Individualität. Die erste Dimension repräsentiert vor allem ein emotionales Band, das beginnend in der Kindheit bis ins Erwachsenenalter fortbestehen kann. Individualität als zweite Dimension wiederum wird bestimmt als Unabhängigkeit von der elterlichen Autorität und als Übergang weg von einer unilateralen elterlichen Autorität hin zu Kooperation und Gegenseitigkeit.

Biografische Übergänge beider ›Parteien‹ sind wichtige Veränderungsimpulse für die jeweilige konkrete Gestalt dieser zweiten Dimension. Geschlechterunterschiede wurden in den 1990er Jahren dahingehend festgestellt, dass die jugendlichen Kinder eine stärkere Verbundenheit mit den Müttern berichten als mit den Vätern. In einer weiterführenden Studie ist Buhl (2008) der Frage nachgegangen, ob ein hohes Ausmaß an Individuation bzw. Verbundenheit mit bestimmten Qualitäten der Eltern-Kind-Beziehung in Zusammenhang steht. Dabei konnte in einer Stichprobe deutscher junger und mittlerer Erwachsener nachgewiesen werden, dass eine höhere emotionale Verbundenheit mehr Zufriedenheit und Intimität (nur gegenüber den Müttern) mit sich brachte. Eine höhere kognitive Verbundenheit wiederum war mit größerer Zufriedenheit, mehr Intimität und weniger Konflikt in den Beziehungen zu den Eltern verbunden.

Diese Spannung zwischen Individualität und Verbundenheit mit ihrer ambivalenten Wirkung für das gesamte Generationengefüge wird von King (2011, S. 77) zusammenfassend sehr anschaulich mit ihren Konsequenzen für Jugendliche und deren Eltern umrissen:

> »So sehr Eltern einerseits Autonomisierung und Potenzen der herangewachsenen Kinder begrüßen mögen, werden sie andererseits nicht nur durch Trennung, sondern durch das Eigene potenziell relativierende Neue der Generationsabfolge immer auch schmerzlich berührt. Für die außerfamilialen Zusammenhänge gilt ebenfalls, dass die Erwachsenen dadurch mit der Vergänglichkeit ihrer historischen Wirkungen und kulturellen Praktiken konfrontiert werden. Das heißt: Indem Erwachsene adoleszente Entwicklungen befördern, befördern sie damit auch immer die Relativierung der eigenen Weltsicht.«

Damit ist angedeutet, dass sich die Beziehungsentwicklung auch aus der Elternsicht als bedeutsam für die eigene Entwicklung darstellt, was auch im Fall der Beziehungen im jungen Erwachsenenalter zutrifft.

Analysen erfolgreicher Individuationsprozesse (Walper, 2003 für einen Überblick), zeigen überdies, dass dies vor allem für solche Jugendliche – Mädchen wie Jungen gleichermaßen – zutrifft, die in einem Erziehungsklima aufwachsen, das erstens durch starke Einfühlung seitens der Mütter und Väter in ihre Bedürfnisse geprägt ist. Die Eltern sind zweitens engagiert und interessiert, was sich durch ein überdurchschnittliches Monitoring, d. h. eine nicht aufdringliche Form des Bescheidwissens und Nachfragens nach Freunden, Entwicklungen in der Schule u. a. m., bemerkbar macht. Die Eltern erfolgreich individuierter Jugendlicher beschneiden also deren Freiräume nicht zu sehr durch strenge Kontrolle oder Überbehütung (Gerhard, 2005). Zu unterstreichen ist nochmals, dass es sich hierbei um einen spiralförmigen Prozess über die Zeit handelt. Jugendliche lösen bei ihren Eltern Anpassungsleistungen im Handeln als Eltern aus, die wiederum auf die Jugendlichen zurückwirken (De Haan, Dekovic & Prinzie, 2012).

Hierbei hat sich auch die elterliche Wärme als wichtiger moderierender, positiv förderlicher Faktor nachweisen lassen (Wang, Dishion, Stormshak & Willett, 2011). Positive Familienprozesse im Sinne des Ausdrucks von Gefühlen, der Responsiveness, der gemeinsamen Entscheidungsfindung, wirken sich positiv auf Prozesse des »Disclosures«, also des Erzählens über außerfamiliale Sachverhalte bei den Jugendlichen und des elterlichen Nachfragens nach kindlichen bzw. jugendlichen Aktivitäten aus, was dann wiederum die Häufigkeit von externalisierendem Verhalten senkt (Dotterer & Day, 2019; Padilla-Walker, Harper & Bean, 2011).

7.3.3 Aktuelle Befunde zu Transformationen der Beziehungen zwischen Eltern und ihren jugendlichen Kindern

Neben den differenzierten Befunden zu unterschiedlichen Verlaufspfaden der Eltern-Kind-Beziehungen und deren Wirkungen auf den weiteren Pfaden der Verselbstständigung beider ›Parteien‹ sind übergreifende Trends des Verhältnisses zwischen jugendlichen Kindern und ihren Eltern von Interesse. Dabei dokumentieren sowohl die Shell-Studien seit 2010 eine im Durchschnitt positive Wahrnehmung des Verhältnisses zu den Eltern. Wolfert und Quenzel (2019) zeigen dies auf der Basis der Shell-Studien von 2010 bis 2019. Sie belegen erstens, dass Jugendliche Wert auf ein gutes Familienleben legen – 90 % sagen, dass ihnen dies wichtig ist. Zusätzlich ist seit 2002 ein stetiger Trend der Zunahme festzuhalten. Vier von zehn Jugendlichen kommen bestens mit ihren Eltern aus, die Hälfte kommt trotz gelegentlicher Meinungsverschiedenheiten mit ihnen klar, nur eine Minderheit von 7 % der befragten Jugendlichen geben ein weniger gutes oder schlechtes Verhältnis zu ihren Eltern an. Differenzierungen dieses Generalbefunds sind weder nach Alter oder nach Geschlecht feststellbar, jedoch nach Schicht: insgesamt 48 % der 12- bis 25-Jährigen kommt bestens mit den Eltern aus, aus der unteren Schicht sind es dagegen nur 31 %, die das zu Protokoll geben.

> »Hier wird deutlich, wie drastisch sich unterschiedliche sozioökonomische Lagen von Familien auswirken. Eine prekäre finanzielle Situation kann psychische Belastungen und Konfliktpotenziale in der Familie verstärken, auch eine beengte Wohnsituation oder fehlende Unterstützungsmöglichkeiten der Eltern bei Schule und Ausbildung können zu Spannungen führen« (ebd., S. 137).

Auch mit der Erziehung durch ihre Eltern sind die Jugendlichen zufrieden, und über die letzten Jahre hinweg steigen die Zustimmungsquoten: Nur weniger als ein Viertel der Jugendlichen würde ihre Kinder anders erziehen. »Drei Viertel würden es bei der Kindererziehung so machen wie ihre Eltern« (ebd.). Mitte der 1980er waren es noch knapp die Hälfte der Jugendlichen, die ihre Kinder anders erziehen wollten, als sie selbst durch ihre Eltern erzogen worden waren (ebd.).

Als Einflussfaktoren auf Zustimmung oder Ablehnung der elterlichen Erziehungsweise schälen sich Alter und Schicht als bedeutsame Faktoren heraus. So geht mit zunehmender Lösung vom Elternhaus eine etwas kritischere Sicht auf die elterliche Erziehung einher. Und es sind wiederum massive Unterschiede nach Schicht zu berichten. 86 % der Jugendlichen aus der oberen Schicht sagen, dass sie so erziehen wollen, wie das ihre Eltern getan haben. Aber nur 51 % der Jugendlichen aus der unteren Schicht stimmen diesem Statement zu.

Eine Vertiefung des Befundes einer Pragmatisierung der Generationenbeziehungen in Familien, insbesondere auch hinsichtlich einer theoretischen Erklärungsfolie, nämlich als These des Heraufziehens einer dritten zivilisatorischen Stufe familialer Haushalte, liefern Ecarius, Berg, Serry und Oliveras (2019; vgl. auch Ecarius, Berg & Oliveras, 2017). Zusammengefasst lautet ihre These: Hatte der Verhandlungshaushalt den Befehlshaushalt seit etwa der 1970er Jahre nach und nach sukzessive mehr oder weniger abgelöst, so wird dieser zunehmend durch den sogenannten Beratungshaushalt ersetzt. Zu dieser Schlussfolgerung gelangen Ecarius et al. (2017; vgl. auch Ecarius et al., 2019) anhand einer Sekundäranalyse der Daten für 10- bis 18-Jährige in einer viele Lebensbereiche umfassenden Jugendstudie in NRW (Maschke, Stecher, Coelen, Ecarius & Gusinde, 2013). Hier war die herausragende Bedeutung von Müttern und Vätern für die Jugendlichen aufgefallen. Daran anknüpfend wird das Konstrukt »Mütter und

Väter als Berater« näher empirisch fundiert und in unterschiedlichen Facetten entfaltet (Ecarius et al., 2019, S. 111). Der so aufgefundene Modus der kommunikativ-beratenden Erziehung aus Sicht der Jugendlichen umschließt Gespräche über eine Auseinandersetzung mit dem Selbst (z. B. was mich gerade beschäftigt, wenn mir etwas Tolles gelungen ist), und über die kommunikative Auseinandersetzung über die Welt (z. B. wo ich nach der Schule die Freizeit verbringe). Weitere Dimensionen sind das Interesse für das Kind (z. B. hört mir zu) und Interesse für das Leben des Kindes, bspw. seine Vorlieben und Hobbys.

Das alles trifft am stärksten für die Heranwachsenden an Gymnasien zu (ebd., S. 111). Und es betrifft eher die Mütter als die Väter in der beratenden Funktion. Die Autoren belassen es nicht bei der Dokumentation dieser Form der Beziehungsgestaltung, sondern sie interpretieren die Notwendigkeit und Funktionalität dieses Erziehungsstils im Rahmen der Herausforderungen der spätmodernen Gesellschaft mit ihrem Grundmerkmal der Beschleunigung sozialer Prozesse und dem Verlust von Orientierungssicherheiten. Ständig wechselnde Themen werden in einer stetig-akzeptierenden Atmosphäre reflektiert. Und es wird auf die Hintergründe verwiesen:

> »Spätmoderne Muster eines permanenten Begründens korrespondieren mit einer Erziehung des Beratens, die äußerst zeitintensiv und anspruchsvoll ist. Elterliche Kompetenzen, Zeit, Gelassenheit – also insgesamt eine Ressourcenvielfalt – werden dabei selbstverständlich vorausgesetzt, es wird, ohne es zu benennen, zur Grundlage für eine ›gelungene‹ Erziehung und kindliches Wohlbefinden« (ebd., S. 115).

7.3.4 Der Übergang ins junge Erwachsenenalter und die erneute Reorganisation von Familienbeziehungen

Das junge Erwachsenenalter zeichnet sich durch zusätzliche Herausforderungen gegenüber dem Jugendalter auf, insbesondere treten Fragen der Bildung, beruflichen Qualifikation und der privaten Lebensgestaltung sowie der eigenen Haushaltsgründung hervor, die auch für diese relativ frühe Lebensphase mit Belastungen verbunden sein kann (ausführlich dazu Keller, 2019). Forciert wird diese herausfordernde Konstellation noch durch die fortschreitende Individualisierung bei gleichzeitiger Polarisierung hinsichtlich der Verteilung von Lebenschancen und -ressourcen. Nicht umsonst prägen Begriffe wie »Entgrenzung« und »Verdichtung« den jugendwissenschaftlichen und den bezogen auf junge Erwachsene geführten Diskurs (Heinen, Wiezorek & Willems, 2020).

Eine umfassende Bearbeitung speziell der engen Beziehungen zwischen jungen Erwachsenen und ihren Eltern hat Bertogg (2018) auf der Grundlage der Daten der Schweizerischen bildungssoziologischen TREE-Studie aus dem Jahr 2018 vorgelegt. Übergreifendes Thema des Buches ist die Frage (ebd., S. 18), wie es um die emotionale Verbundenheit zwischen jungen Erwachsenen im Alter von 26 Jahren und ihren Eltern steht. Ein besonderes Augenmerk wird dabei auf die Enge der Beziehung gelegt. Wie eng fühlen sich junge Erwachsene ihren Eltern verbunden? Als allgemeinen Bezugsrahmen spannt die Autorin das ONFC-Modell (Opportunity, Need, Family Culture/Context) intergenerationaler Solidarität auf. Es stammt von Szydlik (2016) und unterscheidet drei Arten von intergenerationaler Solidarität (affektive, assoziative und funktionale Solidarität: emotionale Verbundenheit, gemeinsame Aktivitäten, Geben und Nehmen von Zeit, Geld und Raum). Diese Formen von Solidarität sind wechselwirkend miteinander verknüpft: Bspw. helfen Kinder ihren Eltern häufiger, wenn sie ihnen emotional nahestehen. Gleichzeitig ist in einem gemeinsamen Haushalt die Kontakthäufigkeit automatisch höher.

Das Hauptergebnis der Studie in den Worten der Autorin passt sich ein in die Grundtendenz der Befunde zum Jugendalter:

> »Über die Hälfte der TREE-Befragten geben an, zu mindestens einem Elternteil eine sehr enge Bindung zu haben. Knapp 80 % der Kind-Mutter- respektive Kind-Vater-Beziehungen werden mindestens als ›eng‹ wahrgenommen. Rund zwei Drittel der Befragten nehmen die Beziehung zu Mutter und Vater als gleich eng wahr« (Bertogg, 2018, S. 244).

Dieser generelle Befund wird nach Hintergrundfaktoren aufgeschlüsselt. So übt die individuelle Lebenslaufsituation erheblichen Einfluss auf diesen Zusammenhang aus: Personen in Ausbildung, Arbeitslose und ökonomisch Inaktive berichten demzufolge weniger häufig über enge Beziehungen. Das kann als Beleg für die Belastungsthese angesehen werden kann. Ebenso nehmen verheiratete und Personen in Partnerschaften die Beziehung zu Vater und Mutter als enger wahr als Personen ohne Partner*innen (ebd., S. 245). Ebenfalls von Bedeutung sind die familialen Strukturen, auch und gerade in der Längsschnittbetrachtung. Elterliche Trennungen oder Konflikte sagen weniger enge Beziehungen voraus. Das Erleben eines Todesfalls oder einer schweren Krankheit hingegen kann die Enge der Beziehung sogar verstärken.

> »Ereignisse wirken aber nicht nur einzeln, sondern auch im Zusammenspiel. Je mehr kritische Ereignisse sich ereignen, desto höher ist das Risiko für flüchtige Beziehungen. Aber auch vertrauensvolle Interaktionen mit den Eltern in den Jugendjahren wirken kumuliert als Ressource für spätere Verbundenheit« (ebd., S. 247).

7.3.5 Zusammenfassung und Ausblick

Die Beziehungen zwischen jungen Menschen und ihren Eltern werden grundlegend vom Spannungsfeld von Individualität und Verbindung geprägt. Dabei sind es vor allem biografische Wendepunkte beider ›Parteien‹, an denen es zu teils konflikthaften Neutarierungen dieser Grundbeziehungs- und Wahrnehmungsmuster kommen kann. Eine mehr oder weniger gelingende lebensphasenangepasste Balancierung von Individualität und Verbundenheit ist dabei mit einer Reihe von positiven Konsequenzen verbunden. Deutlich wird dabei auch, dass diese Prozesse der Verselbstständigung von einer Reihe von Faktoren wie Geschlecht, Ethnizität, Schicht und allgemeiner Lebenssituation insbesondere der jüngeren Generation moderiert werden. Nicht zuletzt verläuft dieser Prozess innerhalb gesellschaftlicher Trends, die Chance und Herausforderung gleichermaßen bieten können.

Aus soziologischer Perspektive kann die Kultur der Eltern-Kind-Beziehungen auf einer allgemeinen Ebene als Form der innerfamiliären Bewältigung verstanden werden. Es handelt sich dabei um eine Bewältigung spätmoderner, neoliberaler Anforderungen an eine erfolgreiche Verselbstständigung und Platzierung in einer von Konkurrenz und Selbstoptimierung geprägten Gesellschaft, die sich bis ins dritte und vierte Lebensjahrzehnt erstreckt und sehr stark mit Fragen der Bildung und beruflichen Etablierung verbunden ist und in den Idealtyp einer kommunikativ-beratenden Erziehung, bezogen auf die Familie, in einen Beratungshaushalt mündet.

Gerade der letzte Punkt verdient vor dem Hintergrund rasanter Veränderungen von Jugend (Gaupp & Berngruber, 2019) weitere forscherische Aufmerksamkeit. Wie prägen diese Herausforderungen die Struktur und den Verlauf von Eltern-Kind-Beziehungen angesichts von Mediatisierung, Digitalisierung und immer notwendiger werdender beruflicher Flexibilität? Wie verarbeiten Jugendliche und junge Erwachsene selbst, aus ihrer Perspektive, und in ihren alltäglichen und biografischen Praxen (Schierbaum, 2020) die Konstanten und Veränderungen in der Beziehung und im Tun mit ihren Eltern? Hier könnte auch ein Brückenschlag zur Jugendkulturforschung heuristisch wertvoll sein – eventuell verschieben sich Anerkennungskämpfe mit den Eltern von der innerfamilialen Sphäre in andere Felder (Silkenbeuer & Thiersch, 2020).

Literatur

Bertogg, A. (2018): Zwischen Autonomie und Verbundenheit. Junge Erwachsene und ihre Eltern. Wiesbaden: Springer VS.

Buhl, H. (2008): Significance of Individation in Adult Child-Parent Relationships. Journal of Family Issues, 29(2), 262–281.

Collins, W. A., Laursen, B., Mortensen, N., Luebker, C. & Ferreira, M. (1997): Conflict Processes and Transitions in Parent and Peer Relationships. Implications for Autonomy and Regulation. Journal of Adolescent Research, 12(2), 178–198.

Cornelißen, W. & Entleitner, C. (2014): Verselbständigungsprozesse von Kindern in Familien im Übergang von der Kindheit ins Jugendalter. ZSE Zeitschrift für Soziologie der Erziehung und Sozialisation, 34(1), 4–22.

De Haan, A. D., Deković, M. & Prinzie, P. (2012): Longitudinal impact of parental and adolescent personality on parenting. Journal of Personality and Social Psychology, 102 (1), 189–199.

Dekovic, M., Noom, M. J. & Meeus, W. (1997): Expectations Regarding Development During Adolescence. Parental and Adolescent Perception. Journal of Youth and Adolescence, 26(3), 253–272.

Dotterer, A. M. & Day, E. (2019): Parental Knowledge Discrepancies: Examining the Roles of Warmth and Self-Disclosure. Journal of Youth and Adolescence, 48(3), 459–468.

Ecarius, J., Berg, A., Serry, K. & Oliveras, R. (2017): Spätmoderne Jugend – Erziehung des Beratens – Wohlbefinden. Wiesbaden: Springer VS.

Ecarius, J., Berg, A. & Oliveras, R. (2019): Gibt es eine neue Erziehung in der Familie? Konturen einer Erziehung des Beratens. Zeitschrift für Pädagogik, 65(1), 95–119.

Endepohls, M. (1995): Die Jugendphase aus der Sicht von Kindern und Jugendlichen: Krise oder Vergnügen? In: Praxis der Kinderpsychologie und Kinderpsychiatrie, 44(10). 377–382.

Gaupp, N. & Berngruber, A. (2019): Jugendforschung in Zeiten gesellschaftlichen Wandels. Ein Blick auf klassische und neue Themensetzungen. Zeitschrift für Jugendkriminalrecht und Jugendhilfe, 30(2), 133–139.

Gerhard, A.-K. (2005): Autonomie und Nähe. Individuationsentwicklung Jugendlicher im Spiegel familiärer Interaktion. Weinheim: Juventa.

Heinen, A., Wiezorek, C. & Willems, H. (Hrsg.) (2020): Entgrenzung der Jugend und Verjugendlichung der Gesellschaft. Zur Notwendigkeit einer »Neuvermessung« jugendtheoretischer Positionen. Weinheim: Juventa.

Jacob, A. & Zeddies, R. (2020): Elterliche Erziehung. Verstehen – Beschreiben – Unterstützen. Ein Arbeitsbuch. Stuttgart: Kohlhammer.

Jurczyk, K., Lange, A. & Thiessen, B. (2014): Doing Family. Warum Familienleben nicht mehr selbstverständlich ist. Weinheim: Beltz Juventa.

Keller, B. U. (2019): »Emerging Adulthood« – Eine Lebensphase zwischen Instabilität und maximaler Freiheit. Weinheim: Beltz Juventa.

King, V. (2011): Kultur, Familie und Adoleszenz – generationale und individuelle Wandlungen. In: P. Uhlhaas & K. Konrad (Hrsg.): Das adoleszente Gehirn. Mit einem Geleitwort von Wolf Singer (S. 75–88). Stuttgart: Kohlhammer.

Kreppner, K. (1999): Beziehung und Entwicklung in der Familie. Kontinuität und Diskontinuität bei der Konstruktion von Erfahrungswelten. In: M. Grundmann (Hrsg.): Konstruktivistische Sozialisationsforschung (S. 180–207). Frankfurt a. M.: Suhrkamp.

Larson, R. W., Richards, M. H., Moneta, G., Holmbeck, G. & Duckett, E. (1996): Changes in adolescents' daily interactions with their families from ages 10 to 1. Disengagement and transformation. Developmental Psychology, 32(4), 744–754.

Maschke, S., Stecher, L., Coelen, T., Ecarius, J. & Gusinde, F. (2013): Appsolutely Smart! Ergebnisse der Studie Jugend.Leben. Bielefeld: Bertelsmann.

Padilla-Walker, L. M., Harper, J. M. & Bean, A. (2011): Pathways to Parental Knowledge: The Role of Family Process and Family Structure. The Journal of Early Adolescence, 31 (4), 604–627.

Schierbaum, A. (2020): Jugend – ein ›biografisches Projekt‹? In: A. Heinen, C. Wiezorek & H. Willems (Hrsg.): Entgrenzung der Jugend und Verjugendlichung der Gesellschaft. Zur Notwendigkeit einer ›Neuvermessung‹ jugendtheoretischer Positionen (S. 102–117). Weinheim: Beltz Juventa.

Seiffge-Krenke, I. (1997): Imaginary companions in adolescence. Sign of a deficient or positive develelopment? Journal of Adolescence, 20(2), 137–154.

Silkenbeumer, M. & Thiersch, S. (2020): Jugendkultur, Familie und Adoleszenz. Strukturelle Ambivalenzen und intergenerationale Dynamiken. In: A. Gibson, M. Hummrich & R.-T. Kramer. Rolf-Torsten (Hrsg.): Rekonstruktive Jugend(kultur)forschung. Flasback – Flasforward (S. 288–303). Wiesbaden: Springer VS.

Szydlik, M. (2016): Sharing Lives. Adult Children and Parents. New York: Routledge.

Walper, S. (2003): Individuation im Jugendalter. In: J. Mansel, (Hrsg.): Theoriedefizite der Jugendforschung. Standortbestimmung und Perspektiven (S. 119–143). Weinheim: Juventa.

Walper, S. & Gniewosz, B. (2018): Die Bedeutung der Familie im Jugendalter. In: B. Gniewosz, P. F. & Titzmann (Hrsg.): Handbuch Jugend. Psychologische Sichtweisen auf Veränderungen in der Adoleszenz (S. 71–88). Stuttgart: Kohlhammer.

Wang, M.-T., Dishion, T. J., Stormshak, E. A. & Willett, J. B. (2011): Trajectories of family management practices and early adolescent behavioral outcomes. Developmental Psychology, 47(5), 1324–1341.

Warren, R. & Aloia, L. (2018): Parent – Adolescent Communication Via Mobile Devices: Influences an Relational Closeness. Journal of Family Issues, 39(15), 3778–3803.

Wolfert, S. & Leven, I. (2019): Freizeitgestaltung und Internetnutzung: Wie Online und Offline ineinandergreifen. In: M. Albert, K. Hurrelmann, G. Quenzel & K. Public (Hrsg.): Jugend 2019. Eine Generation meldet sich zu Wort (S. 213–246). Weinheim: Beltz.

Wollfert, S. & Quenzel, G. (2019): Vielfalt jugendlicher Lebenswelten: Familie, Partnerschaft, Religion und Freundschaft. In: M. Albert, K. Hurrelmann, Klaus, G. Quenzel & K. Public (Hrsg.): Jugend 2019. Eine Generation meldet sich zu Wort (S. 133–161). Weinheim: Beltz, 133–161.

Youniss, J. & Smollar, J. (1985): Adolescent Relations with Mothers, Fathers and Friends. Chicago London: University Chicago Press.

8 Räumliche Aspekte des Erwachsenwerdens

8.1 Jugendliches Unterwegssein – lokal, regional, national und transnational

Kathrin Klein-Zimmer

8.1.1 Einleitung – Unterwegssein im Jugendalter

Jugendlichsein heißt Unterwegssein – zu Fuß, mit dem Rad, dem Skateboard, dem Roller, dem Auto, mit dem öffentlichen Nahverkehr oder mit dem Flugzeug. Unterwegs sind Jugendliche und junge Erwachsene allein, mit ihren Eltern und Geschwistern, vor allem aber mit ihren Peers. Die Anlässe des Mobilseins sind dabei sehr vielfältig: Es kann schulisch oder beruflich motiviert sein, es dient den freizeitlichen Interessen junger Menschen, der Erholung in Form von Urlauben oder als Selbstzweck im Sinne eines transitorischen Unterwegsseins. Auch der Aktionsradius, den junge Menschen in ihrem Mobilsein bewältigen, ist sehr unterschiedlich. Er reicht von kürzeren Distanzen im direkten Nahraum, die oft zu Fuß oder mit dem Fahrrad vorgenommen werden, über regionale Mobilitätspraktiken innerhalb Deutschlands mit Bus, Bahn oder Auto bis hin zu einem Ländergrenzen überschreitenden Unterwegssein in andere EU-Länder und darüber hinaus. Die Art des Unterwegsseins ist dabei u. a. abhängig vom Alter, von den sozialen Beziehungen der jungen Menschen, ihren finanziellen Möglichkeiten, aber auch von den Bedingungen und Möglichkeiten, die das jeweilige Wohnumfeld den jungen Menschen bereitstellt (Chassé, 2004).

Das Aufwachsen junger Menschen ist somit durch vielfältige räumliche Mobilitätspraktiken charakterisiert. Das Bewegen im geografischen Raum stellt einen zentralen Verselbstständigungsschritt junger Menschen dar. Das erste Mal mit dem Fahrrad zur Schule fahren, das erste Mal bei der*dem Freund*in im Nachbarort übernachten, alleine mit dem Zug in die Reiterferien bei Verwandten, die erste Fahrt mit dem eigenen Auto mit Freund*innen zum Shoppen in die nächste Großstadt, die Busfahrt mit Peers ins Sommercamp nach Spanien oder die erste Flugreise ohne Eltern ins Auslandsjahr nach Kanada sind mögliche Mobilitätspraktiken junger Menschen, die für Freiräume des Entdeckens, des Erfahrens, des Experimentierens – für Grenzüberschreitungen im Mobilsein und hervorgerufen durchs Mobilsein – stehen (Klein-Zimmer, Mangold & Wrulich, 2014). Die schrittweise Erweiterung des räumlichen Horizonts ist eine

Kernherausforderung, wie sie der 15. Kinder- und Jugendbericht herausgearbeitet hat (Deutscher Bundestag, 2017) und beinhaltet Schlüsselmomente der Verselbstständigung und der Selbstpositionierung junger Menschen. So sichert z. B. die Fahrerlaubnis Jugendlichen eine unabhängige lokale Mobilität und stellt einen wesentlichen lebensweltlichen Verselbstständigungsschritt des Jugendalters dar. Jugendliches Aufwachsen ist also auch dadurch gekennzeichnet, dass sich Orte vervielfältigen, der räumliche Aktionsradius sich erweitert und dies auch zunehmend ohne die Begleitung von Erwachsenen. Dabei stellen sich vielfältige vertiefende Forschungsfragen: Welche Unterschiede zeigen sich in den Mobilitätspraktiken junger Menschen (Alter, Geschlecht, Milieu, Wohnort etc.)? Welche subjektive Bedeutung wird dem Mobilsein und den jeweiligen Transportmitteln zugeschrieben? Wie gestalten junge Menschen dabei die Zwischenräume im Unterwegssein – sogenannte Hangout-Zonen (z. B. Fahrten mit dem öffentlichen Nahverkehr, Wartezeiten) – peerkulturell aus und welche Bedeutung kommt ihnen für die Selbstbestimmung junger Menschen zu?

Kapitelüberblick

In den folgenden Ausführungen werden ausgewählte Einblicke in die sehr differenzierten und vielfältigen mobilen Alltagspraktiken junger Menschen als Verselbstständigungsschritte im Erwachsenwerden gegeben. Während zunächst die Frage, was das Unterwegssein für die Figur von Jugend im Allgemeinen bedeutet, herausgearbeitet wird (▶ Kap. 8.1.2), folgt im Weiteren ein differenzierter Blick auf die unterschiedlichen Formen von Mobilität (▶ Kap. 8.1.3). Der Beitrag greift dabei die Perspektive eines ›Zwiebelmodells‹ auf und rückt die lokalen, regionalen, überregionalen, nationalen und transnationalen Mobilitätspraktiken Jugendlicher und junger Erwachsener in Deutschland in den Fokus. Es wird beleuchtet, von welchen Gelegenheitsstrukturen und welcher Ressourcenausstattung die räumliche Verselbstständigung junger Menschen abhängig ist und welche eigenen Räume und Handlungsmöglichkeiten sie sich jeweils suchen. Der Fokus liegt auf dem Unterwegssein junger Menschen ohne pädagogische Begleitung durch erwachsene Bezugspersonen wie Eltern, Großeltern, ältere Geschwister oder pädagogische Fachkräfte. In einem abschließenden Fazit diskutiere ich aufbauend auf den empirischen Befunden, wie allen jungen Menschen Mobilitäten und Nicht-Mobilitäten zugestanden bzw. aberkannt werden und was dies für die Ermöglichung von Jugend bedeutet (▶ Kap. 8.1.4).

8.1.2 Jugend und Mobilität

Nicht nur sind die verschiedenen Verselbstständigungsschritte wie Auszug aus dem Elternhaus, Aufbau eigener Beziehungsnetzwerke, Einstieg ins Ausbildungs- und Berufsleben mit vielfältigen Mobilitätspraktiken verbunden, auch das jugendliche Unterwegssein an sich stellt eine wichtige Verselbstständigungspraxis im Jugend- und jungen Erwachsenenalter dar.

> »Aufwachsen ist mit dem Bedürfnis nach selbstbestimmter Bewegung verschränkt. Unübersehbar haben Adoleszente andere Mobilitätsbedürfnisse als Erwachsene. Unterwegssein verkörpert Freiheit, Unabhängigkeit und Selbstbestimmung und ist nur ausnahmsweise auf notwendige Verrichtungen hin orientiert. Wichtig ist Unterwegssein an sich.« (Tully, 2002, S. 18).

So scheinen jugendliche Lebensstile per se mobilitätsintensiv zu sein und das Thema Mobilität/en mit allen Lebensbereichen jugendlichen Alltags verwoben zu sein (Tully, 1999). Die Lebensphase Jugend wird zudem mit Eigenschaften wie Aktivität, Dynamik, Bewegung, Schnelligkeit, Wandel und Flexibilität assoziiert. Es ist auch eine Zeit des Auf- und Ausbrechens aus der Enge des Raums (Simmel, 1908), aus der Enge des Wohnhauses, des Wohnortes, des Herkunftslandes oder auch aus der Enge der Familie, dem bisherigen Freundeskreis im sozialen Nahraum. Gerade junge Menschen erleben ihren bisherigen Lebensort mitunter als ein Zuviel an (sozialer) Kontrolle, Regeln, Grenzziehungen, Einmischungen und Überwachungen (Karl, Kmiotek-Meie & Vysotskaga, 2016) und machen sich daher auf den Weg. Dies ist damit einerseits ein *Wegbewegen* von Bekanntem, andererseits auch ein *Hinbewegen* – ein Aufsuchen und Entdecken neuer Orte, ein Neuorientieren und Einlassen in andere soziale Beziehungsnetzwerke. Der Jugendalltag ist also in vieler Hinsicht ein mobiler Alltag und je facettenreicher der jugendliche Alltag jeweils ist, desto notwendiger werden auch spezifische Praktiken des Mobilseins (Tully & Baier, 2006). Jugendliche und junge Erwachsene wachsen heute in einer Mobilitätsgesellschaft (Urry, 2007) auf und gestalten diese durch ihre eigenen Mobilitäts- und Kommunikationspraktiken mit. Das heißt, sie verselbstständigen, verorten und positionieren sich mit und in ihrem Mobilsein und ihre Lebenswelten individualisieren sich durch Mobilität (Simmel, 1908). Zugleich werden sie aber auch gesellschaftlich verortet und positioniert, indem sie sich mit hohen Mobilitätsanforderungen und -erwartungen, z. B. in Bezug auf die Bildungs- und Erwerbsbiografie konfrontiert sehen. In der Mobilitätsforschung wird an dieser Stelle auch von einem sogenannten »mobile imperative« gesprochen. So gilt Mobilität als karrierefördernd, als Ressource im Wettbewerb um Arbeitskräfte, Mobilität wird mit Weltoffenheit, Kreativität und interkultureller Kompetenz gleichgesetzt. Ein erfolgreiches Individuum ist eine zugleich mobile und flexible Person (Kesserling & Vogl, 2013).

Die Möglichkeiten bzw. Notwendigkeiten eines mobilen Alltags sind dabei, je nach sozialer Stellung, Geschlecht, Leben in einem ländlichen oder städtischen Milieu, sehr ungleich verteilt (Tully & Baier, 2006). Und auch eine ausschließlich positive Konnotierung des Mobilseins, wie sie gerade für das jugendliche Unterwegssein oftmals vorgenommen wird, ist zu kurz gegriffen und vernachlässigt z. B. Momente der Unsicherheit, des Verlusts, des Alleinseins, des Heimwehs, womöglich auch der Machtlosigkeit in der Mobilitätsentscheidung und Gewalterfahrung (Karl et al., 2016).

Die Beobachtung von Urry, »it sometimes seems as if all the world is on the move« (Urry, 2007, S. 3), mit der er seine Ausarbeitungen zum Mobilitäts-Paradigma des 21. Jahrhunderts einleitet, trifft auch auf junge Menschen zu. Schon für die geistige und körperliche Entwicklung im Kindesalter ist es unumgänglich, sich die unmittelbare Umgebung sukzessive zu erschließen und erste Erkundungen vorzunehmen (zu Räumen der Kindheit vgl. u. a. Hasse & Schreiber, 2019). Mit zunehmendem Alter vergrößert sich der Aktionsradius und damit auch der individuelle räumliche Ausschnitt der Umgebung. Die dabei gewonnenen neuen Erfahrungen stärken die Persönlichkeitsentwicklung, die Autonomie und Selbstständigkeit der jungen Menschen. Im Jugend- und jungen Erwachsenenalter geht das selbstständige, unabhängige Unterwegssein mit der Gewinnung von Freiräumen einher (Deutscher Bundestag, 2017, S. 109ff.).

Gerade der öffentliche Raum – als Ort der informellen Bildung – stellt dabei neben der Schule/Ausbildung/Arbeit einen wichtigen Ausgangspunkt für Aneignungsprozesse, insbesondere kollektive Aneignungsprozesse im Jugendalter dar (Deinet, 2018; Preissing, 2019).

> »Als Kontakträume für soziale Beziehungen, als Entfaltungsräume für individuelle Interessen sowie als Erfahrungsräume für politische, jugendkulturelle und religiöse Orientierungen sind diese für sie [die Jugendlichen, K-Z] in unterschiedlichem Maße bedeutsam und zugänglich. Jugendliche sind dabei immer auch Akteure, die sich Räume spezifisch aneignen und mit den vorgefundenen Bedingungskonstellationen unterschiedlich umgehen« (Deutscher Bundestag, 2017, S. 250).

Für ein selbstbestimmtes jugendliches Raumhandeln ist dabei ausschlaggebend, wie kontrolliert und verregelt die jeweiligen Räume sind (ebd. 2017). So erfahren gerade öffentliche Räume, an denen unkontrollierte Peer-to-Peer-Vergemeinschaftungen stattfinden können (z. B. Bushaltestellen, Shopping Malls, selbstverwaltete Jugendräume, Bahnhöfe, Skateboard-Plätze etc.), im Jugendalter größere Bedeutung und werden vermehrt in der Freizeit aufgesucht (in Bezug auf Peers im Allgemeinen ▶ Kap. 7.1). An diesen Orten können junge Menschen, ohne gleich ›pädagogisiert‹ zu werden, ihren Interessen nachgehen, sich inszenieren, sich ausprobieren, Grenzen austesten, überschreiten und damit bearbeiten. Unkontrollierte öffentliche Räume sind auch Jugend-Orte der Verselbstständigung und der Selbstpositionierung. Der 15. Kinder- und Jugendbericht unterscheidet an dieser Stelle – basierend auf verschiedenen empirischen Untersuchungen – vier Aneignungspraktiken junger Menschen (Deutscher Bundestag, 2017, S. 252ff.; Wehmeyer, 2013; Deinet, 2018).

1. Mobile Raumpraktiken, bei denen die jungen Menschen gemeinsam transitorisch den öffentlichen Raum durchqueren (z. B. gemeinsames S-Bahnfahren, Schlendern durch Fußgängerzonen, Durchqueren des Stadtteils oder des Dorfes als Lagecheck): Die Praktik des vermeintlichen ziellosen Bewegens im Raum (Cruising), steht auch für das Erleben von Autonomie und Selbstbestimmung (Böhnisch & Münchmeier, 1993; Tully & Schulz, 1999) und die Schaffung eigener Erlebnisräume;
2. Jugendkulturelle Aneignungen von Orten vor allem bei sport- und bewegungsorientierten Jugendszenen (Skater, BMX/Dirtbike-Fahrer);
3. Statische Aneignungspraktiken im Sinne von Hangout-Zonen als Treffpunkte junger Menschen zum chillen, reden, News austauschen (z. B. Einkaufszentren, Parks, Spielplätze, Bushaltestellen, Naturräume);

4. Nutzung öffentlicher Räume im Sinne ihrer Funktionszuschreibung durch Erwachsene, ohne peerkulturelle Transformationen (z. B. Cafés, Eisdielen).

Doing Mobility – Mobilitätspraktiken im Lokalen, Regionalen und Transnationalen

Insgesamt scheint für die Frage nach dem jugendlichen Unterwegssein die räumliche Dimension von großer Bedeutung: Wie mobilisieren sich junge Menschen im lokalen Nahraum, regional und auch transnational?

Die hier vertretene These einer stetigen Ausweitung von Mobilitätsoptionen und der Vergrößerung der Radien, die ausgehend vom Wohnort zurückgelegt werden, trifft jedoch keinesfalls für alle Biografien junger Menschen in gleicher Weise zu. Während sich einerseits zeigt, dass junge Menschen ihre Peers zunächst im lokalen Nahraum, in der Nachbarschaft besuchen und Wege zu den Bildungs- und Freizeitorten im näheren Umkreis des Wohnorts liegen, vergrößert sich der Bewegungsradius z. B. mit dem Besuch einer weiterführenden Schule, und den damit einhergehenden neuen Freundschaften, die sich dann bereits in einem anderen Stadtteil oder gar in einem benachbarten Wohnort befinden. Auch das Reisen ohne Eltern kann mit zunehmendem Alter größere Entfernungen umfassen. Der Besuch bei Verwandten in einer benachbarten Großstadt, der Schüler*innenaustausch in ein angrenzendes EU-Land oder die Jugendreise ins Sommercamp. Andererseits erfolgt diese Ausweitung des geografischen Radius – lokal, regional und transnational – nicht kontinuierlich, sie variiert im biografischen Verlauf und kann auch von bestimmten Lebensereignissen abhängig sein. Auch in jungen Jahren können sich Mobilitätspraktiken ohne die Begleitung von Erwachsenen grenzüberschreitend ausgestalten. Leben die Eltern z. B. getrennt an unterschiedlichen Wohnorten innerhalb Deutschlands oder auch jenseits der nationalstaatlichen Grenze Deutschlands oder wächst der*die Jugendliche außerhalb des Elternhauses auf, z. B. in einer Einrichtung der Jugendhilfe oder bei Pflegeeltern, dann legen junge Menschen schon im jüngeren Jugendalter größere Entfernungen auch alleine zurück. Noch deutlicher wird dieser grenzüberschreitende Charakter jugendlicher Biografien, wenn man sich mit jungen Menschen austauscht, die z. B. als unbegleitete minderjährige Geflüchtete nach Deutschland gekommen sind oder aufgrund von anderen Migrationsformen einen Wohnortswechsel vollzogen haben.

Mobilsein im Lokalen – per pedes, Fahrrad, Bus und Auto

Schaut man sich empirische Zahlen zur Alltagsmobilität zunächst im näheren lokalen Umfeld junger Menschen an, so zeigt sich, dass sich das Mobilitätsverhalten je nach Alter doch deutlich voneinander unterscheidet und junge Menschen insgesamt ein anderes Mobilitätsverhalten zeigen als Erwachsene, was z. B. die Wegeanzahl, die Unterwegszeit, die zurückgelegte Tagesstrecke und auch die Wegezwecke nach Altersgruppen betrifft (Nobis & Kuhnimhof, 2018, S. 25). Im Schnitt gehen junge Menschen im Alter von 10 bis 19 Jahren 2,8 Wege pro Tag und legen dabei 29 km zurück. Sie benötigen dafür 72 Minuten. Junge Erwachsene im Alter von 20 bis 29 Jahren weisen im Durchschnitt 3,1 Wege auf, legen dabei 46 km zurück und brauchen für dieses Mobilsein 85 Minuten pro Tag (ebd., S. 27).

Junge Menschen sind in erster Linie zu Ausbildungs- und Freizeitzwecken mobil. Gerade der Schule wird im Alltag von Jugendlichen und jungen Erwachsenen eine zunehmend zeitliche wie inhaltliche Bedeutung zugeschrieben (Berngruber & Gaupp, 2019, S. 19). In Bezug auf den Wegezweck Ausbildung lassen sich Unterschiede auch innerhalb der Gruppe der jungen Menschen konstatieren. Die Mobilitätsquote[1] von Schüler*innen ist insgesamt höher als die von Studierenden. Letztere weisen hingegen mit einer Stunde und 49 Minuten die höchste Unterwegszeit der mobilen Menschen pro Tag auf (Nobis & Kuhnimhof, 2018). Insgesamt müssen Schüler*innen und Studierende zunehmend längere Wegstrecken zu ihrer Ausbildungsstätte überwinden. 2016 legen 11,3 % der Schülerschaft und Studierenden eine Strecke von mehr als 25 km zurück. 2004 waren dies noch 8,5 % (vgl. BMVI, 2019, S. 99). Als Fortbewegungsmittel fungieren dabei in erster Linie der öffentliche Nahverkehr. Insgesamt ist die Teilnahme am öffentlichen Nahverkehr von Schüler*innen und Studierenden von 45,1 % im Jahr 2004 auf 47,5 % im Jahr 2016 leicht angestiegen (ebd., S. 100). Und auch der motorisierte Individualverkehr stellt eine zunehmend wichtige Fortbewegungsart zu den jeweiligen (Aus-)Bildungsstätten der jungen Menschen dar. Neben den motorisierten Fortbewegungsmitteln legen junge Menschen den Weg zu Ausbildungszwecken zu großen Teilen zudem per Fuß zurück (24 %) und mit dem Fahrrad (17 %) (ebd., S. 127).

Gerade die Bewältigung des Schulweges – ob allein oder mit Peers – stellt einen wichtigen Erfahrungsraum des Selbstständig-Werdens junger Menschen dar. Auf dem Schulweg sind sie eigenständig mobil, lernen sich im Straßenverkehr sicher zu verhalten, Gefahrensituationen richtig einzuschätzen, sie entwickeln räumliche Bezüge, sammeln Erfahrungen im Erkunden und Erleben des Abenteuers Schulweg und lernen soziale Kompetenz im Umgang und Austausch mit ihren Peers. Auch vor diesem Hintergrund ist der Anstieg des motorisierten Individualverkehrs, der insgesamt eher in ländlichen Regionen und bei gebildeteren Familien mit höherem Einkommen beobachtet werden kann, kritisch zu betrachten. Der Anstieg geht in erster Linie auf die Tendenz zurück, dass immer mehr Eltern ihre Kinder mit dem Auto zur Schule bringen. Diese Form der Co-Mobilität oder Begleitmobilität verunmöglicht ein unabhängiges selbstständiges Mobilsein, junge Menschen werden in ihrer Bewegungsfreiheit eingeschränkt und ein wichtiger Erfahrungsraum der Verselbstständigung geht verloren.

Ein weiterer wichtiger Bereich des alltäglichen Unterwegsseins junger Menschen stellt die Freizeit dar. Bei den 10 bis 19-Jährigen nimmt dieser Wegezweck einen Anteil von rund 40 % ein, bei jungen Erwachsenen im Alter zwischen 20 und 29 Jahren rund 30 % (Nobis & Kuhnimhof, 2018, S. 64). Auch die Zeitver-

---

1 »Anteil der Personen, die an einem Tag mindestens einmal aus dem Haus gehen und damit Verkehr erzeugen« (Follmer & Gruschwitz, 2019, S. 25).

wendungsstudie (Statistisches Bundesamt, 2019) zeigt, dass Jugendliche, im Gegensatz zu Erwachsenen, einen großen Teil ihrer Zeit für Sport, Hobbys und Spiele aufbringen (Berngruber & Gaupp, 2019, S. 19). Um die jeweiligen Freizeitorte wie Sportstätten, Jugendhäuser, Vereinsheime oder auch Shopping Malls erreichen zu können, müssen junge Menschen mehr oder weniger mobil sein. Und auch für das Treffen von Freund*innen, eine Freizeitaktivität, die auf einem konstant hohen Niveau im Alter zwischen 12 und 17 Jahren bleibt, sind junge Menschen mobil. Die Frage, ob ein motorisiertes oder nichtmotorisiertes Verkehrsmittel benutzt wird bzw. werden kann, ist dabei auch von der Entfernung der Aktivität zum Wohnort abhängig. Im Vergleich zu 2002 wird von jungen Menschen im Alter von 10 bis 29 Jahren gerade in Großstädten vermehrt das Fahrrad als Fortbewegungsmittel verwendet. Insbesondere bei den 10 bis 19-Jährigen ist dabei der Anteil von 16 % auf 24 % im Jahr 2017 gestiegen. In kleinstädtischen und ländlichen Räumen hingegen ist der Anteil derjenigen, die im Alter von 10 bis 19 Jahren ein Fahrrad benutzen von 23 % auf 15 % gesunken. Das Fahrrad ist für viele junge Menschen damit ein alltäglicher Begleiter. 34 % der 14- bis 17-Jährigen benutzen es täglich und 20 % ein bis drei Mal pro Woche. Damit nutzen junge Menschen das Fahrrad deutlich häufiger, gerade im alltäglichen Unterwegssein, als andere Altersgruppen (Nobis & Kuhnimhof, 2018). Pedelecs hingegen sind bei jungen Menschen weniger stark verbreitet, so sind junge Haushalte am wenigsten mit Pedelecs ausgestattet.

Im alltäglichen Unterwegssein kann das Ziel auch relativ unbestimmt sein. Das heißt, hier geht es bei der Mobilitätspraktik nicht in erster Linie um die Überwindung eines Weges zwischen zwei Orten A und B, sondern um die Bewegung, das Unterwegssein an sich, und was in diesem Unterwegssein passiert (z. B. Musikhören, Hörspiele oder Podcasts hören, telefonieren, Einkäufe online erledigen, E-Mails schreiben, Chatten, Hausaufgaben machen oder die nächste Reise buchen, mit Freund*innen reden, sich austauschen, diskutieren, küssen und auch zocken). In ihrer Freizeit werden von jungen Menschen auch Orte aufgesucht, die sich durch ein Kommen und Gehen, durch Austausch, durch Kommunikation charakterisieren lassen. Die Parkbank, das Bushaltehäuschen oder auch Einkaufszentren können als sogenannte Hangout-Zonen beschrieben werden (Deinet, 2018). Diese Orte, die von Augé als »Nicht-Orte« (ebd. 2012) bezeichnet wurden, da sie weder ein Ankommen noch ein Abfahren repräsentieren, sondern eine ›Pause‹ (Morris, 1988, zit. n. Urry, 2007, S. 33), stellen für junge Menschen ganz zentrale Begegnungsorte dar, an denen sie Jugend gestalten.

Für das unabhängige und eigenständige Mobilsein, stellt der Erwerb des PKW-Führerscheins einen weiteren wichtigen Verselbstständigungsschritt dar. Gerade das 17./18. Lebensjahr markiert einen Wendepunkt in der Mobilitätsbiografie. Bis zum 18. Lebensjahr legen junge Menschen die meisten Wege zu Fuß, mit dem Fahrrad und mit öffentlichen Verkehrsmitteln zurück. In Bezug auf ein klimafreundliches Unterwegssein gelten junge Menschen als Vorbilder in der Gesellschaft. Mit 18 Jahren ändert sich dieses Verhalten jedoch und das Auto rückt als Symbol für das Erwachsensein in den Vordergrund. Insgesamt muss dieser Wendepunkt jedoch differenziert betrachtet werden, da die Frage, ob die Fahrerlaubnis den entscheidenden Schritt zum Erwachsenwerden darstellt, heute nicht mehr so eindeutig zu beantworten ist. Es zeigt sich, dass sich der PKW-Führerscheinbesitz insbesondere bei den unter 30-Jährigen verringert hat. Während 2010 noch knapp fünf Millionen junge Menschen zwischen 17 und 24 Jahren einen Führerschein hatten, waren es 2019 nur noch rund 4,4 Millionen, die einen PKW, Roller, Motorrad und Co. fahren dürfen (BMVI, 2019). Zwar sank auch die Zahl junger Menschen insgesamt zwischen 2010 und 2018 deutlich, doch auch der Anteil derer, die in der Altersgruppe einen Führerschein haben nahm leicht ab und liegt aktuell bei der Altersgruppe der 18- bis 29-Jährigen bei 81 % (Nobis & Kuhnimhof, 2018). Gerade junge Erwachsene in größeren Städten sind weniger autoorientiert als noch in den vergangenen Jahren (Follmer & Gruschwitz, 2019, S. 7). Die Einstellung zum PKW-Besitz geht immer mehr in die Richtung *nutzen statt besitzen*. Die Zahl der jungen Erwachsenen, denen es nicht wichtig ist, ein eigenes Auto zu besitzen nimmt ständig zu, das Auto scheint nicht mehr ohne Weiteres ein Statussymbol zu sein. So sind Haushalte mit jungen Personen seltener im Besitz eines PKW als z. B. Familienhaushalte, und Carsharing Angebote werden in erster Linie von Haushalten mit jungen Menschen und Personen mit hohem ökonomischem Status genutzt (Nobis & Kuhnimhof, 2018). Wie auch die Gesamtgesellschaft, differenziert sich die Altersgruppe der jungen Erwachsenen zunehmend aus. Die Spannbreite reicht vom fahrradaffinen Hipster bis hin zum autoablehnenden Umweltaktivisten, dem Pragmatiker mit Carsharing- und Online-Mitfahrzentralen-Mitgliedschaft und dem autobegeisterten Rennsportfan (vgl. Schäder, 2014, S. 9).

»Ich bin dann mal weg« – Distanzen vergrößern sich mit Ausbildungsbeginn

Zu Mobilitätspraktiken mittlerer Reichweite gehört auch die Mobilität innerhalb Deutschlands. Betrachtet man sich Zahlen zur interregionalen Binnenmigration in Bezug auf das Alter, so zeigt sich deutlich, dass gerade junge Menschen häufig ländliche Regionen verlassen und gezielt in größere Städte wandern. Mit 43 % stellen junge Menschen unter 30 Jahren den größten Anteil aller interregionaler Migrant*innen. Unter den 18- bis 29-Jährigen zogen fast 460.000 deutsche Staatsbürger*innen mehr in die Städte als von dort fort (Bauer, Rulff & Tamminga, 2019), was vor allem auf den Besuch von Universitäten und Hochschulen, die meist in Städten angesiedelt sind, zurückzuführen ist. Aber auch im Bereich der beruflichen Ausbildung weisen junge Menschen, gerade aus ländlichen Regionen, eine hohe Mobilität auf, da es Regionen gibt, die eine höhere Ausbildungsdichte aufweisen als andere. Nach Fuchs, Seibert und Wesling (2012) absolviert sogar jeder Dritte Jugendliche in Deutschland eine duale Ausbildung nicht in dem Kreis, in dem er wohnt. Abiturient*innen sind dabei besonders mobil, vor allem diejenigen, die eine Ausbildung in einem MINT-Beruf absolvieren. Auszubildende in Handwerksberufen hingegen verbleiben häufiger vor Ort (Jost, Seibert & Wiethölter, 2019). Dies hängt in erster Linie mit der jeweiligen Verfügbarkeit der Ausbildungsplätze vor Ort zusammen. Während bestimmte Ausbildungsstätten in fast jeder Gemeinde zugänglich sind (u. a. Baubranche, Bäcker*innen- und Fleischer*innenhandwerk), werden andere Berufe stärker in städtischen Zentren angeboten (zur Lebenswirklichkeit junger Menschen in strukturschwachen Regionen liefert die Studie von Beierle, Tillmann & Reißig 2016 interessante Befunde ▶ Kap. 1).

Jugendliche und junge Erwachsene, für die die Bewältigung einer gesellschaftlichen Integration und Teilhabe aufgrund verschiedener Formen materieller, kultureller und sozialer Benachteiligung (z. B. eine geringe ökonomische Ausstattung, geringe Unterstützung in der Herkunftsfamilie, fehlende soziale Netzwerke, Bildungsbenachteiligungen, individuelle Beeinträchtigungen wie körperliche oder psychische Erkrankungen oder Behinderungen) erschwert ist, weisen im Übergang von der Schule in Beruf/Ausbildung eine geringere Mobilität auf (Kühn & Starke-Ueckermann, 2018). Sie orientieren sich meist stärker an ihrem unmittelbaren sozialräumlichen Umfeld, da sie sich in dem gewohnten Kontext als handlungsfähiger und -sicherer erleben (ebd.).

Jugendwohnen

Ein wichtiger Unterstützungsfaktor, um die Mobilität von jungen Menschen zu erleichtern bzw. erst zu ermöglichen, stellt an dieser Stelle das Jugendwohnen dar. Als Handlungsfeld der Jugendsozialarbeit bietet das Jugendwohnen einen bezahlbaren Wohnraum, meist eine Peer-to-Peer-Wohngemeinschaft mit einer sozialpädagogischen Begleitung an, damit die Distanzen zwischen Ausbildungsstätte und Wohnort verkürzt werden können und so die Ausbildung fokussiert absolviert werden kann (Gärtner, 2018).

Dabei stellt es für alle junge Menschen immer auch eine besondere Herausforderung dar, den bisherigen Wohnort, das bekannte soziale Umfeld für den Beginn einer Ausbildung zu verlassen und an einem neuen Ort anzukommen, sich in die Ausbildungssituation einzufinden, neue Peers kennenzulernen.

Einfach drauflos oder in geordneten Bahnen? – Transnationales Unterwegssein junger Menschen ist vielseitig, ungleich verteilt und anerkannt

Neben den alltäglichen lokalen und regionalen Mobilitäten gestaltet sich das Aufwachsen junger Menschen zunehmend in einem transnationalen Erfahrungsraum (vgl. u. a. Klein-Zimmer, Mangold & Wrulich, 2014). Jugendräume sind transnationale Räume, heißt es im 15. Kinder- und Jugendbericht und auch eine aktuelle Ausgabe der Zeitschrift SozialExtra (2/2020) zeichnet die Vielfältigkeit transnationaler Mobilitätsformen im Jugendalter nach. Junge Menschen sind weit über nationalstaatliche Grenzen hinaus mobil – im Freiwilligendienst (Mangold, 2013), mit dem Schüler*innenaustausch (Wrulich, 2013; Weichbrodt, 2014), im Studium (Cairns, 2014), bei Jugendbegegnungen (Becker & Thimmel, 2019), beim Reisen als Backpacker*in, Couchsurfer*in (Bartels, 2020) oder Interrailer*in, beim Ausgestalten grenzüberschreitender Familienbeziehungen, auf der

Flucht oder im Kontext von Arbeit. Auch das Aufwachsen in der Migrationsgesellschaft, das Ausleben globaler Jugendkulturen sowie die Nutzung vielfältiger grenzüberschreitender Kommunikationspraktiken sind Bestandteile dieses transnationalen Erfahrungsraums. Auch ohne eigenen Auslandsaufenthalt – so zeigt es Herz (2020) anhand der Daten des MOVE-Projektes[2] – sind junge Menschen in transnationale soziale Beziehungsgeflechte eingebunden, ihre Lebenswelten transnationalisieren sich.

Die unterschiedlichen Formen einer ›Transnational Mobility‹, d. h. ein kurz- oder längerfristiger Aufenthalt in einem anderen Nationalstaat, gehören für viele junge Menschen zu ihrem biografischen Lebensentwurf. Rund 35 % der befragten deutschen Jugendlichen waren mindestens einmal mehr als zwei Wochen aus anderen Gründen als Urlaub im Ausland (Hemming, Reißig, Schlimbach & Tillmann 2018, S. 5, Herz, 2020). Der Aufenthalt im Ausland steht dabei für ein besonderes Erlebnis im Erwachsenwerden – das erste Mal alleine weiter weg von zu Hause, ohne Face-to-Face-Kontakt zu Freund*innen und Familie, das erste Mal in einem Land, in dem mehrheitlich eine andere Sprache gesprochen wird, in dem es andere Essgewohnheiten gibt. Wenn der Aufenthalt nicht erzwungen ist, geht er mit dem Wunsch einher Neues zu entdecken, neue Orte, neue Menschen, neue Gewohnheiten kennenzulernen. Im gesellschaftlichen Diskurs werden Auslandsaufenthalte junger Menschen zunächst einmal durchweg positiv konnotiert. Sie stehen in erster Linie für Perspektivenerweiterungen, Bildungs- und Qualifizierungsprozesse, interkulturelle Kompetenzen und verbesserte Chancen auf dem Arbeitsmarkt. Dass diese normativen Zuschreibungen zugleich mit hohen Erwartungen und Ansprüchen an junge Menschen gepaart sind, vor allem an diejenigen, die nicht ins Ausland gehen möchten, oder denen diese Möglichkeit aus den unterschiedlichsten Gründen nicht offensteht bzw. verwehrt wird, gerät oft in Vergessenheit. Es sollte also weiterhin kritisch hinterfragt werden, wem ein ›grenzenloses‹ Mobilsein zugestanden wird, von wem es gefordert und wem es abgesprochen wird.

Das Mobilsein junger Menschen mit einer zugeschriebenen Migrationsbiografie

Welche Form von Mobilität wird nun wie anerkannt? Es liegt insgesamt ein verzerrtes Bild vor, wenn Jugendmobilität einerseits als Errungenschaft und Motor der EU gefeiert wird, andererseits aber die Mobilität junger geflüchteter Menschen – eine zentrale Wanderungsform in der Jugendmobilität – begrenzt oder gar verhindert wird und auch jungen Menschen, die über eine Migrationsgeschichte verfügen, ihre eigenen Mobilitätserfahrungen kaum an-

2 MOVE (Mapping Mobility – Pathways, Institutions and Structural Effects of Youth Mobility in Europe) ist ein Forschungsprojekt zur Jugendmobilität des EU-Programms Horizon 2020. Es untersuchte mit qualitativen und quantitativen Methoden unterschiedliche Formen von Jugendmobilität in Europa (Beschäftigung, Hochschulbildung, Berufsausbildung, Freiwilligenarbeit, Selbstständigkeit und Schüler*innenaustausch) (vgl. u. a. Herz, 2020; Adams, 2018; Hemming, Tillmann, Reißig & Karl, 2016).

erkannt werden (Klein-Zimmer, 2016, 2020; Bukow, 2016). Dabei sind es gerade junge Menschen mit einer zugeschriebenen Migrationsbiografie, die häufiger als andere junge Menschen Landesgrenzen im Zusammenhang mit Bildung und Ausbildung überschreiten (Deutscher Bundestag, 2017, S. 58).

Betrachtet man nunmehr gezielt Zahlen zu bildungs- und berufsbiografisch orientierten Auslandsaufenthalten, so zeigt sich, dass die verschiedenen Varianten von Jugendmobilität auch durch soziale Ungleichheiten gekennzeichnet sind und es sich oftmals bei den ›Mobilen‹ um eine homogene Gruppe handelt, die durch hohe Bildungsabschlüsse gekennzeichnet ist und ihren Auslandsaufenthalt passgenau in einen linear verlaufenden Bildungsweg einbauen kann. Studien zu Zugängen zum internationalen Jugendaustausch halten wiederholt fest, dass

> »formal niedrig gebildete junge Menschen nicht nur den kleinsten Anteil an den Teilnehmenden von organisierten Auslandsaufenthalten ausmachen, sondern auch, gemessen an ihrem Bevölkerungsanteil, unterrepräsentiert sind. Mit steigendem Bildungsniveau der Eltern steigt auch die Wahrscheinlichkeit, an einem organisierten Auslandsaufenthalt teilzunehmen« (FPD, 2019, S. 8).

Ein ähnlich selektives Bild zeigt sich ebenso für die Teilnahme an einem internationalen Freiwilligendienst (vgl. u. a. AKLÜH, 2018; Mangold, 2020). Vom Jugendzentrum organisierte Fahrten ins Ausland bilden hier eine Ausnahme, hiermit können auch junge Menschen mit niedrigerem Bildungsabschluss entsprechend ihrem Anteil in der Bevölkerung angesprochen werden (FPD, 2019, S. 8). Und auch bei Internationalen Jugendbegegnungen liegt eine weniger starke sozioökonomische Selektion vor (ebd.). Die genannte Studie betont allerdings auch, dass meist nicht ein mangelndes Interesse oder eine fehlende Motivation für eine Nicht-Teilnahme an einem Auslandsaufenthalt verantwortlich sind, sondern in erster Linie diskursive und strukturelle Hürden (u. a. fehlende Informationen, Vorannahmen über bestimmte Sprachkenntnisse, Voraussetzung guter Leistungen, hohe Kosten, kurze Zeitfenster während der Schullaufbahn) (ebd.; Becker & Thimmel, 2019). Eine stärker gerechtigkeitspolitisch orientierte Ausrichtung der Mobilitätsprogramme würde diese markanten sozialen Ungleichheiten minimieren (Schröer, 2018, S. 14).

Gerade für die Selbstpositionierung und Verselbstständigung als Kernherausforderungen des Jugendalters (Deutscher Bundestag, 2017) eröffnen sich mit dem transnationalen Unterwegssein neue Beziehungen und Räume – jenseits der Qualifizierungsdimension – die es anzuerkennen und zu fördern gilt (Schlimbach, Hemming & Reißig, 2018).[3] So gehen Auslandsaufenthalte nicht selten mit weiteren Mobilitätspraktiken einher, und es werden grenzüberschreitend Beziehungen zu Freund*innen, Schulkamerad*innen und (Gast-)Familienmitglie-

3 Mit dem EU-Mobilitätsprogramm »Discovery EU« z. B. soll Europa jungen Menschen nähergebracht werden, indem seit 2018 mehrere tausend Interrail-Tickets an 18-Jährige – allerdings nur EU-Bürger*innen – verschenkt werden (vgl. https://europa.eu/youth/discovereu_de).

dern aufrecht gehalten, die eine wichtige Ressource in der Lebensphase Jugend, aber auch für die weitere Biografie darstellen können.

8.1.4 Fazit: Ermöglichung selbstbestimmten Unterwegsseins für Alle

Das Unterwegssein stellt einen Kernbestandteil des Alltags von Jugendlichen und jungen Erwachsenen dar. Junge Menschen sind täglich mobil – aus unterschiedlichen Gründen, an verschiedenen Orten, mit verschiedenen Verkehrsmitteln, über unterschiedlich lange Zeiträume, alleine, mit Peers oder Familienmitgliedern, frei und selbstständig, pädagogisch begleitet, freiwillig oder auch erzwungen. Im Gestalten ihrer Jugend entdecken sie durch und im Mobilsein neue Räume, lernen neue Menschen und Orte kennen, machen ein- und erstmalige Erfahrungen. Mobilität steht für gesellschaftliche Teilhabe. Mit den Fähigkeiten und Ressourcen zum Mobilsein werden Möglichkeitsräume eröffnet und Freiräume geschaffen – und zwar gerade dann, wenn junge Menschen selbstständig ihre Mobilitätsentscheidungen treffen können, unabhängig von Geschlecht, sozialer und ethnischer Herkunft oder dem Wohnort des Aufwachsens. Zugleich ist Mobilität notwendig, um am gesellschaftlichen System teilnehmen zu können und um Beziehungsnetzwerke zu gestalten. Sie wird von jungen Menschen vorausgesetzt, gefordert und erwartet.

Insgesamt zeichnet sich das Doing Mobility im Jugend- und Jungen Erwachsenenalter derzeit nicht nur durch eine große Vielfalt an Mobilitätspraktiken aus, sondern auch durch Gleichzeitigkeiten und Verwobenheiten. So gewinnen zwar transregionale und transnationale Kontexte des alltäglichen Unterwegsseins junger Menschen an Bedeutung, gleichzeitig bleibt jedoch auch die im lokalen Nahraum situierte Peergroup und das gemeinsame Chillen im direkten Umfeld des Wohnorts bedeutsam für das Aufwachsen und Erwachsenwerden junger Menschen. Es vermischen sich also unterschiedliche Mobilitätspraktiken in Bezug auf die räumliche Dimension und auch in Bezug auf die Bereiche Bildung, Arbeit, Familienleben, Freizeit.

> Abschließend sei folgendes festgehalten: Um Jugend zu ermöglichen, müssen die vielfältigen Mobilitätsoptionen für alle jungen Menschen zugänglich sein. Räume des Mobilseins gilt es nicht nur unter Qualifizierungs- und Verwertungsgesichtspunkten zu betrachten und zu fördern, sondern vor allem im Hinblick auf die Möglichkeiten sich mit dem – wie auch immer gearteten – Unterwegssein als junger Mensch verselbstständigen zu können.

Literatur

Adams, A. (2018): Deliverable N°6.7 – Final Public Project Report. Mapping mobility – pathways, institutions and structural effects of youth mobility. Luxemburg: Université du Luxembourg [http://move-project.eu/fileadmin/move/downloads/MOVE_D6_7.pdf].

AKLHÜ [Arbeitskreis Lernen und Helfen in Übersee] (2018): Freiwillige in Internationalen Freiwilligendiensten. Statistische Übersicht 2017 [https://www.entwicklungsdienst.de/fileadmin/AKLHUE_Relaunch/Statistische_Erhebung_Outgoing_2017.pdf.], Zugriff am 25.02.2020.

Augé, M. (2012): Nicht-Orte. München: Beck.

Bartels, A. (2020): Die perfekte Welle?! Auswirkungen der Couchsurfing-Community auf urbane Räume und (neue) Herausforderungen für die soziale Arbeit. Sozial Extra, 2, 62–65.

Bauer, T. K., Rulff, C. & Tamminga, M. M. (2019): Berlin Calling – Internal Migration in Germany, Ruhr Economic Papers #823. Essen: RWI – Leibniz-Institut für Wirtschaftsforschung.

Beierle, S., Tillmann, F. & Reisig, B. (2016): Jugend im Blick – Regionale Bewältigung demografischer Entwicklungen. Abschlussbericht. Projektergebnisse und Handlungsempfehlungen. München: DJI.

Becker, H. & Thimmel, A. (Hrsg.) (2019): Die Zugangsstudie zum internationalen Jugendaustausch. Zugänge und Barrieren. Schwalbach/Ts.: Wochenschau.

Berngruber, A. & Gaupp, N. (2019): Aspekte zeitlicher Freiräume von Jugendlichen. Zeitpolitisches Magazin, 16(34), 19–21.

Böhnisch, L. & Münchmeier, R. (1993): Pädagogik des Jugendraums. Zur Begründung und Praxis einer sozialräumlichen Jugendpädagogik. Weinheim/München: Juventa.

Bukow, W.-D. (2016): Migration und Mobilität – zwei verschiedene Formate von Alltagsmobilität. Warum der Migrationsbegriff nur zu verstehen ist, wenn er sozial adäquat eingeordnet wird. Migration und Soziale Arbeit, 1, 4–12.

BMVI [Bundesministerium für Verkehr und digitale Infrastruktur] (2019): Verkehr in Zahlen 2019/2020, Jg. 48. Flensburg: Kraftfahrt-Bundesamt. [https://www.bmvi.de/SharedDocs/DE/Publikationen/G/verkehr-in-zahlen-2019-pdf.pdf?__blob=publicationFile], Zugriff am 17.01.2020.

Cairns, D. (2014): Youth Transitions, International Student Mobility and Spatial Reflexivity: Being Mobile? Basingstoke, New York: Palgrave Macmillan.

Chassé, K.-A. (2004): Aneignungsstrukturen von benachteiligten Kindern. In: U. Deinet & C: Reutlinger (Hrsg.): »Aneignung« als Bildungskonzept der Sozialpädagogik (S. 149–160). Wiesbaden: Springer VS.

Deinet, U. (Hrsg.) (2018): Jugendliche und die »Räume« der Shopping Malls – Aneignungsformen, Nutzungen und Herausforderungen für die pädagogische Arbeit. Opladen u. a.: Budrich.

Deutscher Bundestag (2017): 15. Kinder- und Jugendbericht. Bericht über die Lebenssituation junger Menschen und die Leistungen der Kinder- und Jugendhilfe in Deutschland. Berlin: Bundestagsdrucksache 18/11050.

FPD (Forschung und Praxis im Dialog – Internationale Jugendarbeit) transfer e. V. (2019): Die Zugangsstudie. Ergebnisse des Forschungsprojekts. Köln.

Fuchs, S., Seibert, H. & Wesling, M. (2012): Regionale Mobilität von Auszubildenden: Wohin die Reise geht. IAB-Forum, 2, 74–81.

Gärtner, F. (2018): Jugendwohnen im Rahmen der Jugendsozialarbeit: (Nicht nur) ein Angebot zur Förderung der Ausbildungsmobilität junger Menschen. Dreizehn Zeitschrift für Jugendsozialarbeit, 20, 27–31.

Hasse, J. & Schreiber, V. (Hrsg.) (2019): Räume der Kindheit. Bielefeld: transcript.

Hemming, K., Tillmann, F., Reißig, B. & Karl, U. (Hrsg.) (2016): Sampling and secondary analyses of macro data of youth mobility in Europe. Final report of work package 2 of the MOVE-project – Mapping mobility: pathways, institutions and structural effects of youth mobility. Halle [http://move-project.eu/fileadmin/move/downloads/MOVE_D2.4_final_WP2_report.pdf], Zugriff am: 08.09.2016.

Hemming, K., Reißig, B., Schlimbach, T. & Tillmann, F. (2018): Jugendmobilität in Deutschland – welche Jugendlichen gehen ins Ausland? In: Dreizehn Zeitschrift für Jugendsozialarbeit, 20, 4–8.

Herz, A. (2020): Transnationalisierung sozialer Lebenswelten junger Erwachsener durch Mobilität? Ausgewählte Ergebnisse des MOVE-Projekts. SozialExtra, 2, 66–70.

Jost, O., Seibert, H. & Wiethölter, D. (2019): Regionale Mobilität von Lehrlingen: Auszubildende in MINT-Berufen pendeln besonders häufig. IAB-Kurzbericht, 02, Nürnberg.

Karl, U., Kmiotek-Meie, E. & Vysotskaga, V. (2016): Vom Umgang mit (Un-)Sicherheit. Mobilitätserfahrungen junger Menschen. forum, 326, 41–43 [https://www.forum.lu/wp-content/uploads/2016/05/Karl_KmiotekMeier_Vysotskaya.pdf], Zugriff am: 29.12.2019.

Kesserling, S. & Vogl, G. (2013): The new mobility regimes. In: S. Witzgall, G. Vogl & S. Kesserling (Hrsg.): New Mobilities Regimes in Art and Social Sciences, (S. 17–36). Ashgate: Farnham.

Klein-Zimmer, K., Mangold, K. & Wrulich, A. (2014): Jugend als Grenzbearbeiterin – zur Produktivität einer Metapher im Kontext der Forschung und Diskurse um Transnationalität. neue praxis, 44(6), 547–565.

Klein-Zimmer, K. (2016): TRANSformationen. Junge Erwachsene im Kontext von Generation und Migration. Weinheim/Basel: Beltz Juventa.

Klein-Zimmer, K. (2020): Grenzüberschreitendes Unterwegssein für alle. Sozial Extra, 2, 71–74.

Kühn, M. & Starke-Ueckermann, S. (2018): Berufliche Mobilität benachteiligter und beeinträchtigter Jugendlicher. Dreizehn Zeitschrift für Jugendsozialarbeit, 20, 32–35.

Mangold, K. (2013): Inbetweenness: Jugend und transnationale Erfahrungen. Weinheim/Basel: Beltz Juventa.

Mangold, K. (2020): »Eingebunden werden müssen«. Junge Erwachsene aus Ländern des globalen Südens als Incoming-Freiwillige in Deutschland. Sozial Extra, 2, 79–83.

Nobis, C., Kuhnimhof, T. (2018): Mobilität in Deutschland – MiD Ergebnisbericht. Studie von infas, DLR, IVT und infas 360 im Auftrag des Bundesministers für Verkehr und digitale Infrastruktur. Bonn/Berlin [http://www.mobilitaet-in-deutschland.de/pdf/MiD2017_Ergebnisbericht.pdf], Zugriff am 15.01.2020.

Preissing, S. (2019): Jugend am Rande der Stadt. Eine vergleichende Studie zu Marginalisierung und Raumaneignung in Deutschland und Frankreich. Wiesbaden: Springer VS.

Schäder, K. (2014): Mangelnde Motivation? Neues Mobilitätsverhalten junger Fahrschüler. Fahrlehrerbrief 9, 3–12.

Schlimbach, T., Hemming, K. & Reißig, B. (2018): Mobilität als berufliche Integrationschance? Ausbildungsmobilität in Deutschland. In: Dreizehn Zeitschrift für Jugendsozialarbeit, 20, 9–12.

Schröer, W. (2018): Jugend und Mobilität in Europa. Ein einführendes Essay. In: J. Lange (Hrsg.): Jugendmobilität als europäische Strategie. Wer und was bewegt Jugendliche? Loccumer Protokolle 66. Hildesheim/Rehburg-Loccum.

Simmel, G. (1908/1992): Soziologie. Untersuchungen über die Formen der Vergesellschaftung. (Georg Simmel-Gesamtausgabe, Band 11). Frankfurt a. M.: Suhrkamp.

Statistisches Bundesamt (Destatis) (2019): Zeitverwendung (ZVE) 2012/2013. Durchschnittliche Zeitverwendung von Personen nach Alter [https://www.destatis.de/DE/Themen/Gesellschaft-Umwelt/Einkommen-Konsum-Lebensbedingungen/Zeitverwendung/Tabellen/aktivitaeten-alter-zve. Html], Zugriff am 12.10.2019.

Tully, C. (Hrsg.) (1999): Erziehung zur Mobilität: Jugendliche in der automobilen Gesellschaft. Frankfurt a. M.: Campus.

Tully, C. J. (2002): Jung sein, mobil sein. Die Beherrschung des Raumes ist notwendig für eine eigenständige Lebensführung. Frankfurter Rundschau, 304, 18.

Tully, C. & Baier, D. (2006): Mobiler Alltag. Mobilität zwischen Option und Zwang – Vom Zusammenspiel biografischer Motive und sozialer Vorgaben. Wiesbaden: Springer VS.

Tully, C. & Schulz, U. (1999): Sozialisation zur Mobilität – Unterwegssein als Baustein jugendkulturellen Alltags. In: C. Tully (Hrsg.): Erziehung zur Mobilität (S. 13–37). Frankfurt a. M.: Campus.

Urry, J. (2007): Mobilities. Cambridge: Polity Press.

Wehmeyer, K. (2013): Aneignung von Sozial-Raum in Kleinstädten. Öffentliche Räume und informelle Treffpunkte aus der Sicht junger Menschen. Wiesbaden. Springer VS.

Weichbrodt, M. (2014): Ein Leben lang mobil? Langfristige Schüleraustauschprogramme und die spätere Mobilität der Teilnehmer als Element gesellschaftlicher Transnationalisierung. Münster: MV.

Wrulich, A. (2013): Transnationalisierung durch Schüleraustausch? Überlegungen zur Internationalen Jugendarbeit. In: A. Herz, C. Olivier (Hrsg.): Transmigration und Soziale Arbeit. Ein öffnender Blick auf Alltagswelten (S. 127–144). Baltmannsweiler: Schneider Hohengehren.

8.2 Der Auszug aus dem Elternhaus als räumliche Verselbstständigung im jungen Erwachsenenalter

Anne Berngruber

8.2.1 Einleitung

Einen eigenen Haushalt zu gründen und nicht mehr mit der Herkunftsfamilie zusammen zu wohnen gilt heutzutage in Deutschland als einer der wesentlichen Verselbstständigungsschritte im Übergang vom Jugend- ins Erwachsenenalter. Die Ablösung von den Eltern wird alltagssprachlich sogar häufig mit dem Auszug aus dem Elternhaus gleichgesetzt. Dahinter steckt die weitverbreitete Annahme, dass junge Menschen mit dem selbstständigen Wohnen auf eigenen Beinen stünden: Sie werden nicht mehr unmittelbar von ihren Eltern kontrolliert, treffen eigene Entscheidungen (z. B. wann sie abends nach Hause kommen oder mit wem sie ihre Freizeit verbringen) und sorgen für sich selbst, indem sie selbst kochen, putzen oder Einkaufen gehen (z. B. Mulder, 2009). Dies sind nur einige Beispiele für räumliche Selbstständigkeit (▶ Kap. 8.1). Das Getrennt-Leben von den Eltern gilt in westeuropäischen Ländern wie Deutschland auch als grundlegende Voraussetzung dafür, später einmal selbst eine eigene Familie zu gründen. Nur selten wohnen Eltern und erwachsene Kinder unter einem Dach, wenn die Familienplanung ansteht. Das gemeinsame Wohnen von Eltern und Kindern ist daher vor allem mit Phasen im Lebensverlauf verknüpft, in denen innerfamiliale Versorgungs-, Pflege- und Unterstützungsleistungen notwendig sind. Für Kinder und Jugendliche impliziert dies, dass sie ihre Eltern noch zu sehr brauchen, um aus dem Elternhaus auszuziehen.

Junge Menschen werden von ihren Eltern nach dem Auszug häufiger als ›erwachsen‹ wahrgenommen als es vor dem Auszug der Fall war (Papastefanou, 2000, S. 66). Der Auszug beeinflusst auch deren biografische Selbstwahrnehmung. Bereits Ausgezogene fühlen sich häufig eher als Erwachsene als noch bei den Eltern Lebende, die sich im Vergleich eher noch als Jugendliche fühlen. Gleichzeitig führt eine Rückkehr ins Elternhaus und damit das erneute Zusammenleben mit den Eltern dazu, sich weniger erwachsen zu fühlen und dafür eher ambivalent zwischen jugendlich und erwachsen (Berngruber, 2020a, S. 92).

Doch selbst wenn der Auszug bereits vollzogen wurde, bedeutet dies nicht, dass dies dauerhaft so bleibt. Demnach muss die räumliche Verselbstständigung als ein Prozess verstanden werden, der mit Wiedereinzügen bei den Eltern verbunden sein kann. Das erneute Zusammenleben unter einem Dach kann sich im Alltag als Herausforderung sowohl für die erwachsenen Kinder als auch für ihre Eltern erweisen. Einerseits haben Rückkehrer während der Zeit außerhalb des Elternhauses oft ihre eigenen Alltagsroutinen etabliert. Andererseits haben die Eltern die Erfahrung des »Empty Nests« gemacht und dürften sich darauf eingestellt haben, ihre Freizeit entsprechend zu organisieren und ebenfalls neue Rituale zu entwickeln. Daher kann die Rückkehr junger Menschen zu einem Wiederaufleben von ›alten Gewohnheiten‹ unter den Familienmitgliedern führen, aber auch mehr Verhandlungsprozesse zwischen Eltern und Jugendlichen erfordern, wenn sich beide Parteien an diese neue Situation anpassen wollen.

Kapitelüberblick

Der folgende Beitrag beleuchtet den Verselbstständigungsschritt des Auszugs aus dem Elternhaus als Teil des Prozesses des Erwachsenwerdens. Zunächst werden der Zeitpunkt und die Gründe für den ersten Auszug aus dem Elternhaus in den Blick genommen. Anschließend widmet sich der Beitrag den verschiedenen Wohnformen junger Erwachsener und der räumlichen Distanz zum Elternhaus nach dem Auszug. Der Beitrag setzt sich dann mit der möglichen Rückkehr ins Elternhaus und den Gründen hierfür auseinander und schließt im Fazit mit Implikationen und weiteren Überlegungen.

8.2.2 Zeitpunkt und Gründe für den ersten Auszug aus dem Elternhaus

Das mediale und alltagsweltliche Bild ist weitgehend durch die Annahme geprägt, dass junge Erwachsene heutzutage später auszögen als es in früheren Generationen der Fall war. Jungen Menschen wird ein parasitäres Motiv hinter dem Verbleib im Elternhaus zugeschrieben. Zumindest legen dies Begrifflichkeiten wie »Hotel Mama« oder »Nesthocker« nahe. Nicht selten wird auch suggeriert, dass eine gute Eltern-Kind-Beziehung, mehr innerfamiliäre Freiheiten sowie ein längerer Verbleib im Bildungssystem aufgrund der Bildungsexpansion Gründe für dieses vermeintlich längere Zusammenwohnen seien (z. B. Langness et al., 2006, S. 64f.). Doch auch wenn diese Gründe zunächst plausibel klingen, stellt sich die Frage, ob junge Menschen heutzutage tatsächlich länger mit ihren Eltern unter einem Dach wohnen als dies früher der Fall war.

In einer Metaanalyse für die westdeutschen Geburtsjahrgänge 1925 bis 1984 können Konietzka und Tatjes (2018, S. 114) zeigen, dass es im Langzeitvergleich keinen kontinuierlich steigenden Trend hin zu einem späteren Auszugsalter gibt. Von den ältesten Kohorten bis in die Geburtsjahre der 1950er hinein kam es sogar zu einem deutlichen Absinken des Auszugsalters (von der Kohorte 1929–1932 mit 24,6 Jahren bis zur Kohorte 1955–1956 mit 21,5 Jahren). In den jüngsten Kohorten (1975–1984) liegt das Auszugsalter bei den Frauen bei 20,6 Jahren, bei den Männern bei 22,5 Jahren (ebd., S. 115). Während bei den Frauen die Veränderungen über alle Kohorten seit Mitte der 1940er Jahre nur sehr gering ausfallen, sind bei den Männern für den gleichen Zeitraum größere Schwankungen nach oben und unten im Auszugsalter erkennbar. Im Vergleich zur Geburtskohorte 1979 bis 1980 mit einem Durchschnittsalter von 22,0 Jahren liegt das Auszugsalter in den beiden jüngsten Geburtskohorten 1981 bis 1982 und 1983 bis 1984 bei 23,0 bzw. 23,1 Jahren – damit im Schnitt ein Jahr später (ebd., S. 126).

Für die Geburtsjahrgänge 1986 bis 2001 (d. h. für die Altersgruppe der 18- bis 32-Jährigen) liegt das durchschnittliche Alter beim ersten Auszug für Gesamtdeutschland nach Berechnungen mit Daten von AID:A 2019 (»Aufwachsen in Deutschland: Alltagswelten«) bei insgesamt 21 Jahren. Frauen ziehen im Schnitt bereits mit 20 Jahren aus, Männer mit 22 Jahren. Die wenigsten Jugendlichen ziehen vor ihrem 18. Geburtstag bei den Eltern aus. Jugendliche, die noch zur Schule gehen, wohnen in aller Regel noch bei ihren Eltern. Damit liegt der Auszug von zu Hause, der in der Jugendforschung als Schritt vom Jugendlich- zum Erwachsensein gilt, zeitlich im jungen Erwachsenenalter.

Im europäischen Vergleich wohnten im Jahr 2018 junge Menschen unter 29 Jahren in Deutschland, Österreich und der Schweiz im Schnitt seltener mit ihren Eltern in einem Haushalt als in den meisten anderen Ländern. Nur in den skandinavischen Ländern (z. B. Dänemark, Finnland) wohnten junge Erwachsene noch seltener im Elternhaus. Am häufigsten hingegen lebten junge Erwachsene aus postsozialistischen (z. B. Bulgarien, Ungarn) und südeuropäischen Ländern (z. B. Italien, Spanien) mit den Eltern zusammen (Eurostat, 2020a). Der niedrige Anteil junger Menschen in Deutschland, die in diesem Alter bei den Eltern wohnen, lässt sich auf mehrere makrostrukturelle Rahmenbedingungen zurückführen. Im Vergleich zu vielen anderen Ländern stehen jungen Erwachsenen bspw. verschiedene sozialstaatliche Leistungen zur Verfügung, die einen Auszug aus dem Elternhaus erleichtern: Schüler*innen und Studierende können ggfs. auf finanzielle Förderungen durch BAföG zurückgreifen. Auch kann im Falle eines nicht gelingenden oder prekären Übergangs in Arbeit Arbeitslosengeld beantragt werden. In diesem Kontext spielen insbesondere die Situation auf dem Arbeitsmarkt, der Verlauf des Übergangs von der Schule in Ausbildung/Studium und Beruf sowie befristete Arbeitsverträge eine wichtige Rolle bei der Möglichkeit eigenständig zu leben. So ist bspw. in Deutschland die Jugendarbeitslosigkeit in den letzten 30 Jahren signifikant niedrig gewesen (Eurostat, 2020b). Damit sind junge Erwachsene in vergleichsweise geringerem Ausmaß von den finanziellen Ressourcen der Eltern abhängig. Ein weiterer Vorteil ist, dass Deutschland im europäischen Vergleich nach der Schweiz den zweitgrößten Mietwohnungsmarkt hat (Eurostat, 2020c) und auch für junge Menschen – regional differenziert – weitgehend bezahlbaren Wohnraum ermöglicht, wobei auch deren Bezahlbarkeit in einigen Unistädten an ihre Grenzen stößt (Oberst & Voigtländer, 2018). Im Jahr 2018 waren 48,5 % der Bevölkerung in Deutschland Mieter*innen einer Wohnung oder eines Hauses. In Ost- und Südeuropa ist dagegen Wohneigentum deutlich üblicher.

Diese gesellschaftlichen Rahmenbedingungen stellen damit die Hintergrundfolie für das Durchlaufen zentraler Statusübergänge im Lebenslauf dar, die es ermöglichen, den Schritt der räumlichen Verselbstständigung gehen zu können. Anhand der zeitlichen Synchronisierung bzw. der zeitlichen Distanz zwischen dem ersten Auszug aus dem Elternhaus und den weiteren zentralen Übergangsmarkern (z. B. erster Ausbildungs- bzw. Studienbeginn, erste Erwerbstätigkeit, erstes Zusammenziehen mit Partner*in), können für Deutschland Unterschiede bezüglich des durchschnittlichen Auszugsalters nach bestimmten Bildungsgruppen gezeigt werden (▶ Abb. 8.2.1).

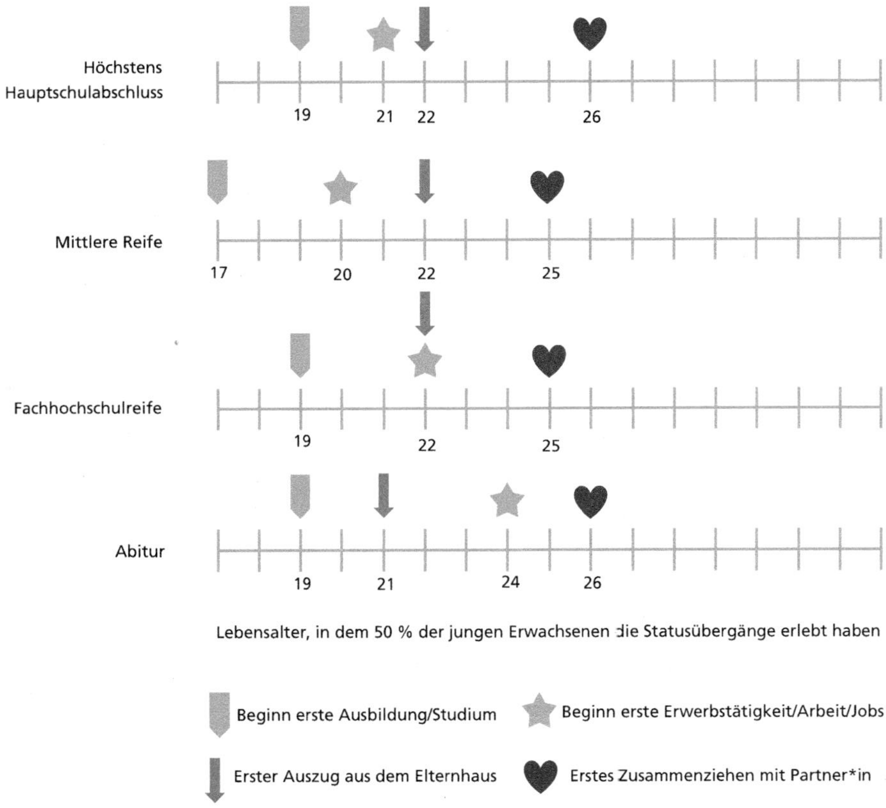

Abb. 8.2.1: Alter beim Erreichen erster Statusübergänge (in Jahren) junger Erwachsener nach dem angestrebten bzw. erreichten Schulabschluss (Quelle: DJI-Survey AID:A 2019, n = 3.878, Zielpersonen: 18- bis 32-Jährige, Kaplan-Meier-Schätzer, Daten gewichtet, eigene Berechnungen)

Es zeigt sich, dass junge Erwachsene mit Hauptschul-, Mittlerer oder Fachhochschulreife im Schnitt mit 22 Jahren das Elternhaus verlassen, wohingegen das Erstauszugsalter von Abiturient*innen ein Jahr früher, d. h. bei 21 Jahren, liegt.

Betrachtet man die zeitliche Reihenfolge verschiedener Verselbstständigungsschritte, so zeigt sich bei den beiden niedrigsten Bildungsgruppen ein identisches Muster: Die jungen Erwachsenen beginnen nach der Schule zunächst eine berufliche oder schulische Ausbildung, werden erwerbstätig, verlassen dann das Elternhaus und ziehen schließlich mit einer Partner*in zusammen. Sehr ähnlich verhält es sich mit den jungen Erwachsenen mit Fachhochschulreife, wobei hier die räumliche Selbstständigkeit zeitlich mit dem Beginn der ersten Erwerbstätigkeit (im Alter von 22 Jahren) ›zusammenfällt‹. Finanzielle Selbstständigkeit ist also für diese drei Bildungsgruppen eine wichtige Voraussetzung für einen Auszug aus dem Elternhaus. Anders sieht es bei Abiturient*innen aus. Hier sind räumliche und ökonomische Selbstständigkeit zeitlich ›vertauscht‹. Bei jungen Erwachsenen mit Abitur ›rückt‹ der erste Auszug außerdem näher an den Ausbildungs- bzw. Studienbeginn als bei den anderen Bildungsgruppen. Da die überwiegende Mehrheit der Abiturient*innen ein Studium aufnimmt, passen diese Ergebnisse zu Befunden, dass Studierende häufig in eine andere Stadt ziehen und zu knapp einem Drittel sogar ihr Bundesland verlassen (Haußen & Übelmesser, 2015, S. 43f.). Aber auch bei einem Studium im Heimatort können junge Menschen von zu Hause ausziehen. Auszubildende hingegen bleiben während ihrer Ausbildung zu einem großen Teil noch bei ihren Eltern wohnen (Wolfert & Quenzel, 2019, S. 136) und ziehen mehrheitlich erst dann aus, wenn genügend eigene finanzielle Mittel zur Verfügung stehen. Die erste Erwerbstätigkeit findet bei Abiturient*innen bedingt durch die Studiendauer mit fast Mitte Zwanzig und damit deutlich später als bei den anderen Bildungsgruppen statt.

Befragt nach den subjektiven Motiven für ihren ersten Auszug gaben schon einmal Ausgezogene unabhängig von ihrer formalen Bildung mehrheitlich den Wunsch nach Unabhängigkeit an. Zudem bestätigen die Befragungsergebnisse zu den Motiven die bereits oben beschriebenen Verknüpfungen mit weiteren Meilensteinen im Lebenslauf, differenziert nach dem schulischen Abschluss: Das Zusammenziehen mit der Partner*in wird häufiger von jungen Erwachsenen mit maximal Hauptschulabschluss im Vergleich zu den anderen Bildungsgruppen benannt, Erwerbstätigkeit häufiger von jungen Erwachsenen mit mittlerer Reife und Ausbildung bzw. Studium am häufigsten von Abiturient*innen (Berngruber, 2015, S. 57). Ältere Befunde mit dem DJI-Familiensurvey aus dem Jahr 2000 weisen darauf hin, dass Streit mit den Eltern hingegen nur selten ein Auszugsgrund ist (Berngruber, 2013, S. 262). Die Ergebnisse widerlegen damit die Vermutung, dass sich hinter den Gründen für einen längeren Verbleib im Elternhaus ein subjektives Bedürfnis nach Bequemlichkeit verbirgt, was im Kontext der Diskussion zu »Hotel Mama« häufig unterstellt wird.

8.2.3 Wohnformen und räumliche Distanz zum Elternhaus

Während in früheren Generationen Heirat und Gründung einer eigenen Familie häufig Anlass für das Verlassen des Elternhauses waren (Konietzka, 2010) und damit der Übergang vom elterlichen Haushalt direkt in die Gründung eines eigenen Haushalts mündete, leben junge Menschen in Deutschland heutzutage direkt nach dem Auszug meist erst einmal andere Wohn- und Lebensformen, bevor weitere Schritte in Richtung Familiengründung vollzogen werden (Berngruber & Gille, 2012).

In der Lebensphase des jungen Erwachsenenalters zwischen 18 und 25 Jahren zeigen sich eine Vielfalt und ein Ausprobieren verschiedener Wohn- und Lebensformen (z. B. Umzug in eine andere Stadt, zeitweises Leben im Ausland, Wohngemeinschaften, alleine wohnen, zusammenwohnen mit der Partner*in).

Insbesondere Studierende leben eine Vielfalt an Wohnformen. In Deutschland wohnt ein Fünftel (21 %) und damit – im Vergleich zu den meisten anderen europäischen Ländern – ein vergleichsweise geringer Anteil bei den Eltern. 12 % der Studierenden wohnen in einem Studierendenwohnheim, 21 % wohnen mit Partner*in und/oder eigenen Kindern zusammen, 29 % wohnen in einer Wohngemeinschaft und 17 % wohnen alleine (DZHW, 2018, S. 203). Wohngemeinschaften sind damit eine Wohnform, die unter Studierenden in Deutschland besonders beliebt ist (zur näheren Information über Zusammensetzung, Ausgestaltung und Alltag von Wohngemeinschaften vgl. Peuckert, 2012, S. 141ff.).

Das bei vielen jungen Menschen praktizierte Pendeln zwischen der eigenen Unterkunft und dem elterlichen Haushalt am Wochenende kann als eine Art Übergangs- oder Zwischenphase zwischen räumlicher Selbstständigkeit und Abhängigkeit verstanden werden, in denen junge Menschen ›das Beste aus beiden Welten‹ testen. Vor allem Studierende, die unter der Woche bspw. in einer Wohngemeinschaft oder einem Studierendenwohnheim in einer anderen Stadt leben, aber am Wochenende regelmäßig wieder bei ihren Eltern ›einziehen‹, sind hierbei als Beispiel zu nennen (Lauterbach & Lüscher, 1999).

Die Möglichkeit, regelmäßig zu den Eltern zu pendeln, ist allerdings davon abhängig, wie weit junge Menschen nach dem Auszug von diesen entfernt wohnen. Die räumliche Entfernung zwischen erwachsenen Kindern und ihren Eltern nach dem Auszug ist dabei meist relativ nah. Nach Analysen von Leopold, Geissler und Pink (2012) wohnen junge Menschen in Deutschland nach dem Auszug aus dem elterlichen Haushalt im Schnitt höchstens zehn Kilometer von den Eltern entfernt, wobei mit höherer schulischer Bildung auch die Wohnentfernung zunimmt. Junge Erwachsene mit höheren Schulabschlüssen sind häufiger ausbildungs- und berufsbedingt mobil (z. B. Wegzug zum Studium in eine Hochschulstadt, die Aufnahme einer Arbeitsstelle im Ausland). Die Wohnentfernung zwischen Eltern und ihren erwachsenen Kindern ist in Deutschland insgesamt weiter als in süd- und osteuropäischen Ländern (Isengard, 2013, S. 277).

Reziproke Unterstützungsleistungen emotionaler (z. B. Trost spenden, Rat geben), instrumenteller (z. B. im Garten helfen, Behördengänge erledigen) und finanzieller Art (z. B. Geldgeschenke, Finanzierung der Miete), aber auch das gemeinsame Wohnen unter einem Dach werden im Allgemeinen als Zeichen einer funktionierenden familialen Solidargemeinschaft gewertet. Im jüngeren Erwachsenenalter verlaufen Unterstützungsleistungen häufiger Top-down, d. h. von den Eltern an ihre erwachsenen Kinder, seltener umgekehrt (Berngruber, Gaupp & Lüders, 2020, S. 394; Albertini, Kohli & Vogel, 2007).

Hinsichtlich der Regelmäßigkeit der geleisteten Hilfe kommt es darauf an, um welche Form an Unterstützungsleistungen es sich konkret handelt. Räumliche Nähe erleichtert regelmäßige persönliche Treffen zwischen den Generationen und ermöglicht Unterstützungsleistungen instrumenteller Art wie bspw. praktische Hilfen im Haushalt sowie Pflege- oder Betreuungsaufgaben. Finanzielle Transfers hingegen sind auch per Überweisung möglich. Trost spenden, Ratschläge geben, Zuhören und generell in Kontakt bleiben können auch per Video, Telefon oder Chats – und damit auch unabhängig von der tatsächlichen Wohnentfernung – erfolgen.

8.2.4 Die Rückkehr ins Elternhaus und die Familie als ›Sicherheitsnetz‹ in schwierigen Zeiten

Der Auszug aus dem Elternhaus kann reversibel sein: Junge Menschen ziehen bspw. aus dem Elternhaus aus, (temporär) wieder ein und irgendwann wieder aus. In der öffentlichen Wahrnehmung wird der Wiedereinzug bei den Eltern häufig als Scheitern oder auch Wieder-von-den-Eltern-abhängig-Werden angesehen. Dies impliziert, dass junge Menschen ins Elternhaus zurückkehren, weil sie die unmittelbare Unterstützung vor Ort benötigen. Rückkehrer*innen werden häufig metaphorisch mit einem Bumerang verglichen, der wieder ins Elternhaus ›zurückgeflogen‹ kommt (z. B. Schönberger, 2016).

Doch wie verbreitet ist dieses Phänomen der Rückkehr ins Elternhaus? Ziehen heute mehr junge Menschen wieder ins Elternhaus zurück als früher? Insbesondere in den letzten Jahren hat die internationale Forschung in diesem Bereich rasant an Fahrt aufgenommen. In den USA wird die Finanzkrise von 2007 als häufiger Grund genannt, warum junge Menschen vermehrt ins Elternhaus zurückkehren.

Im europäischen Vergleich zeigt sich, dass junge Erwachsene in Südeuropa (z. B. Spanien, Griechenland) und in den neuen osteuropäischen Mitgliedsstaaten der EU (z. B. Bulgarien, Ungarn) häufiger wieder ins Elternhaus zurückziehen als in sozialdemokratischen (z. B. Schweden, Dänemark) und konservativen Wohlfahrtsstaaten (z. B. Österreich, Frankreich) (Arundel & Lennartz, 2017). Für Deutschland hat Konietzka (2010) für die Geburtsjahrgänge 1919 bis 1976 untersucht, wie sich der Anteil mehrfacher Auszüge im Langzeitvergleich verändert hat. Über fast alle Alterskohorten hinweg ist der Auszug aus dem Elternhaus in drei Vierteln bis zu neun Zehnteln der Fälle ein einmaliger Statusübergang im Lebensverlauf. Allein in der ältesten Kohorte der 1919 bis 1921 Geborenen, bei der es sich um die Generation handelt, die während des Zweiten Weltkriegs im ›typischen‹ Auszugsalter war, hat etwa die Hälfte der befragten Personen Aus- und Wiedereinzüge erlebt (ebd., S. 202). Das heißt, junge Menschen sind in dieser Kohorte häufiger ins Elternhaus zurückgekehrt als in jüngeren Kohorten. Zu vermuten ist, dass knapper Wohnraum ein häufigeres Zusammenleben der Generationen notwendig gemacht hat.

Heutzutage ist die Wahrscheinlichkeit in Deutschland, ins Elternhaus zurückzukehren, im Laufe der ersten vier Jahre nach dem ersten Auszug am größten. 25 % der bereits Ausgezogenen kehren innerhalb dieser Zeit mindestens einmal wieder zu den Eltern zurück (Berngruber, 2020b, S. 10f.) Im Gegensatz zu geschlechtsspezifischen Unterschieden hinsichtlich des Auszugsalters sind Geschlechterunterschiede bezüglich der Rückkehr ins Elternhaus für Deutschland nicht ersichtlich (Berngruber, 2020b; van den Berg et al., 2019). Nicht nur für den Auszug ist die Verknüpfung mit weiteren Übergängen relevant, sondern auch für die Rückkehr. Als Gründe für einen Wiedereinzug ins Elternhaus sind vor allem krisenhafte ›Wendepunkte‹ im Leben junger Erwachsener zu nennen (Stone et al., 2014). Eine Trennung von der*dem Partner*in, Arbeitslosigkeit, die Beendigung des Studiums sowie psychische Gesundheitsprobleme sind häufige Anlässe für einen Wiedereinzug bei den Eltern. Die Familie zählt in solchen Krisensituationen als »Sicherheitsnetz« oder »Sicherheitsgerüst« (Swartz et al., 2011), das die erwachsenen Kinder davor bewahrt ›tief zu fallen‹. Aber auch zeitlich befristete Auszüge, bei denen es sich bereits beim Auszug nur um eine vorübergehende Veränderung handelt (z. B. Auslandsaufenthalt, Soziales Jahr), erhöhen die Wahrscheinlichkeit für eine Rückkehr (Stone et al., 2014; Berngruber, 2020b; Sandberg-Thoma et al., 2015). Damit scheint die Reversibilität sozialer und ökonomischer Übergänge auch die räumliche Selbstständigkeit reversibler zu machen. Gleichzeitig wird damit auch deutlich, dass eine Rückkehr umso weniger wahrscheinlich wird, je älter junge Menschen werden, je mehr Übergänge ins Erwachsensein sie vollzogen haben und je stabiler diese Übergänge sind.

8.2.5 Fazit: Räumliche Verselbstständigung abhängig vom Gelingen weiterer Verselbstständigungsschritte

Sowohl der erste Auszug als auch eine mögliche Rückkehr ins Elternhaus hängen stark davon ab, ob sich junge Menschen ein eigenständiges Wohnen finanziell leisten können. Die eigenen finanziellen Ressourcen spielen dabei ebenso eine Rolle wie die Möglichkeit im Falle ökonomischer Unsicherheit durch ein familiäres oder staatliches Sicherheitsnetz aufgefangen werden zu können. ›Gelingende‹ Übergänge von der Schule in Ausbildung, Studium und Beruf und damit ökonomische Verselbstständigungsschritte in Richtung finanzielle Unabhängigkeit sind für die räumliche Selbstständigkeit eine maßgebliche Voraussetzung. ›Misslingende‹ Übergänge in den Beruf im Sinne von zusätzlichen Schleifen, prekärer Beschäftigung oder Arbeitsplatzverlust wie auch soziale oder gesundheitliche ›Wendepunkte‹ im Leben können dazu führen, dass lineare Verläufe schwieriger werden, sich der Auszug in der Biografie nach hinten verschiebt und eine Rückkehr ins Elternhaus wahrscheinlicher wird.

Mit Blick auf zeitliche Veränderungen im Auszugsverhalten junger Erwachsener für die Zukunft ist auf Grundlage der (hoch-)schulpolitischen Entwicklungen der letzten Jahre (z. B. durch ein zeitweise früheres Abitur im Rahmen von G8 sowie die Bologna-Reform) und durch die zeitliche Verknüpfung des Auszugs mit dem Abitur bzw. Studienbeginn bei Abiturient*innen im Schnitt ein zunehmend früherer Auszug zu erwarten. Zwischenstationen nach der Schule wie das sogenannte »Gap Year« (z. B. Work and Travel, Au-pair, Freiwilligendienst) können eine solche Entwicklung jedoch auch verzögern (Böwing-Schmalenbrock & Lex, 2015).

Inwiefern die getroffenen Maßnahmen im Zuge der Corona-Pandemie Auswirkungen auf den Auszugsprozess junger Menschen haben, bleibt abzuwarten. So lassen sich verschiedenste Szenarien vorstellen, die es in den nächsten Jahren näher zu untersuchen gilt. Bspw. könnten ein Umzug in eine andere Stadt zum Beginn des Studiums aufgrund der Umstellung von Präsenz- auf Online-Lehre nicht realisiert oder eine Rückkehr ins Elternhaus durch den Wegfall von Nebenjobs oder durch abgebrochene Auslandsaufenthalte notwendig werden.

Care Leaver

Eine besondere Herausforderung bei der räumlichen Verselbstständigung ergibt sich auch für Care Leaver aus einer außerfamiliären Wohnform, für die ein Auszug aus dem Heim oder einer Pflegefamilie oft zeitlich früher erfolgt und mit besonderen Anforderungen verbunden ist (Köngeter et al., 2008, S. 70). Aufgrund geringerer finanzieller Ressourcen, weniger sozialer Unterstützung sowie fehlender Rückkehroptionen sind meist zusätzliche Unterstützungsleistungen notwendig, um für diese Gruppe junger Menschen einen gelingenden Übergang in das eigenständige Wohnen zu ermöglichen (Thomas, 2015).

Insgesamt lässt sich festhalten, dass das (erneute) Zusammenleben mit den Eltern als ein Beispiel für intergenerationale Solidarität gesehen werden kann, wenn Eltern ihren erwachsenen Kindern nach abrupten Veränderungen ihres Lebens ein temporäres Zurückkehren in den elterlichen Haushalt ermöglichen. Das Sich-Ausprobieren ist charakteristisch für diese Lebensphase, so dass Vor- und Rückwärts-Bewegungen wie ein Auszug und die Rückkehr nichts Ungewöhnliches sein müssen.

Literatur

Albertini, M., Kohli, M. & Vogel, C. (2007): Intergenerational transfers of time and money in European families: common patterns – different regimes? Journal of European Social Policy, 17(4), 319–334.

Arundel, R. & Lennartz, C. (2017): Returning to the parental home: Boomerang moves of younger adults and the welfare regime context. Journal of European Social Policy, 27(3), 276–294.

Berngruber, A. & Gille, M. (2012): Wege in die Selbstständigkeit im Geschlechtervergleich. DJI Online Thema, 03 [https://www.dji.de/index.php?id=42806], Zugriff am am 8.12.2020.

Berngruber, A. (2013): Von Nesthockern und Boomerang Kids: Der Auszug aus dem Elternhaus als ein Schritt im Übergang vom Jugendlichen zum Erwachsenen. Berlin: Mensch und Buch.

Berngruber, A. (2015): Ohne Moos nix los? Wann und warum junge Erwachsene zum ersten Mal aus dem Elternhaus ausziehen. In: S. Walper, W. Bien & T. Rauschenbach (Hrsg.): Aufwachsen in Deutschland heute. Erste Befunde aus dem DJI-Survey AID:A 2015 (S. 55–58). München: DJI.

Berngruber, A. (2020a): Kinder, Jugendliche oder Erwachsene? Die biografische Selbstwahrnehmung junger Menschen. In: S. Kuger, S. Walper & T. Rauschenbach, T. (Hrsg.): Aufwachsen in Deutschland 2019 – Alltagswelten von Kindern, Jugendlichen und Familien. AID:A 2019 (S. 88–94). Bielefeld: wbv.

Berngruber, A. (2020b): The timing of and reasons why young people in Germany return to their parental home. Journal of Youth Studies. Online First.

Berngruber, A., Gaupp, N. & Lüders, C. (2020): Jugendlich, erwachsen oder doch »dazwischen«? Die biografische Selbstwahrnehmung junger Menschen im Kontext der Debatte um emerging adulthood. Diskurs Kindheits- und Jugendforschung, 4, 385–400.

Böwing-Schmalenbrock, M. & Lex, T. (2015): Geht heute wirklich alles schneller? Übergänge von der Schule in Ausbildung und Studium im Kohortenvergleich. In: S. Walper, W. Bien & T. Rauschenbach (Hrsg.): Aufwachsen in Deutschland heute. Erste Befunde aus dem DJI-Survey AID:A 2015 (S. 51–54). München: DJI.

DZHW [German Centre for Higher Education Research and Science Studies] (Hrsg.) (2018): Social and Economic Conditions of Student Life in Europe. EUROSTUDENT VI 2016–2018. Synopsis of Indicators. Bielefeld: Bertelsmann.

Eurostat (2020a): Anteil von Jugendlichen im Alter zwischen 18 und 34, die mit ihren Eltern wohnen, nach Alter und Geschlecht (Quelle: EU-SILC) [http://appsso.eurostat.ec.europa.eu/nui/show.do?dataset=ilc_lvps08&lang=de], Zugriff am 8.12.2020.

Eurostat. (2020b): Arbeitslosendaten nach Geschlecht und Alter – jährliche Daten [http://appsso.eurostat.ec.europa.eu/nui/show.do?dataset=une_rt_a&lang=de], Zugriff am 08.12.2020.

Eurostat (2020c): Verteilung der Bevölkerung nach Wohnbesitzverhältnissen, Haushaltstyp und Einkommensgruppe – EU-SILC Erhebung [http://appsso.eurostat.ec.europa.eu/nui/show.do?dataset=ilc_lvho02&lang=de], Zugriff am 8.12.2020.

Haußen, T. & Übelmesser, S. (2015): Mobilität von Hochschulabsolventen in Deutschland. ifo Dresden berichtet, 22(2), 42–50.

Isengard, B. (2013): »Der Apfel lebt nicht weit vom Stamm«: Wohnentfernungen zwischen Eltern und ihren erwachsenen Kindern in Europa. Comparative Population Studies, 38 (2), 263–290.

Konietzka, D. (2010): Zeiten des Übergangs: Sozialer Wandel des Übergangs in das Erwachsenenalter. Wiesbaden: Springer VS.

Konietzka, D. & Tatjes, A. (2018): »Hotel Mama« revisited. Stabilität und Wandel des Auszugs aus dem Elternhaus im langfristigen Kohortenvergleich. Kölner Zeitschrift für Soziologie und Sozialpsychologie, 70(1), 105–129.

Köngeter, S., Schröer, W. & Zeller, M. (2008): Germany. In: M. Stein & E. R. Munro (Hrsg.): Young People's Transitions from Care to Adulthood. International Research and Practice (S. 64–78). London: Jessica Kingsleys Publishers.

Langness, A., Leven, I. & Hurrelmann, K. (2006): Jugendliche Lebenswelten: Familie, Schule, Freizeit. In: Shell Deutschland Holding (Hrsg.): Jugend 2006. Eine pragmatische Generation unter Druck (S. 49–102). Frankfurt a. M.: Fischer.

Lauterbach, W. & Lüscher, K. (1999): Wer sind die Spätauszieher? Oder: Herkunftsfamilie, Wohnumfeld und die Gründung eines eigenen Haushaltes: Eine empirische Untersuchung über das Alter bei der Haushaltsgründung. Zeitschrift für Bevölkerungswissenschaft, 24(4), 425–448.

Leopold, T., Geissler, F. & Pink, S. (2012): How far do children move? Spatial distances after leaving the parental home. Social Science Research, 41, 991–1002.

Mulder, C. H. (2009): Leaving the parental home in young adulthood. In: A. Furlong (Hrsg.): Handbook of Youth and Young Adulthood: New perspectives and agendas (S. 203–210). London: Routledge.

Oberst, C. & Voigtländer, M. (2018): IW-Studentenwohnpreisindex 2018: Mietpreisunterschiede zwischen Hochschulstandorten weiten sich. IW-Report 36/18, Institut der deutschen Wirtschaft.

Papastefanou, C. (2000): Der Auszug aus dem Elternhaus – ein vernachlässigter Gegenstand der Entwicklungspsychologie. Zeitschrift für Soziologie der Erziehung und Sozialisation, 20(1), 55–69.

Peuckert, R. (2012): Familienformen im sozialen Wandel. 8. Auflage. Wiesbaden: Springer VS.
Sandberg-Thoma, S. E., Snyder, A. R. & Jang, B. J. (2015): Exiting and Returning to the Parental Home for Boomerang Kids. Journal of Marriage and Family, 77, 806–818.
Schönberger, B. (2016): Hallo Mama, da bin ich wieder! Psychologie Heute, 43(2), 40–44.
Stone, J., Berrington, A. & Falkingham, J. (2014): Gender, Turning Points, and Boomerangs: Returning Home in Young Adulthood in Great Britain. Demography, 51(1), 257–276.
Swartz, T. T, Kim,M., Uno, M., Mortimer, J. & O'Brien, K. B. (2011): Safety Nets and Scaffolds: Parental Support in the Transition to Adulthood. Journal of Marriage and Family, 73(2), 414–429.
Thomas, S. (2015): Care Leaver auf dem Weg in ein eigenständiges Leben. Übergänge aus stationären Erziehungshilfen kreativ denken und begleiten. Jugendhilfe aktuell, 2, 20–23.
van den Berg, L., Kalmijn, M. & Leopold, T. (2019): Leaving and Returning Home: A New Approach to Off-Time Transitions. Journal of Marriage and Family, 81(3), 679–695.
Wolfert, S., Quenzel, G. (2019): Vielfalt jugendlicher Lebenswelten: Familie, Partnerschaft, Religion und Freundschaft. In: Shell Deutschland Holding (Hrsg.): Jugend 2019. Eine Generation meldet sich zu Wort (S. 133–161). Weinheim/Basel: Beltz.

9 Bildungsbezogene Aspekte des Erwachsenwerdens

9.1 Ausgelernt!? Übergänge Jugendlicher und junger Erwachsener im Bildungs- und Erwerbssystem

Christine Steiner

Ausgelernt zu haben markiert für Jugendliche, insbesondere, wenn sie eine betriebliche Ausbildung absolvieren, einen wichtigen biografischen Meilenstein: Wer ausgelernt hat, verfügt über den notwendigen Sachverstand, um im Berufsleben bestehen zu können. Der Ausbildungsabschluss verspricht ihnen gute Beschäftigungsaussichten und bringt sie damit einen entscheidenden Schritt weiter auf dem Weg zur ökonomischen Selbstständigkeit und damit zum Erwachsensein (► Einleitung). Der Eintritt in eine Ausbildung und in den Arbeitsmarkt zählt wie andere zentrale Lebensereignisse, etwa das Eingehen einer Partnerschaft, zu der Reihe von Übergängen, die zusammengenommen das Erwachsenwerden ausmachen (Buchmann & Kriesi, 2011; Shanahan, 2000).

Solche Übergänge ereignen sich in der Regel nicht völlig unabhängig voneinander. Sie folgen sozialen Zeitplänen (Neugarten, 1968), die durch öffentliche Debatten, gesetzliche Regelungen, Zugangsvoraussetzungen, Lehrpläne und wirtschaftliche Interessen ebenso konstituiert werden wie durch familiäre Konventionen und individuelle Wünsche. Typische Sequenzen wie die Abfolge von Schulbesuch, berufliche Ausbildung oder Studium und Erwerbsarbeit sind inzwischen so vertraut, dass die meisten nicht mehr wissen, dass sie erst seit verhältnismäßig kurzer Zeit zum selbstverständlichen Bestandteil der Biografie jeder*jedes Einzelnen wurden (Solga, 2002, S. 3).

Sowohl die Tatsache, dass es solche typischen Muster gibt, als auch die Erkenntnis, dass sie Prozessen sozialen Wandels unterliegen, führte zu einer intensiven Forschung über das Zusammenspiel von institutionellen Arrangements und individueller Lebensgestaltung. In der soziologischen Jugendforschung gehört die Analyse von Übergängen im Jugendalter inzwischen zu den etablierten Forschungsfeldern (Kuhar & Reiter, 2012, S. 212). Dabei bildet die von Ulrich Beck (1986) formulierte *Individualisierungsthese* eine wichtige, zugleich jedoch auch umstrittene theoretische Referenz: Die Erwartung einer Zunahme der enttraditionalisierten Lebensverläufe und -weisen wurde vor allem durch den vielfach bestätigten Befund dauerhafter sozialer Bildungsungleichheiten in Frage gestellt. Letztlich zeigt sich, dass trotz des erheblichen Wandels der Bildungsbeteiligung und beim Einstieg ins Arbeitsleben sowohl traditionelle als auch alternative Wege ins Erwerbsleben von der sozialen Herkunft abhängen.

Kapitelüberblick

Der vorliegende Beitrag gibt zunächst Überblick über zentrale Diskussionen und theoretische Ansätze der soziologischen Jugend- und Bildungsforschung (► Kap. 9.1.1). Im Anschluss daran werden aktuelle empirische Befunde zu den Übergängen von der Schule in die Ausbildung (► Kap. 9.1.2) sowie ins Erwerbleben vorgestellt (► Kap. 9.1.3). Der letzte Abschnitt fasst die wesentlichen Befunde zum Übergang Jugendlicher und junger Erwachsener in die ökonomische Selbstständigkeit zusammen (► Kap. 9.1.4).

9.1.1 Unabhängig? Jugend- und bildungssoziologische Perspektiven auf Übergänge im Bildungs- und Erwerbssystem

Eines der zentralen Argumente der Individualisierungsthese ist, dass die gesellschaftliche Entwicklung in industriellen Nachkriegsgesellschaften vor allem durch die Nebenfolgen wie etwa ökologische Risiken zu einer Ausdifferenzierung und Verschärfung sozialer Ungleichheit führe. Dies setze industriegesellschaftliche Lebensformen und -weisen unter Anpassungsdruck und zwänge jede*n Einzelne*n dazu, sich zur eigenen *Biografie* zu verhalten, sie im Grunde selbst herzustellen. Die Attraktivität der Individualisierungsthese für die Jugendforschung resultiert aus ihrer unmittelbaren Anschlussfähigkeit an die Überzeugung, dass Jugendliche und junge Erwachsene als Angehörige einer neuen *Generation* ein besonderes Verhältnis zu Prozessen *sozialen Wandels* haben. Bereits Karl Mannheim (1928 [1964]) hat darauf aufmerksam gemacht, dass die Angehörigen nachkommender Generationen jeweils eigene Zugänge zur Kultur und Sozialität einer Gesellschaft erschließen. Im Kontext der Individualisierungsthese wurde ein sehr weitreichender sozialer Wandel von Lebenslagen und Lebensweisen erwartet, gerade auch für Jugendliche. Für ihr Aufwachsen in Gegenwartsgesellschaften sei nun die *»riskante Chance«* charakteristisch, biografisch relevante Entscheidungen eigenverantwortlich treffen zu können, vor allem aber auch zu müssen (Arbeitsgruppe Bielefelder Jugendforschung, 1990, S. 11, zit. n. Schäfers & Scherr, 2005, S. 50). Herkunftsrelevante Merkmale würden bei solchen Entscheidungen, aber auch in jugendkulturellen Praktiken allenfalls eine nachrangige Rolle spielen (ebd.).

Es gibt in der Tat eine Reihe von empirischen Befunden für einen Strukturwandel der Jugendphase; dazu zählen vor allem auch die beiden in den nachfolgenden Abschnitten ausführlich dargestellten Veränderungen in der Bildungsbeteiligung und an den Übergängen des Bildungs- und Beschäftigungssystems (dazu auch Mey, 2011, S. 36f.). Allerdings zeigte sich sowohl in der Jugendkulturforschung (Hoffmann, 2011) als auch bei der Untersuchung von Übergangsprozessen, dass die soziale Herkunft nach wie vor relevant ist. Damit scheint wenig für soziokulturelle Praktiken und individuelle Entscheidungen »jenseits von Stand und Klasse« (Beck, 1983) zu sprechen. Vor allem aber zeigt sich der lange Arm der sozialen Herkunft verlässlich in bildungssoziologischen Untersuchungen – und zwar trotz weitreichenden Wandels des Bildungs- und Beschäftigungssystems wie etwa der Tendenz zur Höherqualifizierung und dem Wandel zur Dienstleistungsgesellschaft. Blossfeld und Shavit (1993), die in ihrer international vergleichenden Untersuchung auf die Hartnäckigkeit des Zusammenhangs von sozialer Herkunft und Bildungserfolg aufmerksam gemacht hatten, zogen daraus den Schluss, dass die Bildungsexpansion eine entscheidende Voraussetzung für die Wahrung sozialer Distanzen der Bildungsbeteiligung war. Schneider und Tieben (2011) kommen fast 20 Jahre später zu einem ähnlichen Befund.

In der bildungssoziologischen Forschung wird die soziale ungleiche Bildungsbeteiligung als Resultat von rationalen Entscheidungen verstanden.

Primäre und sekundäre Herkunftseffekte

Auf Raimond Boudon (1974) geht dabei die Unterscheidung von primären und sekundären Herkunftseffekten zurück: Bei primären Herkunftseffekten geht es um Einflüsse der sozialen Herkunft auf die Schulleistungen, etwa durch die Aufmerksamkeit und die Hilfe der Eltern für das schulische Lernen; bei sekundären Effekte handelt es sich um von den Leistungen unabhängigen Einflüsse der sozialen Herkunft auf Bildungsentscheidungen wie das Vertrauen in die künftige Leistungsentwicklung des Kindes.

Die soziale Herkunft ist damit in bildungssoziologischen Ansätzen der Kernfaktor zur Erklärung von Bildungsungleichheiten. In diesem Zusammenhang sind die Ergebnisse von Schneider und Tieben (2011, S. 161) besonders interessant, zeigen sie doch, dass die im Zuge der Bildungsexpansion entstandenen neuen und erweiterten Bildungsmöglichkeiten vor allem von Kindern aus der *zwischenzeitlich* gewachsenen Mittelschicht genutzt wurden. Mit anderen Worten: Es sind vor allem die Kinder, deren Eltern im Zuge der Bildungsexpansion die Chance auf weiterführende Bildung genutzt hatten, die diese Chance nun auch für ihre Kinder anstreben. Dieser neuen Mittelschicht wurde jüngst eine wachsende Skepsis in Bezug auf die Erfolgschancen eines intergenerationalen Bildungstransfers und eine Verunsicherung im Hinblick auf die Zukunftsaussichten ihrer Nachkommen attestiert (u. a. Schimank, 2015; Bude, 2011). Sie führe zu einer Intensivierung familialer Vor- und Fürsorgestrategien, die in einem ausgeprägten Förder- und Bildungswettbewerb zwischen Eltern münden. Es gehe um die ›richtige‹ Entscheidung bei der Wahl der Kita, der Schule, des Berufs. Die thematischen Korrespondenzen zur Individualisierungsthese sind leicht zu erkennen. Dass damit jedoch Momente und Prozesse aufgegriffen werden, die vor allem die Investitions- und Planungsnöte von Mittelschichtsfamilien widerspiegeln, wurde zwischenzeitlich auch in der Jugendforschung vermerkt (u. a. Bath & Rather, 2013; Ansell, 2008; Brannen & Nielsen, 2002).

In aktuellen Arbeiten der jugendsoziologisch orientierten Übergangsforschung finden sich inzwischen Ansätze, die für eine angemessene Berücksichtigung der Familie und ihrer Klassenlage plädieren. So schlagen etwa Bath und Rather (2013) vor, die Annahmen der Individualisierungsthese im Lichte von Pierre Bourdieus Kapitaltheorie zu interpretieren und Reflexivität als eine durch den klassespezifischen Habitus vermittelte Fähigkeit zur Anpassung an veränderte gesellschaftliche Bedingungen aufzufassen. Das mag auf den ersten Blick überraschen, da Bourdieus Kapitaltheorie im Grunde auf soziale Reproduktion ausgerichtet ist, allerdings gilt der inkorporierte *soziale Habitus* inzwischen nicht mehr nur als eine Ursache sozialer Stabilität (ausführlich dazu Guerrini, 2011). Bath und Rather gehen davon aus, dass solche Habitus-Transformationen nicht nur unter Jugendlichen aus mittleren sozialen Schichten zu finden sind. Auch andere Autor*innen wie Furlong und Cartmel (1997) weisen darauf hin, dass Bildungs- bzw. Übergangsentscheidungen auch für Jugendliche aus der Arbeiterklasse bzw. weniger privilegierten sozialen Schichten unter Adaptionsdruck geraten.

Roberts und Antonucci (2018) greifen das sozialpolitische Konzept des Wohlfahrtsmixes auf und argumentieren, dass Übergänge im Jugendalter, insbesondere die damit verbundenen Risiken, nur angemessen verstanden werden können, wenn die Jugendlichen zugänglichen Konfigurationen aus familiären, wohlfahrtsstaatlichen und arbeitsmarktbezogenen Ressourcen analysiert werden. Woodman (2018) schließlich schlägt eine stärkere Orientierung an einem Lebensverlaufsansatz vor, bei der jedoch der Eigenständigkeit Jugendlicher Rechnung getragen werden solle. Er hält dabei den Begriff der *Generation* im Anschluss an Karl Mannheim (1964 [1928], S. 104) für besonders geeignet, um zwischen der Jugendforschung sowie Untersuchungen zum Lebensverlauf und zum sozialen Wandel vermitteln zu können. Mit dem Verweis auf Karl Mannheim schließt sich dann der Kreis theoretischer Referenzen in gewisser Weise wieder.

9.1.2 Schulschluss? Unscharfe Grenzen an den Übergängen im Bildungssystem

Dass der Einfluss der Familie an den Übergängen im Bildungssystem nach wie vor deutlich sichtbar ist, bedeutet nicht, dass es keine Veränderungen in den Ungleichheitsstrukturen gibt. Das gilt selbst für die herkunftsbedingte Ungleichheit: So hat sich der Zusammenhang von sozialer Herkunft und Bildungsbeteiligung an den Übergängen innerhalb des Schulsystems etwas gelockert, während er an den Übergängen im Anschluss an die Schule nach wie vor deutlich zu erkennen ist (Hadjar & Becker, 2009, S. 205). Nachgerade spektakulär ist der Wandel der geschlechtsspezifischen Bildungsungleichheit: War vor über 50 Jahren eine ausgeprägte Bildungsbenachteiligung, ja Bildungsarmut junger Frauen charakteristisch, wie sie exemplarisch in der Kunstfigur des »katholischen Arbeitermädchens vom Lande« zum Ausdruck kommt (Picht, 1964), stellen junge Frauen jetzt über die Hälfte aller Schulabsolvent*innen mit allgemeiner Hochschulreife (Helbig,

2013, S. 142). Demgegenüber gelten nun vor allem auch Kinder und Jugendliche mit Migrationshintergrund als bildungsbenachteiligt; sie sind in den Sonder- und Hauptschulen weit über- und in den anderen Schulformen unterrepräsentiert (Allmendinger et al., 2018, S. 60). Diese neuen Ungleichheiten zeichnen sich in allen OECD-Staaten in ähnlicher Weise ab. Darin spiegeln sich nicht nur sozialstrukturelle Veränderungen durch Zuwanderung, sondern auch ein Wandel gesellschaftlicher Werte. So wird bspw. der wachsende Bildungserfolg junger Frauen auf den Rückgang ihrer Diskriminierung am Arbeitsmarkt und auf die Verbreitung egalitärer familiärer Erziehungsstile zurückgeführt (Buchmann & DiPrete, 2006, S. 518f.).

Dieser Wandel hatte nicht nur Folgen für die individuellen Bildungs- und Erwerbsbeteiligung, sondern auch für die Bildungseinrichtungen. In Deutschland betrifft das nicht zuletzt das Schulsystem. Dedering & Holtappels (2018, S. 433) beschreiben die Folge der veränderten Bildungsbeteiligung prägnant als Existenzkrise der Hauptschule und Identitätskrise der traditionellen Sekundarschulformen. Sie verweisen damit zum einen auf den starken Rückgang der Zahl der Hauptschulen und die damit einhergehende soziostrukturelle und pädagogische Verarmung (dazu auch Solga & Wagner, 2004). Zum anderen machen sie auf die wachsende Heterogenität der Schüler*innen an den Realschulen und Gymnasien aufmerksam, die sowohl mit diverseren Lernausgangslagen als auch mit veränderten Bildungsaspirationen einhergeht. So verbinden Eltern und Schüler*innen mit dem Erwerb der Hochschulreife nicht mehr in erster Linie die Aufnahme eines Hochschulstudiums, sondern die Chance, möglichst viele, im Anschluss an die Schule gangbarer Bildungswege beschreiten zu können. Das entspricht recht genau den weiter oben beschriebenen mittelschichtstypischen Vor- und Fürsorgestrategien zur Wahrung der eigenen Planungssicherheit. Infolge der sozialen Auszehrung der Hauptschule und der Bereitschaft, längere schulische Wege zu beschreiten, hat in den zurückliegenden Jahren die Zahl von Schulformen mit mehreren Bildungsgängen zugenommen. In vielen Bundesländern ermöglichen diese Schulformen auch den Erwerb der Hochschulreife. Zugleich wurde insbesondere in den nicht-gymnasialen Schulen die schulische Berufsorientierung intensiviert: Sie beginnt nicht nur früher, oft bereits in der Klassenstufe 5, gelegentlich bereits in der Grundschule, sondern fokussiert auch auf die Vermittlung von Praxiserfahrungen und eine möglichst individuelle Beratung und Begleitung der Schüler*innen (Niemeyer & Frei-Huppert, 2009).

Dies vollzieht sich vor dem Hintergrund seit Mitte der 1990er Jahre größer werdender Schwierigkeiten insbesondere von Jugendlichen ohne und mit Hauptschul-, zunehmend aber auch mit mittlerem Schulabschluss, Zugang zu einer beruflichen Ausbildung zu finden (Kleinert & Jacob, 2012). Seither besucht ein beträchtlicher Teil der Schulabsolvent*innen eine der Maßnahmen und Bildungsgänge des sogenannten Übergangssektors, die alle eines gemeinsam haben: Sie führen nicht zu einem beruflichen Abschluss, dafür u. a. zu mehr und zum Teil auch höheren Schulabschlüssen (u. a. Beicht, 2009). Damit sollen sich Chancen Jugendlicher auf eine berufliche Ausbildung verbessern. Der Ausbildungsmarkt ist jedoch, auch infolge der weitergehenden schulischen Bildungsbeteiligung durch qualifikationsbezogene Segmentierungen gekennzeichnet. Protsch (2014) bspw.

zeigt für die betriebliche Berufsausbildung, für die nach Berufsbildungsgesetz und Handwerksordnung nach wie vor kein Schulabschluss notwendig ist, dass Jugendlichen in Abhängigkeit ihres Schulabschlussniveaus ein unterschiedlich weites Spektrum an Ausbildungsberufen offensteht (S. 200); insbesondere für Jugendliche mit maximal dem Hauptschulabschluss ist dieses Spektrum deutlich enger geworden (ebd., dazu auch Uhly & Erbe, 2007). Mit hybriden Ausbildungsformaten wie etwa dualen Studiengängen wird darüber hinaus versucht, die betriebliche Ausbildung für Hochschulzugangsberechtigte attraktiver zu machen (Euler & Severing, 2016, S. 35). In der vollzeitschulischen Berufsausbildung, die heute von den Ausbildungsgängen in den Gesundheits-, Sozial- und Erziehungsberufen geprägt ist (BMBF, 2019a, S. 194f.), wird in der Regel der mittlere Schulabschluss vorausgesetzt. Auch hier haben sich die Ausbildungsmöglichkeiten für Jugendliche mit maximal dem Hauptschulabschluss verringert. So ist bspw. für den Zugang zur Ausbildung in der Kinderpflege und der Sozialassistenz inzwischen vielfach der mittlere Schulabschluss erforderlich (Autorengruppe Fachkräftebarometer, 2019, S. 126ff.). Zugleich ist die Ausbildung in erzieherischen Berufen mit der Etablierung (fach-)hochschulischer Bildungsgänge in der Früh- und Kindheitspädagogik durch eine Akademisierung des Berufsfeldes geprägt (ebd.).

Im Bereich der beruflichen Bildung ist die Segmentierung nach schulischer Vorqualifikation nicht die einzige Grenzziehung. Traditionell sind die betriebliche und vollzeitschulische Berufsausbildung hochgradig geschlechtsspezifisch strukturiert. Allein in den Gesundheits-, Erziehungs- und Sozialberufen beträgt der Anteil junger Frauen an allen Schüler*innen rund drei Viertel (BMBF, 2020, S. 182); demgegenüber ist die betriebliche Ausbildung in steigendem Maß eine Domäne junger Männer (ebd., S. 100). Die beiden Säulen der beruflichen Bildung sind zudem unterschiedlich sozialrechtlich verankert: Anders als in der betrieblichen Ausbildung bekommen Lernende in schulischen Berufsausbildungsgängen keine Ausbildungsvergütung, sind nicht sozialversicherungspflichtig und müssen ggf. Schulgeld zahlen (BMBF, 2019b, S. 81). Allerdings ist letzteres für Pflegeausbildungen ab 2020 abgeschafft, die Zahlung einer angemessenen Ausbildungsvergütung für die Pflege- und Erziehungsberufe vorgesehen bzw. in der Diskussion (ebd.). Inzwischen vorliegende Befunde lassen zudem erkennen, dass Ausbildungsunternehmen neben dem Niveau des Schulabschlusses auch im Hinblick auf die Geschlechtszugehörigkeit (Kübler et al., 2017) und der ethnischen Zugehörigkeit (Seeber, 2011; Imdorf, 2008) diskriminierende Einstellungsverfahren praktizieren.

Einen deutlichen Nachhall fand der qualifikationsbezogene Strukturwandel beim Zugang zur Berufsausbildung in den Bildungsabsichten Jugendlicher: Kurz vor dem Schulschluss äußert inzwischen ein erheblicher Teil der Schüler*innen nicht-gymnasialer Bildungsgänge den Wunsch nach der Fortführung des Schulbesuchs (u. a. Geier, 2013; Wood & Lauterbach, 2013; Arnoldt et al., 2016). Und ein ebenso erheblicher Teil setzt diese Absicht auch um. Neben den bereits weiter oben erwähnten Bildungsgängen im Übergangssektor und dem Besuch der Sekundarstufe II für Schulabsolvent*innen mit mittlerem Schulabschluss (Schindler, 2014) ist es Jugendlichen möglich, parallel (Buchholz & Schier, 2015) oder im Rahmen beruflicher Bildungsgänge Schulabschlüsse zu erwerben. Allein unter den ehemaligen Hauptschüler*innen der Jahrgangsstufe 9 werten rund 40 % durch nachholende Bildung ihren Abschluss zum mittleren Schulabschluss auf (Maaz, 2010, S. 405). Ähnlich hoch lag der Anteil von Hochschulreifezeugnissen, die im Schuljahr 2016 *nicht* an allgemeinbildenden Schulen erworben wurden (Schuchart & Schimke, 2019, S. 23).

Angesichts des Umfangs an nachgeholten Abschlüssen könnte man erwarten, dass dies ein Weg ist, um sozial ungleiche Bildungserfolge zu korrigieren. Vorliegende Studien zum nachträglichen Erwerb der Hochschulreife zeigen jedoch, dass sich die sozialen Herkunftseffekte im Bildungsverlauf *nicht* abschwächen (u. a. Blossfeld, 2019, S. 555; Kurz et al., 2019). Es sind demnach vor allem Jugendliche aus sozial privilegierteren Familien, die nachträglich die Hochschulreife erwerben. Sie tun dies allerdings nicht unbedingt, um ein Hochschulstudium aufzunehmen. Für sie ist vielmehr das Absolvieren einer beruflichen Ausbildung von besonderem Interesse (Blossfeld, 2018). Schuchart und Simke (2019) zeigen jedoch, dass sich das Nachholen der Hochschulreife auch dann lohnt, wenn kein Hochschulstudium absolviert wird, weil dies die Aufnahme attraktiver beruflicher Tätigkeiten ermöglicht. Demgegenüber haben Studierende mit nachgeholter Hochschulreife ein größeres Risiko, das Studium abzubrechen (Müller & Schneider, 2013). Bei Jugendlichen, die im Übergangssektor einen Schulabschluss nachholen, geht es kaum um Hochschulreifen, sondern vorrangig um das Nachholen des Hauptschul- und des mittleren Schulabschlusses. Im Unterschied zum Ruf des Übergangssektors, nämlich eher sinnlose Warteschleifen zu produzieren, verbessert das Nachholen von Schulabschlüssen, aber auch die Teilnahme an anderen Unterstützungsformaten des Übergangssektors die Zugangschancen zu einer vollqualifizierenden Ausbildung durchaus (Beicht, 2009; Menze & Holtmann, 2019). Allerdings erreichen Jugendliche mit nachgeholtem mittleren Schulabschluss nur unter bestimmten Bedingungen auch statusmittlere Ausbildungsberufe (Schuchart, 2011). Letztlich bleibt jedoch trotz aller (nachholender) Bildung und ergänzenden Unterstützungsangeboten ein Viertel aller Schulabsolvent*innen der Sekundarstufe I bis zum 25. Lebensjahr ohne beruflichen Abschluss (Dietrich, Patzina & Kretschmer, 2019).

9.1.3 Ausgelernt? Mit Bewährungsauflagen in die ökonomische Selbstständigkeit

Junge Menschen besuchen heute länger und mit einigem Erfolg die Schule, und zwar auch dann, wenn es ursprünglich gar nicht vorgesehen war, und für den überwiegenden Teil gehört das Absolvieren einer beruflichen Ausbildung oder eines Studiums zum selbstverständlichen Bestandteil ihrer Biografie. Jugendliche und junge Erwachsene sind heute besser qualifiziert als die Angehörigen früherer Generationen, auch als ihre eigenen Eltern (Destatis, 2018). Das trifft nicht nur auf Jugendliche und junge Erwachsene in Deutschland zu. In ganz Europa ist, gemessen am Alter des Schulaustritts und der Beteiligung an höherer Bildung, das Qualifikationsniveau der jungen Generation im Vergleich zu älteren Generationen deutlich gestiegen (O'Reilly, Smith, Nazio & Moyart, 2017).

Allerdings zahlt sich ihr Bildungsengagement beim Einstieg im Erwerbsleben nur noch bedingt aus, weil ihre zweifelsohne vorhandenen Qualifikationen nicht denen entsprechen, die von Unternehmen gesucht werden, aber auch, weil die Flexibilisierung des Arbeitsmarkts mit einer Zunahme ungesicherter Beschäftigung einherging (ebd.). Beides erschwert es gerade Jugendlichen und jungen Erwachsenen, auf dem Arbeitsmarkt fußzufassen und in eine auskömmliche Beschäftigung zu gelangen. Als Newcomer*innen am Arbeitsmarkt verfügen sie weder über förderliche Arbeitserfahrungen und eine damit einhergehende Verankerung in beruflichen Netzwerken noch über eine schützende Seniorität oder starke betriebliche Interessenvertretung. Sie gelten daher als vulnerable Gruppe am Arbeitsmarkt, die besonders anfällig für den gestiegenen Arbeitsmarkt- und Wettbewerbsdruck ist (Buchholz, 2008, S. 41).

Die EU-Mitgliedsstaaten haben bereits seit langen Jahren Schwierigkeiten, junge Menschen in den Arbeitsmarkt zu integrieren; die Bekämpfung von Jugendarbeitslosigkeit ist eines der dominierenden Themen der Europapolitik und wird mit zahlreichen Programmen und Projekten gefördert (Tosun, 2015). Das Ausmaß der Integrationsdefizite wird im Rahmen der europäischen Sozialberichterstattung regelmäßig erfasst.

Not in Employment, Education or Training

Neben dem Ausmaß der Arbeitslosigkeit unter jungen Menschen wird inzwischen auch der Umfang an Jugendlichen und jungen Erwachsenen ermittelt, die weder erwerbstätig sind noch eine (Berufs-)Ausbildung absolvieren. Sie werden mit dem Begriff »NEET« (Not in Employment, Education or Training) beschrieben (ausführlich dazu Schels, 2018). Laut Angaben von Eurostat (2019) zählen europaweit 12,7 Millionen junge Erwachsene im Alter zwischen 20 und 24 Jahren zur Gruppe der NEET. Das entspricht 16,4 % der Altersgruppe; junge Frauen sind in dieser Gruppe überrepräsentiert. Allerdings bestehen zwischen den einzelnen Ländern ausgeprägte Unterschiede: Während in Italien und Griechenland mehr als jede*r Vierte der 20- bis 34-Jährigen nicht im Bildungs- und Erwerbssystem integriert ist, lag die entsprechende Quote in Schweden unter 10 %. In Deutschland lag die NEET-Quote bei 11,1 % aller 20- bis 34-Jährigen.

Solche nationalen Unterschiede werden neben der Struktur der (Aus-)Bildungssysteme vor allem auf die Gestaltung bzw. die Governance des Übergangs ins Erwerbsleben zurückgeführt. Dabei gilt ein berufliches Ausbildungssystem als wichtiger Faktor, um Übergänge ins Erwerbsleben für Jugendliche und junge Erwachsene vergleichsweise friktionsfrei zu gestalten (Eichhorst & Rinne, 2016, S. 2). Es stellt am Arbeitsmarkt benötigte Qualifikationen sicher und reduziert so den weiter oben angesprochenen Mismatch zwischen vorhandenen und nachgefragten Fach- und Sozialkompetenzen (ebd.). Das trifft insbesondere auf die im deutschsprachigen Raum etablierte dual organisierte berufliche Ausbildung zu. Die betriebliche Erstausbildung, wie die duale Ausbildung auch genannt wird, bietet erfolgreichen Ausbildungsabsolvent*innen mit der Option auf Übernahme ins Ausbildungsunternehmen vergleichsweise absehbare Erwerbsperspektiven. Darüber hinaus gelten die transparenten beruflichen Qualifikationsprofile als chancensteigend, insbesondere auf stark berufsspezifisch strukturierten Arbeitsmärkten wie in Deutschland (Sengenberger, 1987). Dieser Vorteil gilt jedoch nicht uneingeschränkt. So reduzieren Unternehmen ihr Ausbildungsengagement und die Zahl der Übernahmen in wirtschaftlichen Krisen. Der Vorteil, den Absolvent*innen dualer Berufsausbildungsgänge gegenüber anderen Absolvent*innen haben, verliert sich zudem über die Zeit (Parey, 2016).

Beim Einstieg ins Erwerbsleben geht es nicht zuletzt darum, eine Beschäftigung zu finden, mit der der eigene Lebensunterhalt dauerhaft bestritten werden kann. Bei den Beschäftigungen, die Jugendliche und junge Erwachsene gerade zu Beginn ihres Erwerbslebens nachgehen, handelt es sich jedoch oft um prekäre, d. h. temporäre, gering entlohnte und/oder im Hinblick auf verschiedene Aspekte unsichere Arbeit (MacDonald, 2016/2017). Auch in Deutschland hat seit den 1990er Jahren der Anteil sogenannter atypischer Beschäftigungsverhältnisse, d. h. einer Beschäftigung, die nicht einer unbefristeten, sozialversicherungspflichtigen Vollzeitbeschäftigung entspricht, insbesondere unter Berufsanfänger*innen zugenommen (Dietrich, 2018, S. 222; Schmelzer et al., 2015). Dabei spielt vor allem die Befristung von Arbeitsverträgen eine große Rolle: Mehr als jede*r vierte Beschäftigte im Alter zwischen 20 und 25 Jahren arbeitete im Jahr 2016 auf Basis eines befristeten Arbeitsvertrags (Seils, 2016). Ob das erste Beschäftigungsverhältnis einer*eines Jugendlichen oder einer*eines jungen Erwachsenen befristet ist, hängt vor allem auch davon ab, ob und welche Ausbildung erfolgreich abgeschlossen wurde. So ist im Unterschied zu betrieblich Ausgebildeten das erste Beschäftigungsverhältnis junger Erwachsener, die eine schulische Ausbildung oder ein Studium abgeschlossen hatten, oft befristet. Eine ausgesprochene Risikogruppe sind formal Geringqualifizierte. Sie finden nur schwer Zugang zu einer gut bezahlten, dauerhaften, sozialversicherungspflichtigen Vollzeitbeschäftigung und zeichnen sich insgesamt durch recht unstabile Erwerbsverläufe aus (u. a. Brzinsky-Fay & Solga, 2016).

Nicht nur die verlängerten Bildungs- und Ausbildungszeiten, sondern auch der unsicher gewordene Erwerbseinstieg verzögert die berufliche Etablierung bis zum 30. Lebensjahr, öfter auch darüber hinaus. Erst dann kann von einer ökonomischen Eigenständigkeit gesprochen werden. Für viele junge Erwachsene ist dies die Voraussetzung, um über die Gründung einer eigenen Familie nachdenken zu können; für nicht wenige ist dieser recht lange Weg nur aufgrund der Unterstützung ihrer Herkunftsfamilie möglich (exemplarisch Weis & Joachim, 2017).

9.1.4 Von Entgrenzungen und Ausgrenzungen

Die soziologische Jugendforschung fokussiert im besonderen Maß auf Prozesse sozialen Wandels. Dafür gibt es durchaus gute Gründe: Jugendliche können, wollen und gelegentlich sollen sie sogar nicht das fortsetzen, was schon immer war. Schließlich finden nicht nur Jugendliche ihren je eigenen Zugang zu den Kulturgütern der Gesellschaft, der Austausch von Generationen ist für viele Institutionen ein probates Mittel der Anpassung an veränderte gesellschaftliche Bedingungen. Lässt man die in diesem Beitrag vorgestellten Befunde Revue passieren, dann lässt sich zunächst das Ausmaß des sozialen Wandels in der Bildungs- und Erwerbsbeteiligung junger Menschen erkennen: Sie gehen länger und mit erkennbarem Erfolg zur Schule; das gilt insbesondere für junge Frauen, deren Bildungserfolg junge Männer inzwischen als neue »Problemgruppe« erscheinen lässt (exemplarisch Hurrelmann & Schultz, 2012); sie lernen gemeinsam mit Jugendlichen und jungen Erwachsenen, die selbst oder deren Eltern und Großeltern nicht in Deutschland geboren wurden. Und obwohl der überwiegende Teil eine berufliche Ausbildung abschließt, brauchen ein beträchtlicher Teil länger, um in ökonomisch sichere Verhältnisse zu gelangen.

Gleichwohl ist auch deutlich geworden: Dieser Wandel geht nicht mit herkunftsvergessenen, von Älteren und Anderen losgelösten Wegen in die ökonomische Selbstständigkeit einher. In Perspektive der empirischen Bildungsforschung ist dies keine Überraschung, zeigt sich doch de facto in jeder Untersuchung die Herkunftsabhängigkeit des Schulerfolgs. Mit Blick auf den Übergang in die ökonomische Selbstständigkeit wird darüber hinaus deutlich, dass die Herkunftsfamilie nicht nur für die erreichten Schulleistungen, sondern auch für das erfolgreiche Absolvieren nachschulischer Bildungsphasen, bei der Suche nach Beschäftigung oder der Überbrückung der finanziell für junge Erwachsene oft problematischen ersten Erwerbsjahre von Bedeutung ist. Zugleich stellen sich aber auch neue Fragen, bspw. im Hinblick auf das Nachholen (höherer) Schulabschlüsse. Zwar zeigen sich beim Nachholen von Schulabschlüssen ähnliche soziale Disparitäten wie an den typischen Übergängen während der Schulzeit, offen bleibt jedoch, warum darunter so viele Jugendliche und junge Erwachsene sind, die bereits früher das Motiv, die Mittel und die Gelegenheit dazu hatten. Handelt es sich um aufgeschobene Bildungsaspirationen und wenn ja, aus welchen Gründen kam es zu dieser Verzögerung? Wie setzt sich die soziale Herkunft angesichts unterschiedlicher Kontexte nachholender Allgemeinbildung und erwachsener werdenden Bildungsnachzügler*innen durch?

Die nachholende Allgemeinbildung ist nicht nur mit Blick auf die individuellen Bildungs- und Erwerbsverläufe interessant, weil ein beträchtlicher Teil von Jugendlichen und jungen Erwachsenen in der einen oder anderen Weise länger Schüler*in bleibt, sondern auch in institutioneller Perspektive. Denn dieses Nachholen ist im Grunde nur möglich, weil die ehemals klare Trennung zwischen allgemeiner/akademischer und beruflicher Bildung recht unscharf geworden ist. Diese Durchlässigkeit im Bildungssystem ist durchaus gewünscht, folgt aber genau der Logik, die zu einer stärkeren qualifikationsbezogenen Segmentation zwischen den Berufsbereichen und einer sozialen Schließung für formal gering gebildete Jugendliche und junge Erwachsene führt.

Eine gute Ausbildung gilt als der beste Garant für den erfolgreichen Einstieg ins Erwerbsleben. Dass diese Überzeugung so nicht mehr aufgeht, wird in anderen europäischen Ländern nachdrücklicher problematisiert als in Deutschland. Gleichwohl fällt es auch in Deutschland erfolgreichen Ausbildungsabsolvent*innen nicht leicht, im Erwerbsleben Fuß zu fassen. Ein Grund dafür sind befristete Beschäftigungsverhältnisse, die mehrheitlich auf junge Erwerbstätige entfallen. Befristet Beschäftigte stehen nicht nur unter Bewährungsdruck, insbesondere längere Phasen befristeter Beschäftigung gehen mit finanziellen Einschränkungen, vor allem aber mit einer geringen Planbarkeit des eigenen Lebens einher. Neben längeren Bildungszeiten sind es vor allem die unsicheren Beschäftigungsperspektiven der ersten Erwerbsjahre, die viele junge Erwachsene ihre ökomische Selbstständigkeit erst spät im Lebenslauf erreichen lässt.

Literatur

Allmendinger, J., Ebner, C. & Nikolai, R. (2018): Soziologische Bildungsforschung. In: R. Tippelt & B. Schmidt-Hertha (Hrsg.): Handbuch Bildungsforschung, Band 1 (S. 47–72). Wiesbaden: Springer VS.

Ansell, N. (2008): Third World Gap Year Projects: youth transitions and the mediation of risk. Environment and Planning D: Society and Space, 26, 218–240.

Arbeitsgruppe Bielefelder Jugendforschung (1990): Das Individualisierungs-Theorem- Bedeutung für die Jugendforschung. In: W. Heitmeyer & T. Olk (Hrsg.): Individualisierung von Jugend (S. 11–34). Weinheim/München: Juventa.

Arnoldt, B., Furthmüller, P. & Steiner, C. (2016): Zur Relevanz der Ganztagsteilnahme bei der Bewältigung kritischer Passagen am Ende der Schullaufbahn. Zeitschrift für Pädagogik, 62(6), 812–829.

Autorengruppe Fachkräftebarometer (2019): Fachkräftebarometer Frühe Bildung 2019. Weiterbildungsinitiative Frühpädagogische Fachkräfte. München.

Bath, M. & Rather, T. A. (2013): Youth Transitions in Kashmir: Exploring the Relationships between Habitus, Ambitions and Impediments. South Asia Research, 33(3), 185–204.

Beck, U. (1983): Jenseits von Stand und Klasse? In: R. Kreckel (Hrsg.): Soziale Ungleichheiten. Soziale Welt (Sonderband 2, S. 35–74). Göttingen.

Beck, U. (1986): Risikogesellschaft. Auf dem Weg in eine andere Moderne. Frankfurt a. M.: Suhrkamp.

Beicht, U. (2009): Verbesserung der Ausbildungschancen oder sinnlose Warteschleife? BIBB-Report 11, Bonn.

Blossfeld, H.-P. & Shavit, Y. (1993): Dauerhafte Ungleichheiten. Zur Veränderung des Einflusses der sozialen Herkunft auf die Bildungschancen in dreizehn industrialisierten Ländern. Zeitschrift für Pädagogik, 39(1), 25–52.

Blossfeld, P. N. (2018): Changes in Inequality of Educational Opportunity. The Long-Term Development in Germany. Wiesbaden: Springer VS.

Blossfeld, P. N. (2019): Soziale Herkunft und längerfristige Veränderungen der Übergänge zwischen akademischen und nicht-akademischen Karrieren nach dem ersten Bildungsabschluss: Bedeutung für das berufliche Bildungssystem in Deutschland. Zeitschrift für Erziehungswissenschaft, 22(3), 535–565.

Brannen J. & Nilsen, A. (2002): Young people's time perspectives: from youth to adulthood. Sociology, 36(3), 513–538.

Brzinsky-Fay, C. & Solga, H. (2016): Compressed, Postponed, or Disadvantaged? School-to-Work-Transition Patterns and Early Occupational Attainment in West Germany. Research in Social Stratification and Mobility, 46, 21–36.

Boudon, R. (1974): Education, opportunity, and social inequality: Changing prospects in western society. New York: Wiley.
Bude, H. (2011): Bildungspanik. Was unsere Gesellschaft spaltet. München: Hanser.
Buchholz, S. (2008): Die Flexibilisierung des Erwerbsverlaufs. Eine Analyse von Einstiegs- und Ausstiegsprozessen in Ost- und Westdeutschland. Wiesbaden: Springer VS.
Buchholz, S. & Schier, A. (2015): New Game, New Chance? Social Inequalities and Upgrading Secondary School Qualifications in West Germany. European Sociological Review, 31, 603–615.
Buchmann, C. & DiPrete, T. (2006): The Growing Female Advantage in College Completion: The Role of Family Background and Academic Achievement. American Sociological Review, 71, 515–541.
Buchmann, M. C. & Kriesi, I. (2011): Transition to Adulthood in Europe. Annual Review of Sociology, 37, 481–503.
BMBF [Bundesministerium für Bildung und Forschung] (2019a): Datenreport zum Berufsbildungsbericht 2019. Bonn.
BMBF [Bundesministerium für Bildung und Forschung] (2019b): Berufsbildungsbericht 2019. Bonn.
BMBF [Bundesministerium für Bildung und Forschung] (2020): Datenreport zum Berufsbildungsbericht 2020. Bonn.
Dedering, K. & Holtappels, H. G. (2018): Schulische Bildung. In: R. Tippelt & B. Schmidt-Hertha (Hrsg.): Handbuch Bildungsforschung, Band 1 (S. 431–456). Wiesbaden: Springer VS.
Destatis (2018): Anteil der Akademikerinnen bei 30- bis 34-Jährigen doppelt so hoch wie vor einer Generation, Pressemitteilung Nr. 332 vom 6. September 2018 [www.destatis.de/DE/Presse/Pressemitteilungen/2018/09/PD18_332_217.html;jsessionid=9B3BDBFE223E50C3AC4F780D687689C7.internet8742], Zugriff am 20.05.2020.
Dietrich, H. (2018): Erwerbsarbeit und Arbeitslosigkeit Jugendlicher. In: A. Lange, H. Reiter, S. Schutter & C. Steiner (Hrsg.): Handbuch der Kindheits- und Jugendsoziologie (S. 205–240). Wiesbaden: Springer VS.
Dietrich, H., Patzina, A. & Kretschmer, S. (2019): Soziale Herkunft, Lebensverlaufsereignisse und die verspätete Aufnahme einer beruflichen Ausbildung formal Geringqualifizierter. Kölner Zeitschrift für Soziologie und Sozialpsychologie, 71(3), 357–383.
Eichhorst, W. & Rinne, U. (2016): Promotion youth employment in Europe: Evidenced-based policy lessons. IZA Policy Paper No. 19, Institute of Labor Economics: Bonn
Euler, D. & Severing, E. (2016): Durchlässigkeit zwischen beruflicher und akademischer Bildung. Modelle einer studienintegrierenden Ausbildung. Gütersloh: Bertelsmann Stiftung.
Eurostat (2019): Statistics on young people neither in employment nor in education or training. [https://ec.europa.eu/eurostat/statistics-explained/index.php/Statistics_on_young_people_neither_in_employment_nor_in_education_or_training#Young_people_neither_in_employment_nor_in_education_or_training], Zugriff am 20.05.2020.
Furlong, A. & Cartmel, F. (1997): Young people and social change? Individualization and risk in late modernity. Open University Press: Buckingham.
Geier, B. (2013): Die berufliche Integration von Jugendlichen mit Hauptschulbildung. Eine Längsschnittanalyse typischer Übergangsverläufe. WSI-Mitteilungen, 1, 33–41.
Guerrini, F. (2011): Denkwerkzeug Habitus. Österreichische Zeitschrift für Soziologie, 36 (3), 29–38.
Hadjar, A. & Becker, R. (2009): Erwartete und unerwartete Folgen der Bildungsexpansion in Deutschland. In: R. Becker (Hrsg.): Lehrbuch der Bildungssoziologie (S. 195–214). Wiesbaden: Springer VS.
Helbig, M. (2013): Geschlechtsspezifischer Bildungserfolg im Wandel. Eine Studie zum Schulverlauf von Mädchen und Jungen für die Geburtsjahrgänge 1944–1986 in Deutschland. Journal für Bildungsforschung online, 5(1), 114–183.
Hoffmann, N. F. (2011): Jugendkultur und soziale Ungleichheit in Szenen – Forschungsstand und Perspektiven. Diskurs Kindheits- und Jugendforschung, 6(2), 167–179.

Hurrelmann, K. & Schultz, T. (Hrsg.) (2012): Jungen als Bildungsverlierer: Brauchen wir eine Männerquote in Kitas und Schulen? Weinheim: Beltz Juventa.

Imdorf, C. (2008): Der Ausschluss »ausländischer« Jugendlicher bei der Lehrlingsauswahl: ein Fall von institutioneller Diskriminierung? In: Rehberg, K.-S. (Hrsg.): Die Natur der Gesellschaft. Verhandlungen des 33. Kongresses der Deutschen Gesellschaft für Soziologie in Kassel 2006 (S. 2048–2058). Frankfurt a. M.: Campus.

Kleinert, C. & Jacob, M. (2012): Strukturwandel des Übergangs in eine berufliche Ausbildung. In: R. Becker & H. Solga (Hrsg.): Soziologische Bildungsforschung. Sonderheft 52 der Kölner Zeitschrift für Soziologie und Sozialpsychologie (S. 211–233). Wiesbaden: Springer VS.

Kuhar, M. & Reiter, H. (2012): Frozen transitions to adulthood of young people in Slovenia? Sociologija, 2, 211–226.

Kurz, K., Lehmann, J. & Theunissen, J. (2019): Abnehmende Bildungsungleichheiten? Der Einfluss von sozialer und ethnischer Herkunft im Bildungsverlauf. Informationsdienst soziale Indikatoren, 63, 6–15.

Kübler, D., Schmidt, J & Stüber, R. (2017): Be a Man or Become a Nurse: Comparing Gender Discrimination by Employers across a Wide Varity of Professions. WZB Berlin Social Science Center.

Maaz, K. (2010): Bildung als dynamischer Prozess über die Lebenszeit. In: G. Quenzel & K. Hurrelmann (Hrsg.): Bildungsverlierer. Neue Ungleichheiten (S. 399–419). Wiesbaden: Springer VS.

MacDonald, R. (2016 [2017]): Precarious work: the growing précarité of youth. In: A. Furlong (ed.), The International Handbook of Youth and Young Adulthood (S. 156–163). London: Routledge.

Mannheim, K. (1928 [1964]): Das Problem der Generationen. Kölner Vierteljahreshefte für Soziologie, 7(2). wieder abgedruckt in: K. Mannheim(1964): Wissenssoziologie, Soziologische Texte 28. Berlin, Neuwied: Luchterhand.

Menze, L. & Holtmann, A. C. (2019): Was können Schulabgängerinnen und Schulabgänger ohne mittleren Schulabschluss aus Übergangsmaßnahmen mitnehmen? Entwicklungen und Übergangschancen in Ausbildung. Zeitschrift für Erziehungswissenschaft, 22 (3), 509–533.

Mey, G. (2011): Immer diese Jugendforschung! Psychologie und Gesellschaftskritik, 35(2), 27–49.

Müller, S. & Schneider, T. (2013): Educational pathways and dropout from higher education in Germany. Longitudinal and Life course Studies, 4, 218–241.

Neugarten, B. L. (Hrsg.) (1968): Middle Age und Aging: A Reader in Social Psychology. Chicago: University of Chicago Press.

Niemeyer, B. & Frey-Huppert, C. (2009): Berufsorientierung an Allgemeinbildenden Schulen in Deutschland – Eine Bestandsaufnahme. Düsseldorf: Hans-Böckler-Stiftung.

O'Reilly, J., Smith, M., Nazio, T. & Moyart, C. (2017): Strategic Transitions for Youth Labor in Europe. In: dies. (Hrsg.): Youth employment. STYLE Handbook (S. 3–12). Brighton: CROME.

Parey, M. (2016): Vocational Schooling versus Apprenticeship Training – Evidence from Vacancy Data. Annual Conference 2016 (Augsburg): Demographic Change 145655, Verein für Socialpolitik/German Economic Association.

Picht, G. (1964): Die deutsche Bildungskatastrophe. Olten: Walther.

Protsch, P. (2014): Segmentierte Ausbildungsmärkte: berufliche Chancen von Hauptschülerinnen und Hauptschülern im Wandel. Opladen: Budrich Unipress.

Roberts, S. & Antonucci, L. (2018): Youth Transitions, Welfare Policy and Contemporary Europe. In: A. Lange, H. Reiter, S. Schutter & C. Steiner (Hrsg.): Handbuch der Kindheits- und Jugendsoziologie (S. 281–294). Wiesbaden: Springer VS.

Schäfers, B. & Scherr, A. (2005): Jugendsoziologie. Einführung in Grundlagen und Theorien, 8., überarbeitete Auflage. Wiesbaden: Springer VS.

Schels, B. (2018): NEET und sozial benachteiligte Jugendliche im Übergang ins Erwerbsleben: Konzepte, Befunde, Diskussionen. In: A: Lange, H. Reiter, S. Schutter & C. Steiner

(Hrsg.): Handbuch der Kindheits- und Jugendsoziologie (S. 241–252). Wiesbaden: Springer VS.

Schindler, S. (2014): Wege zur Studienberechtigung – Wege zum Studium? Wiesbaden: Springer VS.

Schimank, U. (2015): Lebensplanung!? Biografische Entscheidungspraktiken irritierter Mittelschichten. Berliner Journal für Soziologie, 25(1/2), 7–31.

Schmelzer, P., Gundert, S. & Hohendanner, C. (2015): Qualifikationsspezifische Übergänge aus befristeter Beschäftigung am Erwerbsanfang – zwischen Screening und Flexibilisierung. Kölner Zeitschrift für Soziologie und Sozialpsychologie, 67(2), 243–267.

Schneider, S. L. & Tieben, N. (2011): A healthy sorting machine? Social inequality in the transition to upper secondary education in Germany. Oxford Review of Education, 37 (2), 139–166.

Schuchart, C. (2011): Was bringt das Nachholen eines Schulabschlusses? Zeitschrift für Bildungsforschung,1(1), 69–85.

Schuchart, C. & Schimke, B (2019): Lohnt sich das Nachholen eines Schulabschlusses? Alternative Wege zur Hochschulreife und ihre Arbeitsmarkterträge. Zeitschrift für Erziehungswissenschaft, 71(2), 237–273.

Shanahan, M. J. (2000): Pathways to adulthood in changing societies: variability and mechanisms in life course perspective. Annual Review of Sociology, 26, 667–92.

Seeber, S. (2011): Einmündungschancen von Jugendlichen in eine berufliche Ausbildung: Zum Einfluss von Zertifikaten, Kompetenzen und sozioökonomischen Hintergrund. In: M. Granato, D. Mink & R. Weiß (Hrsg.): Berichte zur beruflichen Bildung (S. 55–78). Gütersloh: Bertelsmann.

Seils, E. (2016): Jugend und befristete Beschäftigung. Eine Auswertung auf der Basis aktueller Daten des Mikrozensus. WSI Policy Brief Nr. 8, 12.

Sengenberger, W. (1987): Struktur und Funktionsweise von Arbeitsmärken – Die Bundesrepublik Deutschland im internationalen Vergleich. Frankfurt a. M/New York: Campus.

Solga, H. (2002): Ohne Abschluss – und was dann? Bildungs- und Berufseinstiegsbiografien von westdeutschen Jugendlichen ohne Schulabschluss, geboren zwischen 1930 und 1971. Selbstständige Nachwuchsgruppe »Ausbildungslosigkeit: Bedingungen und Folgen mangelnder Berufsausbildung. Working Paper 2/2002. Berlin: Max-Planck-Institut für Bildungsforschung.

Solga, H. & Wagner, S. (2004): Die Zurückgelassenen – die soziale Verarmung der Lernumwelt von Hauptschülerinnen und Hauptschülern. In: R. Becker & W. Lauterbach (Hrsg.): Bildung als Privileg. Erklärungen und Befunde zur Erklärung von Bildungsungleichheit (S. 187–215). Wiesbaden: Springer VS.

Tosun, J. (2015): Jugendarbeitslosigkeit und Beschäftigungspolitik in der EU. Aus Politik und Zeitgeschichte, 65(4/5), 12–19.

Uhly, A. & Erbe, J. (2007): Auszubildende mit Hauptschulabschluss: Vom Normalfall zur Randgruppe? Berufsbildung in Wissenschaft und Praxis (bwp), 4, 15–20.

Weis, D. & Joachim, P. (2017): Der Übergang in Arbeit und seine Auswirkungen auf die gesellschaftliche Integration und das Erwachsenwerden von Jugendlichen. Transitionsverläufe, Probleme und Bewältigungsmuster Jugendlicher und junger Erwachsener in Luxemburg. In: S. Lessenich (Hrsg.): Geschlossene Gesellschaften. Verhandlungen des 38. Kongresses der Deutschen Gesellschaft für Soziologie in Bamberg 2016 [http://publikationen.soziologie.de/index.php/kongressband_2016/article/view/446], Zugriff am 20.05.2020.

Wodmann, D. (2018): Using the Concept of Generation in Youth Sociology. In: A. Lange, H. Reiter, S. Schutter & C. Steiner (Hrsg.): Handbuch der Kindheits- und Jugendsoziologie (S. 97–108). Wiesbaden: Springer VS.

Wood, A. & Lauterbach, W. (2013): Wohin nach der 10. Klasse? Zur Wirkung schulischer Angebote im Berufsfindungsprozess. Potsdam: Universitätsverlag.

9.2 Schule als Lebensort

Mirja Lange

Kapitelüberblick

In diesem Beitrag wird anhand aktueller empirischer Befunde die Frage erörtert, welche Voraussetzungen notwendig sind, um (Ganztags-)Schulen der Sekundarstufe I zu einem über den Unterricht hinausweisenden Lebensort zu entwickeln. Im Zentrum steht dabei die Sicht der Schüler*innen.

Das Kapitel gliedert sich in drei Abschnitte: Nach einer Begriffsbestimmung von Schule als Lebensort erfolgt eine Zusammenstellung und nähere Betrachtung der zentralen Anforderungen (Frei-Zeiten, Frei-Räume, jugendliche Mitbestimmungsmöglichkeiten und multiprofessionelle Gestaltung), die im aktuellen politischen Diskurs an den Lebensort Schule gestellt werden. Abschließend wird diskutiert, vor welchen Herausforderungen (Ganztags-)Schulen stehen, um diese Anforderungen zu erfüllen.

> »Wenn Schulen neben den unterrichtsbezogenen Pflichtanteilen die Jugendlichen auch für die außerunterrichtlichen Ganztagsangebote gewinnen wollen, wird eine Öffnung der Schule notwendig, indem sie sich zugleich als ein *Lebensort* von Jugendlichen versteht, an dem auch ›Jugend ermöglicht‹ wird« (Deutscher Bundestag, 2017, S. 476).

Wie hier im 15. Kinder- und Jugendbericht wird in bildungspolitischen und wissenschaftlichen Debatten im Zuge des Ganztagsschulausbaus in den letzten Jahren verstärkt die Erwartung an Schule formuliert, sich von einem nahezu ausschließlich unterrichtszentrierten Lernort zu einem über den Unterricht hinausweisenden Lebensort zu entwickeln (vgl. zuletzt u. a. Deutscher Bundestag, 2013; Deutscher Bundestag, 2017) bzw. wird auf die Schule als Lebensort von Heranwachsenden rekurriert (vgl. u. a. Coelen & Hildebrandt, 2014; Deinet, Gumz, Muscutt & Thomas, 2018).

Während noch in den 1990er Jahren in Westdeutschland die Schule als klassische Halbtagsschule *ein* Ort des Aufwachsens neben der Familie, den Gleichaltrigen und anderen außerschulischen und außerfamilialen Akteur*innen war, hat mit dem bundesweiten Auf- und Ausbau der Ganztagsschulen die Verantwortung der Schule für das Aufwachsen der Kinder und Jugendlichen zugenommen (vgl. Deutscher Bundestag, 2013). Inzwischen nehmen knapp 48 % der Heranwachsenden am Ganztagsschulbetrieb einer Ganztagsschule in offener oder (teil-)gebundener Form teil (vgl. KMK, 2021). Ihr Schultag beginnt in der Regel morgens um 8.00 Uhr und endet nachmittags um 15.00 Uhr oder 16.00 Uhr (vgl. MSW, 2010).

Ganztagsschulen in Deutschland: Teilnahme und Ausbau

Laut Statistik der Kultusministerkonferenz nahmen im Schuljahr 2019/20 bundesweit fast 3,5 Millionen Schüler*innen am Ganztagsschulbetrieb teil. Dies sind 47,9 % aller Schüler*innen im Primarbereich und in der Sekundarstufe I (KMK, 2021, S. 11f.). Zu Beginn des Ganztagschulausbaus im Jahr 2002/03 waren erst 10 % aller Schüler*innen Ganztagsschüler*innen (KMK, 2006, S. 15). Der Anteil der Schulen mit Ganztagsschulbetrieb an allen Schulen lag im Schuljahr 2019/20 bei 77,6 % an Hauptschulen, 57,8 % an Realschulen und 65,5 % an Gymnasien (KMK, 2021, S. 9).

Damit verbringt ein großer Teil der Jugendlichen tageszeitlich mehr Zeit als früher in der Schule, und ihre disponible Zeit außerhalb der Schule geht zurück. Dies begrenzt einerseits die zeitlichen Gestaltungsmöglichkeiten anderer Akteur*innen wie u. a. der Familie und der Kinder- und Jugendarbeit (vgl. Lange & Wehmeyer, 2014). Andererseits bleibt es auch nicht ohne Folgen für die Schule selbst:

> »Die Schule wird [mit dem flächendeckenden Auf- und Ausbau der Ganztagesschule; Anm.: der Verf.] für die Heranwachsenden, mehr als bei der herkömmlichen Halbtägigen Unterrichtsschule, nicht nur zu einem kognitiv ausgerichteten Lernort, sondern zugleich zu einem erweiterten Lebensort, dem weit mehr Bedeutung auch für die anderen Seiten des Aufwachsens zukommt« (Deutscher Bundestag, 2013, S. 167).

Mit einer neuen zeitlichen Aufteilung des Alltagslebens Heranwachsender kommen der Ganztagsschule, mehr als der herkömmlichen Halbtagsschule, neben Aufgaben der Wissensvermittlung und Qualifizierung auch Aufgaben der Persönlichkeits- und der sozialen Kompetenzentwicklung zu (vgl. Deutscher Bundestag, 2013; Arnoldt, Furthmüller, Kielbock & Gaiser, 2018). Insgesamt soll Schule den Heranwachsenden ganzheitliche Lern- und Bildungserfahrungen ermöglichen, die lebensweltnah und praktisch sind und sich als sozialer Erfahrungsort bzw. als Teil der Lebenswelt der Schüler*innen begreifen (vgl. Schleck, 2019). Ihr kommt eine immense Bedeutung als Ort für Gleichaltrigenbeziehungen zu (vgl. auch Büchner & Krüger, 1996). Zugleich hat sie als zentraler Ort, der alle Heranwachsenden erreicht, eine hervorgehobene Stellung bei Vermittlung von Partizipationserfahrungen (vgl. Sauerwein, 2019).

9.2.1 Schule als Lebensort – eine Begriffsbestimmung

Auch wenn mit dem bundesweiten Ganztagsschulausbau die Schule aktuell vermehrt als Lebensort thematisiert wird, postulierten bereits vor einem Vierteljahrhundert etwa Büchner und Krüger (1996, S. 8) auch für die Halbtagsschule, dass diese mehr sei als ein Lernort und zunehmend als Lebensort an Bedeutung gewinne. Und schon in den 1960er Jahren beschrieb der Erziehungswissenschaftler Carl Ludwig Furck (1963, S. 384) die Schule im Jahr 2000 so:

»Die Schule im Jahr 2000 wird eine Tagesheimschule von 08.00 bis 16.30 Uhr sein. Das bedeutet keineswegs, daß die Zahl der Unterrichtsstunden einfach vermehrt wird, sondern man wird Erfahrungen der Gruppenpädagogik weitgehend berücksichtigen. Dazu gehört auch [...]: das gemeinsame Mittagessen, die Mittagsruhe, Sport und Spiel. Die neue Schule bietet individuelle Studienmöglichkeiten in Werkstatt, Labor oder Bibliothek. Sie ist offen für die Schüler und ein Ort jugendgemäßen Lebens und Arbeitens. Die Schülermitverwaltung [wird] wohl mehr als bisher an der Gestaltung des Schulalltags mitwirken können, zumal die neue äußere und innere Gliederung erlaubt, die Individualität des einzelnen Schülers besser zu berücksichtigen, und diese Schule mehr als nur Stätte des Unterrichts ist. In der modernen Schule werden Pädagogen, Sozialarbeiter, Psychologen, der Arzt und der Zahnarzt eng zusammenarbeiten«.

In diesem historischen Beitrag wird detailreich beschrieben, welche Anforderungen Schule erfüllen müsste, um ein Lebensort zu sein, auch wenn der Begriff ›Lebensort‹ hier nicht verwendet wird. Im Gegensatz dazu wird in der neueren bildungspolitischen Debatte trotz seiner vielfachen Verwendung selten umfänglich expliziert, was der Begriff ›Lebensort Schule‹ im Einzelnen umfasst. So wird z. B. im 15. Kinder- und Jugendbericht zunächst eher unbestimmt die Öffnung von Schule gefordert, »indem sie sich zugleich als ein Lebensort von Jugendlichen versteht, an dem auch ›Jugend ermöglicht‹ wird« (Deutscher Bundestag, 2017, S. 476), um im Anschluss ex negativo zu definieren, der Lebensort Schule bedeute, »dass Jugendliche in ganztägigen Schulsettings mehr benötigen als Unterricht mit einem unverbindlichen Anhängsel an Freizeitangeboten am Nachmittag« (ebd.). Nach diesem Verständnis sollte die (Ganztags-)Schule sowohl für die lebensweltlichen Themen der Jugendlichen aufmerksam sein und alle Belange des Jugendalters in den Mittelpunkt stellen als auch eine inhaltliche Verbindung zwischen den (Lern-)Welten herstellen (vgl. Maykus, 2017).

Eine Zusammenstellung der Anforderungen, die im aktuellen politischen Diskurs an den Lebensort Schule gestellt werden, zeigt, dass dieser mindestens mit folgenden Anforderungen verknüpft ist: Schule als Lebensort ...

- hält Zeiten zur selbstbestimmten Nutzung und Gestaltung vor (vgl. AGJ, 2013),
- hält Räume zur selbstbestimmten Nutzung und Gestaltung im Rahmen des Ganztagsangebots vor (ebd.),
- ist ein Ort der Mitbestimmung (Deutscher Bundestag, 2017, S. 163),
- ist multiprofessionell gestaltet (ebd., S. 330) und
- ist an den Bedürfnissen von Heranwachsenden orientiert (vgl. AGJ, 2013).

Neben diesen Erfordernissen an Schule als Lebensort werden vereinzelt weitere Anforderungen genannt wie die Öffnung der Schulen in den Sozialraum oder die Öffnung außerunterrichtlicher Angebote für Schüler*innen anderer Schulen (vgl. u. a. Deutscher Bundestag, 2017), die jedoch bislang nur in Einzelfällen realisiert worden ist (vgl. Lange, 2019). Untereinander sind die genannten Anforderungen eng miteinander verknüpft bzw. bedingen sich (teilweise) gegenseitig. Unbestimmt bleibt aber zum einen, ob dies tatsächlich die wesentlichen Elemente sind, die Schule zum Lebensort machen, und zum anderen, ob Schule diesen an sie gestellten Anforderungen an einen Lebensort auch zu entsprechen vermag.

Im Folgenden soll deshalb anhand aktueller empirischer Befunde der Frage nachgegangen werden, wie Schule diesen an sie gestellten Anforderungen an einen Lebensort für Jugendliche gegenwärtig gerecht wird, bzw. wie sie ausgestaltet sein muss, um diesen Anforderungen künftig genügen zu können. Hierbei wird zwar vorrangig Schule in ganztägig organisierter Form betrachtet, da mit dem Konzept der Ganztagsschule eine potenzielle Veränderung im Selbstverständnis von Schule einhergegangen ist. Viele Anforderungen gelten jedoch für Halbtagsschulen gleichermaßen und werden dann gemeinsam betrachtet. Bei der Betrachtung dieser Frage wird insbesondere die Sicht der Schüler*innen der Sekundarstufe I in den Mittelpunkt des Interesses gestellt. In der Sekundarstufe I beinhaltet Ganztagsschule allerdings nicht zwangsläufig einen ganztägigen Schulbesuch an jedem Tag der Woche und über die gesamte Schullaufbahn – mehr als 60 % der Ganztagsschüler*innen der Sekundarstufe I sind nach Befunden der »Studie zur Entwicklung von Ganztagsschulen« (StEG) nur an maximal zwei Nachmittagen in der Schule und nehmen Ganztagsangebote außerdem je nach Jahrgangsstufe sehr unterschiedlich in Anspruch. Mit zunehmendem Alter sinkt die Teilnahme am Ganztagsbetrieb stetig, wobei insbesondere ab der 8. Klasse eine stark rückläufige Teilnahme zu beobachten ist (vgl. Züchner, Fischer & Theiss, 2016).

Strukturen und Gestaltungsmerkmale einer Ganztagsschule

Je nach Bundesland, Schulform und Schulstufe divergiert die Gesamtschullandschaft in der Bundesrepublik mit Blick auf Angebotsumfang und pädagogische Praxis stark. Laut Kultusministerkonferenz gilt: Eine Schule wird dann als Ganztagsschule bezeichnet, wenn sie an mindestens drei Wochentagen ein ganztägiges Angebot bereitstellt, das pro Tag mindestens sieben Zeitstunden umfasst, an allen Tagen mit Ganztagsbetrieb ein Mittagessen anbietet und unter Aufsicht und Verantwortung der Schule Ganztagsangebote durchführt und dabei den konzeptionellen Zusammenhang zum Unterricht sichert. Es gibt die Ganztagsschulen in drei Formen:

1. der voll gebundenen Form, bei der alle Schüler*innen verpflichtet sind an mindestens drei Wochentagen für mindestens sieben Zeitstunden an den Ganztagsangeboten teilzunehmen,
2. der teilweise gebundenen Form, in der ein Teil der Schüler*innen (z. B. einzelne Klassen oder Klassenstufen) an mindestens drei Wochentagen für Sekundarstufe sieben Zeitstunden an den Ganztagsangeboten teilnehmen und
3. der offenen Form, in der keine Verpflichtung zur Teilnahme an den Ganztagsangeboten besteht (vgl. KMK, 2019).

9.2.2 Anforderungen an (Ganztags-)Schule als Lebensort

Frei-Zeiten

Die Anforderung an (Ganztags-)Schule als Lebensort: Die Schule hält Zeiten zur selbstbestimmten Nutzung und Gestaltung im Rahmen des Ganztagsangebots vor (vgl. AGJ, 2013).

Aufgrund ihres erweiterten zeitlichen Rahmens werden Ganztagsschulen grundsätzlich Möglichkeiten zugeschrieben, ihre Zeitorganisation an die Bedürfnisse von Heranwachsenden anzupassen, den Schüler*innen neben Phasen der Anspannung auch Phasen der Erholung zu ermöglichen, und den Unterricht mit außerunterrichtlichen Angeboten zu verknüpfen (vgl. StEG, 2019).

Organisation des Schulalltags bzw. Zeittaktung in Ganztagsschulen

Die Ganztagsschule wird entweder additiv oder rhythmisiert umgesetzt:

1. Als additives Modell wird die Trennung zwischen Unterricht am Vormittag und außerunterrichtlichen Angebote im Anschluss bezeichnet. Hier haben die Heranwachsenden mit zwei großen Pausen Unterricht bis ca. 12.00 oder 13.0 Uhr. Nach dem Mittagessen folgen Hausaufgabenbetreuung und Freizeitangebote bis ca. 15.00 oder 16.00 Uhr.
2. Der Wechsel von Phasen der Anspannung (Unterricht, Lernzeiten) und Entspannung (Ruhezeiten, Bewegungs-, Frühstücks-, Mittagspausen) wird als rhythmisiertes Modell bezeichnet. Dieses Modell macht eine Abfolge von Konzentration- und Ruhephasen bzw. Lern- und Freizeit und eine Orientierung an den Bedürfnissen der Schüler*innen möglich (vgl. Bründel & Hurrelmann, 2017).

Die »Studie zur Entwicklung von Ganztagsschulen« (StEG, 2019) zeigt, dass die Möglichkeiten einer flexiblen Zeitorganisation gegenwärtig an einer Vielzahl der weiterführenden Schulen nicht ausgeschöpft werden. So trennt knapp zwei Drittel der Gymnasien den Schultag nach wie vor in Unterricht am Vormittag und außerunterrichtliche Angebote im Anschluss (ebd., S. 82). Lediglich an jedem achten Gymnasium und an jeder vierten Schule (ohne Gymnasien) werden die außerunterrichtlichen Angebote über den ganzen Tag verteilt. Über die Hälfte der Schulen der Sekundarstufe I gestaltet den Schultag aber so, dass es größere Zeitblöcke gibt und sich die Schüler*innen teilweise ihre Zeit selbst einteilen können. Allerdings hat diese Möglichkeit in den letzten Jahren wieder kontinuierlich abgenommen und liegt auf einem niedrigeren Wert als noch 2012 (vgl. StEG, 2019). Die nach wie vor vorherrschende Trennung in Unterricht am Vormittag und außerunterrichtliche Angebote am Nachmittag ist auf die hohen Anteile offener Organisationsform auch an weiterführenden Schulen zurückführen. 1.330 der 1.950 Gymnasien, die im Schuljahr 2017/18 einen Ganztagsschulbetrieb haben, werden als offene Ganztagsschulen betrieben (KMK, 2019, S. 10). Auch bei den Real- und Hauptschulen dominiert die offene Organisationsform. Die teil- und vollgebundene Form findet sich eher in Schulen mit mehreren Bildungsgängen sowie Förderschulen (KMK, 2019, S. 10). Vor allem der offenen Organisationsform wird jedoch im 15. Kinder- und Jugendbericht durch ihre additiv konzipierten Angebote eher die Beförderung einer Trennung zwischen den formalen und non-formalen Lern- und Bildungssettings zugewiesen, die den Anforderungen eines erweiterten Bildungs- und Lebensortes nicht gerecht zu werden vermag (vgl. Deutscher Bundestag, 2017).

Länderbezogene Daten im Rahmen der Bildungsberichterstattung Ganztagsschule NRW 2018 verweisen darauf, dass aus Sicht der Leitungskräfte in sieben von zehn Schulen der Sekundarstufe I Anspannungs- und Entspannungsphasen sinnvoll über den gesamten Schultag verteilt sind und in einem ausgewogenen Verhältnis zueinanderstehen (vgl. Altermann et al., 2018). Ergebnisse dieser empirischen Dauerbeobachtung aus dem Jahr 2014 verdeutlichen zudem, dass Schüler*innen der Sekundarstufe I an Ganztagsschulen in NRW ihre freie Zeit im Laufe des Schultags insgesamt betrachtet als *»eher ausreichend«* empfinden – dies trifft stärker auf Schüler*innen der Gesamt- und Hauptschulen zu als auf Gymnasiast*innen und Realschüler*innen. Zudem sind die Schüler*innen eher der Ansicht, selbst entscheiden zu können, wie sie diese freie Zeit verbringen möchten, allerdings wünschen sie sich mehr Gestaltungsmöglichkeiten (z. B. durch das Ausleihen von Materialien) zur Nutzung dieser freien Zeit (vgl. Börner et al., 2014).

Insbesondere ältere Jugendliche empfinden Ergebnissen einer explorativen Studie zufolge, die ihnen in der Schule zur Verfügung stehende freie Zeit nicht als »Freizeit«, sondern vielmehr als Zeit, die es »totzuschlagen« gilt (vgl. Kolbe, Rabenstein & Reh, 2006).

In der Zusammenschau zeigen die vorliegenden Befunde kein einheitliches Bild zur Zeitgestaltung an Ganztagsschulen. Mit Blick auf den Tagesablauf wir dennoch deutlich, dass nach wie vor an der Mehrzahl der Ganztagsschulen eine Trennung zwischen Unterricht am Vormittag und außerunterrichtlichen Angeboten im Anschluss herrscht. Anhand des empirischen Materials lässt sich damit nicht eindeutig klären, ob den Heranwachsenden an Ganztagsschulen ausreichend freie Zeiten bzw. Phasen der Erholung zur Verfügung stehen. Zwar gibt es Hinweise darauf, dass freie Zeiten existieren, die Jugendlichen diese jedoch nicht ihren Bedürfnissen entsprechend ausgestalten können.

Frei-Räume

Die Anforderung an (Ganztags-)Schule als Lebensort: Die Schule hält Räume zur individuellen Nutzung und Gestaltung im Rahmen des Ganztagsangebots vor (vgl. AGJ, 2013).

Zur Gestaltung einer Ganztagsschule als Lebensort müssen entsprechend ausreichend Räume vorhanden sein, die eine angemessene Ausstattung vorhalten und in denen die Schüler*innen sich wohlfühlen. Hierzu zählen sowohl variabel nutzbare Lernräume als auch Räumlichkeiten des sozialen Miteinanders und Räume bzw. Ruhezonen, die den Schüler*innen Rückzugsmöglichkeiten bieten (vgl. Qua-Lis NRW, 2018).

Die räumliche Situation an Ganztagsschulen wird nach empirischen Befunden einer Schulleitungsbefragung des StEG-Konsortiums im Jahr 2018 an 58 % der Schulen der Sekundarstufe I (ohne Gymnasien) und an 65 % der Gymnasien als (eher) gut – bzw. den angestrebten Konzepten von Ganztagsschule gerecht werdend – beurteilt. Sie ist allerdings kontextabhängig: In kreisfreien Großstädten ist sie angespannter als in städtischen und ländlichen Regionen und größere Schulen halten mehr Räume und Flächen für den Ganztag vor als kleinere (vgl. ebd. 2019). Bei Betrachtung der räumlichen Ausstattung im Einzelnen zeigt sich, dass 93 % der Schulen mit Sekundarstufe I über eine Mensa verfügen, die an 66 % der Schulen als ausreichend für den Ganztagsbetrieb bewertet wird. Zudem besitzen die meisten Ganztagsschulen Sportplätze und Sporthallen, die auch im Ganztag genutzt werden können (ebd., S. 50). Doch Deinet et al. (2018) zeigen in einer Untersuchung, dass die Hälfte der befragten Schüler*innen an offenen Ganztagsschulen angibt, ihnen würde innerhalb der Schulgebäude nicht ausreichend Platz bzw. Räumlichkeiten zum Spielen zur Verfügung stehen, während Dreiviertel der Schüler*innen der Ansicht sind, draußen sei ausreichend Platz vorhanden.

Rückzugsräume bzw. -möglichkeiten für Schüler*innen sind hingegen eher selten vorhanden (vgl. StEG, 2019; Börner et al., 2014). So halten in der Sekundarstufe I (ohne Gymnasien) zwar 44 % der Schulen einen Ruhe-/Rückzugsraum für die Schüler*innen bereit, der allerdings nur von rund einem Viertel der Schulleitungen als ausreichend für den Ganztagsschulbetrieb erachtet wird. An Gymnasien besitzt zwar mehr als die Hälfte der Schulen einen Ruhe- bzw. Rückzugsraum, jedoch ist aus Sicht der Schulleitungen die Ausstattung dieser Räume selten (36 %) ausreichend (StEG, 2019, S. 50f.).

Nach Befunden der Bildungsberichterstattung Ganztagsschule NRW 2014 wird von den Schüler*innen unabhängig von der Schulform besonders stark der Wunsch nach Rückzugsmöglichkeiten ohne Beaufsichtigung durch Erwachsene geäußert (Börner et al., 2014). Auch in einer Schüler*innenbefragung von Deinet et al. (2018) sind sechs von zehn Schüler*innen der Ansicht, nicht genügend unbeaufsichtigte Orte an ihrer Schule zu haben. In der Summe lässt sich somit festhalten, dass in Ganztagsschulen weitere Möglichkeiten des Rückzugs für Schüler*innen geschaffen werden müssten, um dem Anspruch auf individuelle Räume gerecht zu werden.

Jugendliche Mitbestimmungsmöglichkeiten

> Die Anforderung an (Ganztags-)Schule als Lebensort: Vorstellungen und Interessen der Jugendlichen müssen miteinbezogen werden (vgl. Deutscher Bundestag, 2017).

Ganztagsschulen werden aufgrund des umfangreicheren Zeitbudgets bessere Bedingungen eingeräumt, Jugendlichen Mitsprachemöglichkeiten zu schaffen, als Halbtagsschulen. Dabei wird davon ausgegangen, dass außerunterrichtliche Angebote mehr Partizipationsmöglichkeiten bieten als der Unterricht (vgl. Sauerwein, 2019).

In der bundesweiten »Studie zur Entwicklung von Ganztagsschulen« (StEG) wurden Schüler*innen dazu befragt, wie sie im Unterricht, in den außerunterrichtlichen Angeboten und bei schulischen Angelegenheiten (Klassenraum- und Schulhofgestaltung, Ausflugszielen, Schulfesten) mitbestimmen können. Generell nehmen insgesamt zwei Drittel der Schüler*innen der Sekundarstufe I Partizipationsmöglichkeiten wahr, die anhand dreier Items gemessen wurden:

- »Man fragt uns häufig nach unser Meinung, wenn etwas entschieden oder geplant werden soll.«
- »Häufig können wir über Themen mitentscheiden.«
- »Auf Vorschläge der Schüler geht man meistens ein.«

Das StEG-Konsortium verweist darauf, dass es aus Sicht der Schüler*innen in außerunterrichtlichen Angeboten mehr Beteiligungsmöglichkeiten als im Unterricht gibt, wohingegen insgesamt der Unterschied zwischen den Mitsprachemöglichkeiten an Ganztags- und Halbtagsschulen gering ist (vgl. Arnoldt & Steiner, 2010). Maßgeblichen Einfluss auf die Partizipationsmöglichkeiten von Kindern und Jugendlichen an Schulen hat hingegen die pädagogische Qualifikation des Personals. Das einschlägig pädagogisch qualifizierte Personal (z. B. Erzieher*in) zeigt eine signifikant höhere Beteiligungsorientierung als das Personal ohne berufliche pädagogische Qualifikation (vgl. Coelen, Wagener & Züchner, 2019).

Auch nach Ergebnissen der Bildungsberichterstattung Ganztagsschule NRW 2016 wünschen sich Schüler*innen sowohl im Unterricht als auch im außerunterrichtlichen Bereich mehr Partizipationsmöglichkeiten. Der Grad der Partizipation der Schüler*innen ist bei Inhalten und Themen am geringsten, während bei organisatorischen Gestaltungsmöglichkeiten mehr Möglichkeiten zur Beteiligung vorliegen (vgl. Börner et al., 2014). Die Lehr- und Fachkräfte schätzen die Mitbestimmungsmöglichkeiten der Schüler*innen generell höher ein, als diese es selbst tun (vgl. Coelen & Hildebrandt, 2014.)

Insgesamt lässt sich im Anschluss an Coelen und Hildebrandt (2014) bilanzieren, dass an Ganztagsschulen zwar durchaus eine Erweiterung der Partizipationsmöglichkeiten der Schüler*innen, insbesondere im außerunterrichtlichen Bereich, besteht, die Chancen zur Partizipation in der Ganztagsschule insgesamt jedoch nicht in ausreichendem Umfang genutzt werden (vgl. auch Wagener, 2013).

Multiprofessionelle Gestaltung

Die Anforderung an (Ganztags-)Schule als Lebensort: Die Schule ist multiprofessionell gestaltet (vgl. Deutscher Bundestag, 2017).

Die gemeinsame Gestaltung des Ganztags durch Lehr- und Fachkräfte bzw. die Zusammenarbeit mit außerschulischen Partner*innen wird als ein zentrales Element im erweiterten zeitlichen Rahmen der Ganztagsschule betrachtet. Mit ihr wird u. a. das Ziel verknüpft, Heranwachsenden ganzheitliche Bildungsgelegenheiten am Ort Schule zu ermöglichen und ihre schulische, individuelle und soziale Entwicklung zu fördern (vgl. Altermann et al., 2018; StEG, 2015).

Multiprofessionelle Struktur des Personals an Ganztagsschulen

Zum Personal im Ganztag zählt neben

1. den Lehrkräften insbesondere
2. weiteres pädagogisch qualifiziertes Personal wie Erzieher*innen, Sozialpädagog*innen u. a. sowie
3. pädagogisch nicht einschlägig qualifiziertes Personal wie Übungsleiter*innen, Praktikant*innen u. a.

Durch die multiprofessionelle Struktur des Personals soll das Erfahrungswissen und die Kompetenzen verschiedener Qualifikationen zusammengefügt werden (vgl. Schleck, 2019).

Aktuelle Befunde der StEG-Schulleitungsstudie (2019) zeigen für das Schuljahr 2017/18, dass der überwiegende Teil aller Ganztagsschulen der Sekundarstufe I (ca. 80 %) mit außerschulischen Partner*innen zusammenarbeitet, allerdings lassen nur wenige weiterführende Schulen ihre Ganztagsangebote vollständig von diesen durchführen. So wird an Dreiviertel der Schulen der Sekundarstufe I (ohne Gymnasien) und an Zweidrittel der Gymnasien das Ganztagsprogramm teilweise von außerschulischen Kooperationspartner*innen organisiert. Durchschnittlich arbeiten die Schulen mit drei bis vier verschiedenen Kooperationspartner*innen zusammen, wobei schulgruppenübergreifend an vielen Ganztagsschulen Sportvereine und -schulen sowie Akteur*innen aus der kulturellen Bildung (darunter insbesondere Musik- und Kunstschulen) mitwirken. Insbesondere in der Sekundarstufe I zählen zudem Jugendzentren zu den zentralen Kooperationspartner*innen (vgl. StEG, 2019).

Die letzte StEG-Schüler*innenbefragung zeigt, dass Schüler*innen der Sekundarstufe I die Qualität der Gestaltung und Durchführung ausgewählter Ganztagsangebote u. a. zur Mediennutzung und Förderung der sozialen Kompetenzen deutlich positiv bewerten und besonders die Motivierungsqualität bzw. die in den Angeboten erfahrene emotionale Anerkennung als gut wahrnehmen (vgl. StEG, 2015). Dies bestätigen auch Befunde einer Schüler*innenbefragung der Bildungsberichterstattung Ganztagsschule NRW, wonach die Schüler*innen die Angebote von außerschulischen Akteur*innen im Ganztag zu schätzen wissen und insbesondere die interessanten Themen, den Kompetenzgewinn und den Spaß hervorheben. Die Daten liefern ebenfalls Hinweise auf einen nachhaltigen Motivationseffekt der Angebote auf die Heranwachsenden, die sich auch nach der

Schule in ihrem privaten Umfeld mit Themen aus dem gewählten Angebot beschäftigen (vgl. Altermann et al., 2018).

Die StEG-Befunde machen allerdings deutlich, dass in jeder zweiten Ganztagsschule der Sekundarstufe I Unterricht und außerunterrichtliche Angebote insgesamt wenig miteinander verbunden sind. So werden an etwa 39 % aller entsprechenden Schulen inhaltlich-curriculare Profile für die Verbindung von Unterrichts- und Angebotsbereich entwickelt oder Themen aus dem Unterricht in den außerunterrichtlichen Angeboten vertieft – damit wird ein zentrales Qualitätskriterium der KMK nur unzureichend umgesetzt (vgl. StEG, 2019). Die Befunde der Bildungsberichterstattung Ganztagsschule NRW 2018 verdeutlichen ebenfalls, dass die Verzahnungsmöglichkeiten zwischen schulischen und außerschulischen Angeboten verbessert werden müssten (vgl. Altermann et al., 2018). An 60 % der Schulen der Sekundarstufe I findet zwischen Lehr- und pädagogischem Personal ein Austausch über die Lernentwicklung von Schüler*innen und an der Hälfte der Schulen ein Austausch über Lerninhalte bzw. die Entwicklung gemeinsamer Konzepte durch diese beiden Fachkräftegruppen statt (vgl. StEG, 2019).

In der Gesamtheit verweisen die Befunde auf die zentrale Bedeutung einer multiprofessionellen Zusammenarbeit, die jedoch an vielen Schulen noch nicht umfänglich realisiert wird.

9.2.3 Künftige Herausforderungen an Schule als Lebensort

Anhand der vorhandenen empirischen Daten kann nur relativ global Auskunft darüber gegeben werden, wie Ganztagsschulen der Sekundarstufe I den an sie gestellten bildungspolitischen Erwartungen gerecht werden können für Jugendliche Lern- und Lebensort zu sein. In der Zusammenschau fügen sich die angeführten Befunde dennoch zu einem Gesamtbild zusammen, wonach an weiterführenden Schulen mit Ganztagsbetrieb in Deutschland zwar bereits einige maßgebliche Voraussetzungen, aber noch keine systematischen Bemühungen für einen »Lebensort Schule« erkennbar sind. Entsprechend kommen auch die Autor*innen des 15. Kinder- und Jugendberichts zu dem eher ernüchternden Fazit:

> »Die Einführung von Ganztagsangeboten an Schulen hat […] bislang noch keine systematischen und in der Breite erkennbaren Schulentwicklungsimpulse ausgelöst, die eine neue Qualität von Schule und eine Reform hin zum erweiterten Bildungs- und Lebensort Ganztagsschule erkennen lassen« (Deutscher Bundestag, 2017, S. 480).

Ganztagsschulen bieten mit ihrem ›Mehr‹ an Zeit und Raum unter Umständen zwar bessere Ausgangsbedingungen für einen Lebensort Schule, aber letztlich stellen auch sie, um es in Anschluss an Rahm et al. (2015, S. 39) zu formulieren, lediglich einen Möglichkeitsraum dar, der von den Beteiligten inhaltlich gefüllt werden muss. Um die Möglichkeiten auszuschöpfen, wird eine übergreifende Steuerung und Schulentwicklung notwendig sein. Hierfür halten Radisch, Klemm und Tilmman (2019, S. 17) insbesondere eine Entlastung der Schulleitungen von ihren Unterrichtsverpflichtungen zugunsten vermehrter Zeit zur Anregung und Begleitung von Schulentwicklungsprozessen für essenziell.

Unter den künftigen Herausforderungen an Schule als Lebensort gehört die zeitliche Strukturierung des Schultags zu den zentralsten. Bedeutsam ist dabei, dass die Jugendlichen im Laufe des Schultags zusätzlich ungebundene Freizeit haben, in der sie eigenständige Aktivitäten entfalten und die Freizeit als *freie* Zeit erleben können – hierfür müssen auch entsprechend geeignete Räumlichkeiten an der Schule vorhanden sein.

Außerdem kann die sinkende Teilnahme am Ganztag mit zunehmen Alter als Hinweis darauf angesehen werden, dass spezifisch auf das Jugendalter bezogene Diskussionen um die Ausgestaltung von Ganztagsschulen fehlen – die Altersfrage wurde bisher auffallend vernachlässigt (vgl. Deutscher Bundestag, 2017; Züchner et al., 2016). Offenbar haben sich die Ganztagsschulen bei der Konzipierung der Angebote auf die Altersgruppe der Grundschulkinder ausgerichtet und die Sichtweisen der Jugendlichen bislang nicht zum Ausgangspunkt bei der Konzipierung der Angebote gemacht. Maykus (2017, S. 317) spricht in diesem Zusammenhang vom Fehlen einer Ganztagsschule des Jugendalters bzw. vom Desiderat einer Jugendorientierung (in Bezug auf Forschungsperspektiven siehe Einleitung). Innerhalb der Ganztagsschulforschung liegen kaum neuere Befunde dazu vor, wie die Vorstellungen und Erwartungen der Jugendlichen an Schule insgesamt sind.

In der stärkeren Berücksichtigung der Perspektive der Heranwachsenden – insbesondere auch älterer Jugendlicher – und der entsprechenden Entwicklung altersspezifischer Angebote, liegt damit eine weitere zentrale künftige Herausforderung bei der Gestaltung eines Lern- und Lebensortes Schule. Dies gilt für die hier betrachteten Ganztagsschulen ebenso wie für die klassischen Halbtagsschulen.

Literatur

AGJ [Arbeitsgemeinschaft für Kinder- und Jugendhilfe] (2013): Schule als Lebensort – Anforderungen an sozialpädagogisches Handeln [https://www.agj.de/fileadmin/files/positionen/2012/Schule_als_Lebensort.pdf], Zugriff am 11.06.2019.

Altermann, A., Lange, M., Menke, S., Rosendahl, J., Steinhauer, R. & Weischenberg, J. (2018): Bildungsbericht Ganztagsschule NRW 2018. Dortmund: Eigenverlag Forschungsverbund DJI/TU Dortmund an der Fakultät 12 der Technischen Universität Dortmund.

Arnoldt, B., Furthmüller, P., Kielbock, S. & Gaiser, J. (2018): Aktuelle Entwicklungen der ganztagsschulischen Angebote in Deutschland. In: M. Schüpbach, L. Frei & W. Nieuwenboom (Hrsg.): Tagesschulen. Ein Überblick (S. 249–267). Wiesbaden: Springer.

Arnoldt, B. & Steiner, C. (2010): Partizipation an Ganztagsschulen. In: T. Betz, W. Gaiser & L. Pluto (Hrsg.): Partizipation von Kindern und Jugendlichen. Forschungsergebnisse, Bewertungen, Handlungsmöglichkeiten (S. 155–177). Schwalbach/Ts.: Wochenschau.

Börner, N., Conraths, A., Gerken, U., Steinhauer, R., Stötzel, J. & Tabel, A. (2014): Bildungsbericht Ganztagsschule NRW 2014. Dortmund: Eigenverlag Forschungsverbund DJI/TU Dortmund an der Fakultät 12 der Technischen Universität Dortmund.

Bründel, H. & Hurrelmann, K. (2017): Kindheit heute. Lebenswelten der jungen Generation. Weinheim/Basel: Beltz.

Büchner, P. & Krüger, H.-H. (1996): Schule als Lebensort von Kindern und Jugendlichen. Zur Wechselwirkung von Schule und außerschulischer Umwelt. In: P. Büchner, B. Fuhs & H.-H. Krüger (Hrsg.): Vom Teddybär zum ersten Kuss. Wege aus der Kindheit in Ost- und Westdeutschland (S. 201–224). Wiesbaden: Springer.

Coelen, T. & Hildebrandt, Z. (2014): Identitätsbildung in Ganztagsschulen. Bildungs- und gesellschaftstheoretische Gedanken über ›ganztägige‹ Lern- und Lebensorte. In: J. Hagedorn (Hrsg.): Jugend, Schule und Identität (S. 707–726). Wiesbaden: Springer.

Coelen, T., Wagener, A. L. & Züchner, I. (2019): Partizipation von Kindern und Jugendlichen in Ganztagsschulen. Expertise für das »Zentrum eigenständige Jugendpolitik« [https://www.jugendgerecht.de/downloads/Expertise_Coelen-Wagener-Zchner.pdf], Zugriff am 17.06.2020.

Deinet, U., Gumz, H., Muscutt, C. & Thomas, S. (2018): Offene Ganztagsschule – Schule als Lebensort aus Sicht der Kinder. Opladen u. a.: Budrich.

Deutscher Bundestag (2017): 15. Kinder- und Jugendbericht über die Lebenssituation junger Menschen und die Leistungen der Kinder- und Jugendhilfe in Deutschland. Berlin.

Deutscher Bundestag (2013): 14. Kinder- und Jugendbericht. Bericht über die Lebenssituation junger Menschen und die Leistungen der Kinder- und Jugendhilfe in Deutschland. Berlin.

Furck, C.-L. (1963): Schule für das Jahr 2000 – ein utopischer Plan. In: Neue Sammlung 3, 501–508.

KMK [Kultusministerkonferenz] (Hrsg.) (2021): Allgemeinbildende Schulen in Ganztagsform in den Ländern in der Bundesrepublik Deutschland – Statistik 2015 bis 2019. Berlin.

KMK [Kultusministerkonferenz] (Hrsg.) (2019): Allgemeinbildende Schulen in Ganztagsform in den Ländern in der Bundesrepublik Deutschland – Statistik 2013 bis 2017. Berlin.

KMK [Kultusministerkonferenz] (Hrsg.) (2006): Bericht über die allgemein bildenden Schulen in Ganztagsform in den Ländern in der Bundesrepublik Deutschland – 2002 bis 2004. Berlin.

Kolbe, F.-U., Rabenstein, K. & Reh, S. (2006): Expertise. »Rhythmisierung«. Hinweise für die Planung von Fortbildungsmodulen für Moderatoren. Technische Universität Berlin und Johannes-Gutenberg-Universität Mainz.

Lange, M. (2019): Offene Jugendarbeit am Ort Schule – verbesserte Bildungsgelegenheiten für Heranwachsende? Dortmund: Eigenverlag Forschungsverbund DJI/TU Dortmund an der Fakultät 12 der Technischen Universität Dortmund.

Lange, M. & Wehmeyer, K. (2014): Jugendarbeit im Takt einer beschleunigten Gesellschaft. Weinheim/Basel: Beltz.

Maykus, S. (2017): Ganztagsschule des Jugendalters – eine jugendpädagogische Perspektive. In: deutsche jugend, 7/8, 316–323.

MSW NRW [Ministerium für Schule und Weiterbildung des Landes Nordrhein-Westfalen] (2010): Gebundene und offene Ganztagsschulen sowie außerunterrichtliche Ganztags- und Betreuungsangebote in Primarbereich und Sekundarstufe I. RdErl. d. Ministeriums für Schule und Weiterbildung v. 23.12.2010. BASS 12 – 63 Nr. 2.

Qua-Lis NRW [Qualitäts- und UnterstützungsAgentur – Landesinstitut für Schule] (2018): Raumgestaltung. [https://www.schulentwicklung.nrw.de/q/ganztag/elemente-des-gantags/raumgestaltung/raumgestaltung.html], Zugriff am 26.06.2019.

Radisch, F., Klemm, K. & Tilmman, K.-J. (2019): Auf dem Weg zu einer guten Ganztagsschule. Eine qualitative Analyse gelungener Schulpraxis. Gemeinsam lernen. Zeitschrift für Schule, Pädagogik und Gesellschaft, 1, 8–14.

Sauerwein, M. (2019): Partizipation in der Ganztagsschule – vertiefende Analysen. Zeitschrift für Erziehungswissenschaft, 22, 435–459.

Schleck, O. (2019): Didaktisch-methodische Handlungskonzepte. In: M. Ledig u. a. (2019): Erziehen als Profession. Köln: Westermann.

StEG [Konsortium der Studie zur Entwicklung von Ganztagsschulen] (Hrsg.) (2019): Ganztagsschule 2017/18. Deskriptive Befunde einer bundesweiten Befragung. Frankfurt a. M. u. a.

StEG [Konsortium der Studie zur Entwicklung von Ganztagsschulen] (Hrsg.) (2015): Ganztagsschule: Bildungsqualität und Wirkungen außerunterrichtlicher Angebote. Ergebnisse der Studie zur Entwicklung von Ganztagsschulen 2012–2015 [http://www.projekt-steg.de/sites/default/files/StEG_Brosch_FINAL.pdf.], Zugriff am 01.07.2019.

StEG [Konsortium der Studie zur Entwicklung von Ganztagsschulen] (Hrsg.) (2010): Ganztagsschule: Entwicklung und Wirkungen. Ergebnisse der Studie zur Entwicklung von

Ganztagsschulen 2005–2010 [https://www.projekt-steg.de/sites/default/files/Ergebnisbroschuere_StEG_2010.pdf.], Zugriff am 01.07.2019.
Züchner, I., Fischer, N. & Theis, D. (2016): Jugendzeit – Schulzeit: Jugendleben im Kontext des Ganztagsschulausbaus. In: M. Syring, T. Bohl & R. Treptow (Hrsg.): YOLO – Jugendliche und ihre Lebenswelten verstehen. Zugänge für die pädagogische Praxis. (169–181). Weinheim/Basel: Beltz.

9.3 Informelle und non-formale Bildung im Jugend- und jungen Erwachsenenalter

Birgit Reißig & Tatjana Mögling

9.3.1 Einleitung

Die Bedeutung von Bildung hat in der Phase des Jugend- und jungen Erwachsenenalters in den letzten Jahrzehnten stark zugenommen. Ein Grund ist in den Anforderungen an junge Menschen zu sehen, die Übergänge in das Erwachsenenalter, allen voran die erfolgreiche Bewältigung des Übergangs von der Schule in den Beruf, zu gestalten. Diese Prozesse haben statuszuweisende Relevanz und bestimmen mit über die Teilhabe in einer Gesellschaft (Diewald & Solga, 1996; Palentien, 2004). Einige Entwicklungen der letzten Jahre unterstreichen noch einmal den wachsenden Wert schulischer Bildung in diesen Übergangsprozessen. Dabei ist der deutliche Anstieg des Anteils derer zu nennen, die die Schule mit einer Hochschulzugangsberechtigung abschließen. Dieser Anteil liegt aktuell bei ca. 50 % eines Absolventenjahrgangs (Autorengruppe Bildungsberichterstattung, 2018). Das sukzessive Verschwinden der Hauptschule oder zumindest deren Zusammenlegung mit Realschulen in integrierte Schulformen weisen ebenso in diese Richtung. Diese verlängerten Bildungsphasen werden bereits mit der »Schorlarisierung« der Jugendphase beschrieben (Fraij, Maschke & Stecher, 2015).

Wird vom Bedeutungsgewinn der Bildung im Jugend- und jungen Erwachsenenalter gesprochen, ist dabei vor allem die formale Bildung im Blick. Spätestens jedoch seit dem Vorliegen der ersten PISA-Studie und deren Befund der großen herkunftsbedingten Unterschiede hinsichtlich der Bildungschancen (Prenzel et al., 2004) hat sich die Aufmerksamkeit für Prozesse der non-formalen und informellen Bildung auch in Deutschland erhöht (Pluto & van Santen, 2018; Rauschenbach, Düx & Sass, 2006). Es entwickelte sich nach und nach eine Sensibilität dafür, dass Bildung mehr ist als Schule (BJK, 2001) und auch in anderen Kontexten stattfinden kann. Das notwendige Zusammenspiel verschiedener Bildungsformen wird nun betont. Formale, non-formale und informelle Bildung sind durchaus miteinander verknüpft und ergeben erst in ihrer Summe das,

> »was Heranwachsende für ihre Lebensführung, ihre Selbstständigkeitsentwicklung, ihre Identitätsfindung sowie den Erwerb von Basiskompetenzen und sozialen Schlüsselquali-

fikationen benötigen, um kulturell teilhabefähig und sozial anschlussfähig zu sein« (Düx & Rauschenbach, 2010, S. 54).

Der 12. Kinder- und Jugendbericht hat darauf verwiesen, dass in der Kindheits- und Jugendphase neben der Schule eine ganze Reihe anderer Lebenswelten eine zentrale Rolle für die Bildungsbiografien der Heranwachsenden spielen (Deutscher Bundestag, 2005). Einen umfassenden Blick auf Jugend nimmt der 15. Kinder- und Jugendbericht ein und benennt neben Qualifizierung und Selbstpositionierung Verselbstständigungsprozesse als Kernherausforderungen des Jugendalters Diese Herausforderungen sind zu bewältigen, um soziale Integration zu erlangen. Sowohl für Qualifizierung, aber auch für Verselbstständigung und Selbstpositionierung spielen Bildungsprozesse eine herausragende Rolle, insbesondere auch informelle und non-formale Bildung. Das gilt auch für die Verselbstständigung, bei der Handeln auch immer Ausprobieren und Experimentieren bedeutet und somit nicht allein formal erworbene Bildung zum Tragen kommt.

Seit begonnen wurde, sich intensiver mit Fragen der non-formalen und informellen Bildung auseinanderzusetzen, ist ein breites Spektrum an Begriffen, Inhalten und auch empirischen Befunden entstanden. Eine zentrale Frage, die das Befassen mit dem Thema Bildung jenseits von Schule begleitet hat, ist die nach den Zugangschancen zu non-formaler und informeller Bildung sowie den daraus entstehenden Möglichkeiten für verbesserte Bildungschancen. Die Frage nach Prozessen sozialer Ungleichheit schwingt an vielen Stellen bei diesem Thema mit. Dabei zeigen bspw. Diskussionen zu den Aufgaben der Kinder- und Jugendarbeit in Bildungsfragen auch ein widersprüchliches Rollenverständnis. So

> »betonen die einen, dass die Kinder und Jugendarbeit gezielte Bildungsangebote für Kinder und Jugendliche unterbreiten sollte, […] um zur Verbesserung der Chancengleichheit aller Kinder und Jugendlichen beizutragen. Die anderen […] wollen die Kinder- und Jugendarbeit als einen Ort mit einem zweckfreien Bildungsideal verstanden wissen« (Pluto & van Santen, 2018, S. 111).

Kapitelüberblick

Der vorliegende Beitrag möchte in einem ersten Schritt auf Begrifflichkeiten und Sortierungen von non-formaler und informeller Bildung eingehen. Daran anschließend wird, in einem zweiten Schritt, anhand ausgewählter thematischer Schwerpunkte ihre Bedeutung für das Jugend- und junge Erwachsenenalter dargestellt und dabei besonders auf die Perspektive sozialer Ungleichheit fokussiert. Den Schluss bilden ein Fazit und der Ausblick auf zukünftig notwenige Themen und analytische Bedarfe.

9.3.2 Begriffe und Formen non-formaler und informeller Bildung

Auffällig ist, dass bei der Beschreibung dessen, was unter non-formaler und informeller Bildung zu verstehen ist, mit Blickrichtung auf und zum Teil in Abgrenzung zur formalen Bildung argumentiert wird. Für formale Bildung ist zumeist die allgemeinbildende Schule der Bezugsrahmen. Schon bei dieser Beschreibung formaler Bildung geraten schnell weitere Bildungsorte formaler Bildung wie Berufsschulen oder Universitäten/Hochschulen aus dem Blick. Dies setzt sich in der Darstellung von non-formaler und informeller Bildung fort, insofern allein mit Blick auf die Altersspanne des Jugendalters die Gefahr entsteht, dass das junge Erwachsenenalter nicht systematisch mitgedacht wird.

Weithin geteilt werden folgende Beschreibungen von formaler, non-formaler und informeller Bildung.

Formales, non-formales und informelles Lernen

Formales Lernen zeigt sich als zielgerichtet, strukturiert sowie verpflichtend und mündet in Zertifikate. Es existieren Rahmenpläne für die Festlegung der Inhalte des Lernens. Das Lernen findet in eigens dafür eingerichteten Institutionen statt wie Schule, Berufsschule, Universität und Hochschule. *Non-formales Lernen* wird ebenso als zielgerichtet und organisiert beschrieben, findet aber freiwillig und meist ohne Zertifikate statt. Es handelt sich um offene Angebote, bei denen es um »die Vermittlung von sozialen und personalen Kompetenzen sowie die Förderung und Bekräftigung von Beteiligungen an politischen und gesellschaftlichen Prozessen« geht (Harring, Witte & Burger, 2018, S. 18). Dazu zählen neben der zahlreichen Angeboten zur Entfaltung sportlicher und kreativer Fähigkeiten von Kindern und Jugendlichen auch die Förderung der Medien-Kompetenz wie etwa Medienscout-Projekte im Rahmen des Programms »Medienkompetenz macht Schule« sowie vielfältige Peer-to-Peer-Angebote. Im Gegensatz dazu wird *informelles Lernen* als ungeplant, unorganisiert und freiwillig beschrieben, ist nicht auf den Erwerb von Zertifikaten ausgerichtet, sondern beruht auf Impulsen aus der Lebenswelt. Es ist nicht an bestimmte Lernarrangements oder Institutionen gebunden, kann aber auch dort stattfinden.

Oftmals findet sich zudem eine Unterscheidung von Lern-Orten (formale und non-formale Settings) und Lern-Modalitäten (formales, non-formales und informelles Lernen). Die drei Lernmodalitäten werden als Kontinuum verstanden, denn sie lassen sich im Alltag nur schwer trennen (Mack, 2017; Otto & Rauschenbach, 2008). Außerhalb formaler Kontexte wird zudem auch zwischen intentionalem und inzidentellem Lernen, also zwischen absichtsvollem und eher zufälligem Lernen unterschieden. Damit ist das Lernen räumlich entgrenzt und außerschulische Lernsettings sollen hier eher im Sinne einer ganzheitlichen Bildung auf die dahinterstehenden Interdependenzen von unterschiedlichen Lernorten und -prozessen betrachtet werden (Maschke & Stecher, 2018).

Die begriffliche Trennung zwischen formalem, non-formalem und informellem Lernen bedeutet nicht, dass Lernprozesse nicht ineinanderlaufen können. So kann informelle Bildung überall, also auch an formalisierten Lernorten wie Schule, Berufsschule oder an der Hochschule stattfinden (Grunert, 2018). Da informelles Lernen also weniger an bestimmte abgrenzbare Orte gebunden ist, wird eher im Zusammenhang mit non-formalen Bildungsprozessen auf spezifische Bildungsorte rekurriert. Typische Sozialisationsorte wie Familie, Peers, Schule sind dabei nicht nur Einflussfaktoren für Bildungschancen von jungen Menschen, sondern selbst Bildungsorte (Harring et al., 2018). Als weitere Orte non-formaler und informeller Bildung spielen Einrichtungen und Angebote der Kinder- und Jugendhilfe, Medien und kommerzielle Freizeitangebote, Sportvereine und Musikschulen aber auch institutionalisierte Nachhilfe oder Jobs eine wichtige Rolle (Mack, 2007).

Insbesondere zu Beginn der Beschäftigung mit informeller und non-formaler Bildung in Deutschland wurde in Abgrenzung zur formalen Bildung im Kindes- und Jugendalter immer wieder von außerschulischer Bildung gesprochen. Vor dem Hintergrund einer zunehmend differenziert geführten Debatte greift dieser Begriff zu kurz. Zum einen findet, wie bereits gezeigt, gerade informelle Bildung auch in formalen Settings statt. Zum anderen findet sich mit dem Ausbau der Ganztagsschule ein dezidierter Ansatz, non-formale und informelle Bildung in den Lernort Schule zu integrieren und als außerunterrichtliche Lernmöglichkeiten zu etablieren.

Die gestiegene Bedeutung von non-formaler und informeller Bildung zeigt sich auch in dem Bemühen, eine Vergleichbarkeit zu formalen Bildungsprozessen sichtbar zu machen. Mit dem 2013 eingeführten Deutschen Qualifikationsrahmen (DQR) wird eine gleichwertige Gewichtung verschiedener Lernformen (formal – non-formal – informell) angestrebt. Dabei sollen die Wege des Kompetenzerwerbs berücksichtigt und eine steigende Verflechtung des formalen, non-formalen und informellen Lernens in der Lern- und Berufsbiografie abgebildet werden. Allerdings kann dieses Bestreben auch kritisch gesehen werden, da eine zunehmende Formalisierung und Zweckausrichtung non-formaler und informeller Bildungsprozesse befürchtet wird. Die kontrovers geführte Debatte um Kompetenzfeststellungs- und Validierungsverfahren in Bezug auf non-formal und informell erworbene Kompetenzen spiegelt dies wider (Arbeitsgemeinschaft für Kinder- und Jugendhilfe, 2018).

9.3.3 Rolle non-formaler und informeller Bildung im Jugendalter

In der Debatte um die Rolle der informellen und non-formalen Bildung im Jugendalter wird immer wieder ihr »Stellenwert für die Lebensgestaltung und die Zukunftschancen« betont (Harring, Rohlfs & Palentin, 2007, S. 9). Insgesamt verfügen junge Menschen heutzutage über deutlich mehr Optionen für die Gestaltung ihrer eigenen Zukunft und Lebensführung. Dabei wird sowohl die persönliche Entwicklung als Ressource stärker thematisiert als auch die Notwendigkeit von Lernen und Bildung. Jugendliche nutzen non-formale und informelle Bildungsorte in ihrer Freizeit, um sich auszuprobieren, ihren Neigungen nachzugehen sowie um Selbstbestimmtheit zu erfahren und die Übernahme von Verantwortung zu erlernen. Die außerunterrichtlichen Bildungsorte gelten damit als

Sozialisationsinstanzen der Freizeit und sind wichtige Lernorte für Heranwachsende, damit auch für ihre Verselbstständigung. Junge Menschen verbringen selbstbestimmt und intrinsisch motiviert viel Zeit in diesen außerunterrichtlichen Freizeiträumen (Harring, 2016; Mahoney & Stattin, 2000; Csikszentmihalyi, Rathunde & Whalen, 1993).

Die Debatte um non-formale und informelle Bildung hat sich in Deutschland insbesondere an einem Ungleichheitsbefund – offengelegt durch die PISA-Studien – entzündet. Vor diesem Hintergrund spielen Fragen von Chancengerechtigkeit und sozialer Ungleichheit immer wieder eine wichtige Rolle bei der Betrachtung von non-formalen und informellen Bildungsorten und -prozessen. Dabei geht es zum einen um die Zugangschancen für Jugendliche und junge Erwachsene, unabhängig von ihrer sozialen, ethnischen oder regionalen Herkunft. Zum anderen steht die Frage der Wirkungen non-formaler und informeller Bildungsprozesse, die eine Verbesserung von Bildungschancen ermöglichen sollen. Im Folgenden werden drei Themenfelder vorgestellt, die beispielhaft Orte, Inhalte und institutionelle Verantwortlichkeiten im Bereich non-formaler und informeller Bildung im Jugend- und jungen Erwachsenenalter berühren.

a) Außerunterrichtliche Bildung

Der besseren Verknüpfung von formalem Lernen im Unterricht und non-formalen Bildungsangeboten am Lernort Schule wurde, auch in der Folge von PISA, seit den 2000er Jahren eine immer größere Bedeutung beigemessen. Damit war auch die Erwartung verbunden, dass Kinder und Jugendliche ganzheitlich in ihrer Entwicklung gefördert und sowohl kognitive als auch soziale Kompetenzen besser entwickelt werden. Institutionell ging diese Anforderung mit einem umfassenden Ausbau der Ganztagsschule einher, die auch zum Abbau herkunftsbedingter Bildungsungleichheiten beitragen sollte. Für die damit notwendigen zusätzlichen Bildungsangebote spielt insbesondere die Zusammenarbeit der Schule mit der Jugendhilfe eine bedeutende Rolle. Es zeigt sich, dass mit dem Ausbau der Ganztagsschulen die Kooperation zwischen Schule und außerschulischen Partner*innen deutlich zugenommen hat (Arnoldt, 2011). Die meisten Kooperationen lassen sich in den Bereichen Sport, Kinder- und Jugendhilfe und kulturelle Bildung finden, also im Bereich der non-formalen Bildung. In der schulbezogenen Jugendhilfe lassen sich drei Themenbereiche identifizieren:

- lebensgestaltende präventive Angebote (offene Freizeit- und Kulturarbeit, Jugendbildung),
- lebensperspektivenentwickelnde orientierende Angebote (Beratung zur sozialen Unterstützung) und
- problembearbeitende integrierende Angebote (Hilfe- und Unterstützungsleistungen zur Entgegenwirkung von Ausgliederungstendenzen) (Prüß, Bettmer, Hartnuß & Maykus, 2001, S. 21).

Die Hauptzielsetzungen sind hierbei die Förderung der individuellen und sozialen Entwicklung der Schüler*innen, die Abfederung der schulleistungsbezogenen

Belastungen, das Entgegenwirken von Benachteiligung in den sozialen Beziehungen und die Bereicherung der Schule und ihrer stärkeren Konzeptualisierung als Lebensort (ebd., S. 84).

Mit der »Studie zur Entwicklung von Ganztagsschulen« (StEG) wurden die Schritte zum Ausbau des Ganztags zwischen 2004 und 2019 wissenschaftlich begleitet. Ein Schwerpunkt der StEG-Analysen lag auf der Frage, inwieweit die Zugangschancen zu den Angeboten und deren Nutzung mit sozialer Selektivität verbunden sind. Insbesondere bei Kindern zeigten sich Selektivitäten beim Zugang zu Angeboten im Ganztag. Ausschlaggebend waren dabei der Migrationshintergrund sowie ein niedriger sozioökonomischer Status (StEG-Konsortium, 2010). Mit Beginn der Sekundarstufe I allerdings können Kinder und Jugendliche mit Migrationshintergrund und auch aus Familien mit schlechterem sozioökonomischem Status besser erreicht werden und von den Bildungsangeboten profitieren (ebd.). Dass vor allem auch eine langfristige Teilnahme an außerunterrichtlichen, non-formalen Bildungsangeboten positive Effekte auf die Entwicklung von Jugendlichen haben kann, konnte die Studie ebenfalls belegen. So zeigte sich bspw. eine höhere Schulfreude, eine Verbesserung des Sozialverhaltens und der Schulnoten sowie die Verringerung der Gefahr einer Klassenwiederholung. Insbesondere die Teilnahme an leistungs- bzw. fachbezogenen, aber auch an musischen und sozialen Angeboten geht mit einer positiven Entwicklung einher (ebd.).

Die Ganztagsschule ist also durchaus geeignet, über non-formale Bildungsangebote positive Effekte in der Entwicklung von Jugendlichen hervorzurufen. Insbesondere eine frühe Teilnahme an außerunterrichtlichen Ganztagsangeboten erhöht die Wahrscheinlichkeit, auch in höheren Klassenstufen derartige Angebote zu nutzen. Jedoch sind die sozialen Selektivitäten gerade in den frühen Klassenstufen am höchsten.

b) Kulturelle Bildung

Ein wichtiger Bereich non-formeller und informeller Bildung im Jugendalter ist die kulturelle Bildung. Kulturelle Jugendbildung – als ästhetisch-künstlerischer Prozess der lernenden Erschließung der Umwelt – findet im Alltag von Jugendlichen vor allem auch selbstinitiiert statt, etwa in Form der Beschäftigung mit kulturellen Objekten und Medien wie Musik, Filmen, Büchern oder Onlineinhalten. Dies vollzieht sich sowohl rezeptiv als auch produktiv bzw. interaktiv, dem Bedürfnis folgend, sich selbst auszudrücken. Dafür bieten Akteur*innen der kulturellen Bildung (dazu zählt neben einer institutionellen Fülle auch eine Vielzahl von Vereinen, Verbänden und Stiftungen) reichhaltige Gelegenheiten, Zugänge und Erfahrungsräume (Hübner & Witt, 2018). Auch Gruppenangebote der kulturellen Bildung, in denen sich Jugendliche innerhalb eines künstlerischen Settings aktiv und spielerisch mit sich, ihrer Umwelt und der Gesellschaft auseinandersetzten, spielen hierbei eine zentrale Rolle. Durch die Prinzipien der Freiwilligkeit, Partizipation, Interessens- und Stärkenorientierung sowie Offenheit gegenüber Fehlern entsteht ein idealer Experimentierraum, in dem Jugendliche ihre eigenen Fähigkeiten erproben, erweitern und reflektieren können. Für Jugendliche spielen aber auch selbstinitiierte kreative Aktivitäten eine wichtige Rolle und zählen zur kulturellen Bildung (z. B. Bandprojekte). Vor allem im Bereich der sogenannten »Soft Skills« werden Kompetenzen entwickelt, die auch für andere Lebensbereiche (wie z. B. Familie, Schule, Arbeitswelt) bedeutsam sind. Viele Kinder und Jugendliche aus bildungsfernen Milieus nutzen Angebote der außerschulischen kulturellen Jugendbildung (z. B. an Ganztagsschulen) und profitieren davon in ihrem individuellen Bildungsverlauf (Mack, 2007).

Insbesondere im Bereich der non-formalen Bildung im künstlerisch-kreativen Spektrum wird das Thema der Sichtbarmachung der dort erworbenen Fähigkeiten immer wieder diskutiert (Baumbast, Hofmann-van de Poll & Lüders, 2014; Reißig, Beierle & Hoch, 2020). Die teilweise kontrovers geführte Debatte entzündet sich insbesondere an dem Für und Wider von Nachweisinstrumenten. Betont werden im Zusammenhang mit der Sichtbarmachung von Erträgen non-formaler und informeller Bildung die Förderung der Erwerbsfähigkeit und damit die Verbesserung der Chancen auf dem Ausbildungs- und Arbeitsmarkt (Erpenbeck, 2004). Insbesondere für bildungsferne junge Frauen und Männer sollen hierbei Möglichkeiten entstehen sich in Bewerbungsprozessen mit weitergehenden Fähigkeiten und Kompetenzen zu präsentieren. Kompetenznachweise werden in einer immer komplexer werdenden Welt zunehmend wichtiger, und formale Kriterien reichen oft nicht mehr aus, um ein optimales Matching von Bewerber*innen und Arbeitgeber*innen herzustellen. Die Halbwertszeit spezifischer berufsbezogener Fähigkeiten verkürzt sich stetig. Mittelstrass bringt diese Veränderung auf die Formel: »die Wissensgesellschaft ist eine Kompetenzgesellschaft« (Erpenbeck & Rosenstiel, 2003, S. XI). Es geht darum, alle Kompetenzen einer Person anzuerkennen, unabhängig davon, wo und wie diese erworben wurden, um ein enormes Potenzial an Erfahrungen, Fähigkeiten und Wissen nicht ungenutzt zu lassen. Diese stark an Arbeitsmarktanforderungen ausgerichtete Verwertung non-formal und informell erworbener Kompetenzen steht immer wieder in der Kritik z. B. von Seiten der Anbieter der Kinder- und Jugendhilfe. Insbesondere bei kreativ-pädagogischen Angeboten der kulturellen Jugendbildung geht es eher darum, die eigene Persönlichkeit zu entwickeln. Eine Sichtbarmachung zielt darauf ab, sich selbst der eigenen Fähigkeiten bewusst zu werden und dadurch mehr über die eigenen Stärken und Schwächen zu erfahren und sich zu motivieren. Der Blick wird also ganz klar auf die Jugendlichen selbst gerichtet. Ein Nutzen entsteht jedoch nicht nur für Jugendliche. Auch Pädagog*innen und Einrichtungen profitieren durch Nachweisverfahren. Sie können so ihr Wirken und ihre Arbeit sichtbar machen sowie Abläufe reflektieren und optimieren (Reißig et al., 2020). Im Feld der kulturellen Bildung haben sich in Deutschland neben Teilnahme- und Engagement-Nachweisen auch Kompetenznachweise etabliert. Ein Beispiel dafür ist der von der Bundesvereinigung Kulturelle Kinder- und Jugendbildung (BJK) entwickelte Kompetenznachweis Kultur (KNK).

c) Peers

Unbestritten gelten Peers in der Jungendphase als wichtige Sozialisationsinstanz, neben den Eltern und der Schule (Hurrelmann, 2010; siehe Grunert in diesem Band). Allerdings wird immer wieder konstatiert, dass ihre Rolle als Bildungsinstanz eher selten beachtet wird (Krüger & Hoffmann, 2018; Harring, 2007). Mit dem gestiegenen Interesse an informellen und non-formalen Bildungsprozessen rücken die Peers auch in diesem Zusammenhang stärker ins Blickfeld (z. B. im Rahmen der Alltagsbildung, Otto & Rauschenbach, 2008). In Gruppen der Gleichaltrigen entstehen soziale Beziehungen, und über eine gemeinsame Freizeitgestaltung sowie die Interaktionen bei schulischen Lernprozessen findet non-formales oder informelles Lernen statt. Somit finden Bildungsprozesse in Peergroups an verschiedenen Lernorten, von formalen (z. B. Schule), non-formalen (z. B. Sportvereine) bis zu nicht formalisierten Lernorten (z. B. soziale Medien) statt. Eine wichtige Funktion von Peergroups ist dabei »ihre besondere Rolle bei der Erlangung von Unabhängigkeit vom Elternhaus [...]. Peergroups bieten neben der Familie das zentrale ›Übungsfeld‹ zum Erlernen sozialen Verhaltens« (Rauschenbach et al., 2004, S. 317). Im Unterschied zu anderen Bildungskontexten sind Peerbeziehungen freiwillig gewählt und kaum formalisiert. Der Austausch zwischen Gleichaltrigen findet auf Augenhöhe, in einem geschützten Raum statt, in dem vieles ausprobiert werden kann. Peers befinden sich dabei in vergleichbaren Lebenssituationen und Status. So können Jugendliche ihre Identität weiterentwickeln und herausbilden.

Während auf der einen Seite die positiven Effekte von Bildungsprozessen in Peerkontexten betont werden, finden sich auf der anderen Seite auch Hinweise auf eher negative Auswirkungen. Du Bois-Reymond (2000) spricht von der Herausbildung von »Peerkapital«. In Anlehnung an soziales Kapital (Bourdieu, 1983) können über gemeinsame Lernprozesse soziale Netzwerke aufgebaut werden, die Unterstützung – z. B. in verschiedenen Übergangsprozessen – und Orientierung bieten können. Düx und Rauschenbach (2010) weisen jedoch darauf hin, dass informelles Lernen in der Clique durchaus auch Gefahren in sich bergen kann. So gibt es Anzeichen dafür, dass informelle Lernprozesse soziale Ungleichheiten zwischen den Jugendlichen reproduzieren bzw. soziale Differenz durch sie sogar erst erzeugt wird. Dies kann passieren, weil sich Gleichaltrigengruppen oftmals nach sozialer, ethnischer oder regionaler Herkunft homogen zusammensetzen und damit über sehr unterschiedliche Ressourcen verfügen (Otto & Rauschenbach, 2008). »In der Folge sind diese informellen Lernprozesse auch Urheber für die Kluft zwischen Bildungsgewinnern und -verlieren, da nicht alle auf die gleichen Ressourcen aufbauen können« (Zeimet, 2011, S. 38).

Insbesondere im Jugend- und jungen Erwachsenenalter bildet die Vorbereitung und das Gestalten von Bildungsübergängen (z. B. von der Schule in Ausbildung/Studium) eine zentrale Herausforderung. Der Austausch mit Peers hat dabei eine besondere Bedeutung (Schlimbach & Reißig, im Erscheinen). Im Rahmen der Berufsorientierung bzw. Jugendberufshilfe fördern bspw. Peer-Involvement-Ansätze die Ausbildung von Sozialkompetenzen und die Reflexion eigener Fertigkeiten bei Jugendlichen und jungen Erwachsenen. Gerade jugendliche Mentor*innen (Patenprojekte) können dafür sorgen, dass fehlende Kontakte zu Personen im informellen Bereich ausgeglichen werden. Darüber hinaus wird im Freundeskreis auch über Berufe und Zukunftspläne gesprochen:

> »Insbesondere wenn es darum geht, gemeinsame Hürden im (Aus-)Bildungsprozess zu überwinden, berichten Jugendliche aus der Retrospektive häufig von gleichaltrigen Helfern, die sie auf dem Weg unterstützt und motiviert und somit mitgezogen haben« (Beierle, 2013, S. 38; auch dazu Gaupp, 2013).

9.3.4 Fazit und Ausblick

Beim Aufwachsen junger Menschen hat Bildung und Bildungserwerb einen hohen Stellenwert. Gerade im Prozess der Verselbstständigung ist jedoch ein – auch zeitliches – Auseinanderfallen von formalen Bildungs- und Ausbildungsschritten bis hin zum Eintritt in die Erwerbsarbeit und anderen wichtigen Schritten – wie Identitätsentwicklung oder Werteausprägung – zu beobachten. Auch vor diesem Hintergrund steht die wachsende Bedeutung non-formaler und informeller Bildung, die eine eigenständige Rolle in Bildungsbiografien und der Alltagsgestaltung junger Menschen eingenommen hat. Non-formale Bildungsorte gewinnen im Zuge dieser Entwicklung eine stärkere Bedeutung. Zudem findet eine zunehmende (zeitliche) Entgrenzung des Lernens statt: Dies zeigt sich nicht nur in der Zeit des Heranwachsens, sondern über die gesamte Lebensspanne als lebenslanges Lernen.

Es zeigt sich ein großer Facettenreichtum in der non-formalen und informellen Bildung, der sich in ganz verschiedenen Feldern, z. B. der Jugendkulturarbeit, der Jugendsozialarbeit, im Sport oder auch der offenen und verbandlichen Jugendarbeit, verdeutlicht. Wie im Beitrag aufgezeigt, findet sich non-formales und informelles Lernen einmal institutionell, z. B. im Bereich der Ganztagsschule oder in Musikschulen und Sportvereinen, aber auch jenseits institutioneller Rahmungen selbstinitiiert und -organisiert, z. B. im digitalen Raum.

Aus Sicht der Forschung ergibt sich hierbei mindestens ein Desiderat, das weitgehende Fehlen von Befunden zu Wirkungen dieser unterschiedlich erworbenen Bildung. Notwendig wäre hierbei eine Längsschnittperspektive, über die regelmäßig Befunde zu Bildungsprozessen und Wirkungen im biografischen Verlauf generiert werden. Mit Blick auf die Jugendphase könnten dabei auch gezielter die jungen Erwachsenen und ihre non-formalen und informellen Bildungsprozesse betrachtet werden.

Insgesamt lässt sich festhalten, dass die Frage nach sozialen Ungleichheiten auch weiterhin einen Schwerpunkt bei der Beschreibung non-formaler und informeller Bildung spielen wird und spielen sollte. Entgegen dem oftmals mit Angeboten der non-formalen und informellen Bildung verbundenem Anspruch der Verringerung sozialer Disparitäten steht die These von deren Verstärkung beim Zugang zu entsprechenden Bildungssettings (Rauschenbach, 2018). Eine zukünftige Herausforderung wird es also sein, dass non-formales und informelles Lernen tatsächlich eine Chance für alle jungen Menschen ist, an Bildung zu partizipieren.

Es gilt also noch viele offenen Fragen, sowohl in der Praxis als auch in der Forschung, zu non-formaler und informeller Bildung zu beantworten und weiter zu bearbeiten. Grundsätzlich eröffnet sich hierbei die Chance, Bildungsforschung und Jugendforschung stärker miteinander zu verzahnen (Grunert, 2018). Die Perspektive der Bildungsforschung auf Jugend konzentriert sich schwerpunktmäßig auf formale Bildung; die Perspektive der Jugendforschung schaut insbesondere auf die Rolle von Freizeit und Jugendkultur, auf Peers, Jugendarbeit oder freiwilliges Engagement. Die Verbindung beider Perspektiven würde ein ganzheitlicheres Bild der Lebensphase Jugend ermöglichen.

Literatur

AGJ [Arbeitsgemeinschaft für Kinder- und Jugendhilfe] (2018): Non-formal erworbene Kompetenzen – Herausforderungen und Impulse für die Zuordnung der Fort- und Weiterbildungsangebote der Kinder- und Jugendhilfe in den DQR. Berlin.

Arnoldt, B. (2011): Kooperation zwischen Ganztagsschule und außerschulischen Partnern. Entwicklung der Rahmenbedingungen. In: N. Fischer, H.-G. Holtappels, E. Klieme, T. Rauschenbach, L. Stecher & I. Züchner (Hrsg.): Ganztagsschule: Entwicklung, Qualität, Wirkungen (S. 312–329). Weinheim: Beltz

Arnoldt, B., Furthmüller, P. & Steiner, C. (2016): Zur Inanspruchnahme non-formaler schulischer und außerschulischer Bildungsangebote während der Schullaufbahn [https://www.researchgate.net/publication/301928719], Zugriff am 30.03.2020.

Autorengruppe Bildungsberichterstattung (2018): Bildung in Deutschland 2018. Ein indika-to-rengestützter Bericht mit einer Analyse zu Wirkungen und Erträgen von Bildung. KMK, BMBF. Bielefeld.

Baumbast, S., Hofmann-van de Poll, F. & Lüders, C. (2014): Non-formale und informelle Lernprozesse in der Kinder- und Jugendarbeit und ihre Nachweise. München: DJI.

Beierle, S. (2013): Die Rolle von Peers, Neuen Medien und Online-Communitys bei der Berufsorientierung. DJI e. V. Halle (Saale).

Bourdieu, P. (1983): Ökonomisches Kapital, kulturelles Kapital und soziales Kapital. In: Kreckel, R. (Hrsg.): Soziale Ungleichheiten. Soziale Welt (S. 183–198). Göttingen.

Bundesjugendkuratorium (2001): Streitschrift »Zukunftsfähigkeit sichern! Für ein neues Verhältnis von Bildung und Jugendhilfe«. Bonn/Berlin.

Csikszentmihalyi, M., Rathunde, K. & Whalen, S. (1993): Talented Teenagers: The Roots of Success and Failure. New York.

Deutscher Bundestag (2005): 12. Kinder- und Jugendbericht. Berlin: BMFSFJ.

Diewald, M. & Solga, H. (1996): »Nach dem Sturm folgte zwar Ruhe, jedoch nicht der Sonnenschein!« Mobilitätsprozesse und Allokationskriterien in Ostdeutschland nach 1989. In: Schenk, H. (Hrsg.): Ostdeutsche Erwerbsverläufe zwischen Kontinuität und Wandel (S. 153–277). Opladen.

Du Bois-Reymond, M. (2000): Jugendkulturelles Kapital in Wissensgesellschaften. In: H. H. Krüger & H. Wenzel (Hrsg.): Schule zwischen Effektivität und sozialer Verantwortung (S. 235–254). Opladen: Leske + Budrich.

Düx, W. & Rauschenbach, T. (2010): Informelles Lernen im Jugendalter. In: N. Neuber (Hrsg.): Informelles Lernen im Sport. Beiträge zur allgemeinen Bildungsdebatte (S. 54–78). Wiesbaden: Springer VS.

Erpenbeck, J. (2004): Dimensionen moderner Kompetenzmessverfahren. In: Kompetenz-kapital: Verbindungen zwischen Kompetenzbilanzen und Humankapital (S. 51–74). Frankfurt a. M.

Erpenbeck, J. & Rosenstiel, L. von (Hrsg.) (2003): Handbuch Kompetenzmessung. Erkennen, verstehen und bewerten von Kompetenzen in der betrieblichen, pädagogischen und psychologischen Praxis. Stuttgart: Schäffer-Poeschel.

Fraij, A., Maschke, S. & Stecher, L. (2015): Die Scholarisierung der Jugendphase – ein Zeitvergleich. Diskurs Kindheits- und Jugendforschung, 10(2), 167–182.
Gaupp, N. (2013): Wege in Ausbildung und Ausbildungslosigkeit. Bedingungen gelingender und misslingender Übergänge in Ausbildung von Jugendlichen mit Hauptschulbildung. edition der Hans-Böckler-Stiftung, Bildung und Qualifizierung, Band 277. Düsseldorf: Hans-Böckler-Stiftung.
Grunert, C. (2018): Informelles Lernen im Jugendalter. In: M. Harring & M. D. Witte & T. Burger (Hrsg.): Handbuch Informelles Lernen (S. 328–339). Weinheim/Basel: Beltz.
Harring, M. (2007): Informelle Bildung – Bildungsprozesse im Kontext von Peerbeziehungen im Jugendalter. In: M. Harring & C. Rohlfs & C. Palentin (Hrsg.): Perspektiven der Bildung (S. 237–258). Wiesbaden: Springer VS.
Harring, M. (2016): Freizeit und informelles Lernen. In: M. Harring & M.D. Witte & T. Burger (Hrsg.): Handbuch informelles Lernen (S. 416–438). Weinheim/Basel: Beltz Juventa.
Harring, M., Rohlfs, C. & Palentin, C. (2007): Perspektiven der Bildung – eine Einleitung in die Thematik. In: M. Harring, C. Rohlfs & C. Palentin (Hrsg.): Perspektiven der Bildung (S. 7–14). Wiesbaden: Springer VS.
Harring, M., Witte, M. D. & Burger, T. (2018): Informelles Lernen – Eine Einführung. In: M. Harring, M. D. Witte & T. Burger (Hrsg.): Handbuch Informelles Lernen (S. 12–25). Weinheim/Basel: Beltz Juventa.
Hübner, K. & Witt, K. (2018): Kulturelle Jugendarbeit in ländlichen Regionen, Der Landkreis – Zeitschrift für kommunale Selbstverwaltung, Nr. 12, 815–820.
Hurrelmann, K. (2010): Lebensphase Jugend. Eine Einführung in die sozialwissenschaftliche Jugendforschung. Weinheim: Beltz Juventa.
Krüger, H.-H. & Hoffmann, N. F. (2018): Peers und informelles Lernen. In: M. Harring, M. D. Witte & T. Burger (Hrsg.): Handbuch Informelles Lernen (S. 381–397). Weinheim/Basel: Beltz Juventa
Mack, W. (2007): Lernen im Lebenslauf – formale, non-formale und informelle Bildung: die mittlere Jugend (12 bis 16 Jahre). Studie im Auftrag der Enquetekommission »Chancen für Kinder« des Landtags von Nordrhein-Westfalen. Düsseldorf.
Mack, W. (2017): Non-formale und informelle Bildung in der Schulsozialarbeit. In: E. Hollenstein, F. Nieslony, K. Speck & T. Olk (Hrsg.): Handbuch der Schulsozialarbeit (S. 24–32). Weinheim/Basel: Beltz Juventa.
Mahoney, J. L. & Stattin, H. (2000): Leisure activities and adolescent antisocial behavior: The role of structure and social context. Journal of Adolescence, 23(2), 113–127.
Maschke, S. & Stecher, L. (2018): Non-formale und informelle Bildung. In: A. Lange, H. Reiter, S. Schutter & C. Steiner (Hrsg.): Handbuch Kindheits- und Jugendsoziologie (S. 149–163). Wiesbaden: Springer VS.
Otto, H.-U. & Rauschenbach, T. (2008): Die andere Seite der Bildung. Zum Verhältnis von formellen und informellen Bildungsprozessen. 2. Auflage. Wiesbaden.: Springer VS.
Palentien, C. (2004): Kinder- und Jugendarmut in Deutschland. Wiesbaden.: Springer VS.
Pluto, L. & van Santen, E. (2018): Jugendarbeit als non-formale Bildung in Deutschland – bewährte Tradition unter neuen Bedingungen. In: DFJW/DJI/INJEP (Hrsg.): Non-formale Bildung: Chance oder Herausforderung für die Jugendarbeit? Erkenntnisse einer deutsch-französischen Fachtagung (S. 111–134). Paris/Berlin.
Prenzel, M., Baumert, J., Blum, W., Lehmann, R., Leutner, D., Neubrand, M., Pekrun, R., Rolff, H. G., Rost, J. & Schiefele, U. (Hrsg.) (2004): PISA 2003. Der Bildungsstand der Jugendlichen in Deutschland. Ergebnisse des zweiten internationalen Vergleichs. Münster: Waxmann.
Prüß, F., Bettmer, F., Hartnuß, B. & Maykus, S. (2001): Kooperation von Jugendhilfe und Schule in Mecklenburg-Vorpommern. Empirische Analysen zur Entwicklung eines innovativen Handlungsfeldes. Schwerin: Ministerium für Bildung, Wissenschaft und Kultur.
Rauschenbach, T. (2018): Informelles Lernen – Bilanz und Perspektiven. In: M. Harring, M. D. Witte & T. Burger (Hrsg.): Handbuch Informelles Lernen (S. 817–830). Weinheim/Basel: Beltz Juventa.

Rauschenbach, T., Mack, W., Leu, H. R., Lingenauber, S., Schilling, M., Schneider, K. & Züchner, I. (Hrsg.) (2004): Konzeptionelle Grundlagen für einen Nationalen Bildungsbericht – Non-formale und informelle Bildung im Kindes- und Jugendalter. Berlin: BMBF.

Rauschenbach, T., Düx, W. & Sass, E. (Hrsg.) (2006): Informelles Lernen im Jugendalter. Vernachlässigte Dimensionen der Bildungsdebatte. Weinheim/München: Juventa.

Reißig, B., Beierle, S. & Hoch, C. (2020): Wissenschaftliche Begleitung und Entwicklung eines Instruments zum Nachweis non-formalen Lernens in kreativ-pädagogischer Arbeit. Unveröffentlichter Schlussbericht. Halle (Saale).

Schlimbach, T. & Reißig, B. (im Erscheinen): Transition companions. The role of peers in German school-to-work-transition. In: V. Cuzzocrea, B. Gook & B. Schiermer (Hrsg.): Forms of Collective Engagement in Youth Transitions: A Global Perspective. Leiden.

StEG-Konsortium (2010): Ganztagsschule. Entwicklung und Wirkungen. Ergebnisse der Studie zur Entwicklung von Ganztagsschulen 2005–2010. Frankfurt a. M.

Zeimet, J. C. (2011): Informelles Lernen in Cliquen und Jugendszenen. Leben ist Lernen, 37–40.

10 Politische und gesellschaftliche Aspekte des Erwachsenwerdens

10.1 Zivilgesellschaftliches Engagement von jungen Menschen: Beteiligung in Vereinen sowie Übernahme freiwilliger Aufgaben

Martina Gille

Das Hineinwachsen in öffentliche Räume und die damit verbundene Ausweitung von Handlungsspielräumen für die Ausübung unterschiedlicher Aktivitäten ist ein wesentliches Merkmal des Verselbstständigungsprozesses im Jugend- und jungen Erwachsenenalter. Jugendliche entwickeln zunehmend Interessen, die sie nicht mehr nur im Elternhaus oder in der Schule, sondern mit Gleichgesinnten im öffentlichen Raum, in Jugendzentren, Vereinen, Jugendverbänden oder auch sozialen und politischen Initiativen verfolgen und entwickeln wollen. Damit erfahren zivilgesellschaftliche Angebote und Organisationen auch eine hohe Attraktivität für junge Leute sowohl zur Interessensrealisierung als auch der Entwicklung von Fähigkeiten und Kompetenzen. Der umgekehrte Blick, der von der Gesellschaft auf das Engagement Jugendlicher in den verschiedenen zivilgesellschaftlichen Organisationen, ist häufig von der Sorge getragen, dass das jugendliche Engagement zurückgeht. Vereine und Verbände beklagen immer wieder, wie schwierig es sei, jungen Nachwuchs zu bekommen. In einer Gesellschaft, in der der Anteil junger Menschen aus demografischen Gründen schrumpft und in der die frei verfügbare Zeit junger Frauen und Männer durch ausgedehnte Schulzeiten und digitale Mediennutzung immer knapper wird, erfahren die Ziele und das Ausmaß zivilgesellschaftlicher Beteiligung der Heranwachsenden ein besonderes Interesse. Schließlich stellen die junge Generation und ihre Beteiligungsbereitschaft eine wichtige Ressource im Hinblick auf die zukünftige Entwicklung demokratischer Gesellschaften dar. Das seit Beginn des Jahres 2019 stark angestiegene Engagement junger Leute im Rahmen der Fridays-for-Future-Bewegung spricht bspw. für eine starke Mobilisierbarkeit und Engagementbereitschaft junger Frauen und Männer für Themen des Umwelt- und Klimaschutzes.

Kapitelüberblick

In diesem Beitrag soll die zivilgesellschaftliche Beteiligung junger Menschen in Deutschland anhand ausgewählter empirischer Studien dargestellt und der Frage nachgegangen werden, von welchen Faktoren es abhängt, dass sich junge Leute engagieren. Welche Rolle spielen Geschlechtszugehörigkeit, Bildungsressourcen, Migrationshintergrund oder auch Motive junger Leute für ihre Engagementbereitschaft? Das in Betracht gezogene Spektrum der Beteiligung reicht dabei von einem Engagement in Vereinen und (Jugend-)Verbänden bis zur Übernahme freiwilliger Tätigkeiten in unterschiedlichen gesellschaftlichen Bereichen wie z. B. Sport, Kirche und Nachbarschaftshilfe. In einem Fazit werden Möglichkeiten der Engagementförderung diskutiert.

10.1.1 Die Aktivität und ehrenamtliche Beteiligung junger Menschen in Vereinen, (Jugend-)Verbänden und Initiativen

Vereine, Verbände und Organisationen sind von zentraler Bedeutung für die Integration junger Menschen in die Gesellschaft und sie eröffnen vielfältige Chancen des Kompetenzerwerbs, der Durchsetzung und Verfolgung eigener Interessen sowie des zivilgesellschaftlichen Engagements (Gille, Pluto & van Santen, 2015). Die wichtigsten institutionellen Orte für freiwilliges Engagement sind nach wie vor Vereine, wie auch Ergebnisse der Freiwilligensurveys sowie die Shell-Jugendstudien zeigen (Simonson & Vogel, 2017, S. 531; Schneekloth, 2019, S. 101). Hierbei spielen die Sportvereine mit ihren Möglichkeiten des Kennen- und Erlernens sowie der Ausübung unterschiedlichster Sportarten nicht nur für junge Menschen die wichtigste Rolle. In Verbänden wie z. B. Berufsverbänden oder Gewerkschaften können junge Leute ihre Interessen im Hinblick auf ihre beruflichen und wirtschaftlichen Belange zur Geltung bringen. Die Kirchen bieten den jungen Leuten neben den Möglichkeiten der religiösen Praxisausübung auch vielfältige Formen von Geselligkeit und Engagement z. B. in Ferienfreizeiten oder Konfirmandentreffs. Den Austausch über politische Themen und die Durchsetzung eigener politischer Vorstellungen realisieren junge Leute – ebenso wie Erwachsene – kaum über die politischen Parteien, jedoch in stärkerem Maße über Gruppen oder Initiativen wie z. B. die Fridays-for-Future-Demonstrationen, die zu bestimmten politischen Themen aufrufen.

Die Ergebnisse des Surveys des Deutschen Jugendinstituts »Aufwachsen in Deutschland: Alltagswelten« (DJI-Survey AID:A) geben Auskunft über das Engagement 12- bis 29-Jähriger in Vereinen und Initiativen im Hinblick auf ihre Teilnahme (»ich bin dort aktiv«) sowie auch ihre zivilgesellschaftliche Einbindung, die durch die Übernahme von Aufgaben (»ich übe dort ein Ehrenamt aus oder habe verbindlich eine Aufgabe übernommen wie z. B. Gruppenleitung, Homepage aktualisieren etc.«) erfasst worden ist. Die Aktivitäten in Sportvereinen stellen die wichtigste Form von Vereinsbeteiligung in dieser Altersspanne dar, wobei hier die jungen Männer stärker eingebunden sind als die jungen Frauen (▶ Abb. 10.1.1). Religiöse und kirchliche Gruppen spielen zusammen mit Gesangs- und Musikvereinen sowie Theatergruppen die zweitwichtigste Rolle für junge Menschen, wobei diese Aktivitäten stärker auf das Interesse bei Mädchen und jungen Frauen stoßen. Gewerkschaften, die Freiwillige Feuerwehr und Heimatvereine spielen ebenso wie die politischen Organisationen und Parteien eine nachgeordnete Rolle bei jungen Frauen und Männern.

Ergänzend zu der Abfrage von Aktivitäten in dem stärker institutionalisierten Bereich der Vereine und Verbände wurde im DJI-Survey AID:A 2019 zusätzlich ein weniger stark an formale Bedingungen geknüpftes Engagement junger Menschen berücksichtigt. Die jungen Leute konnten angeben, ob sie in Initiativen oder Gruppen aktiv sind, die politische Themen aufgreifen wie Umwelt, Frieden, Menschenrechte, Tierschutz oder andere soziale Probleme. Ca. 6 % der jungen Leute bestätigten ein Engagement in dieser Form – junge Frauen und Männer gleichermaßen (in Bezug auf politisches Engagement ▶ Kap. 10.2).

Mit der im AID:A-Survey 2019 angebotenen Auswahlliste für Vereins- und Gruppenaktivitäten ist das breite Spektrum an Vereinen, Verbänden oder Gruppen, wie es in Deutschland existiert, allerdings nicht abgedeckt. Möglicherweise fällt den jungen Leuten auch die Zuordnung des eigenen Engagements anhand der vorgegebenen Kategorien nicht leicht. Wo soll etwa das Engagement in einem Jugendverband einer politischen Organisation oder eines Sportvereins verortet werden – direkt bei der entsprechend übergeordneten Organisation oder in einer eigenen Kategorie? Deshalb wurde noch zusätzlich eine Sammelkategorie »anderer Verein oder Verband bzw. Initiative« in die Liste aufgenommen, um Jugendlichen und jungen Erwachsenen, die sich mit einer Zuordnung ihrer Aktivitäten schwertun, eine Antwortmöglichkeit zu bieten. Immerhin noch ca. sechs Prozent der jungen Leute verorten sich dort. Betrachtet man abschließend den Gesamtindikator »mindestens in einem Verein, Verband oder einer Initiative aktiv«, so wird deutlich, dass nahezu 60 % der 12- bis 29-Jährigen an mindestens einem Ort aktiv sind, die Mädchen und jungen Frauen zu einem etwas geringeren Anteil als die Jungen und jungen Männer (▶ Abb. 10.1.1).

Die Geschlechterdifferenzen beim Vereinsengagement verweisen auf ein stabiles Geschlechterprofil, das sich nach wie vor auf traditionelle Geschlechtsrollenbilder rückbeziehen lässt (Gille, 2015, S. 48). Die jungen Frauen sind stärker im sozialen, kirchlichen und kulturellen Bereichen aktiv, die jungen Männer dagegen im Sport, bei der Feuerwehr und den Rettungsdiensten. Neben der Geschlechtszugehörigkeit sollen im Folgenden weitere Faktoren betrachtet werden, die Einfluss auf das Engagementniveau und -profil junger Leute nehmen. Mit steigendem Lebensalter und den damit verknüpften Übergängen von der Schule in Ausbildung, Studium oder Erwerbstätigkeit gehen häufig Vereinszugehörigkeiten verloren, da sich zum einen die zeitlichen Freiräume für junge Menschen verringern, zum anderen diese Statuswechsel auch oft mit einem Wohnortwechsel und damit einem Verlust von Vereinszugehörigkeiten verbunden sind. Die höheren Altersgruppen weisen daher ein geringeres Vereinsengagement auf, insbesondere in den Bereichen Sport, Kirche und Kultur (▶ Abb. 10.1.2). Während

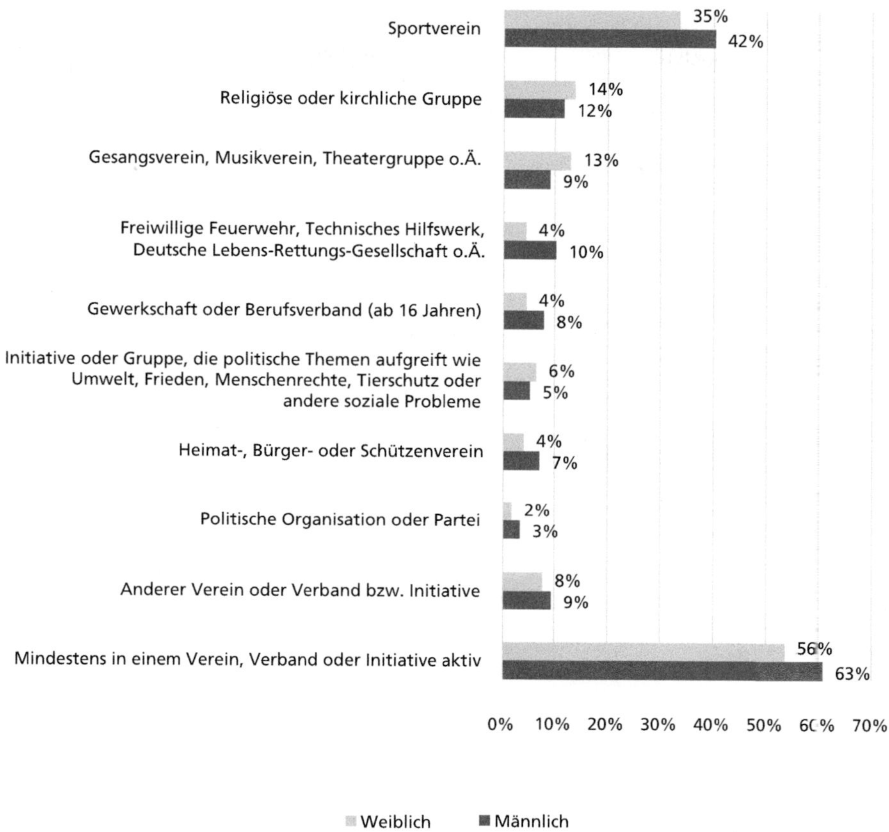

Abb. 10.1.1: Aktive junge Menschen in verschiedenen Vereinen, Gruppen oder Verbänden* nach Geschlechtszugehörigkeit – 12- bis 29-Jährige, 2019 (in %) (Quelle: DJI-Survey AID:A 2019 (gewichtet); 12- bis 29-Jährige, N = 5.067)
* Frage: Sagen Sie mir bitte, ob Sie in den folgenden Vereinen, Gruppen oder Verbänden aktiv sind. Es geht hier nicht um Mitgliedschaften, sondern um Ihre aktive Teilnahme. Sind Sie aktiv in …? Antwortkategorien: 1: Ja, aktiv, 2: Nein, nicht aktiv.

noch 60 % der 12- bis 13-Jährigen in einem Sportverein aktiv sind, trifft dies nur noch auf 26 % der 27- bis 29-Jährigen zu. Auch im Gesamtindikator »mindestens in einem Verein, Verband oder einer Initiative aktiv« spiegelt sich ein Rückgang des Vereinsengagements mit dem Lebensalter wider. Die entsprechenden Anteilswerte für die jüngste bzw. älteste Altersgruppe betragen 74 % bzw. 49 %. Sich in einer Gewerkschaft oder Berufsverband zu betätigen wird erst für junge Menschen interessant, die sich in Ausbildung oder bereits in Erwerbstätigkeit befinden. Dementsprechend nimmt das Engagement in diesem Bereich mit dem Lebensalter zu. Für die anderen in der Abbildung 10.1.2 nicht aufgeführten Vereine und Gruppen zeigen sich keine ausgeprägten Altersdifferenzierungen im Aktivitätsprofil.

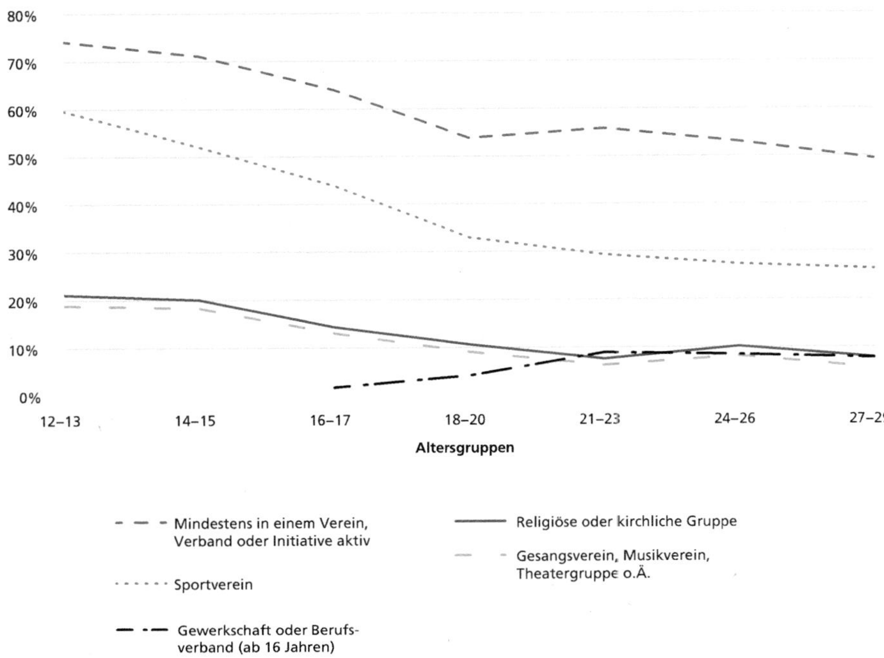

Abb. 10.1.2: Aktive junge Menschen in verschiedenen Vereinen, Gruppen oder Verbänden* nach Altersgruppen – 12- bis 29-Jährige, 2019 (in %) (Quelle: DJI-Survey AID:A 2019 (gewichtet); 12- bis 29-Jährige, N = 5.067)
* Frage: Sagen Sie mir bitte, ob Sie in den folgenden Vereinen, Gruppen oder Verbänden aktiv sind. Es geht hier nicht um Mitgliedschaften, sondern um Ihre aktive Teilnahme. Sind Sie aktiv in…? Antwortkategorien: 1: Ja, aktiv, 2: Nein, nicht aktiv.

Neben dem Lebensalter spielen auch die soziale Herkunft und das damit verknüpfte Bildungsniveau eine wichtige Rolle für die Beteiligung in Vereinen und Organisationen. So engagieren sich junge Menschen, die sich in höheren Bildungsgängen befinden bzw. höhere Schulbildungsabschlüsse haben, stärker in Sportvereinen, Gesangs- und Musikvereinen und kirchlichen bzw. religiösen Gruppen als jene, die eine Förder- oder Hauptschule besuchen bzw. maximal einen Hauptschulabschluss erreicht haben (► Abb. 10.1.3). Junge Menschen in mittleren Bildungsgängen bzw. mit mittleren Bildungsabschlüssen sind eher in Gewerkschaften, der Freiwilligen Feuerwehr und in den Rettungsdiensten zu finden. Die Bildungsabhängigkeit des Vereinsengagements bei Jugendlichen und jungen Erwachsenen hat dabei in jüngster Zeit zugenommen, wie ein Vergleich der Ergebnisse der AID:A-Studien 2009 und 2014 zeigt (Gille, 2015). Auch das bürgerschaftliche Engagement junger Menschen, wie es die Freiwilligensurveys für den Zeitraum von 1999 bis 2014 erfasst haben (► Kap. 10.1.2) erweist sich im Zeitverlauf als zunehmend bildungsabhängig (Vogel, Hagen, Simonson & Tesch-Römer, 2017, S. 92). Die soziale Herkunft und die damit verknüpften Bildungschancen nehmen für junge Menschen somit eine wachsende Bedeutung ein, um

Anregungen und Gelegenheiten für die Übernahme ehrenamtlicher Tätigkeiten in Vereinen und anderen gesellschaftlichen Bereichen zu erhalten. Für junge Menschen aus bildungsfernen Elternhäusern bedeutet dies auch eine zunehmende Benachteiligung im Hinblick auf ihre Möglichkeiten, Lebensbereiche außerhalb von Elternhaus, Schule und Betrieb mitzugestalten und dort Wissen und Kompetenzen zu erwerben, die eine Verselbstständigung junger Menschen in sozialer und politischer Hinsicht unterstützen.

Auch der Migrationshintergrund hat bei jungen Menschen einen differenzierenden Effekt im Hinblick auf Vereinsengagement. Junge Menschen der ersten Migrationsgeneration, die also selbst über Zuwanderungserfahrung verfügen, sind deutlich weniger in Vereinsaktivitäten eingebunden als jene der zweiten Migrationsgeneration (▶ Abb. 10.1.3). Einheimische junge Menschen weisen gegenüber den Jugendlichen der beiden Migrationsgenerationen ein deutlich höheres Engagementniveau auf. Die eingeschränkten Chancen insbesondere der jungen Migrant*innen der ersten Generation zur Beteiligung in Vereinen, Gruppen oder Verbänden ist verschiedenen Faktoren geschuldet. Die jungen Migrant*innen sind in ihrer Kindheit bzw. Jugend mit ihren Familien nach Deutschland zugewandert, so dass sie und auch ihre Eltern weniger Erfahrungen und Kenntnisse über die Zugangswege für ein zivilgesellschaftliches Engagement sammeln konnten im Vergleich zu den Einheimischen. Damit gibt es in Migrant*innenfamilien auch weniger die Möglichkeit, dass die Eltern ihre Erfahrungen aus ihrem eigenen Engagement an ihre Kinder weitergeben und ihre Kinder für die Aufnahme eines Engagements anregen können. Das elterliche Engagement hat somit eine verstärkende Wirkung auf die Engagementbereitschaft ihrer Kinder, wie Ergebnisse der Freiwilligensurveys zeigen (▶ Kap. 10.1.2).

Vereine, Verbände und Initiativen mobilisieren aber junge Menschen nicht nur zum Mitmachen, sondern bieten ihnen auch Opportunitätsstrukturen für freiwilliges Engagement. Die Übernahme eines Ehrenamts bzw. bestimmter Aufgaben in einem Verein geht über die bloße Teilnahme hinaus und bedeutet Verantwortungsübernahme und zumeist auch einen höheren Zeitaufwand für junge Menschen. Die Sportvereine, die im Hinblick auf das aktive Mitmachen für die jungen Leute die wichtigste Rolle spielen, weisen auch hier die höchsten Anteile von ehrenamtlich Aktiven auf: Sieben Prozent der jungen Frauen und neun Prozent der jungen Männer (bezogen auf alle Befragte) haben eine solche Aufgabe in einem Sportverein übernommen. Berücksichtigt man das breite Vereinsspektrum, so üben in mindestens einem der aufgeführten Vereine 21 % der weiblichen und 24 % der männlichen Befragten eine solche Aufgabe aus. Somit lässt sich hier wie bei den Vereinsaktivitäten eine etwas stärkere Beteiligung der jungen Männer feststellen. Auch im Hinblick auf die bei den Vereinsaktivitäten hervorgehobenen Einflussfaktoren wie Bildungsniveau und Migrationshintergrund lassen sich vergleichbare Effekte im Hinblick auf die Übernahme ehrenamtlicher Tätigkeiten finden.

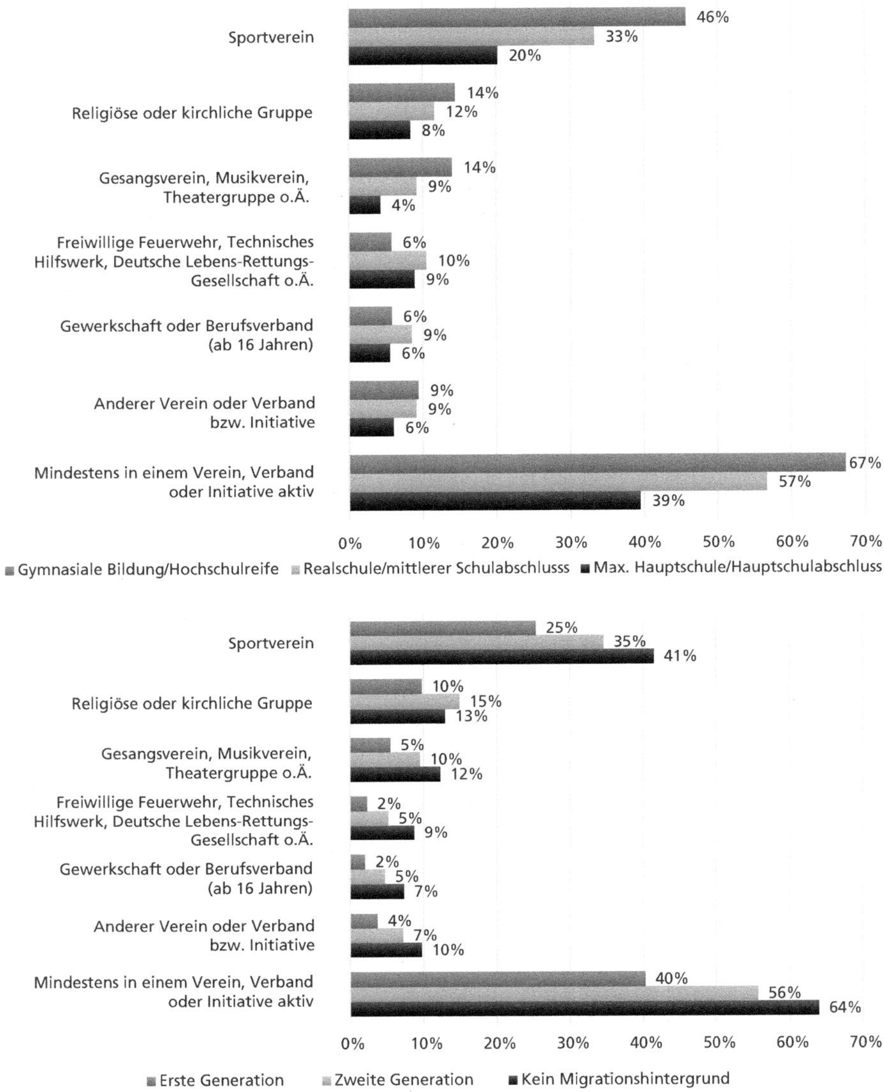

Abb. 10.1.3: Ausgewählte Vereinsaktivitäten nach Bildungsniveau und Migrationshintergrund (in %) (Quelle: DJI-Survey AID:A 2019 (gewichtet); 12- bis 29-Jährige, N = 5.067)

10.1.2 Die Übernahme freiwilliger Tätigkeiten durch junge Leute in Vereinen und anderen Organisationsformen

Der Freiwilligensurvey 2014 erfasst zivilgesellschaftliches Engagement Jugendlicher in einem umfassenden Sinne, d. h. als unentgeltliches, gemeinwohlorientiertes und über das reine Mitmachen hinausgehendes Engagement, wobei die Orte des Engagements nicht nur auf Vereine beschränkt sind. Freiwilliges Engagement findet bei jungen Leuten mit einem Anteil von 52 % am häufigsten in Vereinen und Verbänden statt, gefolgt von individuell organisierten Gruppen (18 %), den Kirchen und religiösen Vereinigungen (13 %) sowie von weiteren Organisationen (Simonson & Vogel, 2017, S. 531).

Betrachtet man die Altersgruppe der 14- bis 29-Jährigen im Hinblick darauf, ob sie sich – egal in welchem Tätigkeitsfeld und an welchem Ort – in den letzten zwölf Monaten freiwillig engagiert haben, so gaben 47 % an, dies getan zu haben, die jungen Männer mit 49 % in einem etwas höheren Ausmaß als die jungen Frauen mit 45 % (Vogel et al., 2017, S. 102f.). Die 14- bis 29-Jährigen liegen damit insgesamt in ihrem Beteiligungsniveau leicht über dem Bevölkerungsdurchschnitt von 44 %. Für die Wahl der Tätigkeitsfelder junger Frauen und Männer erhält man ein ganz ähnliches Geschlechterprofil wie bei dem zuvor dargestellten Vereinsengagement (oder -aktivität). Auch hier lassen sich Muster traditioneller Geschlechterrollen finden. Während sich die jungen Männer häufiger im Sportbereich, bei Freiwilligen Feuerwehren, Rettungsdiensten oder im politischen Bereich engagieren, übernehmen die jungen Frauen eher im kirchlichen und sozialen Bereich freiwillig Aufgaben (► Abb. 10.1.4).

Auch im Hinblick auf Lebensalter, Bildung und Migrationshintergrund zeigen sich vergleichbare Selektionseffekte, wie sie bereits beim Vereinsengagement beschrieben worden sind: Ältere, geringer Gebildete und junge Leute mit Migrationshintergrund sind weniger häufig freiwillig engagiert als Jüngere, höher Gebildete und junge Menschen ohne Migrationshintergrund (Kausmann, Simonson & Hameister, 2017). So betragen bspw. in der Altersgruppe der 14- bis 29-Jährigen die Engagementquoten für junge Leute, die bereits die Schule verlassen haben und über maximal einen Hauptschulabschluss verfügen 25 %, für jene mit mittleren Abschlüssen 42 % und für jene mit Fachhochschul- bzw. Hochschulreife 51 %. Die Gruppe der Jugendlichen, die aktuell noch die Schule besuchen weist unabhängig vom Bildungsgang ein hohes Engagementniveau von 55 % auf (Vogel et al., 2017, S. 106).

Der Freiwilligensurvey erlaubt es, neben sozialen und kulturellen Ressourcen auch die Bedeutung von Anstößen und Motiven für die Engagementaufnahme zu untersuchen. Bei den 14- bis 29-Jährigen hält es sich dabei die Waage, ob sie aus Eigeninitiative (51 %) oder durch einen Anstoß von außen, bspw. durch die Ansprache von Personen (49 %), eine freiwillige Aufgabe übernommen haben. Im Vergleich der jüngeren Altersgruppen mit den älteren zeigt sich dabei, dass die Eigeninitiative für die Jüngeren wichtiger ist. Die Jüngeren scheinen hier Vorreiter einer Entwicklung zu sein, denn im zeitlichen Vergleich der vier Erhebungswellen des Freiwilligensurveys seit 1999 zeigt sich, dass Eigeninitiative als Motiv für Engagement an Bedeutung gewinnt (Müller, Hameister & Lux, 2017, S. 418f.).

Betrachtet man die Anstöße zum freiwilligen Engagement durch Andere im Einzelnen, so spielen hier Anregungen aus dem Engagementumfeld entweder durch die Familienmitglieder und Freund*innen sowie durch leitende Personen in Vereinen und Verbänden, in denen die jungen Menschen aktiv sind, die wichtigste Rolle (Müller et al., 2017, S. 418f.). Gut die Hälfte der 14- bis 29-Jährigen

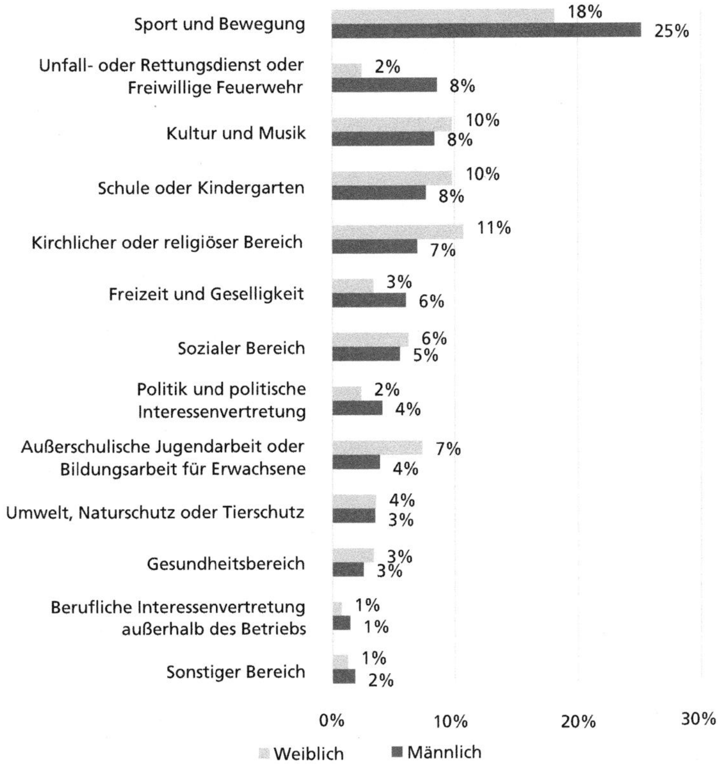

Abb. 10.1.4: Freiwilliges Engagement nach Bereichen im Geschlechtervergleich – 14- bis 29-Jährige, 2014 (in %) (Quelle: Freiwilligensurvey 2014; Simonson, J., Vogel, C. & Tesch-Römer, C. (Hrsg.) (2016): Tabellenanhang. Freiwilliges Engagement in Deutschland – Der Deutsche Freiwilligensurvey 2014. Deutsches Zentrum für Altersfragen (DZA). Online: https://www.dza.de/forschung/fws.html; Tabelle 3–12; eigene Darstellung)

nennen diese beiden Personengruppen als relevante Anstoßgeberinnen. Dabei ist der Anstoß für ein Engagement durch das Elternhaus bei jungen Menschen dann besonders erfolgreich, wenn deren Eltern selbst freiwillig engagiert sind bzw. waren (Kausmann et al., 2017, S. 36f.). Das erklärt in Teilen das geringere Engagement von Jugendlichen mit Migrationshintergrund, deren Eltern häufig nicht über solche Erfahrungen verfügen und die somit auch weniger Anreize für Engagement aus dem familiären Kontext erhalten.

Weitere Anstöße zum Engagement erhalten junge Menschen durch Bildungs- und Ausbildungsinstitutionen wie Schule, Hochschule und Betrieb. Die jungen Menschen verbringen bis zum Alter von 29 Jahren sehr viel Lebenszeit in diesen Einrichtungen, und 22 % benennen diese Institutionen als Ausgangspunkt für ihr Engagement. Betrachtet man nur die Gruppe der Schüler*innen so wird von 28 % der Schüler*innen die Schule als wichtige Anregungsgeberin für ihr Engagement angesehen.

Medien und Internet sowie Informations- und Kontaktstellen, die zwar im zeitlichen Verlauf wichtiger geworden sind, spielen aber als Anstoßgeber bei jungen Leuten eine deutlich nachgeordnete Rolle im Vergleich zu Familie, Freund*innen sowie leitenden Personen aus dem Engagementumfeld und aus der Schule.

Ob ein Engagement aufgenommen wird, hängt von einer Vielzahl von Bedingungen ab. Neben strukturellen Zugangsbedingungen und Anstößen von außen spielt auch die Motivlage bei jungen Leuten eine Rolle. Welche Motive benennen junge Leute für ihr Engagement? Ein zentrales Motiv für freiwilliges Engagement ist bei allen Engagierten unabhängig vom Alter »Spaß zu haben«. Der soziale Aspekt, »mit anderen Menschen zusammen zu kommen«, steht bei den jungen Menschen an zweiter Stelle, gefolgt von dem idealistischen Wunsch, »die Gesellschaft mitgestalten zu können«, sowie »im Engagement Qualifikationen zu erwerben«. Der Qualifikationsaspekt ist dabei für die 14- bis 29-Jährigen deutlich wichtiger als für die Älteren (Müller et al., 2017, S. 430). Neben auf die eigene Lebenssituation bezogenen Motiven wie Spaß, Geselligkeit und Erwerb von Qualifikationen haben damit soziale Motive, wie die Gesellschaft zu verbessern, einen hohen Stellenwert bei jungen Menschen.

10.1.3 Freiwilligendienste als eine besondere Form des freiwilligen Engagements junger Menschen

Freiwilligendienste wie z. B. das Freiwillige Soziale Jahr oder das Freiwillige Ökologische Jahr sind eine institutionalisierte Form zivilgesellschaftlichen Handelns. Sie sind »eine besondere, staatlich geförderte Form des Engagements, in der sich zumeist Jugendliche und junge Erwachsene für das Gemeinwohl engagieren« (Deutscher Bundestag, 2017, S. 298). Sie sind meistens auf ein Jahr begrenzte Dienste in gemeinwohlorientierten Einrichtungen, die durch regelmäßige Dienstzeiten Vollzeit- oder Teilzeitbeschäftigungsverhältnissen vergleichbar sind. Während sich die Freiwilligendienste an Jugendliche und junge Erwachsene bis einschließlich 27 Jahren richten, hat der mit der Aussetzung der Wehrpflicht im Jahr 2011 eingerichtete Bundesfreiwilligendienst keine Höchstaltersgrenze. Die Freiwilligendienste (einschließlich Bundesfreiwilligendienst) verstehen sich in erster Linie als Bildungsangebote. Sie wollen jungen Menschen Gelegenheiten bieten zur Orientierung, zur Übernahme sozialer Verantwortung sowie zum Kennenlernen von beruflichen Handlungsfeldern für Menschen in sozialen Problemlagen.

Die Beteiligung an Freiwilligendiensten insgesamt spielt für die Altersgruppe der 18- bis 29-Jährigen eine nicht unbeträchtliche Rolle. 9,2 % dieser Altersgruppe geben – laut Freiwilligensurvey 2014 – an, aktuell einen Freiwilligendienst zu absolvieren oder früher einen Freiwilligendienst abgeleistet zu haben, die jungen Frauen mit 10,0 % in einem etwas höheren Ausmaß als die jungen Männer mit 8,5 % (Vogel & Simonson, 2017, S. 185f.). Bildungsressourcen und Migrationshintergrund differenzieren auch für diese Engagementform das Ausmaß an Beteiligung: Junge Menschen mit höheren Bildungsressourcen und/oder ohne Migrationshintergrund beteiligen sich überproportional in Freiwilligendiensten (BMFSFJ, 2015, S. 76, 307).

Ob der mit der Einrichtung von Freiwilligendiensten angestrebte Anspruch, als Lernorte für junge Menschen zu fungieren, eingelöst wird, wurde in einer Evaluationsstudie überprüft, indem junge Menschen bis 27 Jahre zu Beginn ihrer Tätigkeit nach ihren Erwartungen und zum Ende der Tätigkeit nach der Erfüllung dieser Erwartungen gefragt wurden. Die hohen Erwartungen wurden zum großen Teil erfüllt: 91 % der Befragten gaben an, persönliche Fähigkeiten verbessert, 65 % Anregungen für die Berufswahl erhalten und 66 % mehr über gesellschaftliche Zusammenhänge erfahren zu haben (ebd., S. 163).

Die überwiegend positiven Erfahrungen mit dem Freiwilligendienst sind auch häufig ein wichtiger Ausgangspunkt für ein späteres freiwilliges Engagement. So sagen ein Viertel derjenigen Befragten des Freiwilligensurvey, die in Freiwilligendiensten aktiv sind bzw. waren, dass ihr aktuelles Engagement durch diese Erfahrungen angestoßen worden ist (Vogel & Simonson, 2017, S. 192f.). Personen mit niedriger Bildung benennen dabei den Freiwilligendienst noch häufiger als einen wichtigen Impulsgeber für ihr heutiges Engagement als Höhergebildete. Die Engagementkarrieren von bildungsbenachteiligten jungen Leuten erfahren somit durch ihr Engagement in Freiwilligendiensten einen besonderen Anschub, der die soziale Ungleichheit im Engagement im weiteren Lebensverlauf zu reduzieren vermag.

10.1.4 Fazit und Anknüpfungspunkte für Engagementförderung

Die dargestellten Forschungsergebnisse belegen eine große Vielfalt und ein hohes Ausmaß an zivilgesellschaftlicher Beteiligung von Jugendlichen und jungen Erwachsenen. Die Zivilgesellschaft wird durch das Engagement junger Menschen mitgetragen. In den Studien der Freiwilligensurveys wird sogar von einem Engagementanstieg insbesondere bei den jüngeren Altersgruppen im Erhebungszeitraum von 1999 bis 2014 berichtet (Vogel et al., 2017, S. 99). Der jüngste Freiwilligensurvey 2019 konstatiert keine weitere Steigerung der Engagementquote bei jungen Leuten, sondern spricht von einer Stabilisierung des Engagements auf einem hohen Niveau (Simonson, Kelle, Kausmann & Tesch-Römer, 2021). Die DJI-Surveys AID:A 2009 und 2014 belegen im Hinblick auf das Vereinsengagement weitgehend stabile Befunde (Gille, 2015, S. 47). Trenddaten des Sozioökonomischen Panel zwischen 1990 und 2017 belegen einen Anstieg des ehrenamtlichen Engagements bei jungen Erwachsenen und bei älteren Generationen (Burkhardt & Schupp, 2019). Auf jeden Fall lassen sich keine Tendenzen des Rückzugs der jungen Generation aus der Zivilgesellschaft feststellen. Das heißt, die Zivilgesellschaft erhält durch das Engagement der jungen Generation eine große Unterstützung und umgekehrt erfährt ein nicht unbeträchtlicher Anteil an jungen Menschen durch ihr Engagement die Möglichkeit, sich zu vernetzen, Verantwortung zu übernehmen, neue Fähigkeiten zu entwickeln und sich weiter zu qualifizieren. Die Mitarbeit in Vereinen, Gruppen oder Verbänden sowie die Übernahme freiwilliger Aufgaben stellen für junge Menschen damit wichtige Schritte der Verselbstständigung in sozialer und politischer Hinsicht dar. Junge

Menschen erfahren dadurch neue Alltagspraktiken und Handlungsspielräume zur Mitgestaltung der Gesellschaft und finden somit Gelegenheiten, ihre gesellschaftlichen und politischen Wertorientierungen weiterzuentwickeln.

Die zivilgesellschaftliche Beteiligung der jungen Generation hat im Hinblick auf die zukünftige Entwicklung demokratischer Gesellschaften eine hohe Bedeutung. Der Zugang zu und der Verbleib in den verschiedenen zivilgesellschaftlichen Handlungsfeldern sollte möglichst allen jungen Menschen offenstehen. Die Schule stellt in biografischer Hinsicht einen wichtigen Ort dar, um freiwilliges Engagement kennenzulernen und darauf aufbauend auch an anderer Stelle aktiv zu werden. Die Initiierung von zivilgesellschaftlichen Aktivitäten in der Schule ist daher besonders vielversprechend und sollte gestärkt werden, da hier möglicherweise herkunfts- und bildungsbedingte ungleiche Zugangschancen überwunden werden können. Für jene junge Menschen, die sich bisher weniger in den unterschiedlichen Formen des Engagements wiederfinden, bedarf es einer zusätzlichen Anregung zur zivilgesellschaftlichen Beteiligung in ihren jeweiligen Bildungs-, Ausbildungsstätten und Betrieben oder durch entsprechende Kontakt- und Informationsstellen. Die Engagementförderung sollte dabei nicht nur den*die einzelne*n Jugendliche*n im Blick haben, sondern auch die Herkunftsfamilie und den Freundeskreis miteinbeziehen, denn der Austausch von Engagementerfahrungen im sozialen Nahumfeld spielt eine große Rolle für die Entwicklung von Engagementbereitschaft. Außerdem sollten die Angebote zum ehrenamtlichen Engagement möglichst flexibel und niedrigschwellig gestaltet werden, da insbesondere für junge Menschen in Ausbildung oder für junge Erwerbstätige die zeitlichen Ressourcen für freiwillige Tätigkeiten deutlich beschränkter sind als etwa bei den Schüler*innen, die sich in Studien als die aktivste Gruppe erweisen.

Literatur

Deutscher Bundestag, 18. Wahlperiode (2017): Zweiter Bericht über die Entwicklung des bürgerschaftlichen Engagements in der Bundesrepublik Deutschland. Schwerpunktthema: »Demografischer Wandel und bürgerschaftliches Engagement: Der Beitrag des Engagements zur lokalen Entwicklung«. Bundestagdrucksache 18/11800. Berlin.

BMFSFJ [Bundesministerium für Familie, Senioren, Frauen und Jugend] (Hrsg.) (2015): Abschlussbericht der gemeinsamen Evaluation des Gesetzes über den Bundesfreiwilligendienst (BFDG) und des Gesetzes zur Förderung von Jugendfreiwilligendiensten (JFDG). Berlin: BMFSFJ.

Burkhardt, L. & Schupp, J. (2019): Wachsendes ehrenamtliches Engagement: Generation der 68er häufiger auch nach dem Renteneintritt aktiv. DIW Wochenbericht, 42, 766–773.

Gille, M. (2015): Sind junge Menschen heute vereinsmüde? Vereinsaktivitäten und Vereinsengagement von Jugendlichen und jungen Erwachsenen zwischen 2009 (AID:A I) und 2014/15 (AID:A II). In: S. Walper, W. Bien & T. Rauschenbach (Hrsg.): Aufwachsen in Deutschland heute. Erste Befunde aus dem DJI-Survey AID:A 2015 (S. 46–50). München: DJI.

Gille, M., Pluto, L. & van Santen, E. (2015): Zivilgesellschaft und Junge Engagierte. Zivilgesellschaft KONKRET, 6, 1–16.

Kausmann, C., Simonson, J. & Hameister, N. (2017): Freiwilliges Engagement junger Menschen. Sonderauswertungen des Vierten Deutschen Freiwilligensurveys. Bundesministerium für Familie, Senioren, Frauen und Jugend (BMFSFJ) (Hrsg.): Berlin: BMFSFJ.

Müller, D., Hameister, N. & Lux, K. (2017): Anstoß und Motive für das freiwillige Engagement. In: J. Simonson, C. Vogel & C. Tesch-Römer (Hrsg.): Freiwilliges Engagement in Deutschland – Der Deutsche Freiwilligensurvey 2014 (S. 413–435). Wiesbaden: Springer VS.

Simonson, J. & Vogel, C. (2017): Organisationale Struktur des freiwilligen Engagements und Verbesserungsmöglichkeiten der Rahmenbedingungen. In: J. Simonson, C. Vogel & C. Tesch-Römer (Hrsg.): Freiwilliges Engagement in Deutschland – Der Deutsche Freiwilligensurvey 2014 (S. 523–548). Wiesbaden: Springer VS.

Simonson, J., Vogel, C. & Tesch-Römer, C. (Hrsg.) (2016): Tabellenanhang. Freiwilliges Engagement in Deutschland – Der Deutsche Freiwilligensurvey 2014. Deutsches Zentrum für Altersfragen (DZA). Berlin 2016. [https://www.dza.de/forschung/fws.html], Zugriff am 21.11.2019.

Simonson, J., Kelle, N., Kausmann, C. & Tesch-Römer, C. (Hrsg.) (2021): Freiwilliges Engagement in Deutschland. Der Deutsche Freiwilligensurvey 2019. Berlin: DZA. [https://www.dza.de/fileadmin/dza/Dokumente/Forschung/Publikationen%20Forschung/Freiwilliges_Engagement_in_Deutschland_-_der_Deutsche_Freiwilligensurvey_2019.pdf], Zugriff am 31.08.2021.

Schneekloth, U. & Albert, M. (2019): Jugend und Politik: Demokratieverständnis und politisches Interesse im Spannungsverhältnis von Vielfalt, Toleranz und Populismus. In: Shell Deutschland Holding (Hrsg.): Jugend 2019. Eine Generation meldet sich zu Wort (S. 47–101). Weinheim: Beltz.

Vogel, C., Hagen, C., Simonson, J. & Tesch-Römer, C. (2017): Freiwilliges Engagement und öffentliche gemeinschaftliche Aktivität. In: J. Simonson, C. Vogel & C. Tesch-Römer (Hrsg.): Freiwilliges Engagement in Deutschland – Der Deutsche Freiwilligensurvey 2014 (S. 91–151). Wiesbaden: Springer VS.

Vogel, C. & Simonson, J. (2017): Freiwilligendienste als eine Form des freiwilligen Engagements. In: J. Simonson, C. Vogel & C. Tesch-Römer (Hrsg.): Freiwilliges Engagement in Deutschland – Der Deutsche Freiwilligensurvey 2014 (S. 179–197). Wiesbaden: Springer VS.

10.2 Politische Beteiligung junger Menschen als Ausdruck von gesellschaftlicher Mitgestaltung

Maruta Herding & Maren Zschach

10.2.1 Einleitung

Ein Mitwirken junger Menschen an politischen Entscheidungen, in Organisationen und informellen Gruppierungen ist Kernbestandteil politischer Partizipation. Aber auch die Beteiligung an aktuellen Diskursen, die auf politisch und gesellschaftlich relevante Verortungen im Sinne der Aus- und Umgestaltung einer zukünftigen Gesellschaft gerichtet sind, gehören dazu. Wesentlich für ein breites Politikverständnis ist eine gesellschaftsrelevante Partizipation der Bevölkerung, die das gemeinschaftliche Zusammenleben aktiv gestaltet (vgl. Schubert & Klein, 2018, S. 261). Daran angeknüpft wird politische Beteiligung als freiwillige Handlungspraxis von Einzelnen bzw. Gruppen betrachtet, die das direkte oder indirekte Ziel verfolgt, politische Entscheidungen zu beeinflussen (vgl. Kaase, 2002, S. 350; Niedermayer, 2001, S. 131).

Kapitelüberblick

In diesem Beitrag beschäftigen wir uns mit verschiedenen Beteiligungsformen und damit zusammenhängenden Diskursen junger Menschen. Es werden vier unterschiedliche Formate diskutiert, um ein möglichst umfassendes Bild von politischer Beteiligung zu zeichnen und dieses Feld gleichzeitig zu systematisieren. Dabei soll auch geklärt werden, inwieweit politische Beteiligung in Relation zu den »Kernherausforderungen des Jugendalters« (Deutscher Bundestag, 2017, S. 6) betrachtet werden kann: Ob und wie sie als ein Prozess der Selbstpositionierung zu verstehen ist, bei dem die Entwicklung »eine[r] Balance zwischen individueller Freiheit und sozialer Zugehörigkeit und Verantwortung« im Vordergrund steht, und in welcher Weise politische Beteiligung in einem Prozess der Verselbstständigung dazu beiträgt, »für sich selbst Verantwortung zu übernehmen« (ebd.).

10.2.2 Beteiligungsformen

Häufig werden konventionelle und unkonventionelle Formen politischer Beteiligung als Ausdruck politischer Aktivität unterschieden. Konventionelle Partizipation findet z. B. durch Wahlbeteiligung, das Engagement in Parteien sowie Jugendparlamente statt. Diese formale, manifeste Beteiligungsform ist zumeist gesetzlich geregelt und institutionalisiert (vgl. Gille, de Rijke & Gaiser, 2017, S. 61; Partetzke & Klee, 2016, S. 30). Im Folgenden werden hierzu die Aspekte Beteiligung an Wahlen und organisierte Beteiligungsformate (z. B. in Parteien oder Jugendparlamenten) behandelt. Als Beispiel unkonventioneller Partizipation gelten Beteiligungen an informellen politischen Gruppierungen oder Projekten, an Demonstrationen, Flashmobs, Bürger*inneninitiativen und (Online-) Petitionen. Kennzeichnend für diese non-formale, latente Beteiligung ist häufig eine Protestorientierung sowie eine Ausrichtung auf ein bestimmtes politisches Ziel (vgl. Busse, Hashem-Wangle, Tholen & Wolnik, 2017, S. 79, 98ff.; Gille et al., 2017, S. 61). Hier greifen wir die Beteiligung in digitalen sozialen Medien heraus. Als weiteren Typus politischer Beteiligung unterscheiden Gille et al. (2017) politischen Konsum, den wir unter dem Aspekt der nachhaltigen Lebensweise diskutieren. Bereits die Begriffsdefinition und Systematisierung von Partizipationsformen zeigt, dass fließende Übergänge zwischen zivilgesellschaftlichem Engagement und politischer Beteiligung bestehen und eine Trennung in vor-politische und politische Partizipation schwierig ist (vgl. Reinders, 2016, S. 95; Busse et al., 2017, S. 98; ► Kap. 10.1).

Politische Partizipation erfordert eine Reihe von Voraussetzungen. Dabei wird politisches Interesse als eine der Grundvoraussetzungen von Beteiligung gewertet (Hoffmann-Lange & Gille, 2016; Soßdorf, 2016, S. 59). Ebenso ist entscheidend, für wie relevant die Jugendlichen die jeweiligen Inhalte ihrer Lebenswelt halten. Hier können sowohl die eigene, direkte Betroffenheit als auch eine idealistische, indirekte Relevanz ausschlaggebend für eine stärkere Beteiligung sein (Soßdorf, 2016, S. 60). Insgesamt sind Ressourcen und das individuelle soziale Gefüge der Jugendlichen entscheidend (vgl. Kroh, 2006, S. 204; Klein, 2006, S. 313), insbesondere begünstigt ein höherer sozioökonomischer Status die Partizipation (vgl. Gille et al., 2017, S. 66ff.; Schneekloth & Albert, 2019, S. 51f.).

Beteiligung an Wahlen

Als traditionelle Form politischer Beteiligung werden in Bezug auf Wahlen zunächst die Frage des Wahlalters und daran anschließend jene der konkreten Wahlbeteiligung sowie die Identifikation von Jugendlichen und jungen Erwachsenen mit Parteien thematisiert. Mit dem Ziel, den Anteil junger Wähler*innen zu erhöhen, wurde das aktive Wahlrecht, also die Möglichkeit zu wählen, zuerst auf kommunaler Ebene und später auf Landesebene in vielen Bundesländern auf 16 Jahre abgesenkt. Für das Kommunalwahlrecht gilt dies inzwischen in neun Bundesländern sowie in den Bezirksversammlungen von Hamburg und Berlin. Der Zugang wurde das erste Mal 1996 in Niedersachen ermöglicht und zuletzt 2019 in Thüringen durch das Verfassungsgericht für gültig erklärt. In fünf Bundesländern werden Stadt- und Gemeindeparlamente weiterhin erst von Personen ab 18 Jahren gewählt (Bayern, Hessen, Rheinland-Pfalz, Saarland und Sachsen). Der Bereich der Kommunalwahlen gilt für Jugendpartizipation zunächst als Experimentierfeld, bevor auch für andere Wahlen eine Altersabsenkung in Betracht kommt (vgl. Holtmann, Rademacher & Reiser, 2017, S. 94). Bei Landtagswahlen können Jugendliche bisher in einem deutlich geringeren Maße abstimmen. Beteiligungsmöglichkeiten für Jugendliche bestehen aktuell für Landtagswahlen in Brandenburg (seit 2014) und Schleswig-Holstein (seit 2017) sowie für die Bürgerschaftswahlen in Bremen (seit 2011) und Hamburg (seit 2015).

Diese Entwicklungen zeigen, dass die Absenkung des Wahlalters in erster Linie als Form gesellschaftlicher Öffnung und Anerkennung Jugendlicher betrachtet werden kann, die die Beteiligungen an politischen Entscheidungen stärken soll. Da der Anteil junger Menschen im Alter zwischen 18 und 25 Jahren an allen Wähler*innen jedoch sehr gering ist (unter 10 %) und bis zum Jahr 2040 eine weitere Verringerung der Gruppe junger Walberechtigter prognostiziert wird, bleibt ihr Einfluss randständig (vgl. Deutscher Bundestag, 2017, S. 234). Eine Ausweitung der Wählerschaft von 16 bis 18 Jahren bringt hier kaum eine Veränderung. Insofern stellt sich die Frage, ob die vielfach beschriebene Politikverdrossenheit als Realitätssinn Jugendlicher gedeutet werden kann und politische Aktivitäten außerhalb des Wählens von Parlamenten für die junge Generation ebenso wichtig sind.

Die insgesamt seit einigen Jahrzehnten sinkende Bereitschaft zu wählen, ist einerseits durch ein Altersgruppen- und andererseits durch ein Generationenphänomen gekennzeichnet. Die Altersgruppe der jungen Erwachsenen zwischen 18 und 20 Jahren macht häufiger von ihrem Wahlrecht Gebrauch (70 % bei der

Bundestagswahl 2017) als 21- bis 24-Jährige (67 %). Ab dem 25. Lebensjahr steigt die Wahlbeteiligung wieder kontinuierlich an (vgl. Destatis, 2018, S. 11; Arzheimer, 2006, S. 318; BiB, 2018). Als mögliche Erklärungen für die geringere Wahlbeteiligung junger Erwachsener werden eine geringe politische Erfahrung und Parteiidentifikation genannt, auch die geringere soziale Kontrolle durch die Lebensform von Ein-Personen-Haushalten wird als Begründung für die Nichtteilnahme an Wahlen herangezogen (vgl. Arzheimer, 2006, S. 319ff.).

Andererseits spiegelt sich hier auch ein Generationenproblem wider, da sich die Abnahme der Wahlbereitschaft von Generation zu Generation verstärkt. Begründet wird dies mit einer verstärkten Flexibilisierung von Lebens- und Arbeitsverhältnissen sowie Auswirkungen der Globalisierung, die individualistische und postmaterialistische Einstellungen mit sich bringen. Wahlen werden in diesem Zusammenhang als traditionelle Partizipationsmöglichkeit zunehmend in Frage gestellt (vgl. Gerdes & Bittlingmayer, 2016, S. 53; Schmidt & Knipperts, 2013, S. 876ff.; Arzheimer, 2006, S. 321, 333).

Insgesamt ist somit ein uneinheitliches Bild von der Beteiligung junger Menschen am politischen Geschehen durch Wahlen festzustellen, das durch die Zugehörigkeit zu einer konkreten Altersgruppe ebenso geprägt ist wie durch die Einordnung in eine bestimmte Generation. Vorschnelle Bewertungen dessen sollten jedoch vermieden werden, da Prozesse der Urteilsbildung und des politischen Handelns längerfristig angelegt und nur durch längsschnittliche bzw. retrospektiv angelegte Untersuchungen valide erforschbar sind.

Organisierte Beteiligungsformate

Zu den im Folgenden referierten organisierten Beteiligungsformaten zählen zunächst klassische Mitgliedschaften in politischen Parteien bzw. deren Jugendverbänden. Zudem berücksichtigen wir in diesem Zusammenhang die Teilhabe an gesellschafts- und bildungspolitischen Entscheidungen in Institutionen der Bildungs- und Kommunalpolitik und das Engagement in NGOs mit gesellschaftspolitischer Ausrichtung.

Parteien bieten die Chance, direkten politischen Einfluss innerhalb der Gesellschaft auszuüben und erfüllen als Engagementangebot wichtige Sozialisations-, Bildungs-, Integrations- und Aktivitätsfunktionen (vgl. Speck, 2014, S. 41f.). Als niedrigschwelliger Einstieg ist eine Mitgliedschaft in deren Jugendorganisationen auch ohne Parteieintritt und zumeist bereits ab 14 Jahren möglich (vgl. Niedermayer, 2006, S. 274). Obwohl auch eine reguläre Aufnahme als Parteimitglied jungen Menschen bereits frühzeitig, d. h. ohne Altersbeschränkung (Grüne), ab 14 Jahren (SPD) bzw. 16 Jahren (CDU, CSU, FDP, Linke) offensteht, liegt deren Anteil dort nur zwischen drei und sechs Prozent (vgl. Deutscher Bundestag, 2017, S. 234; Wiesendahl, 2012, S. 131). Diese Daten decken sich mit Befragungen von Jugendlichen bis zum Alter von 25 Jahren, von denen 2019 insgesamt vier Prozent angaben, sich innerhalb einer Partei bereits engagiert zu haben (vgl.

Schneekloth & Albert, 2019, S. 101). Hierin zeigt sich, dass ein parteipolitisches Engagement für die Mehrheit der Jugendlichen wenig attraktiv erscheint, was unter Umständen daran liegt, dass Gestaltungspotenziale, die sich z. B. durch Mandate oder eine aktive Arbeit in Gremien ergeben, begrenzt sind.

Diese ungenügende Berücksichtigung junger Menschen und deren spezifischer Interessen führte zur Gründung sogenannter Junger Listen, z. B. in Baden-Württemberg. Als Wähler*innenvereinigungen mit überparteilicher Ausrichtung sind sie auf kommunaler Ebene inzwischen in einigen Gemeinderäten vertreten. Der Fokus ihres Engagements liegt vor allem auf jugend- und sozialpolitischen Themen, aber auch in der Koordination jugendpolitischer Aktivitäten außerhalb der jeweiligen kommunalen Parlamente (vgl. Wenzl, 2016). Ähnliche Interessen werden in Jugendgemeindebeiräten und Schüler*innenparlamenten mit kommunalpolitischer Ausrichtung vertreten, die z. B. als Projekte offener Jugendarbeit oder auf der Grundlage von Gemeindeordnungen realisiert werden. In dieser Form des politischen Engagements junger Menschen steht eine Beteiligung an jugendspezifischen Projekten, zum Teil mit einem eigenständig von den Jugendlichen nutzbaren Budget, im Vordergrund. Durch einen konstruktiven Austausch mit Politiker*innen und erweiterte Möglichkeiten der Mitgestaltung ihres unmittelbaren Umfelds werden Raum-Aneignungsprozesse von Jugendlichen gefördert, politische Bildung ermöglicht und das Interesse für (partei-)politisches Engagement angeregt (vgl. Müller & Unkauf, 2016, S. 325ff.; Bauer, 2020, S. 33f.).

Spezifisch bezogen auf ihre Rolle als Schüler*innen gehören auch deren Organe wie Klassenräte und kommunale sowie bundeslandweite Schüler*innenvertretungen oder -Beiräte zu wichtigen Feldern politischer Beteiligung für Jugendliche (vgl. Franz, 2016, S. 438). Die Bereitschaft, sich zu engagieren, ist hier deutlich stärker ausgeprägt als in parteipolitischen Kontexten (vgl. Reinhardt & Tillmann, 2002, S. 66). Gleiches gilt für ein konkretes Engagement in der Schule bzw. innerhalb des Studiums, das in der 18. Shell-Jugendstudie 26 % der befragten 12- bis 25-Jährigen bejahten (vgl. Schneekloth & Albert, 2019, S. 101). Der höhere Beteiligungsgrad gegenüber einem parteinahen oder genuin parteipolitischen Engagement resultiert aus umfangreicheren Partizipationsmöglichkeiten und der starken lebensweltlichen Nähe dieser politischen Arbeit zum schulischen Alltag der Jugendlichen. Inhalte und Ziele dieser Mitbestimmungsformate liegen z. B. in der Teilnahme an Entscheidungsprozessen in Schulkonferenzen, dem Leitbild der Schule, in einer politischen Interessenvertretung sowie vielfältigen Formen von Anregung und Kritik (vgl. Franz, 2016, S. 435ff.). Verschiedene Untersuchungen, bezogen auf derartige Aktivitäten, weisen auf deren langfristigen Ertrag hin, denn der Anteil an politisch engagierten Erwachsenen ist unter denjenigen Befragten deutlich höher, die sich in ihrer Jugend in Formen schulischer Mitverwaltung engagierten (vgl. Gaiser, Krüger, Rijke & Wächter, 2016, S. 32; Kritzinger & Zeglovits, 2016, S. 190; Reinhardt & Tillmann, 2002, S. 63).

Diese nachhaltige Wirkung wird auch für den Bereich weiterer organisierter Beteiligungsformen bestätigt, wozu z. B. Gruppen zählen, die gegen Rechtsextremismus und Fremdenfeindlichkeit, für Umweltschutz oder für Menschenrechte eintreten. Problematisch ist hier, dass verschiedene Jugendstudien zu stark differierenden Daten gelangen. Zusammenfassend lässt sich feststellen, dass die jeweilige Beteiligungsquote umso geringer wahrgenommen wird, je detaillierter die Abfrage gestaltet ist, und Jugendliche weniger politisch engagiert erscheinen, wenn hier ein enger Begriff gesellschaftspolitischen Engagements angelegt wird. So unterscheidet die MYPLACE-Jugendstudie für westdeutsche Jugendliche einen Anteil des Engagements, z. B. im Bereich der Frauenrechte, von 2,5 % bis hin zu einer Beteiligung in Umweltgruppen von ca. 9 % (vgl. Busse et al., 2017, S. 94). Mit jeweils unter 10 % wirkt die Partizipationsrate auch in weiteren Bereichen (Anti-Globalisierung, Frieden, Kultur, Menschenrechte, Tierschutz) hier recht gering. Der EU Youth Report 2015 unterscheidet einerseits in einen zusammengefassten Bereich, zu dem u. a. das Eintreten für Menschenrechte sowie Natur- und Tierschutz zählen; hier beteiligen sich 15 % der Befragten. Für das gleichzeitig abgefragte politische Engagement als anderen Bereich werden nur 8 % Beteiligung festgestellt (vgl. Deutscher Bundestag, 2017, S. 238). Fasst man dagegen Beteiligungsformen mit politischem Bezug zusammen, so ergibt sich eine Quote von ca. 25 % engagierter Befragter in der MYPLACE-Studie, von 33 % innerhalb der FES-Jugendstudie 2015 und von 37 % in der Shell-Studie 2019, was Aussagen zu einem umfassenden Engagement junger Menschen auch für den Bereich der politischen Beteiligung zulässt (vgl. Busse et al., 2017, S. 84; Gille et al., 2017, S. 71f.; Schneekloth & Albert, 2019, S. 101).

Zusammenfassend kann festgestellt werden, dass der Hinweis auf eine Politikverdrossenheit Jugendlicher, wie er häufig geäußert wird, kaum zutrifft. Hier beeinflussen enge Definitionen dessen, was als politisch gilt, die Ergebnisse wissenschaftlicher Untersuchungen maßgeblich. Insbesondere in organisierten Beteiligungsformaten sind junge Menschen im Vergleich zu anderen Altersgruppen überproportional aktiv.

Beteiligung in digitalen sozialen Medien

Da jugendliche Lebenswelten ohne digitale Medien kaum mehr denkbar sind, lohnt sich ein Blick auf Formate der Online-Partizipation. Sie umfassen Online-Petitionen, die Teilnahme an politischen Diskussionen, Aktivitäten innerhalb einer politischen Gruppe in Sozialen Netzwerken, das Erstellen politischer Blogs, Videos oder Podcasts, Aufrufe zum Crowdfunding oder die Organisation von Offline-Aktionen wie Demonstrationen oder Flashmobs (zur Übersicht vgl. Soßdorf, 2016, S. 55f.). Diese Formen liegen auf unterschiedlichen Ebenen, erfordern verschiedene Aktivitätsniveaus und unterscheiden sich auch hinsichtlich dessen, was sie politisch potenziell bewirken oder wie stark sie politische Entscheidungen beeinflussen können. Sie dienen der Information, Vernetzung, Diskussion oder dem Aufruf; es wird konsumiert und angeeignet, geteilt und weiterverbreitet, debattiert und mobilisiert.

In ihrer Studie betrachten Wagner und Gebel die Aktivitäten Jugendlicher aus der Perspektive des Medienhandelns und unterteilen sie in die Dimensionen »Sich positionieren«, »Sich einbringen« und »Andere aktivieren«, womit Partizipation in steigendem Maße verwirklicht werden kann (Wagner & Gebel, 2014, S. 180). Soßdorf (2016, S. 287–292) unterscheidet in ihrer Untersuchung politischen Partizipationsverhaltens ebenfalls Stufen unterschiedlicher Intensität: So ist die hauptsächlich online stattfindende Stufe der »initiierenden bzw. produzierenden Partizipation« am stärksten partizipativ, wegen ihres hochschwelligen Charakters sind jedoch die Beteiligungszahlen vergleichsweise gering.

Bei den konkreten Inhalten jugendlicher Online-Partizipation ist davon auszugehen, dass sie sich nicht wesentlich von denen der Offline-Partizipation unterscheiden – z. B. »Bildung und Beruf«, »Jugendthemen« und »globale Themen« (ebd.). Ein Spezifikum von politisch geprägter Online-Interaktion und -Partizipation könnte allerdings das Phänomen von politisch-extremistischen Inhalten wie Hate-Speech und die Rekrutierung extremistischer Gruppierungen im Netz sein (vgl. Hohnstein & Herding, 2017, S. 7f.). Wie junge Menschen diese Möglichkeiten politischer, wenn auch nicht demokratisch orientierter Partizipation an gesellschaftlichen Diskursen nutzen, ist jedoch im Detail empirisch noch nicht ausreichend erforscht (Hohnstein & Glaser, 2017, S. 256ff.). Aber auch die Auseinandersetzung mit demokratiefeindlichen Inhalten und die darauf bezogenen Gegenreden, Kritikäußerungen und Gegenmobilisierungen dürften ein thematisches Betätigungsfeld von politischer Online-Partizipation junger Menschen sein (vgl. Dinar & Heyken, 2017; Qasem & Nordbruch, 2017).

Hoffmann (2020, S. 385) stellt fest, dass durch die politische Nutzung Sozialer Medien insbesondere für junge Menschen das »Spektrum politischer Partizipationsmöglichkeiten erweitert« wurde. So werden z. B. zunehmend Formate wie »Hashtag-Aktivismus« untersucht, die nur online funktionieren (vgl. ebd.). Dennoch verdrängen Online-Beteiligungsformen Offline-Formen von Engagement nicht, vielmehr verbinden Jugendliche verschiedene Online- und Offline-Beteiligungsformate miteinander (Wagner, 2014, S. 179). Hierzu zählen der Austausch mit dem weiteren Umfeld, der im Wechsel on- und offline fortgeführt wird, aber auch Aufrufe zu Aktionen, die dann im sozialen Nahraum ausgeführt werden, wie Demonstrationen, Flashmobs oder auch zeitlich ausgedehntere Formate wie Urban Gardening. Die Vorteile der Online-Partizipation wie Vernetzung, Mobilisierung und Informationsspeicherung gleichen nicht die Vorteile der Offline-Beteiligung und von einem intensiven dialogischen Aushandeln bis zum Aufbau fester sozialer Beziehungen, aus, so dass eine Kombination aus beidem auch zukünftig erwartbar ist (Kersting, 2016, S. 268).

Die Annahme, dass Jugendliche online stärker als offline aktiv sind, kann nicht bestätigt werden, wobei sie im Vergleich zu anderen Altersgruppen online aktiver sind (vgl. Schöttle, 2019, S. 354). Durch die Möglichkeiten der Online-Partizipation wird das Repertoire an Beteiligungsformen allerdings erweitert. Der generelle Befund, dass das »On- und Offline-Leben [...] für Jugendliche nicht mehr voneinander zu trennen [ist]« (Deutscher Bundestag, 2017, S. 276f.), gilt auch für die politische Beteiligung, bei der sich die Formate inner- und außerhalb des Internets im Zusammenspiel wechselseitig ergänzen.

Nachhaltige Lebensweise

Die Beteiligung an gesellschaftspolitischen Diskursen bietet unterschiedlichste Zugänge zu politischer Mitgestaltung, die mit verschiedenen politischen Aktivitäten verbunden sind. Ein Diskurs, der inzwischen recht breit innerhalb der jungen Generation geführt wird, ist jener um Nachhaltigkeit und Ökologie; Praktiken einer nachhaltigen Lebensweise wie ein verändertes Konsumverhalten, gehören dazu.

Bereits die Shell-Jugendstudie von 2010 belegt nicht nur, dass 76 % der befragten Jugendlichen den Klimawandel als großes bzw. sehr großes Problem wahrnehmen (Schneekloth & Albert, 2010, S. 178), sondern sie liefert auch erste Erkenntnisse über persönliche Konsequenzen, die daraus für den Alltag abgeleitet werden: Tatsächlich umgesetzt werden z. B. ein bewusstes Energiesparen, Fahrrad- statt Autofahren oder das Werben für ein klimafreundliches Verhalten. Zusätzlich zu konkreten politischen Aktionen sind es also Gewohnheiten, die bewusst und aus politisch-ethischen Gründen geändert werden oder die man sich aneignet. Auch 2019 konstatiert die Shell-Jugendstudie ein hohes Umweltbewusstsein, das mit 71 % an zweiter Stelle aller erfragten Wertorientierungen steht (vgl. Schneekloth, 2019, S. 108).

Diese individuelle Verantwortung betonen auch die 14- bis 22-jährigen Befragten einer Studie des Bundesumweltamts: Als wichtigste Akteur*innen für Umwelt- und Klimaschutz betrachten sie jede*n Einzelne*n (61 %), gefolgt von der Industrie (50 %) und der Bundesregierung (48 %) (BMU, 2020, S. 29f.). Eine ähnliche Haltung legt eine Studie zur deutschen Fridays-for-Future-Bewegung offen: Neben den Forderungen an Politik und Wirtschaft wird die »freiwillige Änderung des individuellen Lebensstils« als Maßnahme, um den Klimawandel aufzuhalten, innerhalb der Bewegung von einer breiten Mehrheit unterstützt (Sommer, Rucht, Haunss & Zajak, 2019, S. 17).

Ein weiteres Bemühen um eine nachhaltige Lebensweise drückt sich in »politischem Konsum« aus. Der Begriff geht auf eine Studie von Stolle, Hooghe und Micheletti (2005, S. 246) zurück, die diesen als bewusste Kaufentscheidung auf Basis von politischen oder ethischen Überlegungen definieren. Das Einsetzen der Kaufkraft mit dem Ziel, wirtschaftliche Praktiken zu verändern, kann die Form eines Boykotts gegen einzelne Konzerne und deren Arbeitsbedingungen oder die eines »Buycotts« haben, bei dem bestimmte Produkte oder Produktionsbedingungen, z. B. Fairtrade- oder Bio-Erzeugnisse, bevorzugt werden (ebd.). Aspekte globaler Verteilungsgerechtigkeit und Nachhaltigkeit sowie ein Eintreten gegen diverse Formen von Diskriminierung stehen dabei im Zentrum (vgl. Gaiser et al., 2016, S. 22). Stolle et al. (2005) zeigen, dass politischer Konsum als unkonventionelle Beteiligungsform individualisierter im Vergleich zu anderen Formen ist. Dennoch ist er in kollektive Werte eingebettet und oft mit konventionellen Beteiligungsformen wie dem Engagement in Parteien oder Organisationen verknüpft (vgl. ebd., S. 263).

Als eine zusätzliche Form politischer Beteiligung zeigt sich im politisch motivierten Konsum ein spezifisches politisches Handeln, da es sich in erster Linie an wirtschaftliche Akteur*innen und Strukturen richtet (vgl. Stolle et al., 2005, S. 251, 263; Gaiser et al., 2016, S. 22). Auch wenn bei Praktiken der nachhaltigen Lebensweise etwas weniger stark als bei anderen Beteiligungsformen die Einflussnahme auf politische Entscheidungen im Vordergrund steht, sind sie als Akt der politischen Selbstpositionierung ein nicht zu unterschätzendes Instrument, das jungen Menschen in ihrem Beteiligungsrepertoire zur Verfügung steht.

10.2.3 Fazit

Im Gegensatz zu Darstellungen, die ein unpolitisches Bild der jungen Generation zeichnen, dokumentieren die hier skizzierten Beteiligungsformen die Eigenständigkeit und Selbstbestimmtheit junger Menschen, die auf vielfältige Weise und in diversen Formaten Gesellschaft mitgestalten. In unterschiedlicher Intensität beteiligen sie sich durch Wahlen oder in Parteien und organisierten Gruppierungen, über digitale Kanäle und durch eine nachhaltige Lebensweise an politischen Entscheidungen und gesellschaftsgestaltenden Diskursen. Unabhängig davon, was konkret erreicht wird, ist das Ziel dabei, Einfluss zu nehmen, sich zu positionieren oder auf Missstände aufmerksam zu machen (vgl. Schöttle, 2019, S. 335).

Sich explizit ›politisch‹ zu beteiligen, steht für junge Menschen innerhalb ihres Engagements nicht unbedingt im Vordergrund: Häufig ist ›Politik‹ eher negativ konnotiert und wird hauptsächlich mit Parteipolitik in Verbindung gebracht, während Jugendliche ihr Engagement eher als Teil einer sozialen Bewegung oder als Einbringen in gesellschaftliche, gemeinschaftliche und lebensweltnahe Themen empfinden; auch die Forschung muss hier daher einen breiten Politikbegriff anlegen (vgl. Soßdorf, 2016, S. 39ff.; Wagner & Gebel, 2014, S. 172f.).

Über das Ausloten und Aneignen von konkreten Beteiligungsmöglichkeiten wird die Entwicklung einer politischen Identität unterstützt. Die Erkenntnis, dass sich gesellschaftspolitische Entscheidungen aus der Beteiligung Einzelner zusammensetzen, führt zum Kern von Selbstpositionierung im Sinne eines Austarierens von eigener Freiheit und gesellschaftlicher Zugehörigkeit und Verantwortung. Die politische Arena stellt den Übergang von individuellen zu kollektiven Belangen dar. Junge Menschen übernehmen hier zunehmend Verantwortung für das eigene Selbst, indem sie z. B. eigene Positionen verteidigen, zugleich aber auch für die Gesellschaft. Insofern stellt politische Beteiligung einen wichtigen Aspekt von Verselbstständigung dar, der durch das Erproben neuer Handlungsspielräume – ohne Eltern – wie die Beteiligung an politischen Organisationen und Protestformen oder durch die Ausbildung politisch-gesellschaftlicher Werthaltungen zum Ausdruck kommt. Gleichzeitig können jugendliche Verselbstständigungsprozesse, die parallel in mehreren Lebensbereichen ablaufen, von positiven Erfahrungen politischer Beteiligung profitieren – denn dabei erleben junge Menschen, selbstbestimmt zu entscheiden, zu handeln und etwas ausrichten zu können, was für ein größeres Kollektiv von Relevanz ist.

Literatur

Arzheimer, K. (2006): Jung, dynamisch, Nichtwähler? Der Einfluss von Lebensalter und Kohortenzugehörigkeit auf die Wahlbereitschaft. In: E. Roller, F. Brettschneider & J. W. van Deth (Hrsg.): Jugend und Politik: »Voll normal!«. Der Beitrag der politischen Soziologie zur Jugendforschung (S. 317–335). Wiesbaden: Springer VS.

Bauer, T. (2020): Partizipation ermöglichen. Die Bedeutung sozialräumlicher Beteiligungsprozesse in der offenen Jugendarbeit. In: R. Krisch & W. Schröer (Hrsg.): Entgrenzte Jugend – offene Jugendarbeit. ›Jugend ermöglichen‹ im 21. Jahrhundert (S. 26–39). Weinheim: Beltz Juventa.

BiB [Bundesinstitut für Bevölkerungsforschung] (Hrsg.) (2018): Wahlberechtigte und Wahlbeteiligung bei Bundestagswahlen nach Altersgruppen. Demografie Portal [www.demografie-portal.de/SharedDocs/Informieren/DE/ZahlenFakten/Wahlbeteiligung_Alter.html], Zugriff am 23.04.2020.

BMU [Bundesministerium für Umwelt] (Hrsg.) (2020): Zukunft? Jugend fragen! Umwelt, Klima, Politik, Engagement – Was junge Menschen bewegt. Berlin [www.bmu.de/fileadmin/Daten_BMU/Pools/Broschueren/zukunft_jugend_fragen_studie_bf.pdf], Zugriff am 05.05.2020.

Busse, B., Hashem-Wangler A., Tholen, J. & Wolnik, K. (2017): Parallele Welten politischer Partizipation. Junge Menschen und politische Partizipation in Deutschland. In: W. Kühnel & H. Willems (Hrsg.): Politisches Engagement im Jugendalter. Zwischen Beteiligung, Protest und Gewalt (S. 77–103): Weinheim: Beltz Juventa.

Destatis, Der Bundeswahlleiter (Hrsg.) (2018): Wahl zum 19. Deutschen Bundestag am 24. September 2017. Heft 4, Wahlbeteiligung und Stimmabgabe der Frauen und Männer nach Altersgruppen. Wiesbaden.

Deutscher Bundestag (2017): 15. Kinder- und Jugendbericht. Bericht über die Lebenssituation junger Menschen und die Leistungen der Kinder- und Jugendhilfe in Deutschland. Berlin: BMFSFJ [www.bmfsfj.de/bmfsfj/service/publikationen/15-kinder-und-jugendbericht/115440], Zugriff am 05.05.2020.

Dinar, C. & Heyken, C. (2017): »Digital Streetwork«. Erfahrungen aus dem Projekt debate//. In: S. Hohnstein & M. Herding (Hrsg.): Digitale Medien und politisch-weltanschaulicher Extremismus im Jugendalter, Band 13 (S. 151–163). Halle (Saale): DJI.

Franz, A. (2016): Mitbestimmung in der Schule. In: J. Tremmel & M. Rutsche (Hrsg.): Politische Beteiligung junger Menschen (S. 435–457). Wiesbaden: Springer VS.

Gaiser, W., Krüger, W., Rijke, J. de & Wächter, F. (2016): Jugend und politische Partizipation in Deutschland und Europa. In: J. Tremmel & M. Rutsche (Hrsg.): Politische Beteiligung junger Menschen (S. 39–47). Wiesbaden: Springer VS.

Gerdes, J. & Bittlingmayer, U. H. (2016): Jugend und Politik. Soziologische Aspekte. In: A. Gürlevik, K. Hurrelmann & C. Palentien (Hrsg.): Jugend und Politik. Politische Bildung und Beteiligung von Jugendlichen (S. 45–67). Wiesbaden: Springer VS.

Gille, M., Rijke, J. de & Gaiser, W. (2017): Politische Involvierung und politische Partizipation von Jugendlichen und jungen Erwachsenen. Erkenntnisse der FES-Jugendstudie 2015. In: W. Kühnel & H. Willems (Hrsg.): Politisches Engagement im Jugendalter. Zwischen Beteiligung, Protest und Gewalt (S. 47–76). Weinheim: Beltz Juventa.

Hoffmann, C. P. (2020): »Digital Divide« und »Gamification«. Chancen, Formen und Grenzen der digitalen Partizipation. In: C. P. Hoffmann, A. Lorenz & U. Hitschfeld (Hrsg.):

Partizipation für alle und alles? Fallstricke, Grenzen und Möglichkeiten (S. 383–405). Wiesbaden: Springer VS.

Hoffmann-Lange, U. & Gille, M. (2016): Jugend zwischen Politikdistanz und politischer Teilnahmebereitschaft. In: A. Gürlevik, K. Hurrelmann & C. Palentien (Hrsg.): Jugend und Politik. Politische Bildung und Beteiligung von Jugendlichen (S. 195–226). Wiesbaden: Springer VS.

Hohnstein, S. & Glaser, M. (2017): Wie tragen digitale Medien zu politisch-weltanschaulichem Extremismus im Jugendalter bei und was kann pädagogische Arbeit dagegen tun? Ein Überblick über Forschungsstand, präventive und intervenierende Praxis im Themenfeld. In: S. Hohnstein & M. Herding (Hrsg.): Digitale Medien und politisch-weltanschaulicher Extremismus im Jugendalter, Band 13 (S. 243–281). Halle (Saale): DJI.

Hohnstein, S. & Herding, M. (Hrsg.) (2017): Digitale Medien und politisch-weltanschaulicher Extremismus im Jugendalter. Erkenntnisse aus Wissenschaft und Praxis, Band 13. Halle (Saale): DJI [www.dji.de/fileadmin/user_upload/bibs2017/Digitale_Medien.AFS.Band.13.pdf], Zugriff am 05.05.2020.

Holtmann, E., Rademacher, C. & Reiser, M. (2017): Kommunalpolitik. Eine Einführung. Wiesbaden: Springer VS.

Kaase, M. (2002): Politische Beteiligung. In: M. Greiffenhagen, S. Greiffenhagen & K. Neller (Hrsg.): Handwörterbuch zur politischen Kultur der Bundesrepublik Deutschland (S. 349–355). Wiesbaden: Springer VS.

Kersting, N. (2016): Jugend und politische Partizipation. Online- oder Offline-Beteiligung? In: J. Tremmel & M. Rutsche (Hrsg.): Politische Beteiligung junger Menschen (S. 253–270). Wiesbaden: Springer VS.

Klein, M. (2006): Jugend und politischer Protest. Eine Analyse im Kontext aller Partizipationsformen. In: E. Roller, F. Brettschneider & J. W. van Deth (Hrsg.): Jugend und Politik: »Voll normal!«. Der Beitrag der politischen Soziologie zur Jugendforschung (S. 291–314). Wiesbaden: Springer VS.

Kritzinger, S. & Zeglovitis, E. (2016): Wählen mit 16 – Chance oder Risiko? In: J. Tremmel & M. Rutsche (Hrsg.): Politische Beteiligung junger Menschen (S. 185–199). Wiesbaden: Springer VS.

Kroh, M. (2006): Das politische Interesse Jugendlicher: Stabilität oder Wandel? In: E. Roller, F. Brettschneider & J. W. van Deth (Hrsg.): Jugend und Politik: »Voll normal!«. Der Beitrag der politischen Soziologie zur Jugendforschung (S. 185–207). Wiesbaden: Springer VS.

Müller, S. & Unkauf, U. (2016): Jugendgemeinderäte in Baden-Württemberg. In: J. Tremmel & M. Rutsche (Hrsg.): Politische Beteiligung junger Menschen (S. 317–340). Wiesbaden: Springer VS.

Niedermayer, O. (2001): Bürger und Politik. Politische Orientierungen und Verhaltensweisen der Deutschen. Eine Einführung. Wiesbaden: Springer VS.

Niedermayer, O. (2006): Jugend und Parteien. In: E. Roller, F. Brettschneider & J. W. van Deth (Hrsg.): Jugend und Politik: »Voll normal!«. Der Beitrag der politischen Soziologie zur Jugendforschung (S. 269–289). Wiesbaden: Springer VS.

Partetzke, M. & Klee, A. (2016): Partizipieren können, wollen und dürfen! Politikwissenschaftliche Aspekte der politischen Partizipation von Kindern und Jugendlichen am Beispiel Wahlrecht. In: A. Gürlevik, K. Hurrelmann & C. Palentien (Hrsg.): Jugend und Politik. Politische Bildung und Beteiligung von Jugendlichen (S. 27–43). Wiesbaden: Springer VS.

Qasem, S. & Nordbruch, G. (2017): Jenseits von Eindeutigkeiten. Erfahrungen aus dem Projekt »Was postest Du? Politische Bildung mit jungen Muslim_innen online«. In: S. Hohnstein & M. Herding (Hrsg.): Digitale Medien und politisch-weltanschaulicher Extremismus im Jugendalter, Band 13 (S. 131–150). Halle (Saale): DJI.

Reinders, H. (2016): Politische Sozialisation Jugendlicher. Entwicklungsprozesse und Handlungsfelder. In: A. Gürlevik, K. Hurrelmann & C. Palentien (Hrsg.): Jugend und Politik. Politische Bildung und Beteiligung von Jugendlichen (S. 85–101). Wiesbaden: Springer VS.

Reinhardt, S. & Tillmann, F. (2002): Politische Orientierungen, Beteiligungsformen und Wertorientierungen. In: H.-H. Krüger, S. Reinhardt, C. Kötters-König, N. Pfaff, R. Schmidt, A. Krappidel & F. Tillmann (Hrsg.): Jugend und Demokratie – Politische Bildung auf dem Prüfstand (S. 43–74). Wiesbaden: Springer VS.

Schmidt, C. & Knipperts, J. (2013): Politische Generationen, demographischer Wandel und Wahlverhalten in der Bundesrepublik Deutschland: Schicksalsjahre des deutschen Parteiensystems? Zeitschrift für Parlamentsfragen, 44(4), 872–891.

Schneekloth, U. (2019): Entwicklungen bei den Wertorientierungen der Jugendlichen. In: Shell Deutschland Holding (Hrsg.): Jugend 2019. Eine Generation meldet sich zu Wort. 18. Shell Jugendstudie (S. 103–131). Weinheim: Beltz.

Schneekloth, U. & Albert, M. (2010): Entwicklungen bei den »großen Themen«. Generationengerechtigkeit, Globalisierung, Klimawandel. In: Shell Deutschland Holding (Hrsg.): Jugend 2010. Eine pragmatische Generation behauptet sich. 16. Shell Jugendstudie (S. 165–185). Frankfurt a. M.: Fischer.

Schneekloth, U. & Albert, M. (2019): Jugend und Politik. Demokratieverständnis und politisches Interesse im Spannungsfeld von Vielfalt, Toleranz und Populismus. In: Shell Deutschland Holding (Hrsg.): Jugend 2019. Eine Generation meldet sich zu Wort. 18. Shell Jugendstudie (S. 47–101). Weinheim: Beltz.

Schöttle, S. (2019): Politische Online-Partizipation und soziale Ungleichheit. Eine empirische Studie mit Gender-Fokus. Wiesbaden: Springer VS.

Schubert, K. & Klein, M. (2018): Das Politiklexikon. Begriffe, Fakten, Zusammenhänge. Bonn: Dietz.

Sommer, M., Rucht, D., Haunss, S. & Zajak, S. (2019): Fridays for Future. Profil, Entstehung und Perspektiven der Protestbewegung in Deutschland. Institut für Protest- und Bewegungsforschung. [protestinstitut.eu/wp-content/uploads/2019/08/ipb-working-paper_FFF_final_online.pdf], Zugriff am 05.05.2020.

Soßdorf, A. (2016): Zwischen Like-Button und Parteibuch. Die Rolle des Internets in der politischen Partizipation Jugendlicher. Wiesbaden: Springer VS.

Speck, K. (2014): Nachwuchs dringend gesucht. Wie Parteien und Verbände um Jugendliche werben. Engagement und Partizipation. Friedrich Schülerheft (S. 38–43). Seelze: Friedrich.

Stolle, D., Hooghe, M. & Micheletti, M. (2005): Politics in the Supermarket. Political Consumerism as a Form of Political Participation. International Political Science Review, 26 (3), 245–269.

Wagner, U. (2014): Jugend, Information und Partizipation online. Zur Differenzierung von Beteiligungsformen im Internet. In: J. Einspänner-Pflock, M. Dang-Anh & C. Thimm (Hrsg.): Digitale Gesellschaft. Partizipationskulturen im Netz (S. 169–188). Berlin: LIT.

Wagner, U. & Gebel, C. (2014): Mediatisierte Partizipation? Bedingungen für souveränes informationsbezogenes Medienhandeln. In: U. Wagner & C. Gebel (Hrsg.): Jugendliche und die Aneignung politischer Information in Online-Medien (S. 171–193). Wiesbaden: Springer VS.

Wenzl, U. (2016): »Wir waren keine bekannten Gesichter und wurden erst mit der Wahl interessant«. Junge Listen als aktive kommunal- und jugendpolitische Wählervereinigungen in Baden-Württemberg. In: J. Tremmel & M. Rutsche (Hrsg.): Politische Beteiligung junger Menschen (S. 361–388). Wiesbaden: Springer VS.

Wiesendahl, E. (2012): Partizipation und Engagementbereitschaft in Parteien. In: T. Mörschel & C. Krell (Hrsg.): Demokratie in Deutschland. Zustand – Herausforderungen – Perspektiven (S. 121–157). Wiesbaden: Springer VS.

11 Mediale/kulturelle Aspekte des Erwachsenwerdens

11.1 Erwachsenwerden mit (mobilen) digitalen Medien und in digitalen Sozialräumen

Dorothée Hefner & Karin Knop

Die Digitalisierung der Medienwelt hat neue Erfahrungs- und Handlungsräume geschaffen. Vor allem Jugendliche wenden sich diesen mit großer Begeisterung und hohem zeitlichen Aufwand zu. Sie pflegen virtuell ihre Beziehungen oder knüpfen neue, ohne dass diese an räumliche Grenzen gebunden sind. Sie agieren – über Soziale Medien – in digitalen Gemeinschaften oder demonstrieren ihre Zugehörigkeit zu diesen. Sie präsentieren, inszenieren und erproben ihre Gedanken-, Gefühls- und Wunschwelten in mehr oder weniger begrenzten digitalen Sozialräumen. In dieses Medienhandeln integrieren sie Identitätsfacetten, bereits stabile Bestandteile ihrer Persönlichkeit oder solche, die sie austesten wollen. In den virtuellen Räumen erleben sie soziale Einbettung, erhalten Aufmerksamkeit, soziale Unterstützung und Anerkennung und können sich als kompetente und teilhabende Subjekte erfahren. Sie können aber auch Erfahrungen machen, die negative Konsequenzen für das Selbstbild und den Selbstwert haben. Ausgrenzungserfahrungen oder das Erleiden von Angriffen im Kontext von Cybermobbing werden nicht selten berichtet (Knop, Hefner, Vorderer & Schmitt, 2015). Die digital basierte Identitätsarbeit ergänzt die außermediale und kann sie bereichern oder engführen, je nachdem, welche Modi bspw. im Bereich der sozialen Vergleichsprozesse von den Jugendlichen gewählt werden bzw. sich diesen aufdrängen (Theunert, 2009).

Digitale Medien bieten Möglichkeiten zum Lernen, zur Orientierung, zur Information und zur Alltagsorganisation. Neben Interaktivität und Multioptionalität als relevante Charakteristika sind die vielfältigen Möglichkeiten zu Eigenaktivität und kreativem Selbstausdruck, zu sozialer Vernetzung sowie die Allgegenwärtigkeit zu nennen, aber eben auch die Unüberschaubarkeit dessen, was Heranwachsenden heute medial zur Verfügung steht, und die mit den Möglichkeiten einhergehenden Herausforderungen (Hajok, 2018; Valkenburg & Peter, 2011). Dass diese mediatisierten Kommunikations- und Handlungsoptionen chancen- und risikoreich zugleich sind, soll exemplarisch aufgezeigt werden.

Wie rasant sich mit der Digitalisierung die Produktion, Vermittlung und Rezeption medialer Inhalte beschleunigt haben (Rosa, 2005), wurde vielfältig diskutiert. Den Heranwachsenden, die sich die neuen Möglichkeiten schnell und unbefangen aneignen, bieten sich dadurch neue und durchaus attraktive Optionen zur Ausgestaltung des eigenen Alltags. Diese Optionen, Informationen und Kommunikationsakte kompetent im Leben zu integrieren ist für Jugendliche aber nicht immer einfach. Um dem potenziell entstehenden digitalen Stress durch permanente digitale Verfügbarkeit, kognitives wie emotionales Verarbeiten von Inhalten und Nachrichten anderer, konstante Selbstpräsentation (Hefner & Vorderer, 2016) und anderen Herausforderungen zu begegnen, müssen spezifische Kompetenzen ausgebildet werden.

Kapitelüberblick

Eine aktuelle Jugenddiagnose kann und soll hier nicht geleistet werden. Vielmehr werden Nutzung und Funktionen von digitalen Medien im Leben und bei der Entwicklung Jugendlicher beleuchtet (► Kap. 11.1.1), Potentiale und Herausforderungen digitaler Mediennutzung (► Kap. 11.1.2), die Rolle der individuellen Persönlichkeitsstruktur, der soziale Kontext von Peers und Partner*innen sowie die Familie (► Kap. 11.1.3) fokussiert. Abschließend werden Kompetenzen dargestellt, die für die Mediensozialisation und für ein gelingendes Aufwachsen in digitalisierten Welten bedeutsam sind (► Kap. 11.1.4).

11.1.1 Nutzung (mobiler) digitaler Medien durch Jugendliche

Die Möglichkeiten von Handy und mobilem Internet erlauben die Befriedigung von Bedürfnissen, die insbesondere für Heranwachsende stark im Vordergrund stehen, nämlich das Bedürfnis nach Autonomie, dem Erleben und Ausleben von Identität, nach Zugehörigkeit zu sozialen Gruppen und dem Erleben fester sozialer Bindungen (Valkenburg & Peter, 2011). Dies erklärt, warum Jugendliche besonders starke und innovationsfreudige Nutzer*innen sind.

Vor Eintritt in die Jugendphase, nämlich ab dem Alter von zehn Jahren, sind die heutigen Heranwachsenden mehrheitlich mit einem Handy oder Smartphone ausgestattet, mit 12/13 Jahren sind es bereits 97 % (Bitkom, 2019). Darüber hinaus haben viele der Jugendlichen Zugang zu weiteren Geräten mit Internetzugang wie Computer oder Tablet (JIM, 2019) und können so auf verschiedenen (mobilen) Endgeräten die Onlineangebote nutzen.

In Folge der rasanten technischen Entwicklungen sind die Handys bzw. Smartphones mehr und mehr zu multimedialen Plattformen geworden. Mit der Internetfähigkeit als dem relevantesten Feature für die Eröffnung zahlloser Möglichkeiten von der Nutzung von sozialen Medien zum Streamen audio(-visueller) Inhalte und Onlinespielen sowie integrierter Kamera, Bluetooth, Infrarotschnittstelle und reichlich Speicherplatz eröffnen sie Jugendlichen vielfältige Möglichkeiten. Noch werden sie in erster Linie zur Kommunikation benutzt, die anderen Optionen gewinnen aber an Bedeutung (ebd., S. 25).

Der Austausch oder das Posten von Nachrichten oder Statements in Form von Text, Emojis, Fotos oder Video ist ein zentraler Teil der Nutzung. 85 % der Jugendlichen zwischen 12 und 17 Jahren nutzen täglich Soziale Medien wie WhatsApp, Instagram oder Snapchat, 64 % davon mindestens zwei Stunden am Tag (DAK, 2017). Fragt man nach den beliebtesten Online-Diensten, so wird die vorgegebene Liste mit deutlichem Abstand von dem Videoportal YouTube angeführt, es folgen WhatsApp und Instagram (JIM, 2019, S. 27). Neben Kommunikationsfunktionen sind audiovisuelle Angebote zur Unterhaltung und Information besonders beliebt. Auch digitale Spiele, die immer häufiger online gespielt werden, nehmen insbesondere unter männlichen Jugendlichen ein relevantes Zeitbudget in Anspruch (ebd.). Jugendschutzrelevant ist dabei die Tatsache, dass viele Dienste abweichend von den vorgesehenen Altersgrenzen frühzeitig von Kindern und Jugendlichen genutzt werden.

Stark zunehmend ist in dieser Altersgruppe auch die Rolle des Internets für politische Information: Nachrichtenseiten und Apps sind bei den 14- bis 24-Jährigen wichtigere Quellen als Fernsehen und Radio (Vodafone Stiftung, 2019). Auch soziale Medien wie YouTube, Facebook, Instagram und Twitter werden zur politischen Information genutzt, allerdings mit Skepsis betrachtet.

11.1.2 Potenziale und Herausforderungen digitaler Mediennutzung

Die digitalen Medien und insbesondere das Smartphone als universelles Werkzeug für die Mediennutzung und Kommunikation bieten zunächst einmal zahlreiche Potenziale. An erster Stelle können die vielfältigen Funktionen genannt werden, die Kommunikation ermöglichen und dadurch Beziehungspflege und Gefühle von Gruppenzugehörigkeit fördern sowie das einfache und ortsunabhängige Geben und Empfangen von sozialer Unterstützung möglich machen (boyd, 2014). Ebenfalls nützlich sind die digitalen Medien bei der Entwicklung der persönlichen Identität, da diese einerseits durch Kommunikate und die Selbstpräsentationen anderer inspiriert wird und man andererseits durch mediale Selbstpräsentation unterschiedliche Selbstfacetten ausprobieren oder sich neuen Gruppenidentitäten anschließen kann. Dabei dienen nicht nur Freunde und Bekannte als Inspirationsquelle, sondern zunehmend auch Influencer*innen sowie natürlich auch Akteur*-innen fiktionaler Medieninhalte.

Auch die Entwicklung der sexuellen Identität ist ein zentrales Bedürfnis in der Jugend und findet heute mehr denn je auch mediengestützt statt. So findet beispielweise die erste Pornografienutzung im Durchschnitt bei Jungen mit 14 Jahren bei Mädchen mit 16 Jahren statt (Matthiesen et al., 2017). Obwohl vorrangig alleine genutzt wird, schauen und kommentieren Jugendliche das Material auch gemeinsam in Freundesgruppen z. B. als Mutprobe, zur Darstellung ihrer Geschlechtsidentität oder als Selbstvergewisserung ihrer Normalität (Döring, 2019). Auch zum Einholen sensibler Informationen zum Themenfeld Sexualität kann das Internet genutzt werden (Valkenburg & Peter, 2011) sowie für die Anbahnung und Pflege erster sexueller oder romantischer Beziehungen (Döring, 2015).

Deutlich vereinfacht haben das Internet und das Smartphone die Organisation des Alltags. Für Heranwachsende ist hier besonders relevant, dass sie quasi jederzeit und problemlos mit ihren Eltern kommunizieren und sich absprechen können (Knop et al., 2015). Hier ist zu diskutieren, ob dieser ›kurze Draht‹ Heranwachsenden beim Erreichen von autonomer Lebensgestaltung unterstützt oder sie nicht eher länger an die Eltern bindet (Hofer, 2008). Zuletzt sei bei den Potenzialen heutiger Medien die permanente, umfangreiche und schnelle Verfügbarkeit von Information und Unterhaltungsinhalten jeder Art genannt. Heranwachsende haben heute durch das Internet und seine vielen Inhalte nie zuvor gekannte Möglichkeiten der individuellen Bildung und Entfaltung einerseits und Entspannung, Freude bzw. der ganzen Palette emotionalen Erlebens durch Unterhaltungsinhalte oder zur Unterhaltung genutzten Inhalte andererseits (Vorderer et al., 2015).

Diesen Potenzialen stehen Herausforderungen und Risiken gegenüber. Hier ist zunächst ein generelles, inhaltsunabhängiges Übermaß an Nutzung zu nennen. Dieses kann sich einerseits in einer übergroßen Gesamttagesnutzungszeit äußern, aber beim Smartphone gerade auch in häufigen, routinemäßigen und oftmals automatisch-unbewussten Mikronutzungseinheiten. Dieses Übermaß an Nutzung ist auch ein Charakteristikum des oft problematischen, zu stark ausgeprägten Involvements mit dem Handy oder dem Internet (oder, noch spezieller, sozialen Medien oder digitalen Spielen), also der affektiven, kognitiven und behavioralen Bindung an das Internet bzw. Mobiltelefon. Es zeichnet sich zudem durch die subjektive Wahrnehmung aus, nicht mehr (eine Zeit lang) ohne das Handy/Internet auszukommen, es immer mehr und mehr zu nutzen, ständig an es zu denken, in Konflikte mit anderen über die Nutzung zu geraten und es zur Stimmungsregulation zu nutzen (Knop et al., 2015; Hefner, Knop, Vorderer & Schmitt, 2019). Dieses Handyinvolvement kann sich bei einem Teil der Jugendlichen bis zu einem exzessiv-abhängigen Gebrauch steigern. In allen Fällen dieses Übermaßes an Nutzung ist davon auszugehen, dass dadurch anderen Aktivitäten oder Lebensbereichen weniger (zeitliche) Aufmerksamkeit zuteilwerden. Dass diese Wegnahme von Zeit und Aufmerksamkeit auch nachteilige Wirkungen hat, konnte bspw. schon mit Bezug auf Schlaf (Hale & Guan, 2015), kognitiver Leistungen (Jeong & Hwang, 2016), oder bezüglich zwischenmenschlicher Interaktionen (Przybylski & Weinstein, 2012) nachgewiesen werden. In allen genannten drei Bereichen können Jugendliche in der Phase ihrer Verselbstständigung immer autonomer handeln und über Nutzung, Nicht-Nutzung und Art der Nutzung entscheiden. Gleichzeitig ist in dieser Lebensphase, in der kognitiv, physisch und psychisch viel Entwicklung stattfindet, eine zuträgliche, gut austarierte Nutzung besonders wichtig.

Neben der inhaltsunabhängigen Nutzung können auch bestimmte Inhalte junge Menschen negativ beeinflussen. Hier seien einerseits jugendschutzrelevante Inhalte wie Gewalt oder Pornografie genannt. Andererseits kann scheinbar harmlose Kommunikation mit anderen über soziale Netzwerke für Heranwachsende emotionalen Stress darstellen, bspw. durch einen empfundenen Selbstdarstellungsdruck oder permanente soziale Vergleiche nach oben (De Vries & Kühne, 2015). Die Forschung zeigt, dass Personen, die anfällig sind für eine solche selbstschädigende Nutzung, auch eher unter Depressionen oder anderen Störungen leiden (Sarmiento et al., 2018).

Was spezifische, abträgliche Inhalte anbelangt, können aber auch Posts Anderer negative Gefühle oder (individuelle wie gesellschaftliche) Stimmungen auf weniger subtile Art provozieren, denn manche überschreiten mit Aufsehen erregenden Bildern, provokanten Texten, drastischen, extremen bis extremistischen Meinungen zuweilen die Grenzen des Tolerierbaren, Tolerierten oder das mit demokratischen Grundwerten zu vereinbarende Verhalten. Aber auch bezogen auf Informationssuche und Meinungsbildungsprozesse zeichnen sich spezifische Gefährdungspotentiale ab (Welzenbach-Vogel & Knop, 2019). Laut Ergebnissen der *bitkom*-Studie informieren sich 79 % der 14- bis 29-Jährigen via Internet über das aktuelle Geschehen, während es bei den über 65-Jährigen lediglich 21 % sind (Rohleder 2017, S. 4). Jüngere haben somit allein aufgrund des von ihnen bevorzugten Medienmenüs eine höhere Wahrscheinlichkeit, mit Fake News in Kontakt zu kommen.

11.1.3 Hintergründe individueller Nutzungsmuster digitaler Medien: Individuum – Peergroup – Paarbeziehung – Familie

Individuelle Einflussgrößen

Sowohl soziodemografische Faktoren wie Alter oder Geschlecht als auch Persönlichkeitseigenschaften beeinflussen potenziell die Nutzung des (mobilen) Internets. Mit zunehmendem Alter steigt die Nutzungsintensität an, Mädchen bzw. junge Frauen nutzen mehr digitale Netzwerke wie Instagram und Snapchat, während Jungen bzw. junge Männer mehr Inhalte rezipieren – z. B. auf YouTube – und mehr Spiele spielen (JIM, 2018). Der Bildungshintergrund, also die Schulform, zeigt kaum Einflüsse auf die Quantität der Nutzung, allerdings auf eingegangene Risiken wie ungewollte Einkäufe oder kompetentes Erkennen von politischem Extremismus online (Reinemann, Nienierza, Fawzi, Riesmeyer & Neumann, 2019). Hier bewegen sich die Schüler*innen, die das Gymnasium besuchen, sicherer durch das Internet.

Neben soziodemografischen Merkmalen hat sich auch die Persönlichkeitsstruktur als relevante Einflussgröße auf Quantität und Qualität der Nutzung digitaler Medien gezeigt. So fand eine meta-analytische Studie bspw. Zusammenhänge zwischen den »Big Five« Persönlichkeitsmerkmalen und Internetsucht (Kayiş et al., 2016). Unsere eigene Forschung hat zudem beispielhaft gezeigt, dass die Fear of Missing Out (FoMO) – also das Bedürfnis, immer im Bilde darüber zu sein, was die Peergroup macht, und die damit einhergehende Angst, etwas zu verpassen und aus dem Kommunikationsfluss ausgeschlossen zu sein – stark mit problematischem Handyinvolvement zusammenhängt (Knop et al., 2015) sowie mit Cybermobbing (als Täterin oder Täter) oder dem schnellen, unüberlegten Posten in sozialen Netzwerken (Hefner, Knop & Vorderer, 2018). Schützend dagegen wirkt sich die Fähigkeit zur Selbstregulation aus. Ist sie stark ausgeprägt, sind Jugendliche in der Lage, das Handy achtsam und zuträglich für ihr eigenes Wohlbefinden und das der anderen im Alltag einzusetzen.

Aber auch individuelle Ausgangslagen mit Bezug zum sozialen Umfeld erlauben Rückschlüsse bzw. Vorhersagen zum Nutzungsverhalten. Hier ist insbesondere der empfundene Anpassungsdruck der Heranwachsenden an Gruppennormen – der wiederum aus dem Wunsch nach Anerkennung resultiert – zu nennen. Ist dieser subjektiv wahrgenommene Anpassungsdruck hoch, ist ebenfalls von eher ungünstigen Nutzungsweisen auszugehen. Der stabile oder eben (noch) fragile Selbstwert bestimmt dabei, ob die Jugendlichen eine eher schwierige Rolle innerhalb der Gleichaltrigengruppe haben oder selbstbewusst agieren.

Sozialraum Peergroup und Paarbeziehung

Viele potenziell schädigende Formen der Handynutzung lassen sich auch aus dem Kontext der Peergroup erklären (▶ Kap. 7.1). Hier sind es insbesondere die Gruppennormen, die einen Einfluss darauf haben, wie stark und in welchen Situationen das Handy genutzt wird und welche Inhalte und Apps digitaler Medien rezipiert werden. Gruppennormen, die ständige Kommunikation und sofortige Reaktionen als normal definieren, ermuntern die Heranwachsenden eher dazu, das Handy besonders stark und involviert zu nutzen. Ein starker Anpassungsdruck an eben diese Normen hängt wiederum mit potenziell schädlichen Nutzungsweisen zusammen. Denn Heranwachsende orientieren sich bei der Bewertung von angemessenem bzw. unangemessenem Handy- und Internetnutzungsverhalten an ihrer Peergroup und gewichten zum Teil die Vorteile der Gruppenzugehörigkeit höher als die potenziell negativen Konsequenzen des riskanten Medienhandelns (Knop et al., 2015). Selbstverständlich kann eine als positiv zu bewertende Handynutzungsnorm in der Peergroup entsprechend auch schützendes Potential entfalten und die funktionalen und kompetenten Nutzungsweisen verstärken.

Die Entwicklung von Sozialkompetenz, Beziehungsfähigkeit, Selbstregulationsfähigkeiten der Heranwachsenden unter den Bedingungen der einflussreichen Normen im Freundeskreis ist in der herausfordernden Entwicklungsphase der Pubertät vordringliches Ziel und große Herausforderung zugleich. Gelingt der Aushandlungsprozess zwischen Individuum und Peers, dann können soziale Beziehungen gepflegt, sinn- und gemeinschaftsstiftend ausgestaltet werden und soziale Unterstützung und selbstwertstabilisierende oder gar -erhöhende Erfahrungen im digitalen Sozialraum gemacht werden.

Nicht zuletzt ist die Kommunikation per Smartphone bedeutsam für die Anbahnung und Pflege romantischer Beziehungen unter Jugendlichen. Hintergrundinformationen – bspw. zu Hobbys oder zum aktuellen Beziehungsstatus – über interessante Gleichaltrige werden medial eingeholt und die Annäherung beginnt meist schriftlich und auch die Liebeskommunikation erfolgt in hohem Maße medial (Döring, 2015). Bei den älteren Jugendlichen werden dann auch manchmal sexuelle Anspielungen oder intime, erotische Fotos oder Videos versendet. Dieses sogenannte Sexting (Wortkombination aus Sex und Texting) kann als Vertrauensbeweis und geteilte sexuelle Intimität im 21. Jahrhundert bewertet werden, auch wenn es zur illegalen Weiterleitung an Dritte und damit zu Cybermobbing kommen kann (Knop et al., 2015).

Kontext Familie – Konfliktfeld Autonomiegewinn der Jugendlichen und Kontrollverlust der Eltern

Eltern ärgern sich häufig über die Nutzungsweisen digitaler Medien von Jugendlichen. Stundenlanges Surfen und Chatten, sorglos im Internet preisgegebene private Daten, potenzieller Kontakt zu pornografischen, extremistischen oder anderen jugendschutzrelevanten Inhalten bereiten ihnen Sorgen. In anderen Punkten sind Eltern und ihre heranwachsenden Kinder sich aber einig: Für die Alltagsorganisation und ortsungebundene Beziehungspflege messen beide den Mobiltelefonen und ihren Kommunikationsangeboten einen hohen und sehr positiven Stellenwert bei. Den mit den mobilen digitalen Medien verbundenen Autonomiegewinnen der Jugendlichen stehen Ängste und Kontrollverlusterfahrungen der Eltern gegenüber, die diese spezifische Mediennutzung wegen der Ortsungebundenheit und individuellen Nutzung kaum noch überwachen und begleiten können. Der Bindungsstil zwischen Eltern und Heranwachsenden – der frühkindlich bereits etabliert bzw. aufgebaut wurde – sowie das Kommunikationsklima in der Familie als auch das elterliche Vorbildverhalten in Bezug auf die Nutzung beeinflussen in hohem Maße, wie funktional- bzw. dysfunktional den Jugendlichen die Aneignung der mobilen digitalen Medien gelingt oder eben misslingt (Hefner et al., 2019). Haben sich Eltern bereits frühzeitig für das Attraktionspotential der Onlinemedien für ihren Nachwuchs interessiert und nachvollzogen und sich mit deren Potentialen für Beziehungsaufbau und -pflege befasst und gemeinsame Nutzungsregeln vereinbart, gelingt oft ein konfliktärmeres soziales Miteinander.

11.1.4 Verselbstständigung in der heutigen Medienwelt

Wie gezeigt wurde, bieten (mobile) digitale Medien viele Möglichkeiten, Bedürfnisse zu befriedigen, insbesondere solche nach Kontakt, Gemeinschaft, Zugehörigkeit, sozialer Anerkennung sowie Identitätsentwicklung durch soziale Medien, aber auch solche nach Unterhaltung und Information. Das Smartphone erlaubt es Jugendlichen heute, diese Bedürfnisse quasi konstant zu befriedigen. Zumindest theoretisch, denn Bedürfnisbefriedigung ist nicht sicher vorhersehbar, insbesondere, wenn andere daran beteiligt sind bzw. sein sollen.

Die Herausforderung, die sich für junge Menschen ergibt, ist, die eigenen bewussten wie unbewussten Bedürfnisse bzw. Ziele zu erspüren und zu erkennen und abzuwägen, ob und welche Möglichkeiten die Onlinewelt und die Offlinewelt bieten, um diese Bedürfnisse in Einklang miteinander zu bringen und so zu befriedigen, dass das Wohlbefinden gefördert wird. Es geht also darum, dass Jugendliche zunächst einmal erkennen (lernen), welche Bedürfnisse sie haben. Ist es bspw. das Bedürfnis nach Verbundenheit mit Gleichaltrigen, so kann es eine gute Strategie sein, über WhatsApp zu chatten, wenn man sich gerade nicht persönlich treffen kann. Ist es das Bedürfnis nach Unterhaltung und Ablenkung, so kann es eine gute Strategie sein, ein digitales Spiel zu spielen, sich durch Instagram zu klicken oder YouTube-Videos zu schauen. Wichtig ist, dass auch eine Beobachtung stattfindet, durch welche Verhaltensweisen welche Bedürfnisse nachhaltig befriedigt werden und durch welche nicht oder nur kurzfristig. Wichtig ist zudem zu erkennen, welche Bedürfnisse und Ziele vielleicht nicht miteinander in Einklang stehen und Strategien zu entwickeln, wie eine Balance gefunden werden kann, bspw. zwischen kurzfristigen Bedürfnissen und längerfristigen Zielen: also z. B. zwischen dem Bedürfnis nach Unterhaltung, das dem unbewussten emotionalen Erfahrungsgedächtnis entspringt, einerseits und dem Erreichen schulischer Ziele, das dem bewussten Verstand entspringt, andererseits (Storch, 2006).

Verselbstständigung in Bezug auf soziale Medien bedeutet also, sich autonom und selbstregulierend, also kompetent, an dem ›Medienbuffet‹ zu bedienen. Und die sozialen Medien wiederum unterstützen die Verselbstständigung in verschiedenen Bereichen: So können digitale Medien dabei helfen, Partnerschafts- und Peerbeziehungen aufzubauen und zu pflegen, die über die gegebenen familiären Beziehungen hinausgehen. Sie helfen weiterhin dabei, die eigene Identität – bspw. auch die politische oder sexuelle Identität – zu entdecken sowie eine eigene Werteorientierung zu entwickeln. Dies ermöglichen Medien durch die vielen (Identitäts-)Beispiele, die zu finden sind, und durch die Möglichkeit, sich digital auszuprobieren – sei es durch den Anschluss an (digitale) Gruppen, die ein (Gruppen-)Identitätsangebot machen oder durch verschiedene Formen der Selbstpräsentation. Sie liefern zudem politische Informationen, die für eine Teilhabe am demokratischen Prozess unumgänglich sind. Bei all den Aktivitäten ist natürlich zu beachten, dass es für Jugendliche umso einfacher ist, sich der für sie relevanten digitalen Möglichkeiten auf eine entwicklungsförderliche Art zu bedienen, je medienkompetenter sie sind.

Ob digitale Medien auch ein Gelingen einer positiven Umgestaltung der Beziehung zwischen Heranwachsenden und ihren Eltern unterstützen, hängt stark davon ab, wie gut es den Eltern gelingt, die (wechselnden) Bedürfnisse ihrer Kinder nach Autonomie einerseits und Verbindung andererseits zu erkennen und zu erwidern (Inguglia, Ingoglia, Liga, Coco & Cricchio, 2015). Sie haben zumindest das Potenzial dazu, denn das (mobile) Internet vereinfacht ein autonomes Entdecken der Welt einerseits und das Kontakthalten zu wichtigen Beziehungspersonen andererseits.

Wie dieses Kapitel verdeutlicht hat, ist der Prozess der Verselbstständigung ohne digitale Medien heute nicht mehr denkbar. Heranwachsende nutzen diese mit großer Selbstverständlichkeit und sollten daher unterstützt werden bei der Entwicklung von Medienkompetenz, selbstregulativen Fähigkeiten und letztendlich auch dem Bewahren spielerischer Freude daran, die digitalen Möglichkeiten für ihre Bedürfnisse und ihr Erwachsenwerden zu nutzen.

Literatur

BitKom (2019): Kinder und Jugend in der digitalen Welt. Bitkom Research [https://www.bitkom.org/sites/default/files/2019-05/bitkom_pk-charts_kinder_und_jugendliche_2019.pdf], Zugriff am 01.02.2020.

boyd, d. (2014): It's complicated: The social lives of networked teens. Yale University Press.

DAK (2018): WhatsApp, Instagram und Co. – so süchtig macht Social Media. Befragung von Kindern und Jugendlichen. Hamburg [https://www.eukidsonline.de/wp-content/uploads/DAK-Studie-Social-Media-Abh%C3%A4ngigkeit.pdf], Zugriff am 31.10.2019.

Döring, N. (2015): Smartphones, Sex und Social Media: Erwachsenwerden im Digitalzeitalter. TelevIZIon, 28(1), 12–19.

Döring, N. (2019): Sexuelle Aktivitäten im digitalen Kontext. Aktueller Forschungsstand und Handlungsempfehlungen für die Praxis. Psychotherapeut, 64(5), 373–384.

Hajok, D. (2018): Verändertes Heranwachsen mit digitalen Medien. Theoretische Perspektiven auf einen neuen Sozialisationstypus. JMS-Report, 41(2), 2–6.

Hale, L. & Guan, S. (2015): Screen time and sleep among school-aged children and adolescents: a systematic literature review. Sleep medicine reviews, 21, 50–58.

Hefner, D. & Vorderer, P. (2016): Digital Stress: Permanent Connectedness and Multitasking. In: L. Reinecke & M.-B. Oliver (Hrsg.): The Routledge Handbook of Media Use and Well-Being (S. 237–249). New York: Routledge.

Hefner, D., Knop, K. & Vorderer, P. (2018): »I wanna be in the loop!« – The role of Fear of Missing Out (FoMO) for the quantity and quality of young adolescents' mobile phone use. In: R. Baumgartner, T. Kühne, M. Koch & M. Hofer (Hrsg.): Youth and media (S. 39–53). Baden-Baden: Nomos.

Hefner, D., Knop, K., Schmitt, S. & Vorderer, P. (2019): Rules? Role model? Relationship? The impact of parents on their children's problematic mobile phone involvement. Media Psychology, 22(1), 82–108.

Hofer, B. (2008): The electronic tether: Parental regulation, self-regulation, and the role of technology in college transitions. Journal of The First-Year Experience & Students in Transition, 20(2), 9–24.

Inguglia, C., Ingoglia, S., Liga, F., Coco, A. L. & Cricchio, M. G. L. (2015): Autonomy and relatedness in adolescence and emerging adulthood: Relationships with parental support and psychological distress. Journal of Adult Development, 22(1), 1–13.

Jeong, S. H. & Hwang, Y. (2016): Media multitasking effects on cognitive vs. attitudinal outcomes: A meta-analysis. Human Communication Research, 42(4), 599–618.

Kayiş, A. R., Satici, S. A., Yilmaz, M. F., Şimşek, D., Ceyhan, E. & Bakioğlu, F. (2016): Big five-personality trait and internet addiction: A meta-analytic review. Computers in Human Behavior, 63, 35–40.

Knop, K., Hefner, D., Schmitt, S. & Vorderer, P. (2015): Mediatisierung Mobil. Handy- und mobile Internetnutzung von Kindern- und Jugendlichen. Schriftenreihe Medienforschung der Landesanstalt für Medien NRW, Band 77. Leipzig: Vistas.

Matthiesen, S., Dekker, A., Brunner, F., Klein, V, Martyniuk, U., Schmidt, D. et al (2017): Sexuelles Verhalten, Einstellungen und sexuelle Gesundheit in Deutschland: Erste Ergebnisse einer Pilotstudie zur Erwachsenensexualität [https://gesid.eu/wp-content/uploads/2018/09/Endbericht-Pilotstudie-2017.pdf], Zugriff am 31.10.2019.

JIM-Studie 2019. Jugend, Information, Medien. Basisuntersuchung zum Medienumgang 12- bis 19-Jähriger [https://www.mpfs.de/fileadmin/files/Studien/JIM/2018/Studie/JIM2018_Gesamt.pdf], Zugriff am 07.07.2020.

Potter, W. J. (2018): Media literacy. Thousand Oaks: Sage Publications.

Przybylski, A. K. & Weinstein, N. (2012): Can you connect with me now? How the presence of mobile communication technology influences face-to-face conversation quality. Journal of Social and Personal Relationships, 30(3), 237–246.

Reinemann, C., Nienierza, A., Fawzi, N., Riesmeyer, C. & Neumann, K. (Hrsg.) (2019): Jugend – Medien – Extremismus. Wiesbaden: Springer VS.

Rohleder, B. (2017): Von der Ente zur Fake News [www.bitkom.org/Presse/Anhaenge-an-PIs/2017/02-Februar/Bitkom-Charts-PK-Fake-News-02-02-2017.pdf], Zugriff am 31.10.2019.

Rosa, H. (2005): Beschleunigung. Die Veränderung der Zeitstrukturen in der Moderne. Frankfurt a. M.: Suhrkamp.

Sarmiento, I. G., Olson, C., Yeo, G., Chen, Y. A., Toma, C. L., Brown, B. B., Mares, M. L. et al. (2018): How does social media use relate to adolescents' internalizing symptoms? Conclusions from a systematic narrative review. Adolescent Research Review, 1–24.

Storch, M. (2006): Hausaufgaben! Oder lieber nicht. In: U. Herrmann (Hrsg.): Neurodidaktik. Grundlagen und Vorschläge für ein gehirngerechtes Lehren und Lernen (S. 222–244). Weinheim: Beltz.

Theunert H. (Hrsg.) (2009): Jugend – Medien – Identität. Identitätsarbeit Jugendlicher mit und in Medien. München: kopäd.

Valkenburg, P. M. & Peter, J. (2011): Online Communication Among Adolescents: An Integrated Model of Ist Attraction, Opportunities, and Risks. Journal of Adolescent Health, 48, 121–127.

Vodafone Stiftung (2019): Alles auf dem Schirm? Wie sich junge Menschen in Deutschland zu politischen Themen informieren [https://www.vodafone-stiftung.de/wp-content/uploads/2019/11/Vodafone-Stiftung-Deutschland_Studie_Politisches_Informationsverhalten.pdf], Zugriff am 20.01.2020.

Vries, De A. de & Kühne, R. (2015): Facebook and self-perception. Individual susceptibility to negative social comparison on Facebook. Personality and individual differences, 86, 217–221.

Welzenbach-Vogel, I. & Knop, K. (2019): Machen wir uns die Welt, wie sie uns gefällt? Ein Forschungsüberblick zur Verbreitung, Rezeption und Aneignung von Fake News und daraus abgeleiteten Implikationen für medienpädagogische Maßnahmen. In: Merz. Medien + Erziehung WISSENSCHAFT. Meinungsbildung in sich wandelnden Öffentlichkeiten, 63(6), 65–75.

Vorderer, P., Klimmt, C., Rieger, D., Baumann, E., Hefner, D., Knop, K., Krömer, N., Mata, J. von Pape, T., Quandt, T., Reich, S., Reinecke, L., Trepte, S., Sonnentag, S. & H. Wessler (2015): Der mediatisierte Lebenswandel: Permanently Online, Permanently Connected (Essay). Publizistik – Vierteljahreshefte für Kommunikationsforschung, 60 (3), 259–276.

11.2 Jugendkulturen und ihre Beiträge zur Verselbstständigung von Jugendlichen und jungen Erwachsenen

Natalia Wächter

Kapitelüberblick

Der folgende Beitrag behandelt zum einen gesellschaftliche Bedeutungen von Jugendkulturen und beschreibt historische Bedeutungsverschiebungen. Die Betrachtung zeigt, dass Jugendkulturen nach einer Phase der Flexibilisierung und Pluralisierung aktuell verstärkt von Digitalisierung und Glokalisierung geprägt sind. Zum anderen befasst sich der Beitrag mit der individuellen Bedeutung von Jugendkulturen für die persönliche Identitätsentwicklung und

Sozialisation junger Menschen und zeigt, wie Jugendkulturen zu deren Verselbstständigung beitragen können. In der anschließend vorgenommenen Kategorisierung von Jugendkulturen wird unterschieden in Musikkulturen, Sport- und Körperkulturen, Medienkulturen, Protest- und Religionskulturen sowie Fankulturen. Für jede Kategorie wird ein kurzer Überblick geboten und es wird gezeigt, wie aktuelle Erscheinungen und Entwicklungen (z. B. Fridays for Future, Lip Synch Performer*innen) jugendkulturell einzuordnen sind.

11.2.1 Bedeutung und Bedeutungsverschiebungen von Jugendkulturen

Historischer Abriss

Nicht nur die Jugendkulturen wandelten sich im Laufe der Zeit, sondern auch der wissenschaftliche Blick auf Jugendkulturen. Der soziologische Begriff der Subkultur wurde in den 1940er Jahren in Amerika eingeführt und später auch von der europäischen Jugendkulturforschung aufgegriffen. Die international am meist beachteten Forschungsarbeiten entstanden am Centre for Contemporary Cultural Studies (CCCS) in Birmingham (z. B. Willis, 1981). Es wurde davon ausgegangen, dass die jugendlichen Subkulturen in die bestehenden Klassenstrukturen eingebettet sind, d. h. dass bestimmte Subkulturen entweder der dominanten Kultur (Ober- und Mittelschicht) oder der Kultur der Arbeiterklasse zuzuordnen sind (Waechter, 2012).

In der Jugendkulturforschung war vor allem in den 1970er und 1980er Jahren auch der Begriff der Gegenkultur von Bedeutung. Gegenkultur meinte dabei die Abgrenzung gegenüber der herrschenden Kultur der Erwachsenen und der dominanten Gesellschaftsentwürfe (siehe z. B. Schwendter, 1973). Von der britischen Jugendkulturforschung wurde darunter die »Gegenkultur« von Arbeiterjugendlichen verstanden (Willis, 1977), aber es wurden auch die 1968er Studentenbewegung oder die Subkultur der Punks als Gegenkultur aufgefasst. Die Beteiligung an einer Gegenkultur war eine ausschließliche Angelegenheit; es war nicht vorgesehen, sich gleichzeitig in mehreren Jugendkulturen zu bewegen oder diese rasch zu wechseln.

Sowohl der politische Fokus der Gegenkulturen als auch der angenommene starke Zusammenhang von sozialer Herkunft und Zugehörigkeit zu einer bestimmten Jugendkultur erfuhren schon bald Kritik, was zur Abkehr vom »Subkultur«-Begriff führte. Ab den 1990er Jahren wurde in der britischen und deutschsprachigen Jugendforschung vermehrt von selbst gewählten, von der sozialen Herkunft unabhängigen und entideologisierten Lebensstilen und Jugendszenen gesprochen (Muggleton, 2000; Ferchhoff, 2006). Dieser als »post-subcultural« bezeichnete Ansatz blieb aber nicht unbestritten (siehe z. B. Shildrick & MacDonald, 2006), erstens hinsichtlich seiner Annahme der Entpolitisierung von Jugendkultur und zweitens der Annahme der Unabhängigkeit von sozialen Zugehörigkeiten.

Aus heutiger Sicht ist zu ersterem Kritikpunkt der Entpolitisierung festzuhalten, dass einerseits eine Vielzahl von politischen und sozialen Bewegungen von Jugendlichen und jungen Erwachsenen getragen sind, wie z. B. derzeit die globalen Umweltbewegungen *Fridays for Future* oder *Extinction Rebellion*. Andererseits zeigen sich gesellschaftliche Gegenentwürfe auch im jugendkulturellen Alltagshandeln:

> »Jugendkulturell engagierte Jugendliche treten typischerweise als kreative Stilist*innen in Erscheinung und sind damit als konstruktive Akteure zu verstehen, die gesellschaftliche Normen subversiv auf lustvolle Art und Weise angreifen« (Waechter, 2011, S. 271).

Der zweite Kritikpunkt der Unabhängigkeit der sozialen Herkunft ist ebenfalls vielfach aufgegriffen worden: Spatscheck (2005) hält dazu fest, dass »die sozialstrukturelle Herkunft der Jugendlichen, bezogen auf Schicht, Milieu, ethnische Herkunft oder Geschlecht weiterhin eine zentrale Rolle für die Einschätzung von Jugendkulturen« spielt und schreibt veranschaulichend, dass es einen prinzipiellen Unterschied macht, »ob ein Hip Hop Fan beispielsweise als junger Mann aus dem türkischen Migrantenmilieu oder als junge Frau aus einer weißen Akademikerfamilie stammt« (S. 424).

Ausgehend von der Annahme des gesamtgesellschaftlichen Strukturwandels (Individualisierung und Pluralisierung bei gleichzeitiger Entstrukturierung und De-Standardisierung) herrscht in der Jugendforschungstheorie aber Übereinstimmung darüber, dass Jugendkulturen im Allgemeinen schnelllebig, flexibel und offen sind, und daher auch häufig mit »Jugendszenen« benannt werden. Offenheit bedeutet dabei, dass es möglich ist, in Jugendkulturen bei gleichzeitiger Anpassung an die Regeln der Gesamtgesellschaft zu partizipieren und dass die Abgrenzung zu anderen Szenen und zur Gesamtkultur der Erwachsenengesellschaft geringer und durchlässiger ist (Waechter, 2012). Jugendliche können sich gleichzeitig an mehreren Jugendszenen bedienen und bestimmen dabei selbst, wie sehr und wie lange sie sich auf welche Szene einlassen.

Jugendkulturen – pluralisiert, mediatisiert und glokalisiert

Während sich Jugendkultur in den 1960er und 1970 Jahren mit seinen Kernelementen ›lange Haaren, Jeans und Rock'n'Roll‹ relativ homogen darstellte, begann diese Einheitlichkeit auch in Deutschland und Österreich Ende der 1970 Jahre zu bröckeln. Beeinflusst von England, konnte auch im deutschsprachigen Raum eine Vielzahl von neuen subkulturellen Stilen entstehen, die im Straßenbild sichtbar wurden. Neben der Pluralisierung und Ausdifferenzierung erfuhr Jugendkultur, entsprechend der gesamtgesellschaftlichen Entwicklung, auch eine zunehmende Mediatisierung und Digitalisierung. Eigene Medien waren immer ein mehr oder weniger wichtiger Bestandteil von Jugendkulturen und Jugendszenen – schon die Jugendbewegung zu Beginn des 20. Jahrhunderts zeichnete sich durch eine eigene Schülerzeitung (*Der Anfang*) aus. Dazu kamen eigene Videos, die z. B. Musik- und Sportszenen verbanden (wie etwa Punk und Skateboarden), und schließlich szenespezifische Websites, die vorrangig der Information dienten. Mit der Computerisierung entstanden eigene Computerszenen (Hacker, Gamer etc.), und seit der Verbreitung von Social Media bildeten sich vielfach Jugendszenen, die vorrangig in der Medienwelt existieren.

In der Jugendkulturforschung tauchen auch vermehrt Begriffe wie Transnationalität und Glokalisierung auf (Hoffmann & Mansel, 2011; Waechter, 2021a).

Glokalisierung

Nach Robertson (1995) meint Glokalisierung das vermehrte Ausmaß an Vernetzung und Verbindungen von lokalen Gemeinschaften mit dem Rest der Welt und das Zusammenspiel von globalen und lokalen Entwicklungen.

Bezogen auf Jugendkulturen bedeutet das stärkere Verflechtungen und zunehmende globale Einflüsse auf lokale Szenen bezüglich des Stils, der Inhalte, des Vertriebs, der Netzwerke usw. Gleichzeitig werden lokale Szenen aber immer noch durch die lokalen Erfahrungen und Bedingungen geformt. Auch in der Vergangenheit wiesen Jugendkulturen schon einen internationalen Charakter mit lokalen Manifestationen auf, wie z. B. die internationale Wandervogel-Bewegung oder die erste Jugendarbeiterbewegung vor mehr als 100 Jahren. Mit der fortschreitenden Digitalisierung kann davon ausgegangen werden, dass sich der Trend des globalen Einflusses ausbreitet.

Bedeutung von Jugendkulturen für Identitätsentwicklung und Sozialisation

In *entwicklungspsychologischer* Sichtweise bieten Jugendkulturen einen möglichen Rahmen, in dem viele Aspekte von Verselbstständigung bearbeitet werden können. Sie können dazu dienen, neue Freundschaften mit Gleichaltrigen zu schließen, die nicht aufgrund der räumlichen Nähe (Nachbarschaft oder Schule), sondern auf Basis gleicher Interessen geschlossen werden. Die Teilnahme an Jugendkulturen lässt Zugehörigkeit zu einer Gleichaltrigen-Gruppe erfahren, die durch einen inneren Zusammenhalt und der Abgrenzungen zu anderen Gruppen (insbesondere der Abgrenzung gegenüber Erwachsenen, Jüngeren, anderen Jugendkulturen oder anderen Bevölkerungsgruppen) gestärkt wird. Jugendkulturen bieten den jungen Menschen neue Orientierungen und Werthaltungen und ermöglichen, die von Elternhaus und Schule übermittelten Vorstellungen und Normen zu hinterfragen und leiten damit die Ablöse vom Elternhaus ein. Im geschützten Rahmen der Jugendszene können neue Lebensstile ausprobiert werden, die zu neuen Zukunftsentwürfen führen können. Eine wesentliche Aufgabe können Jugendkulturen auch im Bereich der persönlichen Identitätsentwicklung einnehmen, die, wie im Folgenden noch genauer ausgeführt wird, in der heutigen Zeit an Bedeutung gewonnen hat. Jugendliche befinden sich heute im Spannungsfeld zwischen Authentizität und Normalität, d. h., sie sind gefordert, sich einerseits einzigartig und authentisch darzustellen und sich andererseits dabei stets im Rahmen von Normen zu bewegen. Jugendkulturen ermöglichen in diesem Zusammenhang neue Definitionen von Normalität, die gesellschaftlichen Konventionen entgegenstehen können und die Jugendliche dennoch Anerkennung von Gleichaltrigen erfahren lassen. Diese Form von Anerkennung wird auch »subkulturelles Kapital« (Brill, 2007) genannt. Dabei kann das subkulturelle Kapital umso größer sein, je mehr der jugendkulturelle Stil den gesellschaftlichen Normen widerspricht.

In *soziologischer* Sichtweise sind Jugendkulturen insbesondere im Zusammenhang mit dem gesellschaftlichen Wandel und fortscheitender Individualisierung und De-Standardisierung interessant. Lebensverläufe sind heute weniger in begrenzte Klassenstrukturen eingebettet, die die Optionen der Einzelnen von vornherein einschränken würden. Das heißt zum einen, dass es heute weniger Zugehörigkeiten ›von Haus aus‹, also familienbedingt, gibt. Zum anderen bedeutet es, dass die familiäre Herkunft weniger Orientierung für die eigene Lebensgestaltung geben kann und Jugendliche vermehrt gefordert sind, sich selbst zu erfinden und ihre Biografien von Grund auf neu zu schreiben. In Jugendkulturen bieten Gleichaltrige, die alle vor dieser gleichen Herausforderung stehen, nun Orientierungen für einen ›individuellen‹ Lebensstil und für eine ›individuelle‹ Lebensgestaltung an.

In der Jugendforschung wurde festgehalten, dass die Bedeutung von Familie und Schule im Rahmen der Sozialisationsprozesse an Bedeutung verliert (bei immer noch sehr großer Bedeutung der Familiensozialisation), während Medien und Peers als Sozialisationsinstanzen an Relevanz gewinnen (Ecarius, Eulenbach, Fuchs & Walgenbach, 2011; Eisenstadt, 1966; Mikos, Winter & Hoffmann, 2007). Sozialisationsprozesse sind immer von einer Wechselwirkung von Individuum und Gesellschaft gekennzeichnet, aber in der Medien- und Peersozialisation ist weniger der Einfluss der Erwachsenen (im Gegensatz zu Familien und Schule) als jener der Gleichaltrigen bedeutsam. In dieser Betrachtung erfährt der Begriff der Selbstsozialisation (Fromme, 2006; Süss, 2006; Tenbruck, 1962; Zinnecker, 2000) neue Relevanz. Selbstsozialisation beschreibt den Eigenanteil der Jugendlichen am Sozialisationsprozess und meint damit sowohl die Gleichaltrigengruppe als auch den Beitrag der einzelnen Jugendlichen.

Mediensoziologisch betrachtet, ist jugendliche Sozialisation in Eigenregie seit der Erfindung und Etablierung des Web 2.0 besonders relevant, indem Jugendliche Medieninhalte selbst produzieren und verbreiten. Im Gegensatz zur ersten Version des Internets, die vorwiegend auf einer »One-to-Many«-Kommunikation basierte, erlauben soziale Medien nun der jungen Generation, *eigene* Inhalte ohne finanzielle Kosten, wesentlichen Zeitaufwand und technologische Kenntnisse sowie ohne Hilfe von Erwachsenen online zu stellen und sich mit anderen zu vernetzen und auszutauschen. Die damit von Jugendlichen geprägten und selbst entwickelten Lebenswelten können in vielfacher Weise zu ihrer Verselbstständigung beitragen (▶ Kap. 11.1).

11.2.2 Kategorisierung von Jugendkulturen

Jugendszenen sind als Gesinnungsgemeinschaften zu sehen, deren Protagonist*-innen jeweils durch ein gemeinsames Interesse zusammenfinden und zusammengehalten werden. Das kann verschiedene gesellschaftliche Bereiche betreffen, insbesondere Musik und Sport, aber auch Politik (▶ Kap. 10.2) und Religion. Im Folgenden werde ich die von mir ursprünglich 2006 entwickelte Kategorisierung von Jugendkulturen (Waechter, 2006; Waechter, 2012) in überarbeiteter Form darstellen. Jugendkulturen werden dabei unterschieden in Musikkulturen, Sport- und Körperkulturen, Medienkulturen, Protest- und Religionskulturen sowie Fankulturen.

Jugendkultur als Musikkultur

Während im Rahmen moderner Jugendkulturen lange Zeit jeweils ein Musikstil für eine ganze Generation prägend gewesen sein dürfte (Swing-Jugend in den 1920er Jahren und 1930er Jahren, Rock'n'Roll in den 1950er Jahren), kam es seit Mitte der Siebziger Jahre zur Ausdifferenzierung in eine Vielzahl jugendlicher musikorientierter Subkulturen: Punks, New Wave, Skinheads, Rocker, Mods, Popper, Grufties, Rockabilly, Heavy Metal, Prog Rock, Glam Rock, Disco, Reggae, Ska und schließlich auch Hip-Hop. In den 1990er Jahren wurde nicht nur Hip-Hop groß, sondern es konnte auch eine Reihe weiterer Club-Musikszenen entstehen, allen voran House, Techno, Drum'n'Bass und Jungle. Seit damals gibt es eine fortlaufende Entwicklung in zahlreiche Subgenres in den elektronischen Musikszenen, und heute besteht eine außergewöhnliche Vielfalt an elektronischer Musik, aber auch die anderen Musikjugendkulturen sind nicht ausgestorben und sogar Swing erfuhr ein Comeback in neuer Bearbeitung (Elektro-Swing).

Daneben gibt es nicht nur eine größere Differenzierung in Subgenres, sondern auch entlang sozialer Kategorien und politischer Orientierungen. In Großstädten wird z. B. sichtbar, dass lokale Szenen um ethnische Zugehörigkeiten gebildet werden. Die Gender-Perspektive zeigt ebenfalls deutlich, dass Jugendkulturen Teilkulturen der jeweiligen Gesellschaft sind: In den meisten musikkulturellen Jugendszenen sind die zentralen Protagonisten (junge) Männer, und Frauen bilden nach wie vor die Ausnahme (Waechter, 2012). Trotz vieler Initiativen von Frauenförderung zeigt die langjährige Betrachtung, dass ausgeprägte Männernetzwerke einer dauerhaften Etablierung von Frauen als Musikerinnen, Veranstalterinnen, Technikerinnen, Managerinnen etc. entgegenzustehen scheinen. Ein plakatives Beispiel für die weibliche Unterrepräsentation war die Vorankündigung des Line-up des *Hurricane*, einem großen deutschen Musikfestival mit zig-tausenden Besucher*innen, die von den Medien aufgegriffen und kritisiert wurde: »Anzahl der Bands: 25. Anzahl der Frauen: 0« (Frankfurter Allgemeine vom 14.01.2019).

Jugendkultur als Sport- und Körperkultur

Gerade im Bereich der Sportorientierten Jugendkulturen stellt sich die Frage, was denn eine Sportausübung zu einer jugendkulturellen Beschäftigung macht. Im Mittelpunkt steht zwar die Ausübung einer bestimmten Sportart, diese ist aber in eine spezifische jugendliche Sportkultur eingebettet. Zu dieser Kultur gehören oft ein eigenes Styling, eigene Medien und Sprachcodes, eigene Veranstaltungen und die Überlappung mit anderen jugendkulturellen Elementen und Settings. »Jugendkulturellen« Sportszenen wie Skateboarden, Snowboarden oder Parcours wurden von jungen Menschen auch in Abgrenzung zu traditionellen Sportarten entwickelt (vgl. Waechter, 2012). Wichtiger als die gute Leistung bei Bewerber*innen ist die mediale Selbstdarstellung und die Verkörperung eines Lebensstils, der Leichtigkeit, Freiheit und Unabhängigkeit verspricht. Die Szenemitglieder erfahren Gruppenzugehörigkeit mit Gleichgesinnten, und die Mitgliedschaft erlaubt Identifikation.

Die derzeit größte Sportorientierte Szene ist allerdings die Fitness-Szene, aber auch hier gilt, dass man sich (und seinen trainierten und geformten Körper) auf sozialen Medien präsentieren muss. Ein neuer Körperkult zeigt sich auch in der jüngst stark gewachsenen Tattoo-Szene sowie in den verschiedenen Szenen bestimmter Ernährungsgewohnheiten, denen neben politischen (z. B. Tierleid vermindern) vor allem auch gesundheitliche Einstellungen zugrunde liegen. Die Grenze zwischen dem Streben, möglichst gesund zu essen, und dem Ergebnis, dabei die eigene Gesundheit in Form einer Essstörung zu gefährden, ist brüchig. Während sich Mädchen und junge Frauen durchschnittlich als dicker wahrnehmen, als sie sind, hat die Fitness-Szene das umgekehrte Phänomen hervorgebracht: Viele junge Männer empfinden sich trotz immensem Muskelaufbaus immer noch als zu schmächtig, vernachlässigen andere Lebensbereiche zugunsten ihres Trainings und machen ihr Selbstwertgefühl gänzlich von ihrem Körper abhängig.

Jugendkultur als Medienkultur

Neue digitale Jugendkulturen, wie sie die verschiedenen Social-Media-Apps hervorgebracht haben (Instagram, TikTok etc.), dienen vielfach der Identitätsarbeit, indem sie flexible Selbstpräsentationen ermöglichen und fördern. Mit der Möglichkeit, sich nicht nur mit der Darstellung der eigenen Person, sondern auch der engsten Freund*innen und des gesamten Beziehungsnetzwerkes zu präsentieren und bei diesen Selbstdarstellungen auch unmittelbares Peer-Feedback (▸ Kap. 7.1) zu bekommen, stellen sie wichtige Instrumente für die jugendliche Persönlichkeitsentwicklung dar. Neben der Möglichkeit, mit Selbstpräsentationen und Identitäten zu experimentieren, dienen soziale Medien auch dem Erleben von vertrauensvollen Peer-Beziehungen und Peer-Gruppenzughörigkeit (Subrahmanyam, Reich, Waechter & Espinoza, 2008; Waechter, Triebswetter & Jäger, 2011).

Jugendkulturen aller Kategorien verwenden heute (Soziale) Medien zur Vernetzung und Gemeinschaftsbildung, zur Information und Selbstdarstellung sowie zum Vertrieb und zur Konsumation von jugendkulturellen Produktionen. Es gibt aber auch medienzentrierte Szenen, deren Schwerpunkt gänzlich in der virtuellen Welt liegt, wenn auch das menschliche Handeln, Denken und Fühlen nach wie vor real ist. Dazu gehören Online-Communities auf Instagram oder TikTok, Hacker-Communities und Rollenspielgemeinschaften. Obwohl frühe Online-Forschung zur Hoffnung verleitete, dass geschlechtsbasierte Ungleichheiten im Raum des Internets reduziert werden und die Kategorie »Geschlecht« irrelevant werden könnte (Waechter, 2005), weisen heutige Online-Szenen starke geschlechtsspezifische Zugehörigkeiten auf (Waechter, 2021b; Waechter, 2021c). Im Folgenden werden eine typische Mädchenkultur (Video-Produzentinnen auf TikTok) und eine typische Jungenkultur (Online Gamer) vorgestellt.

Die repräsentative deutsche JIM-Studie (2018) stellte für die 12- bis 19-Jährigen fest, dass die Plattform TikTok vor allem von 12- bis 13-jährigen Mädchen benutzt wird. TikTok ist in dieser Altersgruppe (und wahrscheinlich auch bei noch Jüngeren, die hier nicht befragt wurden) so beliebt, weil es ermöglicht, mit einfachen Mitteln eigene Musikvideos zu produzieren und zu veröffentlichen bzw. zu ›teilen‹. Auf der Video-Plattform ist die Kategorie der Lip-Synch-Videos die beliebteste: Die Mädchen wählen ein beliebtes Musikstück und filmen ihre Performance, die aus Tanzen und Lippensynchronisierung der Vocals besteht, im Elternhaus oder in ihrer Umgebung. Die Musikvideos werden mit Effekten bearbeitet und auf der Plattform veröffentlicht, um möglichst viel (positives) Feedback in Form von Likes und neuen Follower*innen zu bekommen. Typisches Element der Performance ist die Verwendung von Handzeichen, um die einzelnen Worte der Musiktexte zu unterstreichen (Rettberg, 2017). Die deutschen Teenager und Zwillingsschwestern Lisa und Lena wurden mit ihren Videos selbst zu Stars mit mehr als 30 Millionen Follower*innen.

Während sich Mädchen eher mit allein zu spielenden Handyspielen die Zeit vertreiben, sind Jungen häufiger in spezifischen Videospiel-Szenen, in denen online in Gruppen gemeinsam gegen andere gespielt wird (*MMORPGs* – Massive Multiple Online Role Playing Games), zu finden. Auch hier ist die Altersgruppe der 12- bis 13-Jährigen am größten (JIM, 2018). Gespielt wird mit Freunden aus der Schule, aber auch mit Fremden über das Internet, die über die intensive Kommunikation über *Teamspeak* oder *Skype* vor, während und nach dem Spiel auch zu Freunden werden können. Im Zusammenhang mit der Bedeutung von Jugendszenen für die Sozialisation und Persönlichkeitsentwicklung konnte in einer Studie mit Jungen gezeigt werden, wie das Spielen von MMORPGs als Ressource zum Knüpfen und Gestalten von Peer-Beziehungen und zum Erlernen von Zeitmanagement dient (Waechter & Hollauf, 2018). Es stellt die Jungen aber auch vor die Herausforderung, sich als guter Spieler zu bewähren, um nicht im Rahmen des Spiels öffentlich beschimpft oder gar gemobbt zu werden (ebd.).

Jugendkultur als Protest- und Religionskultur

Ideologisch orientierte Jugendkulturen können in politisch motivierte Protestkulturen und in religiöse Glaubenskulturen unterschieden werden. Obwohl der jungen Bevölkerung oft Politikverdrossenheit und Jugendkulturen schon vielfach eine Entideologisierung nachgesagt wurde, finden sich in sozialen Bewegungen doch mehrheitlich junge Menschen (▶ Kap. 10.1; ▶ Kap. 10.2). Beginnend mit der Anti-Globalisierungsbewegung mit Protesten anlässlich der World Trade Organization Konferenz in Seattle 1999 gab es eine lange Reihe von Protestbewegungen, die mit Hilfe von Social Media transnational agierten und auch als Empörungsbewegungen (z. B. *Gelbwesten* in Frankreich oder *Indignados* in Spanien) und Facebook-Proteste (»*Arabischer Frühling*«) bezeichnet wurden (Waechter, 2019). Aktuell sehen wir die wahrscheinlich größten globalen Schüler*innen-Proteste der Geschichte (*Fridays for Future*), die zum Ziel haben, die Politik auf nationaler und internationaler Ebene zu einer Neuorientierung bezüglich Umwelt und Nachhaltigkeit zu bewegen. Das Engagement in sozialen Bewegungen kommt jungen Menschen entgegen, weil sie sich gemeinsam mit Gleichaltrigen und Gleichgesinnten für oder gegen eine Sache einsetzen können, ohne sich längerfristig binden oder verpflichten zu müssen, wie es die Mitarbeit bei einer politischen Partei bedeuten würde. Zu den Protestkulturen können aber auch jene Jugendorganisationen der politischen Parteien gezählt werden, die sich kritisch gegenüber der »Mutterpartei« verhalten (z. B. *Jusos* der SPD).

Protestbewegungen finden sich über das gesamte politische Spektrum verteilt und auch rechte Gruppierungen verwenden nun traditionell »links-alternative« Protest- und Aktionsformen. Im Bereich rechtsradikaler Jugendkulturen befinden sich rechtsextreme Kameradschaften, Skinheads (mit Ausnahme von *Redskins* und *Sharp Skins*) und Neo-Nazis. Die politische Orientierung steht heute weniger in Zusammenhang mit der bevorzugten Musik, und in vielen jugendkulturellen Musikstilen gibt es mittlerweile Bands, die rechtsextreme Ideologien und Symboliken verwenden (vgl. Ecarius et al., 2011).

Religionskulturen sind ebenfalls vielschichtig und können in zwei Ausrichtungen unterteilt werden. Einerseits bilden Jugendliche oft lokale Gemeinschaften im Rahmen der großen Religionen, die dann mehr oder weniger religiös ausgerichtet sein können. Andererseits gibt es auch im Bereich der Religion jugendkulturelle Spielarten wie z. B. die Jesus-Freaks, die sich in Deutschland jährlich auf dem »Freakstock Jesus Festival« treffen.

Jugendkultur als Fankultur

Zahlenmäßig findet sich wahrscheinlich die größte Gruppe an Jugendlichen in der Fankultur wieder. Auch hier gibt es zahlreiche und unterschiedlichste Ausprägungen, denen aber gemeinsam ist, dass jugendlichen Fans jeweils ein Star (oder ein Duo, eine Band, eine Netflix-Serie etc.) aus der Musik-, Sport- oder Medienwelt begeistert. Jungen interessieren sich häufiger für Superstars (einzelne Spieler*innen und Vereine) aus dem Sport, Mädchen eher für Stars aus der Musik- und Medienwelt. Während mit Fan-Sein im Vergleich zu den anderen beschriebenen Kategorien eher passives Verhalten assoziiert wird, haben sich verschiedenste Fan-Szenen mit je einer Reihe an Aktivitäten herausgebildet. Im Folgenden werden drei hinsichtlich ihrer zentralen Aktivitäten gänzlich unterschiedliche Fan-Szenen kurz dargestellt: erstens Fankultur als Mädchenkultur (am Beispiel von Pop-Fans), zweitens als Fankultur junger Männer (am Beispiel von Ultras) und drittens als Comic-Kultur von Mädchen und Jungen (am Beispiel von Cosplay).

In der Mädchenkultur der Pop-Fans geht es nicht nur darum, die jeweiligen Stars anzuhimmeln und diese als Vorbilder für die eigene Identitätsentwicklung einzusetzen (Wegener, 2008), sondern vielmehr um kollektive Tätigkeiten mit gleichgesinnten Freundinnen (Fritzsche, 2007). Die Praktiken umfassen das Sammeln und Tauschen von Fansachen, das Tragen von Merchandise (T-Shirts, Kappen etc.), Vernetzung mit Stars und Fans auf Social Media, gemeinsame Konzertbesuche und gemeinsames Schlange stehen, gemeinsames Singen und Kreischen sowie das Ansammeln und Austauschen von Expert*innenwissen. Typischerweise handelt es sich dabei um jüngere Mädchen, die sich in der Übergangsphase von der Kindheit in den Jugendstatus befinden. In ihren Fangruppen erleben die Mädchen dabei einen Gruppenzusammenhalt und erfahren intime, vertrauensvolle Freundschaften, was wesentliche Entwicklungsaufgaben in dieser Altersstufe darstellen. Sie nutzen den gemeinsamen Erfahrungsraum auch zur Identitätsbildung, indem sie sich von anderen Gleichaltrigen (vor allem der Gruppe der Jungen) sowie von Jüngeren (Kindern) und Älteren (Jugendlichen und Erwachsenen) abgrenzen.

In der Fankultur der Ultras schließen sich vorwiegend junge Männer zu Gruppierungen zusammen, um ihren favorisierten Fußballclub zu unterstützen. Größere Fußballclubs haben sogar mehrere solcher Ultra-Gruppierungen, die außerhalb und unabhängig von der offiziellen Vereinsstruktur bestehen. Neben der unbedingten Präsenz bei Heim- und Auswärtsspielen sehen die Mitglieder als ihre Aufgabe, bei den Spielen Stimmung für ihre Mannschaft durch verschiedene Choreografien zu machen. Dazu gehört die Vorbereitung riesiger Banner, die auch bei Fernsehübertragungen sichtbar sein sollen, oder die Verteilung von bunten Karten auf den Plätzen der Zuschauer*innen, die dann – gleichzeitig von allen hochgehalten – ein überdimensionales Bild ergeben. Die verschiedenen Ultra-Gruppierungen stehen sich, auch abhängig von ihrer politischen Orientierung, teils freundschaftlich und teils feindlich gegenüber, wobei es auch zu gewalttätigen Auseinandersetzungen kommen kann. Ultras sind aber von Hooligans als explizit gewalttätige Fußballfans zu unterscheiden. Weitere identitätsstiftende Tätigkeiten sind die eigene Produktion und Distribution von Merchandise sowie die kritische Auseinandersetzung mit der Vereinspolitik (z. B. Spielereinkäufe und -verkäufe) und den gesetzlichen Bestimmungen von Pyrotechnik.

Mädchen und Jungen in der in Japan entstandenen Cosplay-Szene kleiden und stylen sich wie Film- oder Comic-Charaktere aus Mangas, Animés, amerikanischen Comics oder anderen Filmen und Serien und zeigen sich auch in dieser Kostümierung, die dem Original möglichst nahekommen soll. Cosplay steht für Costume Play und konnte sich mittlerweile auch in Europa etablieren (vgl. Mountfort, Geczy & Peirson-Smith, 2019). In einem größeren Rahmen treten Cosplayer gerne auf Comic- oder Game Conventions auf, wobei sie entweder einzelne Charaktere darstellen oder sich in Gruppen aus Figuren aus dem gleichen Film- oder Comic-Kontext gemeinsam präsentieren, es gibt aber auch längst eigene nationale und internationale Wettbewerbe, bei denen nicht nur das Styling, sondern auch die Performance der Präsentation bewertet wird. Zum einen bringt die Kostümierung die Cosplayer*innen ihrem Vorbild näher und stärkt die Identifikation, zum anderen scheinen aber auch hier die Praktiken und Erfahrungen der gemeinsamen Gleichaltrigen-Kultur wichtig zu sein.

11.2.3 Fazit

Die präsentierten Kategorien samt ihren spezifischen Ausprägungen an Jugendszenen veranschaulichen, dass sich Jugendliche und junge Erwachsene in Jugendkulturen eigene Lebenswelten schaffen, die zu ihrer Verselbstständigung im Prozess des Erwachsenwerdens beitragen. Jugendliche nutzen Jugendkulturen dabei für ihre eigene Agenda, auf individueller Ebene z. B., um Identitätsaspekte zu verhandeln und zu entwickeln, sowie auf gesellschaftlicher Ebene z. B., um politische Anliegen im Peer-Kontext auszudrücken.

Literatur

Brill, D. (2007): Gender, status and subcultural capital in the goth scene. In: P. Hodkinson & W. Deicke (Hrsg.): Youth Cultures. Scenes, Youth Cultures and Tribes (S. 111–125). New York: Routledge.
Ecarius, J., Eulenbach, M., Fuchs, T. & Walgenbach, K. (2011): Jugend und Sozialisation. Wiesbaden: VS Springer.
Eisenstadt, S. (1966): Von Generation zu Generation. Altersgruppen und Sozialstruktur. München: Juventa.
Ferchhoff, W. (2006): Jugendkulturen im 21. Jahrhundert. Deutsche Jugend. Zeitschrift für Jugendarbeit, 45(3), 124–133.
Fritzsche, B. (2007): Sozialisation und Geschlecht in der Medienkultur. In: D. Hoffmann & L. Mikos (Hrsg.): Mediensozialisationstheorien. Neue Modelle und Ansätze in der Diskussion. Wiesbaden: Springer VS.
Fromme, A. (2006): Socialisation in the Age of New Media. MedienPädagogik: Zeitschrift für Theorie und Praxis der Medienbildung, 11, 1–29.
Hoffmann, D. & Mansel, J. (2011): Editorial. Diskurs Kindheits- und Jugendforschung, 6 (4), 365–368.
JIM (2018): JIM 2018. Jugend, Information, (Multi-) Media. Basisuntersuchung zum Medienumgang 12- bis 19-Jähriger in Deutschland. Stuttgart: Medienpädagogischer Forschungsverbund Südwest.
Mikos, L., Winter, R. & Hoffmann, D. (2007): Einleitung. Medien – Identität – Identifikationen. In: dies. (Hrsg.): Mediennutzung, Identität und Identifikationen (S. 7–20). Weinheim: Juventa.
Mountfort, P., Geczy, A. & Peirson-Smith, A. (2019): Planet Cosplay – Costume Play, Identity and GlobalFandom. Bristol: Intellect.
Muggleton, D. (2000): Inside Subculture. The Postmodern Meaning of Style. Oxford: Berg.
Rettberg, J.W. (2017): Hand Signs for Lip-syncing: The Emergence of a Gestural Language on Musical.ly as a Video-Based Equivalent to Emoji. Social Media + Society, Oct–Dec, 1–11.
Robertson, R. (1995): Glocalization: time-space and homogeneity. In: M. Featherstone, S. Lash & R. Robertson (Hrsg.): Global Modernities (S. 25–54). London: Sage.
Schwendter, R. (1973): Theorie der Subkultur. Köln: Kiepenheuer & Witsch.
Shildrick, T. & MacDonald, R. (2006): In Defence of Subculture: Young People, Leisure and Social Divisions. Journal of Youth Studies, 9(2), 125–140.

Spatscheck, C. (2005): Jugendkulturen zwischen Herrschaft und Emanzipation. Deutsche Jugend. Zeitschrift für die Jugendarbeit, 53(10), 419–426.

Subrahmanyam, K., Reich, S. M., Waechter, N. & Espinoza, G. (2008): Online and Offline Social Networks: Use of Social Networking Sites by Emerging Adults. Journal of Applied Developmental Psychology, 29(6), 420–433.

Süss, D. (2006): Mediensozialisation zwischen gesellschaftlicher Entwicklung und Identitätskonstruktion. In: K.-S. Rehberg (Hrsg.): Soziale Ungleichheit, kulturelle Unterschiede: Verhandlungen des 32. Kongresses der Deutschen Gesellschaft für Soziologie in München (S. 3370–3380). Frankfurt a. M.: Campus.

Tenbruck, F. H. (1962): Jugend und Gesellschaft. Soziologische Perspektiven. Freiburg: Rombach.

Waechter, N. (2005): Doing Gender & Doing Ethnicity bei Jugendlichen in Chatrooms. Kann das neue Medium zur Verringerung von sozialer Ungleichheit beitragen? Zeitschrift für Frauenforschung und Geschlechterstudien, 23(3), 157–172.

Waechter, N. (2006): Wunderbare Jahre? Jugendkultur in Wien. Geschichte und Gegenwart. Weitra: Bibliothek der Provinz.

Waechter, N. (2011): Partizipation und Jugendkultur. Zum Widerstandscharakter von Jugendlichen am Beispiel von SkateboarderInnen und HausbesetzerInnen. In: A. Pohl, A. Walther & B. Stauber (Hrsg.): Jugend als Akteurin Sozialen Wandels (S. 263–286). Weinheim/München: Juventa.

Waechter, N. (2012): Jugend und Jugendkulturen. In: G. Knapp & K. Lauermann (Hrsg.): Jugend, Gesellschaft und Soziale Arbeit – Lebenslagen und soziale Ungleichheit von Jugendlichen in Österreich (S. 308–326). Klagenfurt: Hermagoras.

Waechter, N. (2019): The participative role of social media for the disadvantaged young generation in the Arab Spring. Österreichische Zeitschrift für Soziologie, 44(1), 217–236.

Waechter, N. (2021a): Glocalized digital youth cultures. In: G. Knapp & H. Krall (Hrsg.): Youth cultures in a globalized world. Developments, analyses and perspectives (S. 227–243). Berlin: Springer.

Waechter, N. (2021b): Gendered Social Media Cultures between Individuality and Collectivity in Adolescence. In: V. Cuzzocrea, B. Gook & B. Schiermer (Hrsg.): Forms of collectivity among contemporary youth: a global perspective (S. 185–206). Leiden: Brill.

Waechter, N. (2021c): Soziale Ungleichheit in der jugendlichen Mediennutzung und Medienbildung – Implikationen für die Jugendarbeit. In: B. Bütow, M. Holztrattner & E. Raithelhuber (Hrsg.): Organisation und Institution in der Sozialen Arbeit Herausforderungen, Prozesse und Ambivalenzen (S. 149–168). Leverkusen: Budrich.

Waechter, N. & Hollauf, I. (2018): Soziale Herausforderungen und Entwicklungsaufgaben im Medienalltag jugendlicher Videospieler/innen. Deutsche Jugend. Zeitschrift für die Jugendarbeit, 5, 218–226.

Waechter, N., Triebswetter, K. & Jaeger, B. (2011): Friend or Foe? Jugendliche in Communitys zwischen Selbstdarstellung und Cybermobbing. Merz – Zeitschrift für Medienpädagogik, 55(3), 56–62.

Wegener, C. (2008): Medien, Aneignung und Identität: »Stars« im Alltag jugendlicher Fans. Wiesbaden: Springer VS.

Willis, P. (1981): Profane Culture. Rocker, Hippies: subversive Stile der Jugendkultur. Frankfurt a. M.: Syndikat.

Willis, P. (1977): Learning to Labor. How Working Class Kids Get Working Class Jobs. Columbia University Press.

Zinnecker, J. (2000): Selbstsozialisation. Essay über ein aktuelles Konzept. Zeitschrift für Soziologie der Erziehung und Sozialisation, 20(3), 272–290.

11.3 Die Rolle von Freizeit im Prozess des Erwachsenwerdens

Marius Harring

11.3.1 Einleitung

Freizeit hat speziell für Jugendliche eine hohe Relevanz, stellt in unterschiedlicher Art und Weise differenzierte Möglichkeiten der Bewältigung der Jugendphase dar und unterstützt den Prozess des Erwachsenenwerdens. Im Zentrum stehen dabei Verselbstständigungsprozesse: So werden bspw. jenseits familiärer Reichweite in verschiedenen freizeitkontextuellen Settings Normen und Werte gemeinsam mit Peers ko-konstruktiv verhandelt, verinnerlicht und je nach Kontext an subkulturelle und gesamtgesellschaftliche Bedingungen angepasst und weiterentwickelt. Ohnehin ist die Akzentuierung von Freizeit in erziehungswissenschaftlichen Gegenwartsdiskursen im Vergleich zu vergangenen Jahrhunderten eine andere: Freizeit ist im heutigen Verständnis weit mehr als die Negation der Determinationszeit[1]. Ihre Funktion als arbeitsfreie Regenerationszeit stellt ausschließlich ein Nebenprodukt dar, ohne primären Bedeutungsgehalt. Freizeit wird vielmehr als eine zweckfreie Tätigkeit, als eine private und individuell zugeschriebene Muße-Zeit erfasst (vgl. Opaschowski & Pries, 2020), allerdings keineswegs länger in ihrer ursprünglichen, in der Epoche des griechisch-römischen Altertums geprägten, Form: So wird bspw. »Schule […] nun nicht mehr, wie im antiken Verständnis, als Muße verstanden, sondern semantisch der Arbeit zugeschlagen. Freizeit ist damit auch die Zeit, die außerhalb von Schule verbracht wird« (Idel, Reh & Fritzsche, 2009, S. 185). Damit wird Freizeit von formalisierter Bildung weitestgehend abgekoppelt, was allerdings nicht bedeutet, dass sie eine bildungsfreie Zeit darstellt. Ebenso wie gegenwärtig im Zusammenhang mit Freizeit und Arbeit diskutiert wird, dass beide Bereiche immer mehr aufeinander zugehen, vielleicht sogar mit einander verschmelzen (vgl. Harring & Peitz, 2020), sind auch die Grenzen und Übergänge zwischen Freizeit und (informeller) Bildung als fließend zu bezeichnen.

Kapitelüberblick

Hier setzt der vorliegende Beitrag an und untersucht in einem ersten Schritt auf der Grundlage empirischer Datenlage, welchen Freizeitaktivitäten heutige

1 Opaschowski (1996) versteht unter der Determinationszeit die Arbeits- bzw. Erwerbzeit, die er von der Obligationszeit – also subjektiv verpflichtende Tätigkeiten wie z. B. formale Bildung, Hygiene, Schlaf, Verpflichtungen – und der Dispositionszeit – also die Verfügung über wahlfreie, selbstbestimmte und auf Partizipation ausgelegte Zeitabschnitte – als Freizeit im eigentlichen Sinne unterscheidet.

Jugendliche nachgehen, bevor in einem zweiten Schritt diskutiert wird, welche Chancen, aber auch Risiken von Freizeit für die Bewältigung der Altersphase Jugend ausgehen.

11.3.2 Freizeitwelten Jugendlicher

Betrachtet man die freizeitkontextuellen Orientierungen und Aktivitäten einzelner Jugendgenerationen der vergangenen fünf Jahrzehnte, so haben sich diese bis heute immer mehr ausgeweitet und stellen sich zunehmend differenziert dar. Begünstigt werden derartige Veränderungen zum einen durch die Erschließung immer neuer Freizeiträume, die besonders in der Mediatisierung nicht nur von Freizeitwelten, sondern aller gesellschaftlicher Handlungsspielräume sichtbar wird. Das heißt allerdings nicht, dass die von Heranwachsenden aktuell als besonders ›in‹ bezeichneten Freizeitaktivitäten zwangsläufig ältere oder klassische Freizeitbereiche gänzlich ablösen (für eine Übersicht zu aktuell beliebtesten Freizeitaktivitäten Jugendlicher ▶ Tab. 11.3.1). Vielmehr werden diese parallel nebeneinander ausgelebt, ergänzen sich und führen zum Teil zu einer Reaktivierung bereits vergessener freizeitkultureller Szenen, die jedoch selten in ihrer ursprünglich-klassischen Form bestehen, sondern dynamisch an die heutigen Möglichkeiten angepasst werden (vgl. hierzu auch Opaschowski & Pries, 2020; Hurrelmann & Quenzel, 2016; Thole & Höblich, 2014; Hitzler & Niederbacher, 2010).

Tab. 11.3.1: Freizeitaktivitäten Jugendlicher zwischen 2002 und 2019: Angaben der fünf häufigsten Freizeitaktivitäten Jugendlicher im Alter von 12–25 Jahren. N = 2.572 (in %)

	2002	2006	2010	2015	2019
Medien					
Musik hören	66	63	56	55	57
Im Internet surfen	26	38	59	52	50
Videos, Filme, Serien anschauen	18	26	20	15	45
Soziale Medien nutzen (Facebook, Twitter etc.)				36	34
Fernsehen	59	58	53	49	33
An der Spielkonsole oder am Computer spielen	21	20	21	23	23
Soziale Kontakte & Sport					
Sich mit Leuten treffen	62	57	59	57	55
Training/aktiv Sport treiben (Fitnessclub, Sportverein etc.)	26	28	29	31	27
Sport in der Freizeit (Radfahren, Skaten, Kicken etc.)	31	26	28	29	24

Tab. 11.3.1: Freizeitaktivitäten Jugendlicher zwischen 2002 und 2019: Angaben der fünf häufigsten Freizeitaktivitäten Jugendlicher im Alter von 12–25 Jahren. N = 2.572 (in %) – Fortsetzung

	2002	2006	2010	2015	2019
Etwas mit der Familie unternehmen	16	19	21	24	23
In Clubs oder zu Partys gehen	34	31	30	20	13
In eine Bar oder Kneipe gehen	10	11	7	7	9
Engagement in Projekt/Initiative/Verein	5	6	7	7	6
Jugendfreizeittreff, Jugendzentrum besuchen		6	6	4	4
Chillen, Lesen, Kreatives und Shoppen					
Nichts tun, chillen	19	15	14	16	26
Bücher lesen	25	28	27	23	21
Etwas Kreatives, Künstlerisches machen	9	12	13	10	13
Shoppen, sich tolle Sachen kaufen	16	18	16	14	10
Zeitschriften oder Magazine lesen	13	12	8	6	3

Quelle: 18. Shell-Jugendstudie (2019)

Außerdem führt auch eine Reihe gesellschaftlicher Prozesse zu einer Neujustierung jugendlicher Freizeitwelten. So hat bspw. die seit Mitte der 1970er Jahre einsetzende Bildungsexpansion für eine wachsende Anzahl von Menschen nicht nur eine Etablierung eines Bildungs-, sondern auch eines Freizeitmoratoriums (vgl. Zinnecker, 1991; Reinders, 2006; Reinders, 2016) in der Lebensphase Jugend zur Folge und geht gleichzeitig auch – im Vergleich zu anderen Altersgruppen – mit hohen zeitlichen Dispositionsmöglichkeiten einher (vgl. Prahl, 2010). Neuere gesellschaftliche Entwicklungen wie etwa die Verkürzung der Schulzeit haben diesen Trend, wie aktuelle Studien (vgl. Blumentritt, Kühn & van Ackeren, 2014; Blumentritt, 2016) zeigen, keineswegs signifikant beeinflusst. Zu berücksichtigen ist aber sicherlich auch, dass dies zunächst nichts über die Qualität der Freizeit aussagt und gleichzeitig deutliche soziodemografische Unterschiede in der subjektiven Wahrnehmung, etwa in Bezug auf Verdichtung und das Ringen um freie Zeit, beobachtbar sind (vgl. hierzu Berngruber & Gaupp, 2019). Dies gilt ebenso für die jeweiligen Aktivitäten (vgl. auch Geier, 2015). Ausgehend von Modernisierungs-, Pluralisierungs- und Individualisierungsprozessen heißt das, dass Freizeit – analog zur Jugendphase insgesamt – sich individuell und subjektspezifisch gestaltet, somit als heterogen zu bezeichnen ist. Jugendliche bewegen sich je nach eigenen Präferenzen, aber auch soziodemografischen Faktoren und in Abhängigkeit von den ihnen zur Verfügung stehenden Ressourcen in differenzierten Freizeitwelten.

Heterogene Freizeittypen

Entsprechend weisen empirische Befunde (Calmbach et al., 2020; Shell Deutschland Holding, 2019; Walper et al., 2015; Harring, 2011) mithilfe unterschiedlicher theoretischer wie methodischer Zugänge auf differenzierte Jugendtypen hin, die heterogene Freizeitwelten frequentieren und diese auf unterschiedliche Art und Weise kreieren. Dies fängt beim flexiblen, sich in mehreren Freizeitkontexten gleichzeitig bewegenden Freizeittyp an, der Vereine und Verbände meidet und primär *in* und *mit* der Peergroup die Freizeit gestaltet. Es setzt sich fort über das Cluster, in dem die Jugendlichen nahezu ausschließlich in mediengeprägten Freizeitwelten aufgehen und soziale Beziehungen zu Gleichaltrigen nur vereinzelt – wenn überhaupt, dann zum eigenen Geschlecht und innerhalb eigener ethnisch-nationaler Grenzen – pflegen. Es geht weiter bis hin zu bildungselitären Freizeitgestalter*innen, die sich durch eine bewusste und gezielte Auswahl von Freizeit- und Bildungsorten auszeichnen, vor allem Printmedien rezipieren, digitale Medien wie etwa den Computer überwiegend zum Arbeiten, als Werkzeug und Mittel für die eigene Bildungsqualifikation und seltener als Unterhaltungsmedium nutzen sowie regelmäßig mindestens ein Musikinstrument spielen. Daneben lassen sich Jugendliche ausmachen, die einen sehr stark strukturierten und organisierten Aktivitätsradius in Vereinen, Kirchengruppen und Jugendverbänden aufweisen, sportlich durch die Ausübung mindestens einer – nicht selten auch von zwei oder drei – Sportart(en) extrem aktiv sind und zugleich ein ausgeprägtes Interesse an politischer Bildung offenbaren. Einen weiteren Typus bilden jene Adoleszenten, die die Ganztagsschule besuchen, infolgedessen einen Großteil ihrer Freizeit im schulischen Kontext verbringen und entsprechende schulische Angebote wahrnehmen, diese jedoch aufgrund einer häufig defizitorientiert an den Bedürfnissen der Schüler*innen ausgerichteten Angebotsstruktur, seltener als frei disponierte (Frei-)Zeit einschätzen und diesbezüglich im Vergleich zu anderen Jugendlichen Benachteiligungslagen formulieren (► Tab. 11.3.2).

Regionale Unterschiede – ein Stadt-Land-Vergleich

Eine Heterogenität im Freizeitverhalten ist auch im regionalen Vergleich zwischen Jugendlichen, die im urbanen und ländlichen Raum aufwachsen, festzustellen. Auch wenn ein Vergleich die Gefahr einer vorschnellen Simplifizierung der Gegebenheiten und der Reaktivierung gängiger Klischees und stereotypischer Erklärungsmuster birgt, die eine Dichotomie von Lebensverhältnissen zwischen städtischen und ländlichen Regionen der 1950er bis 1980er Jahre noch für heute suggeriert, in Wahrheit aber mit den aktuellen Verhältnissen nur noch wenig zu tun hat. Und dennoch lässt sich – fern jeder Kausallogik – nicht von der Hand weisen, dass »unterschiedlich aggregierte Räume mit ihrer jeweils spezifischen Infrastruktur doch Einfluss auf Orientierungen, Verhaltensmuster und Gruppenzugehörigkeiten [nehmen]« (Vogelgesang, 2006, S. 89). So werden in verschiedenen Landjugendstudien (vgl. Stein, 2013a; Schäfer, Stöckl & Vossen, 2020) Heranwachsende, die in ländlichen Regionen aufwachsen, als sehr gesellig charakteri-

Tab. 11.3.2: Heterogene Freizeitwelten Jugendlicher: Zusammenfassende Darstellung einer Clusteranalyse. Jugendliche im Alter zwischen 10 und 22 Jahren (n = 520)

	Die peerorientierten Allrounder	**Die passiven Medienfreaks**	**Die schulkontextuellen Freizeitnutzer**	**Die bildungselitären Freizeitgestalter**	**Die Organisierten**
N (= 520)	149	132	141	35	63
Prozent	28,7 %	25,4 %	27,1 %	6,7 %	12,1 %
Soziales Kapital	• vielschichtige Freundschaften/Cliquen/Partnerschaften • vertrauensbasierte Eltern-Kind-Beziehungen	• intraethnische u. geschlechtshomogene Freundschaften • breit gefächerte innerfamiliale soziale Netzwerke	• Familie als zentraler informeller Bildungsort • geringere Peereinbindung (nur Schule) • zumeist dyadische Freundschaftsbeziehung	• soziale Einbindungen in freundschaftliche, partnerschaftliche und familiäre Kontexte ohne statistische Relevanz • vor allem intraethnisch	• geschlechtsheterogene Freundschaften/Cliquen (außerhalb der Schule) • Partnerschaften • Familie als Moratorium, aber kein Freizeitort
Kulturelles Kapital	• hohe zeitliche Dispositionsmöglichkeit • breiter Aktivitätsradius • hohe Anzahl an favorisierten Freizeitaktivitäten/-räumen	• sehr hohe zeitliche Dispositionsmöglichkeit • eingeschränkte Freizeitwelten • passives Freizeitverhalten • hoher Medienkonsum	• sehr geringe zeitliche Dispositionsmöglichkeit • Einbindung in Haushaltspflichten • in fast allen Freizeitkategorien zum Teil hoch signifikant unterrepräsentiert	• geringe zeitliche Dispositionsmöglichkeit • bewusste und gezielte Auswahl von Freizeit • Rezeption von Printmedien • Musikinteresse • Computer als Werkzeug • Bildungsorientierung als Leitgedanke	• Fokussierung auf die organisierte und strukturierte Freizeit: Jugendclubs, Jugendverbände u. Vereine stellen die primären Freizeitwelten dar • Sportaktivitäten stehen im Zentrum • Interesse an politischer Bildung

Tab. 11.3.2: Heterogene Freizeitwelten Jugendlicher: Zusammenfassende Darstellung einer Clusteranalyse. Jugendliche im Alter zwischen 10 und 22 Jahren (n = 520) – Fortsetzung

	Die peerorientierten Allrounder	**Die passiven Medienfreaks**	**Die schulkontextuellen Freizeitnutzer**	**Die bildungselitären Freizeitgestalter**	**Die Organisierten**
Ökonomisches Kapital	• hohe finanzielle Ressourcen (Grund: Ausübung bezahlter Nebentätigkeit)	• durchschnittliche Taschengeldhöhe • enorm hohe Ausstattung mit Unterhaltungsmedien	• durchschnittliche Taschengeldhöhe • unterdurchschnittliche Ausstattung mit Unterhaltungsmedien	• durchschnittliche Taschengeldhöhe • Ausübung bezahlter Nebentätigkeit	• durchschnittliche Taschengeldhöhe
Soziodemografische Struktur					
Geschlecht	weiblich	männlich	weiblich	weiblich	männlich
Altersklassen	leichte Dominanz der 16- bis 22-Jährigen	13- bis 15-Jährige	10- bis 12-Jährige	16- bis 18-Jährige	alle Altersklassen
Formaler Bildungsstand	Dominanz der Gymnasiast*-innen	Gesamt- und Realschule	Gesamtschule	Gymnasium	Hauptschule
Nationale Herkunft	ohne Migrationshintergrund	mit Migrationshintergrund	kein signifikanter Unterschied	ohne Migrationshintergrund	mit Migrationshintergrund

Quelle: Harring & Burger, 2013

siert. Die frei zur Verfügung stehende Zeit wird von ihnen selten alleine und in aller Regel nicht in Form von passiven Aktivitäten wie z. B. ›chillen‹, ›fernsehen‹ oder ›Computerspielen‹ organisiert. Dabei werden Peerkontakte mehrheitlich in festen und dafür vorgesehenen Räumen zelebriert. Entsprechend geben die Jugendlichen in ländlichen Regionen vergleichsweise häufiger an, ihre Peers regelmäßig in Kneipen und Cafés, aber auch im Rahmen von Partys und Feiern zu treffen. Insbesondere in Bezug auf den letzten Punkt stellen die Teilnahme an traditionellen Festen und die Kultivierung des ländlichen Brauchtums nicht zu vernachlässigende Facetten jugendlicher Freizeitwelten dar. Schulze-Krüdener & Vogelgesang (2001) klassifizieren diesbezüglich unterschiedliche Formen jener ländlichen Jugendkultur und verweisen darauf, dass es sich hierbei um einen wichtigen Teil der jugendlichen Geselligkeit handelt, die zugleich als generationsübergreifendes und -verbindendes Element wirkt (vgl. auch Faulde, 2007; Schäfer, Stöckl & Vossen, 2020). Zudem gelten vor allem Vereine sowie institutionalisierte wie organisierte (kirchliche) Kinder- und Jugendgruppen mit einer festen Struktur – jugendkulturelle Stilisierungen, wie sie in urbanen Räumen zumindest für einen Teil von Jugendlichen von Bedeutung sind, werden dagegen eher seltener (vgl. Neurath, 2012) – als zentrale Treffpunkte Heranwachsender und Orte der Vergemeinschaftung mit einer »räumlichen Identifikation« (Schäfer et al., 2020) und »lokalen Integrationsfunktion« (Eisenbürger & Vogelgesang, 2002), an denen Peergroups sich konstituieren und weiterentwickeln. Überhaupt ist eine Mehrfachmitgliedschaft in Vereinen keine Seltenheit, auch wenn hier in den vergangenen Jahren deutliche abnehmende Tendenzen zu beobachten sind. Insbesondere Vereine sowie verbandliche und offene Jugendarbeit werden auch in ländlichen Regionen mit zunehmenden und zum Teil massiven Nachwuchsproblemen konfrontiert (vgl. Vogelgesang, 2001). Dagegen fast ungebrochen ist das hohe freiwillige Engagement der ländlichen Jugendbevölkerung. Hier ist ein deutliches Stadt-Land-Gefälle zu beobachten, wonach Landjugendliche einen ausgeprägten Sinn für das Gemeinwesen zeigen und sich signifikant häufiger als ihre Altersgleichen in städtischen Lebensräumen für soziale Projekte einsetzen und in entsprechenden freiwilligen Hilfsorganisationen oder sozialen und kirchlichen Vereinen und Verbänden aktiv sind (vgl. Vogelgesang, 2006; Schäfer et al., 2020; ▶ Kap. 1).

Dies alles stellt *eine* Sichtweise auf die Freizeitaktivitäten, Lebensweisen und Einstellungsmuster dar und offenbart unter der nachwachsenden Jugendgeneration auf dem Land eine Verwurzelung und tiefe Verbundenheit mit der eigenen Herkunftsregion (vgl. auch Schäfer et al., 2020). Fakt ist aber auch – und das ist die *andere* Sichtweise –, dass ländliche Regionen im Zuge von Arbeitsplatzmangel, Langzeitarbeitslosigkeit und subjektiv empfundener Perspektivlosigkeit vor allem in wirtschaftlich schwachen Regionen Ostdeutschlands einem dramatischen demografischen Wandel ausgesetzt sind (vgl. Reißig, 2012). Im Zuge dieser Entwicklung kommt es zu einer »Landflucht« (vgl. z. B. John, 2006) und unter den »Daheimgebliebenen« zu einer massiven Einschränkung der Gestaltungsspielräume, die sich in der sozialräumlichen Spaltung von kleinen Gemeinden niederschlagen (vgl. Witte & Niekrenz, 2009) und u. a. Konsequenzen für die Freizeitgestaltung Jugendlicher haben. Entsprechend bedarf es in bestimmten ländlichen Regionen einer erhöhten Mobilitätsanstrengung, um gewisse Freizeitaktivitäten realisieren zu können (vgl. auch Eisenbürger & Vogelgesang, 2002). Das eigene Auto (sowie andere Fortbewegungsmöglichkeiten bzw. -gelegenheiten) wird zum Garanten für einen höheren Mobilitätsgrad und eine positive Einschätzung der eigenen Freizeitmöglichkeiten (vgl. Vogelgesang, 2001). Im Umkehrschluss kann das Fehlen dieser Ressourcen aber auch zu sozialer Exklusion mit all den dazugehörigen Folgen führen.

Digitalisierung von Freizeit

Eine voranschreitende Mediatisierung gesellschaftlicher Lebensverhältnisse, die nicht nur auf Städte beschränkt bleibt, sondern zunehmend auch ländliche Gebiete – trotz aller aktuell diskutierter digitaler Versorgungslücken – erfasst (vgl. Stein, 2013b), hat ebenso Konsequenzen auf den Freizeitbereich von Jugendlichen. Neue Medien wirken hier nicht nur als Unterhaltungsmedium, sondern auch als verbindendes Element zwischen scheinbar getrennten Welten etwa im Kontext von Jugendkulturen, wenn Vergemeinschaftungen jenseits des eigenen sozialen Nahraums stattfinden (vgl. hierzu z. B. von Gross, 2016).

Digitale Medien stellen aber vor allem einen festen Bestandteil einer alltäglichen Verbindungsbrücke zu Peers dar. Hierbei handelt es sich um ein Kommunikationsmittel, das die Geselligkeit Jugendlicher zusätzlich unterstreicht und weniger als Verzicht auf persönliche Face-to-Face-Interaktion zu werten ist. Ganz im Gegenteil, diese wird vielmehr damit ergänzt und der Austausch intensiviert. Das unmittelbar Erlebte kann so jederzeit und unmittelbar kommuniziert, kollektiv verarbeitet und weiterentwickelt werden, womit es zum gemeinsamen Erfahrungshorizont wird, ohne dass man zwangsläufig körperlich-dinglich am gleichen Ort anwesend war. Entsprechend erfreuen sich Social Media laut der aktuellen JIM- und Shell-Jugendstudien unter der nachwachsenden Generation einer besonderen Beliebtheit. WhatsApp, Instagram, Snapchat, Facebook und Co. werden »weniger als abgekoppelte Beschäftigung, sondern als integraler Bestandteil des Alltags verstanden« (Shell Deutschland Holding, 2019). Dabei vermischen sich immer mehr die kommunikativen, unterhaltenden, aber auch informationsbeschaffenden Aspekte dieser Anwendungen (vgl. MPFS, 2020). Vor allem das Smartphone spielt als mobiles Kommunikationsmittel und Zugang zum Internet eine zentrale Rolle. Hier lässt sich in der Altersgruppe der 12- bis 19-Jährigen von einer flächendeckenden Ausstattung ausgehen. 99 % der in der JIM-Studie befragten Jugendlichen geben an, ein Smartphone zu besitzen (vgl. MPFS, 2020) – auch wenn die Aktualität und die jeweilige Marke der mobilen Endgeräte sehr unterschiedlich ausfällt und damit ›neue‹ Differenzlinien gezogen werden. Dies gilt auch für das grundsätzliche Nutzungsverhalten, etwa in Form der Nutzung von Unterhaltungsangeboten (Musik, Videos, Filme, Serien streamen, Gamen etc.) oder bei der Suche nach Informationen, etwa zu schulischen, politischen oder persönlichen Zwecken. Hier lassen sich erwartungsgemäß gender- und altersspezifische Unterschiede beobachten, aber auch deutliche Abweichungen nach sozialen Herkunftsschichten feststellen (vgl. Shell Deutschland Holding, 2019).

Neben Kommunikation, Unterhaltung und Informationssuche werden digitale Medien etwa in Form von Videokanälen wie z. B. YouTube – auch wenn nur bei einer kleinen Gruppe von Jugendlichen, die als Influencer oder Social-Media-Stars bezeichnet werden – als Medium der Selbstinszenierung und als Mittel zur Darstellung eigener Kreativität genutzt. Die hiermit gewählte Bühne kann in der Interaktion mit Follower*innen im weitesten Sinne aber durchaus als ein weiterer und durchaus breiterer Zugang zu Peers (auch ohne persönliche Bekanntschaft), als Mittel der Kommunikation und gleichzeitig der Selbstvergewisserung verstanden werden.

Freundschaftsbeziehungen

So heterogen sich die Ausgangslagen auch darstellen, so konstant und bedeutungsvoll ist die Beziehung zu Gleichaltrigen bei der Gestaltung von Freizeit. Entsprechend berichten etwa 90 % heutiger Jugendlicher davon, dass das Treffen von Gleichaltrigen nicht nur eine Form der Freizeitgestaltung darstellt, sondern auch den meisten anderen Freizeitaktivitäten nicht alleine, sondern vielmehr zusammen mit Peers nachgegangen wird (vgl. Shell Deutschland Holding, 2019; ▶ Kap. 7.1). Dabei ist die Präsenz der ›besten Freundin‹ bzw. des ›besten Freundes‹ für die Jugendlichen in den vergangenen sechs Dekaden immer selbstverständlicher geworden (vgl. hierzu Köhler, Krüger & Pfaff, 2016; Harring, Böhm-Kasper, Rohlfs & Palentien, 2010; Shell Deutschland Holding, 2019). Zudem besteht der Kreis der Freund*innen nur selten aus lediglich einer Bezugsperson. Vielmehr pflegen die weitaus meisten Jugendlichen über die Vertrauensbeziehung zur ›besten Freundin‹ bzw. zum ›besten Freund‹ hinaus weitere Peerkontakte, die speziell im Jugendalter in Form von mal mehr, mal weniger konstanten Gleichaltrigengruppierungen an Relevanz gewinnen (vgl. hierzu auch Köhler, 2016). Dahingehend lässt es sich auch nicht pauschal von *den* ›Peers‹ oder *der* ›Peergroup‹ sprechen, auch nicht zuletzt deshalb, weil die von Peers ausgehenden Sozialisations- und Bildungseinflüsse in einer Abhängigkeit zur Form und Zusammenstellung des jeweiligen Freund*innenkreises stehen. Ob es sich hierbei um eine Freundschaft, eine Cliquenbeziehung oder eine Interaktion im Rahmen von Jugendszenen handelt, kann genauso ausschlaggebend für den jeweiligen Sozialisations- und Bildungskontext sein, wie auch die Konstellation der Bezugsgruppe(n) – differenziert nach Geschlecht, Alter oder sozialer und nationaler Herkunft – in der oder in denen man sich bewegt. Entsprechend entwickeln sich soziale Bezugsgruppen außerhalb der Familie keineswegs als starre und homogene Gebilde. Vielmehr handelt es sich hierbei um sehr differenzierte soziale Netzwerke, die von ständiger Neujustierung geprägt sind und die in Abhängigkeit von ihrer Konstellation – sowohl in positiver als auch negativer Hinsicht – ihr Bildungs- und Sozialisationspotenzial für die jeweiligen Freundespartner*innen entfalten. Dabei gilt laut den Daten von AID:A II erwartungsgemäß insbesondere die Schule als häufigster Ausgangspunkt für Freundschaftsbeziehungen im Kindes- und Jugendalter: Über alle Schulformen hinweg stellt der schulische Raum einen entscheidenden Prädikator für den

Aufbau von stabilen sozialen Bindungen zu gleichaltrigen Personen dar (vgl. Berngruber, Gaupp & Langmeyer-Tornier, 2018), die über die Schul- und Unterrichtszeit in die Freizeit hineinwirken und die Gestaltung dieser über Vergemeinschaftungsprozesse bestimmen.

11.3.3 Chancen und Risiken auf dem Weg ins Erwachsenwerden

Freizeit erfährt speziell im Jugendalter – in all seinen Facetten – einen großen und eigenständigen Bedeutungsgehalt für die Verselbstständigung Heranwachsender. Sicherlich auch deshalb, da diese Phase durch eine Reihe von Ablösungsprozessen in psychischer und kultureller Hinsicht (vgl. z. B. Hurrelmann & Quenzel, 2016) beherrscht wird, die die Errichtung von Freiräumen gekoppelt mit autonomen Handlungsspielräumen bei gleichzeitiger Abgrenzung gegenüber der Erwachsenenwelt nach sich zieht und somit erst die Ausformung eines altersspezifischen Moratoriums bewirkt. Im Einzelnen heißt dies, dass dieser auf einem gesellschaftlichen Konsens basierende Schonraum im Sinne einer »Karenzzeit« (ebd.) einen »Aufschub des Erwachsenwerdens ermöglicht, in dem Heranwachsende sich von den Erwartungen, [Haltungen und Verhaltensweisen] der älteren Generation *segregieren können*« (Reinders, 2003, S. 38f.).

Daneben kristallisieren sich in freizeitkontextueller Hinsicht vielfältige Experimentierfelder heraus, die die Möglichkeit bieten, unterschiedliche Sachverhalte einzuüben und zu erproben, ohne, dass sie im negativen Fall langfristige Konsequenzen nach sich zögen. Im Verselbstständigungsprozess ermöglicht das Hineintauchen in unterschiedliche Freizeitwelten und die Auseinandersetzung mit sehr vielschichtigen Lebenskontexten in einem mehr oder weniger autonomen Raum – zumindest in den meisten Fällen außerhalb der Reichweite von Erwachsenen – Jugendlichen auf verschiedene Art und Weise die Konstruktion von äußerst differenzierten Lernarrangements, die komplexe und hochgradig individuelle Bildungsprozesse nach sich ziehen (vgl. z. B. DJI, 2000; Otto & Rauschenbach, 2004; Rauschenbach et al., 2007; Grunert, 2012; Harring, 2018). Dabei bleiben die Effekte – etwa in Bezug auf die Einübung sozialer Kompetenzen, Empathie, Organisationsfähigkeit, Teamfähigkeit, Kooperationsfähigkeit, Kommunikationskompetenz, Selbstwirksamkeit – in aller Regel nicht von kurzfristiger Dauer, erfüllen damit keineswegs nur einen momentanen Zweck, sondern beinhalten nicht unmittelbar beobachtbare und eher auf langfristige Entwicklung ausgelegte funktionale Elemente. So werden etwa mit steigendem Alter und der Entwicklung von Reflexions- und Kritikfähigkeit die von Eltern angelegten und in der Kindheitsphase noch als beruhigend und schutzgebend empfundenen Normen und Werte innerhalb der eigenen Familie in ihrer Bedeutsamkeit im Jugendalter zunehmend hinterfragt. Elterliche Einstellungs- und Verhaltensmuster und die damit einhergehenden Regeln und Konventionen in der Eltern-Kind-Interaktion werden immer stärker auf den Prüfstand gestellt und nicht selten begleitet durch krisenhafte Momente diskursiv neu verhandelt (vgl. Hurrelmann & Quenzel, 2016).

Unterschiedliche Freizeitsettings und die in diesen agierenden Peers fungieren in dieser Phase als wichtige Unterstützer*innen im Prozess des Erwachsenenwerdens. In der Neujustierung nicht nur des Eltern-Kind-Verhältnisses, sondern des gesamten eigenen Norm- und Wertesystems bieten sie einen wichtigen emotionalen Halt und stellen bewusste Gegenwelten auf. Über den gemeinsamen Erfahrungshorizont ergeben sich Identifikationsmöglichkeiten, die eine Vertrauensbasis für eine kollektive Bewältigung schaffen. In gemeinsamen Gesprächen werden Probleme diskutiert, intime Gedanken, Gefühle und Sorgen ausgetauscht und mögliche Problemlösungsstrategien verabredet (vgl. Valtin, 2006; Köhler, Krüger & Pfaff, 2016). In dem Zusammenhang kommt es zur Herausbildung von modifizierten, zum Teil an die jeweilige Subgruppe angepassten Wert- und Normvorstellungen. Damit beinhalten diese Gespräche unter ›Gleichen‹ neben einer psychohygienischen auch eine handlungsorientierte und auf die Zukunft der Gesamtgesellschaft ausgerichtete Funktion.

Empirische Forschungsbefunde machen diesbezüglich deutlich, dass das Sozialisationspotenzial von Peers im Hinblick auf Werte- und Normbildung auf unterschiedlicher Ebene zum Tragen kommt. So entfalten Peers auch im Vergleich zu anderen Sozialisationsagent*innen – wie etwa Familie und Schule – in politischen (vgl. Böhm-Kasper, 2010), religiösen (vgl. Schäfer, 2010) und kulturellen (vgl. Hitzler & Pfadenhauer, 2006; Pfaff, 2009) Werthaltungen eine höhere und nachhaltige Wirkung. Dieser Prozess der kollektiven Verselbstständigung kann in einigen Fällen aber auch problematische gruppendynamische Prozesse und in letzter Konsequenz Gruppendruck nach sich ziehen. Emotionale Abhängigkeiten, Isolationserfahrungen und ein fortwährender Außenseiterstatus können das Resultat sein und sich bspw. in einem geringen Selbstwertgefühl und sozialem Rückzug äußern (vgl. hierzu z. B. Grunert, 2018).

11.3.4 Freiräume ermöglichen – ein Plädoyer

Eine zunehmende Verschulung der Lebensphase Jugend etwa in Form der flächendeckenden Umsetzung der Ganztagsschule oder der Umstellung von G9 auf G8 sowie der in einigen Bundesländern vollzogenen Reform der Reform und zum Teil parallel existierenden Varianten hat auch Konsequenzen auf die Gestaltung jugendlicher Freizeitwelten. Diese werden im Vergleich zu früheren Jahrzehnten immer mehr in den schulischen Raum verlagert. Hier befinden wir uns erst am Anfang und wissen aufgrund einer bislang begrenzten Forschungslage – so existieren etwa zur Schulzeitverkürzung lediglich vereinzelte Forschungsarbeiten (vgl. bspw. Blumentritt et al., 2014; Blumentritt, 2016) – nur sehr wenig darüber, wie diese komplexer werdenden Strukturen und aufeinander bezogenen Interdependenzen auf die Entwicklung von Jugendlichen wirken. Erst recht, wenn man die im Ganztagschulbereich angebotenen Freizeiträume und die damit zu erwartenden Lernprozesse im Zuge von Schulentwicklungsprozessen mit einem Legitimations- und Evaluationsdruck besetzt.

Daher gilt es in Zukunft stärker darauf zu achten, im Sinne des Verselbstständigungskonzepts Freiräume von Jugendlichen nicht durch eine Erwachsenenperspektive zunehmend zu pädagogisieren und zu didaktisieren, sondern Jugendlichen und ihren Peers Platz zur freien Entfaltung und Kreierung von eigenen Lebenswelten zu ermöglichen. Diesen benötigen sie dringend, um eigenständig mit einem kritisch-reflexiven Blick die Gesellschaft und ihre Wert- und Normhaltungen weiterzuentwickeln.

Literatur

Berngruber, A. & Gaupp, N. (2019): Aspekte zeitlicher Freiräume von Jugendlichen. In: Zeitpolitisches Magazin. 16(34), 19–21.

Berngruber, A., Gaupp, N. & Langmeyer-Tornier, A. (2018): Lebenswelten von Kindern und Jugendlichen. In: Statistisches Bundesamt/Wissenschaftszentrum Berlin für Sozialforschung (Hrsg.): Datenreport 2018. Ein Sozialbericht für die Bundesrepublik Deutschland. Reihe: Zeitbilder (S. 86–92). Bonn: bpb.

Blumentritt, L. (2016): Veränderte Schulzeit – veränderte Freizeit? Freizeitkonstruktionen von Kindern am Beispiel der gymnasialen Schulzeitverkürzung. Weinheim/Basel: Beltz Juventa.

Blumentritt, L., Kühn, S. M. & Ackeren, I. van (2014): (Keine) Zeit für Freizeit? Freizeit im Kontext gymnasialer Schulzeitverkürzung aus Sicht von Schülerinnen und Schülern. In: Diskurs Kindheits- und Jugendforschung, 9(3), 355–370.

Böhm-Kasper, O. (2010): Peers und politische Einstellungen von Jugendlichen. In: Harring, M., Böhm-Kasper, O., Rohlfs, C. & Palentien, C. (Hrsg.): Freundschaften, Cliquen und Jugendkulturen. Peers als Bildungs- und Sozialisationsinstanzen (S. 261–281). Wiesbaden: Springer VS.

Calmbach, M., Flaig, B., Edwards, J., Möller-Slawinski H., Borchard, I. & Schleer, C. (2020): Wie ticken Jugendliche? 2020 Lebenswelten von Jugendlichen im Alter von 14 bis 17 Jahren in Deutschland. Bonn: bpb.

Eisenbürger, I. & Vogelgesang, W. (2002): »Ich muss mein Leben selber meistern!« Jugend im Stadt-Land-Vergleich. In: Aus Politik und Zeitgeschichte, 5, 28–38.

Faulde, J. (2007): Aktuelle Entwicklungen in den Lebenswelten von Kindern und Jugendlichen in ländlichen Regionen. In: Bund der Deutschen Landjugend (Hrsg.): Landjugend (t)räume. Berlin: BMFSFJ.

Geier, B. (2015): Zwischen Familie, Bildung und Peers. Die Bedeutung von Alter und sozialer Herkunft für Freizeitaktivitäten Jugendlicher. In: S. Walper, W. Bien & T. Rauschenbach (Hrsg.): Aufwachsen in Deutschland heute (S. 41–45). Erste Befunde aus dem DJI-Survey AID:A 2015. München: DJI.

Gross, F. von (2016): Informelles Lernen in Jugendszenen. Zum Erwerb berufsrelevanter Kompetenzen in Jugendszenen am Beispiel der Visual Kei-Szene. Weinheim/Basel: Beltz Juventa.

Grunert, C. (2012): Bildung und Kompetenz. Theoretische und empirische Perspektiven auf außerschulische Handlungsfelder. Wiesbaden: Springer VS.

Grunert, C. (2018): Informelles Lernen im Jugendalter. In: M. Harring, M. D. Witte & T. Burger (Hrsg.): Handbuch Informelles Lernen, 2., aktualisierte und erweiterte Auflage (S. 328–339). Weinheim/München: Beltz Juventa.

Harring, M. (2011): Das Potenzial der Freizeit. Soziales, kulturelles und ökonomisches Kapital im Kontext heterogener Freizeitwelten Jugendlicher. Wiesbaden: Springer VS.

Harring, M. (2018): Freizeit und informelles Lernen. In: M. Harring, M. D. Witte & T. Burger (Hrsg.): Handbuch Informelles Lernen, 2., aktualisierte und erweiterte Auflage (S. 455–478). Weinheim/München: Beltz Juventa.

Harring, M., Böhm-Kasper, O., Rohlfs, C. & Palentien, C. (Hrsg.) (2010): Freundschaften, Cliquen und Jugendkulturen. Peers als Bildungs- und Sozialisationsinstanzen. Wiesbaden: Springer VS.

Harring, M. & Burger, T. (2013): Zugänge zu informeller Bildung im Kontext von Jugendlicher Freizeit – Befunde einer quantitativen und qualitativen Untersuchung. In: Diskurs Kindheits- und Jugendforschung, 8(4), 437–453.

Harring, M. & Peitz, J. (2020): Freizeit im Kontext von Ganztagsschule. In: P. Bollweg, J. Buchna, T. Coelen & H.-U. Otto (Hrsg.): Handbuch Ganztagsbildung. 2. Auflage (S. 795–809). Wiesbaden: Springer VS.

Hitzler, R. & Niederbacher, A. (2010): Forschungsfeld »Szenen« – Zum Gegenstand der DoSE. In: M. Harring, O. Böhm-Kasper, C. Rohlfs & C. Palentien (Hrsg.): Freundschaften, Cliquen und Jugendkulturen (S. 91–103). Peer Groups als Bildungs- und Sozialisationsinstanzen. Wiesbaden: Springer VS.

Hitzler, R. & Pfadenhauer, M. (2006): Bildung in der Gemeinschaft. Zur Erfassung der Kompetenzaneignung in Jugendszenen. In: C. J. Tully (Hrsg.): Lernen in flexibilisierten Welten. Wie sich das Lernen der Jugend verändert (S. 237–254). Weinheim/München: Juventa.

Hurrelmann, K. & Quenzel, G. (2016): Lebensphase Jugend. Eine Einführung in die sozialwissenschaftliche Jugendforschung. Weinheim/München: Beltz Juventa.

Idel, T.-S., Reh, S. & Fritzsche, B. (2009): Freizeit – Zum Verhältnis von Schule, Leben und Lernen. In: F. U. Kolbe, S. Reh, T.-S. Idel, B. Fritzsche, K. Rabenstein (Hrsg.): Ganztagsschule als symbolische Konstruktion. Fallanalysen zu Legitimationsdiskursen in schultheoretischer Perspektive (S. 179–193). Wiesbaden: Springer VS.

John, M. (2006): Land braucht Leute. Demographische Entwicklung ländlicher Räume. In: J. Faulde, B. Hoyer & E. Schäfer (Hrsg.): Jugendarbeit in ländlichen Regionen. Entwicklungen, Konzepte und Perspektiven. Weinheim/München: Juventa.

Köhler, S.-M. (2016): Die Sozialisationstheoretische Perspektive: Wandel der Peer- und Freundschaftsbeziehungen im Lebensverlauf. In: S.-M. Köhler, H.-H. Krüger & N. Pfaff (Hrsg.): Handbuch Peerforschung (S. 55–74). Opladen: Budrich.

Köhler, S.-M., Krüger, H.-H. & Pfaff, N. (Hrsg.) (2016): Handbuch Peerforschung. Opladen/Toronto: Budrich.

MPFS [Medienpädagogischer Forschungsverbund Südwest] (2020): JIM-Studie 2020. Jugend, Information, Medien. Basisuntersuchung zum Medienumgang 12- bis 19-Jähriger. Stuttgart.

Neurath, C. (2012): Jugendcliquen auf dem Land. München: AVM.

Opaschowski, H. W. (1996): Pädagogik der freien Lebenszeit. Freizeit- und Tourismusstudien. Opladen: Leske + Budrich.

Opaschowski, H. W. & Pries, M. (2020): Freizeit, freie Zeit und Muße. In: P. Bollweg, J. Buchna, T. Coelen & H.-U. Otto (Hrsg.): Handbuch Ganztagsbildung, 2. Auflage (S. 783–793). Wiesbaden: Springer VS.

Otto, H.-U. & Rauschenbach, T. (Hrsg.) (2004): Die andere Seite der Bildung. Zum Verhältnis von formellen und informellen Bildungsprozessen. Wiesbaden: Springer VS.

Pfaff, N. (2009): Informelles Lernen in der Peergroup – Kinder und Jugendkultur als Bildungsraum [http://www.informelles-lernen.de/fileadmin/dateien/Texte/Pfaff_2009.pdf], Zugriff am 26.05.2016.

Prahl, H.-W. (2010): Soziologie der Freizeit. In: G. Kneer & M. Schroer (Hrsg.): Handbuch Spezielle Soziologien (S. 405–420). Wiesbaden: Springer VS.

Rauschenbach, T., Düx, W. & Sass, E. (Hrsg.) (2007): Informelles Lernen im Jugendalter. Vernachlässigte Dimensionen der Bildungsdebatte. Weinheim/München: Juventa.

Reinders, H. (2003): Jugendtypen. Ansätze zu einer differenziellen Theorie der Adoleszenz. Opladen: Leske + Budrich.

Reinders, H. (2006): Jugendtypen zwischen Bildung und Freizeit. Theoretische Präzisierung und empirische Prüfung einer differenziellen Theorie der Adoleszenz. Münster: Waxmann.

Reinders, H. (2016): Vom Bildungs- zum Optimierungsmoratorium. Diskurs Kindheits- und Jugendforschung, 11(2), 147–160.

Reißig, B. (2012): Den Blick auf Jugendpolitik lenken. DJI Impulse: Lebenswelten Jugendlicher. Freunde, Schule, Job: Was die Jugend heute bewegt, 3, 36–37.

Schäfer, A. (2010): Zwiespältige Lebenswelten. Jugendliche in evangelikalen Aussiedlergemeinden. Wiesbaden: Springer VS.

Schäfer, T., Stöckl, M. & Vossen, J. (2020): Stadt. Land. Wo? Was die Jugend treibt. Ergebnisse und Impulse aus der Untersuchung zu Bleibe- und Wanderungsmotiven junger Menschen in ländlichen Räumen. München: KLJB.

Shell Deutschland Holding (Hrsg.) (2019): Jugend 2019. 18. Shell Jugendstudie. Weinheim/Basel: Beltz.

Schulze-Krüdener, J. & Vogelgesang, W. (2001): Kulturelle Praxisformen Jugendlicher. Die Eigengestaltung jugendlicher Lebenswelten zwischen Tradition und Post-Moderne – eine ethnographische Annäherung. In: H. Merkens & J. Zinnecker (Hrsg.): Jahrbuch Jugendforschung. Bd. 1 (S. 39–73). Opladen: Leske + Budrich.

Stein, M. (2013a): Jugend in ländlichen Räumen. Die Landjugendstudie 2010. Bad Heilbrunn: Klinkhardt.

Stein, M. (2013b): Internetnutzung junger Menschen auf dem Land. ZSE, 33(4), 417–433.

Thole, W. & Höblich, D. (2014): »Freizeit« und »Kultur« als Bildungsorte – Kompetenzerwerb über non-formelle und informelle Praxen von Kindern und Jugendlichen. In: C. Rohlfs, M. Harring & C. Palentien (Hrsg.): Kompetenz-Bildung. Soziale, emotionale und kommunikative Kompetenzen von Kindern und Jugendlichen (S. 83–112). Wiesbaden: Springer VS.

Valtin, R. (2006): Soziale Unterstützung contra Selbstverwirklichung. Freundschaftskonzepte von Jugendlichen und Erwachsenen im Ost/West-Vergleich. In: L.-M. Alisch & J. Wagner (Hrsg.): Freundschaften unter Kindern und Jugendlichen. Interdisziplinäre Perspektiven und Befunde (S. 137–155). Weinheim/München: Juventa.

Vogelgesang, W. (2006): Individualisierte Lebensverläufe und plurale Lebenswelten Jugendlicher in ländlichen Regionen. In: J. Faulde, B. Hoyer & E. Schäfer (Hrsg.): Jugendarbeit in ländlichen Regionen. Entwicklungen, Konzepte und Perspektiven (S. 85–97). Weinheim/München: Juventa.

Walper, S., Bien W. & Rauschenbach, T. (Hrsg.) (2015): Aufwachsen in Deutschland heute. Erste Befunde aus dem DJI-Survey AID:A. München: DJI.

Witte, M. D. & Niekrenz, Y. (2009): Jugendalltag in der Stadt und auf dem Dorf – Aufwachsen in gespaltenen Sozialräumen. In: J. Schirp & H. D. Zahn (Hrsg.): Stadt und Land im Wandel. Herausforderungen für die Jugendarbeit. Marburg: bsj.

Zeiher, H. (1994): Kindheitsräume. Zwischen Eigenständigkeit und Abhängigkeit. In: U. Beck & E. Beck-Gernsheim (Hrsg.): Riskante Freiheiten (S. 353–375). Frankfurt a. M.: Suhrkamp.

Zinnecker, J. (1991): Jugend als Bildungsmoratorium. Zur Theorie des Wandels der Jugendphase in west- und osteuropäischen Gesellschaften. In: W. Melzer, W. Heitmeyer, L. Liegle & J. Zinnecker (Hrsg.): Osteuropäische Jugend im Wandel. Ergebnisse vergleichender Jugendforschung in der Sowjetunion, Polen, Ungarn und der ehemaligen DDR (S. 9–25). Weinheim/München: Juventa.

12 Erwachsenwerden heute – eine komplexe Herausforderung auch und gerade in Zeiten von Corona

Nora Gaupp & Anne Berngruber

Ein Buch über Jugendliche und junge Erwachsene, ihre Lebenslagen und ihre Schritte des Erwachsenwerdens kommt im Jahr 2021 am Thema Corona nicht vorbei. Die Pandemie und die zu ihrer Eindämmung getroffenen Maßnahmen haben die öffentlichen Debatten seit dem Frühjahr vergangenen Jahres wesentlich geprägt, wenn nicht gar dominiert. Aus diesem Grund sollen zum Ende dieses Bandes einige Gedanken und Befunde zum Verhältnis von »Jugend und Corona« diskutiert werden.

Kapitelüberblick

Bevor wir dies tun, möchten wir allerdings nochmal einen Blick auf das Buch insgesamt werfen und darauf, welche Grundprämissen wir für dieses Buch zum Ausgangspunkt genommen haben, welche Aspekte zum Erwachsenwerden junger Menschen beitragen und welches Bild des Jugend- und jungen Erwachsenenalters die einzelnen Beiträge entstehen lassen.

12.1 Erwachsenwerden als vielschichtiger Prozess

Grundlegend für das Verständnis der Lebensphase Jugend ist das Anerkennen der spezifischen Anforderungen an junge Menschen in dieser Zeit ihres Lebens. Sie probieren neue soziale Beziehungen aus, erweitern ihre Mobilitätsräume, sind zunehmend ohne erwachsene Begleitung mit ihren Peers unterwegs, entwickeln eigene jugendkulturelle Praxen (etwa bezogen auf ihre Kleidung oder ihren Konsum), übernehmen neue Rollen in der Verantwortung und Fürsorge für Andere, beginnen mit Planungen für ein Leben nach der Schule, erproben sich in ersten Beziehungserfahrungen, erobern digitale Räume und sammeln wichtige Erfahrungen im Internet. Unter der Formel von »Jugend als eigenständige Lebensphase« lassen sich somit vielfältige Formen des Ausprobierens, der Identitätsentwicklung und des Selbstständigwerdens fassen.

Klar definierte Grenzen des Beginns und des Endes der Jugendphase und des jungen Erwachsenenalters sind schwer zu ziehen. Je nach theoretischer Perspektive, rechtlichen Regelungen (wie z. B. der Volljährigkeit bei Vollendung des 18. Lebensjahres) und den als wesentlich gesetzten Markierungen (wie z. B. Verlassen der Schule, körperliche Veränderungen im Laufe der Pubertät), werden jeweils andere Altersdefinitionen verwendet. Nicht zuletzt ist entscheidend, wie sich junge Menschen selbst erleben. In der Synthese der verschiedenen Perspektiven haben wir bei aller Vorsicht und Wagheit in diesem Band die Gruppe der 12- bis 17-Jährigen als »Jugendliche« und die über 18-Jährigen als »junge Erwachsene« gefasst.

Ebenfalls kaum zu beantworten ist die Frage nach der Gestalt ›der‹ Jugend. So verständlich der Wunsch nach einer Vergewisserung darüber ist, wie ›die jungen Menschen so sind‹, so schwierig bis unmöglich erscheint dieses Unterfangen. Unter der Grundprämisse einer Vielfalt jugendlicher Lebenswelten zeigen sich ganz unterschiedliche Lebenslagen, Zugehörigkeiten und Orientierungen junger Menschen. So sind es nicht nur die ›klassischen‹ soziologischen Differenzdimensionen (wie etwa ökonomische Lage, Bildung, Migration und Geschlecht), die das Aufwachsen wesentlich prägen können, sondern auch individuelle Interessen, Einstellungen, Werthaltungen und jugendkulturelle Lebensstile der Jugendlichen und jungen Erwachsenen selbst.

In der Grundausrichtung dieses Buches war es uns schließlich ein wichtiges Anliegen, die institutionelle Rahmung des Erwachsenwerdens junger Menschen zu betonen. So strukturieren etwa Bildungsinstitutionen (wie Schule, Berufsschule oder Hochschule) sowie vielfältige Freizeiteinrichtungen (wie Jugendzentren, Vereine, sportliche und kulturelle Angebote) das Aufwachsen von Jugendlichen und jungen Erwachsenen. Hinzu kommen bei Bedarf Unterstützungs- und Begleitangebote der aus dem Feld der Kinder- und Jugendhilfe (wie z. B. Jugendberatungsstellen oder Jugendwohngruppen). Diese Angebote sind für junge Menschen (z. B. in Abhängigkeit ihres Wohnorts oder ihrer finanziellen Lage) in unterschiedlichem Ausmaß verfügbar. Insgesamt ermöglichen sie bestimmte Erfahrungen gesellschaftlicher Teilhabe und Mitgestaltung – oder eben auch nicht – und stellen damit eine wesentliche gesellschaftliche und institutionelle Rahmenbedingung des Aufwachsens junger Menschen dar.

12.2 Erwachsenwerden unter der Perspektive von Verselbstständigung

Mit dem Konzept der Verselbstständigung haben wir den Rahmen dafür gelegt, wie wir den Prozess des Erwachsenwerdens verstehen und beschreiben. Dieser vollzieht sich auf unterschiedlichen Ebenen.

Verselbstständigung Jugendlicher und junger Erwachsener

Der Prozess des Erwachsenwerdens umfasst – erstens – konkrete Lebensereignisse im Sinne von markanten Veränderungen im Lebenslauf wie z. B. die Beendigung der Schulzeit, den Beginn einer beruflichen Ausbildung oder eines Studiums, den Auszug aus dem Elternhaus oder das Eingehen einer Partnerschaft. Verselbstständigung beinhaltet – zweitens – Veränderungen in den alltäglichen Alltagspraktiken, indem sich junge Menschen neue Handlungsspielräume aneignen (wie z. B. vermehrte Freizeitaktivitäten mit Gleichaltrigen, neue Formen von Mobilität und Unterwegssein ohne die Eltern). Verselbstständigung findet – drittens – auch auf der subjektiven Ebene statt, indem sich etwa die Selbstwahrnehmung von einem kindlichen über ein jugendliches hin zu einem erwachsenen Selbstverständnis wandelt.

In gewisser Weise querliegend zu diesen drei analytischen Ebenen lassen sich sechs inhaltliche Dimensionen des Erwachsenwerdens unterscheiden: ökonomische, soziale, räumliche, bildungsbezogene, politisch-gesellschaftliche und medial-kulturelle Aspekte. Diese Sortierung ist auch die Basis der Gliederung von Teil zwei dieses Bandes. Die unterschiedlichen Aspekte von Verselbstständigung sind dabei nicht unabhängig voneinander, sondern durch gegenseitige Interdependenzen geprägt und in sich verwoben. Zudem ist Verselbstständigung als Prozess zu verstehen, der nicht unbedingt linear in Richtung höherer Selbstständigkeit verläuft, sondern durchaus auch Wartezeiten, Umwege und Schleifen beinhalten kann.

Wohin der Weg des Erwachsenwerdens Jugendliche und junge Erwachsene letztendlich führt, kann nicht pauschal beantwortet werden, da kein einheitliches, normatives Ziel existiert, das den Status des Erwachsenseins definiert. Im Rahmen ihrer Verselbstständigungsprozesse erleben junge Menschen mit zunehmendem Alter aber in jedem Fall eine Weiterentwicklung ihrer Identität und eine Erweiterung ihrer Freiheitsgrade und Gestaltungsmöglichkeiten bezogen auf ihr persönliches, soziales und gesellschaftliches Leben.

12.3 Erwachsenwerden unter Bedingungen der Corona-Pandemie

Jugendliche und junge Erwachsene waren und sind – wie alle anderen gesellschaftlichen Gruppen – auch von der Corona-Pandemie und den sogenannten Corona-Maßnahmen betroffen. Im öffentlichen Diskurs über die Pandemie fallen dabei allerdings zwei Phänomene auf: Die Lebensphase Jugend wurde im Vergleich etwa zum Kindesalter oder auch zum hohen Lebensalter insgesamt deutlich seltener thematisiert. Und wenn die Lebenssituation von Jugendlichen und jungen Erwachsenen Thema wurde, dann unter sehr speziellen und oft verengten Perspektiven.

Zu Beginn der Corona-Pandemie im Frühjahr und Frühsommer letzten Jahres schien die Lebensphase Jugend gleichsam ›unsichtbar‹ geworden zu sein. Die anderen Altersgruppen standen deutlich mehr im Fokus. So wurden etwa für jüngere Kinder die möglichen emotionalen, sozialen und kognitiven Folgen der Schließung von Kindertageseinrichtungen diskutiert. Für ältere Menschen beherrschten unter dem Label einer besonderen »Vulnerabilität« Sorgen vor Ansteckungen und gravierenden Krankheitsverläufen die Debatten. Auch entstanden Diskussionen über Folgen der sozialen Isolation durch Besuchsverbote in Senior*inneneinrichtungen. Bezogen auf die Altersgruppe der Erwachsenen standen Fragen nach der Vereinbarkeit von einerseits Familien- und Betreuungsaufgaben und andererseits Arbeit und Beruf im Vordergrund. Auch junge Menschen selbst sagten aus, dass sie sich in der Pandemie mit ihren Themen und Anliegen nicht gehört fühlen (Andresen et al., 2020a).

Wenn über Jugendliche gesprochen und berichtet wurde, dann häufig zunächst mit Blick auf Bildungsthemen. Es wurde nach Gelingensbedingungen des »Home-Schoolings« und der Umstellung von Präsenz- auf Online-Unterricht gefragt, nach Risiken für Klassenübertritte und Abschlussprüfungen sowie nach einer möglichen Verstärkung von Bildungsungleichheiten (vgl. z. B. Hurrelmann & Dohmen, 2020). Schnell wurde ein Jahrgang an Schüler*innen pauschal als »Lost Generation« betitelt. Durch solche bildungsfokussierten Diskurse wurden junge Menschen primär auf ihre Rolle als Schüler*innen (bzw. als Auszubildende oder Studierende) reduziert und andere Aspekte ihres Lebens blieben außen vor (siehe auch Andresen et al., 2020b).

Relativ bald kam ein weiteres Diskursfeld hinzu: Junge Menschen wurden als diejenigen dargestellt, denen das ›Feiern und Party machen‹ über alles gehe, die sich nicht an die Maßnahmen zur Eindämmung der Pandemie halten würden und denen es an Sensibilität für die Schutzbedürftigkeit Anderer mangele. Es wurde die Anforderung an junge Menschen formuliert, ihre eigenen altersgemäßen Bedürfnisse nach hinten zu stellen, und so gesellschaftliche Solidarität zu üben. Erfüllten Jugendliche diese Erwartungen vermeintlich nicht in vollem Umfang, wurden sie schnell als ichbezogen und verantwortungslos bezeichnet (vgl. z. B. Okunew & Theinert, 2020; Salihi, 2020).

Schließlich kam mit der Frage nach psychischen Belastungen ein dritter Fokus im Blick auf junge Menschen während der Pandemie auf. Unter Anerkennung der wesentlichen Bedeutung des Kontakts zu Gleichaltrigen wurde diskutiert, welche Folgen die allgemeinen Kontaktbeschränkungen, die Schließung von Schulen (in ihrer Funktion als soziale Orte) und die Schließung von »jugendtypischen Orten« (wie Kinos, Einkaufszentren, Schwimmbädern, Jugendzentren, Sportvereinen oder Musikschulen) für das soziale Alltagsleben junger Menschen hatten (z. B. AGJ, 2020; Voigts, 2020). Krisendiagnosen gingen bis hin zu massiven Formen von Isolation und Einsamkeit.

Insgesamt ergab sich in der Pandemie eher ein »Problemdiskurs Jugend«. Dass junge Menschen aber auch ihren Beitrag zu Bewältigung der Pandemie leisten, erschien als Phänomen eher am Rande. Stellvertretend sei hier auf das Engagement junger Menschen in der Nachbarschaft (z. B. Einkaufen gehen für ältere und gefährdete Personen), in sozialen Einrichtungen (z. B. die Mitarbeit bei den sogenannten Tafeln) oder ihre Unterstützung in Fragen digitaler Techniken (z. B. das Einrichten von Videokonferenz-Software für Eltern, Großeltern oder Bekannte) (vgl. auch Berngruber & Gaupp, 2021).

Dass die Corona-Pandemie eine Herausforderung für Jugendliche und junge Erwachsene in vielfältigen weiteren Lebensbereichen darstellt, wurde explizit oder implizit auch in vielen Kapiteln dieses Buches deutlich. Wir wollen dies anhand von fünf Beispielen illustrieren.

So zeigten Eric van Santen und Claus Tully in ihrem Beitrag zu ökonomischen Aspekten des Erwachsenwerdens (▶ Kap. 6), wie wichtig – neben weiteren Einkünften z. B. über Taschengeld oder Zuwendungen von Verwandten – Nebenjobs für viele Jugendliche und junge Erwachsene sind. Eigene Einkünfte ermöglichen bzw. erweitern die finanzielle Selbstständigkeit, die ökonomische Unabhängigkeit gegenüber der Herkunftsfamilie und die Finanzierung des eigenen unabhängigen Konsums. In der Pandemie sind aber gerade solche Nebenjobs vielfach weggefallen. Typische Tätigkeiten wie z. B. die Arbeit in der Gastronomie waren durch die Schließung von Restaurants, Bars und Kneipen nicht mehr möglich. In dieser Form betrifft die Corona-Pandemie damit ganz unmittelbar die finanzielle Lebenssituation junger Menschen. Das Ausmaß dieser Auswirkungen ist dabei nicht für alle junge Menschen gleich, sie betreffen vor allem diejenigen, die weniger finanzielle Unterstützung aus ihrer Familie erhalten (können) und dementsprechend besonders stark auf eigene Einkommensquellen angewiesen sind.

Peerbeziehungen im Jugendalter haben, wie Cathleen Grunert (▶ Kap. 7.1) in ihrem Beitrag aufzeigt, vielfältige Formen und Funktionen. Unter den Begriff der Peerbeziehungen werden dabei persönliche, eher feste Freundschaftsbeziehungen, informelle Cliquen, organisierte Gruppen sowie größere, informelle soziale Netzwerke unter Gleichaltrigen gefasst. In all diesen Beziehungsformaten finden wichtige Schritte des Erwachsenwerdens und der Verselbstständigung statt. Als Beispiele für die Funktionen von Peerbeziehungen im Jugendalter nennt Cathleen Grunert deren Beitrag zur Identitätsbildung, die Möglichkeit sportliche, musikalische oder politische Interessen und Fähigkeiten auszubauen oder die mit Peerkontakten verbundenen Lern- und Bildungspotentiale. Unter den Bedingungen der Pandemie waren unmittelbare, persönliche Kontakte zeitweise deutlich eingeschränkt. Damit waren die Möglichkeiten des Auslebens und der Pflege von Peerbeziehungen durch die Pandemie auch für Jugendliche und junge Erwachsene deutlich eingeschränkt. Somit hat die Corona-Pandemie auch auf dieser Ebene Folgen für das Erwachsenwerden junger Menschen.

Als drittes, thematisch naheliegendes Beispiel sei auf das Kapitel von Mirja Lange zur »Schule als Lebensort« verwiesen (▶ Kap. 9.2). Insbesondere, aber nicht nur im Rahmen des Ganztagsschulausbaus wird zunehmend die Erwartung an Schule formuliert, sich von einem unterrichtszentrierten Lernort zu einem darüber hinausweisenden Lebensort für junge Menschen zu entwickeln. Schule soll selbstbestimmte Zeiten und Phasen der Erholung ermöglichen, Räume zur individuellen Nutzung bereithalten (z. B. Platz zum Spielen, Räumlichkeiten des sozialen Miteinanders, Ruhe- und Rückzugsräume) sowie im Rahmen von Partizipations- und Mitbestimmungsmöglichkeiten die Vorstellungen und Interessen ihrer jugendlichen Schüler*innen einbeziehen (z. B. bei der Klassenraum- und Schulhofgestaltung, der Festlegung von Ausflugszielen oder der Organisation von Schulfesten). Anders formuliert soll so auch Schule ein Ort der Verselbstständigung werden. Durch die Corona-bedingten Schulschließungen und das damit verbundene »Home-Schooling« fielen die Schule als Lebensort und die dort (zumindest möglichen) Handlungs-, Erprobungs- und Gestaltungsspielräume weg.

Weiter kann die Corona-Pandemie einen Anlass darstellen, temporär wieder ins Elternhaus zurückzuziehen. Anne Berngruber stellt in ihrem Beitrag den Auszug aus dem Elternhaus als Teil der räumlichen Verselbstständigung im jungen Erwachsenenalter dar (▶ Kap. 8.2). Junge Menschen, die in einem eigenen Haushalt leben, werden nicht mehr unmittelbar von ihren Eltern kontrolliert, treffen vermehrt eigene Entscheidungen und sorgen zunehmend für sich selbst. Die Gründe für den Auszug aus dem Elternhaus liegen oft in Veränderungen des Lebenslaufs (z. B. Beginn einer Ausbildung, eines Studiums oder einer Erwerbstätigkeit, das Zusammenziehen im Rahmen einer Partnerschaft) und sind durch den Wunsch nach Unabhängigkeit begleitet. Ein gewisses Maß an finanzieller Selbstständigkeit ist dabei eine wichtige Voraussetzung. Der Auszug aus dem Elternhaus ist, wie Anne Berngruber zeigt, keine »Einbahnstraße«, sondern es können sich durchaus Anlässe für einen Rückzug ins Elternhaus ergeben. Solche Gründe sind etwa die Trennung von der*dem Partner*in, finanzielle Notlagen, die Beendigung der Ausbildung oder des Studiums ohne unmittelbar anschließende Beschäftigung oder psychische Gesundheitsprobleme. In solchen Krisensituationen kann eine Rückkehr ins Elternhaus ein wichtiges »Sicherheitsnetz« darstellen. Auch Corona kann eine solche krisenhafte Situation bedeuten. Fallen etwa Jobs neben dem Studium weg, kann es schnell finanziell eng werden und die Finanzierung der eigenen Wohnung oder des eigenen WG-Zimmers auf der Kippe stehen. Oder wenn, um ein zweites Beispiel zu nennen, durch den Umstieg auf Online-Lehre an den Hochschulen der Kontakt zu Kommiliton*innen wegbricht oder erst gar nicht entsteht, kann die Herkunftsfamilie auch auf der emotionalen Ebene einen »sicheren Hafen« bieten.

Schließlich hat die Corona-Pandemie auch die Nutzung von digitalen Medien an vielen Stellen merklich verändert. Karin Knop und Dorothée Hefner zeigen in ihrem Kapitel auf, dass der Prozess der Verselbstständigung heute ohne digitale Medien nicht mehr denkbar ist (▶ Kap. 11.1). Jugendliche und junge Erwachsene nutzen diese mit großer Selbstverständlichkeit für ein sehr breites Spektrum an Funktionen. Digitale Medien bieten jungen Menschen Möglichkeiten des Lernens und Wissenserwerbs, dienen der Orientierung, Information und Alltagsorganisation, stellen Räume der Interaktivität und sozialen Vernetzung mit anderen dar, ermöglichen Eigenaktivität und kreativen Selbstausdruck. Sie erfüllen damit insbesondere Bedürfnisse nach Kontakt, Gemeinschaft, Zugehörigkeit, sozialer Anerkennung und Unterhaltung. Während Corona haben sich viele Lebensbereiche junger Menschen noch weiter digitalisiert, als es vor der Pandemie der Fall war. Treffen mit Freund*innen, Schule und Lernen, Musikunterricht, (Vereins-)Sport, Feste und Feiern, Konzerte und vieles mehr verlagerte sich in digitale Räume. Vielfach wurde dabei von Corona als »Digitalisierungs-Booster« gesprochen. Dieser, in diesem Umfang unerwartete Digitalisierungsschub hat dabei einerseits neue Erfahrungs- und Handlungsräume geschaffen, andererseits z. B. das Verhältnis von persönlichen und digitalen sozialen Kontakten neu in Frage gestellt. Haben junge Menschen bis dato ihre Peerbeziehungen ›offline‹ und ›online‹ oftmals souverän miteinander verbunden, so besteht nun die Herausforderung, auch unter der Bedingung der Corona-Pandemie beide Kontaktmodalitäten weiterzuleben.

Sicherlich könnten an dieser Stelle noch weitere Beispiele und Überlegungen mit Bezug zu den Kapiteln des Buches folgen. Die genannten Aspekte können jedoch bereits in ihrer exemplarischen Auswahl die vielfältigen Bedeutungen der Corona-Pandemie für das Aufwachsen junger Menschen aufzeigen. Daneben wird sich erst rückblickend in den nächsten Jahren und Jahrzehnten zeigen, in welcher Weise die Pandemie das Erwachsenwerden junger Menschen langfristig geprägt und verändert hat.

Dieses Buchprojekt war uns ein großes Anliegen. Jugendlichen und junge Erwachsenen in wissenschaftlichen wie fachpraktischen Debatten Aufmerksamkeit und Gewicht zu verleihen und auf die Besonderheiten dieser Lebensphase hinzuweisen, war Ausgangspunkt unseres Interesses. Wir hoffen, in diesem Sinne einen Beitrag zur Forschung und zum fachlichen und gesellschaftlichen Diskurs über Jugend und Jugendliche geleistet zu haben. Vielleicht ist sogar beim Lesen die ein oder andere Erinnerung an die eigene Jugend aktiv geworden. Uns würde es freuen.

Literatur

Andresen, S., Heyer, L., Lips, A., Rusack, T., Schröer, W., Thomas, S. & Wilmes, J. (2020a): »Die Corona-Pandemie hat mir wertvolle Zeit genommen«. Jugendalltag 2020. Hildesheim.

Andresen, S., Lips, A., Möller, R., Rusack, T., Schröer, W., Thomas, S. & Wilmes, J. (2020b): Erfahrungen und Perspektiven von jungen Menschen während der Corona-Maßnahmen. Erste Ergebnisse der bundesweiten Studie JuCo. Hildesheim.

Arbeitsgemeinschaft für Kinder- und Jugendhilfe AGJ (2020): Zwischenruf »Jugend stärken – auch und gerade unter Corona-Bedingungen unerlässlich!«

Berngruber, A. & Gaupp, N. (2021): Lebenswelten und Erfahrungen Jugendlicher und junger Erwachsener in Zeiten von Corona – Ergebnisse aus dem Corona Add-on zur AID:A-Studie. In: DREIZEHN – Zeitschrift für Jugendsozialarbeit, 2.

Hurrelmann, K. & Dohmen, D. (2020): Die Krise schwächt die Schwachen. Warum die Corona-Pandemie die Bildungsungleichheit verstärkt. In: Zeitschrift für Soziologie der Erziehung und Sozialisation, 40(3), S. 313–320.

Okunew, N. & Theinert, N. (2020): Die Pandemie als Generationenkonflikt? Von »Corona-Partys« und Moral Panics In: Zeitgeschichte-online [https://zeitgeschichte-online.de/kommentar/die-pandemie-als-generationenkonflikt], Zugriff am 23.08.2021.

Salihi, N. (2020): Jugendbilder in Zeiten von Corona: Engagement, Verantwortung und Solidarität – jenseits von Corona-Partys [https://www.jugendhilfeportal.de/fokus/coronavirus/artikel/jugendbilder-in-zeiten-von-corona-engagement-verantwortung-und-solidaritaet-jenseits-von-corona/], Zugriff am 23.08.2021.
Voigts, G. (2020): Jugendliche brauchen Freiräume –Wie Perspektiven junger Menschen in Corona-Zeiten aus dem öffentlichen Blick entschwinden … [https://www.jugendhilfeportal.de/politik/kinder-und-jugendpolitik/artikel/wie-perspektiven-junger-menschen-in-corona-zeiten-aus-dem-oeffentlichen-blick-entschwinden/], Zugriff am 23.08.2021.

Autor*innenverzeichnis

Sarah Beierle
Wissenschaftliche Referentin im Forschungsschwerpunkt »Übergänge im Jugendalter«
Deutsches Jugendinstitut e. V. Halle (Saale)
E-Mail: beierle@dji.de

Dr. Anne Berngruber
Wissenschaftliche Referentin in der Fachgruppe »Lebenslagen und Lebensführung Jugendlicher«
Deutsches Jugendinstitut e. V. München
E-Mail: berngruber@dji.de

Dr. Nora Gaupp
Leitung der Fachgruppe »Lebenslagen und Lebensführung Jugendlicher«
Deutsches Jugendinstitut e. V. München
E-Mail: gaupp@dji.de

Martina Gille
Ehemalige wissenschaftliche Referentin in der Abteilung »Zentrum für Dauerbeobachtung und Methoden« sowie Leitung des Kompetenzteams Jugend (seit 01.10.2020 im Ruhestand)
Deutsches Jugendinstitut e. V. München
E-Mail: mart.gille@t-online.de

Prof. Dr. Cathleen Grunert
Leiterin des Arbeitsbereichs »Erziehungswissenschaft mit dem Schwerpunkt soziokulturelle Bedingungen von Erziehung und Bildung«
Martin-Luther-Universität Halle-Wittenberg
E-Mail: cathleen.grunert@paedagogik.uni-halle.de

Dr. Dorothée Hefner
Wissenschaftliche Mitarbeiterin am Institut für Journalistik und Kommunikationsforschung
Hochschule für Musik, Theater und Medien Hannover
E-Mail: dorothee.hefner@ijk.hmtm-hannover.de

Univ.-Prof. Dr. Marius Harring
Professor für Erziehungswissenschaft mit dem Schwerpunkt Schul- und Jugendforschung
Johannes-Gutenberg-Universität Mainz
E-Mail: harring@uni-mainz.de

Dr. Maruta Herding
Wissenschaftliche Referentin in der Fachgruppe »Politische Sozialisation und Demokratieförderung«
Deutsches Jugendinstitut e. V. Halle (Saale)
E-Mail: herding@dji.de

Dr. Birgit Ulrika Keller
Dozentin für Gesundheitswissenschaften und Soziologie im Studiengang Gesundheitsförderung und Prävention
ZHAW – Zürcher Hochschule für Angewandte Wissenschaften
E-Mail: birgit.u.keller@gmail.com

Dr. Kathrin Klein-Zimmer
Wissenschaftliche Referentin im Projekt »Youth Wiki«
IJAB – Fachstelle für Internationale Jugendarbeit der Bundesrepublik Deutschland e. V.
E-Mail: klein-zimmer@ijab.de

Dr. Karin Knop
Selbstständige Medienforscherin und Medienpädagogin
E-Mail: karin_knop@web.de

Dr. Claudia Krell
Fachstelle für Fortbildungen des Lesbentelefon e. V., München
E-Mail: claudia_krell@web.de

Dr. Andreas Lange
Professor für Soziologie in den Handlungsfeldern Soziale Arbeit, Gesundheit und Pflege
Hochschule Ravensburg-Weingarten
E-Mail: andreas.lange@hs-weingarten.de

Mirja Lange
Wissenschaftliche Mitarbeiterin im Forschungsbereich »Sozial- und Jugendhilfeforschung«
Forschungsverbund DJI/TU Dortmund
E-Mail: mirja.lange@tu-dortmund.de

Dr. Christan Lüders
Bis Ende 2020 Leiter der Abteilung »Jugend und Jugendhilfe«
Deutsches Jugendinstitut e. V. München
E-Mail: christian.lueders@magenta.de

Tatjana Mögling
Wissenschaftliche Referentin im Forschungsschwerpunkt »Übergänge im Jugendalter«
Deutsches Jugendinstitut e. V. (Saale)
E-Mail: moegling@dji.de

Dr. Liane Pluto
Wissenschaftliche Referentin in der Fachgruppe »Strukturen der Kinder- und Jugendhilfe«
Deutsches Jugendinstitut e. V. München
E-Mail: pluto@dji.de

Prof. Dr. Birgit Reißig
Leitung Forschungsschwerpunkt »Übergänge im Jugendalter« und Außenstelle Halle (Saale)
Deutsches Jugendinstitut e. V. Halle (Saale)
E-Mail: reissig@dji.de

Dr. Eric van Santen
Wissenschaftlicher Referent in der Fachgruppe »Strukturen der Kinder- und Jugendhilfe«
Deutsches Jugendinstitut e. V. München
E-Mail: santen@dji.de

Prof. Dr. Brigitte Schels
Juniorprofessorin für Arbeitsmarktsoziologie
Friedrich-Alexander-Universität Erlangen-Nürnberg
E-Mail: brigitte.schels@fau.de

Dr. Christine Steiner
Wissenschaftliche Referentin und stellvertretende Leitung des Forschungsschwerpunkts »Übergänge im Jugendalter«
Deutsches Jugendinstitut e. V. München
E-Mail: steiner@dji.de

Dr. Frank Tillmann
Wissenschaftlicher Referent im Forschungsschwerpunkt »Übergänge im Jugendalter«
Deutsches Jugendinstitut e. V. Halle (Saale)
E-Mail: tillmann@dji.de

PD Dr. Claus Tully
Ehemaliger wissenschaftlicher Referent in der Abteilung »Jugend und Jugendhilfe« am Deutschen Jugendinstitut e. V. in München (seit 2014 im Ruhestand), derzeit Lehre an der FU Bozen, TU Berlin und HfWU Nürtingen-Geislingen
E-Mail: Tully@outlook.de

PD Dr. Natalia Wächter
Professorin in Sozialpädagogik
Institut für Erziehungs- und Bildungswissenschaft, Universität Graz
E-Mail: natalia.waechter@uni-graz.at

Dr. Eva-Verena Wendt
Wissenschaftliche Referentin in der Institutsleitung
Deutsches Jugendinstitut e. V. München
E-Mail: wendt@dji.de

Dr. Maren Zschach
Projektleiterin in der Fachgruppe »Politische Sozialisation und Demokratieförderung«
Deutsches Jugendinstitut e. V. Halle (Saale)
E-Mail: zschach@dji.de